丝绸之路经济带
中亚能源地缘配置格局与中国合作

方创琳　毛汉英　鲍　超　马海涛　杨　宇　曲建升等　著

中国科学院战略性先导科技专项"泛第三极环境变化与绿色丝绸之路建设"（XDA20040400）　资助
中国科学院重点部署项目"'一带一路'地区地缘环境系统演化模拟研究"（ZDRW-ZS-2016-6）

科学出版社

北京

内 容 简 介

　　本书以丝绸之路经济带枢纽地段中亚地区为研究对象，系统分析中亚石油、天然气、铀矿三大战略能矿资源的地缘配置格局，以及影响合作开发的因素、合作开发风险和对中国能源供应的保障程度，提出中国与中亚能源合作开发的模式、路径与加深合作的对策建议，旨在为满足国家能源战略需求，确保国家能源安全提供科学决策依据。

　　本书可供国家能源部门、国土部门、环保部门、各级城市发展与规划部门工作人员，各级政府发展和改革委员会工作人员使用，也可作为大专院校与研究生教材和供科研工作者参考。

图书在版编目（CIP）数据

丝绸之路经济带中亚能源地缘配置格局与中国合作 / 方创琳等著.
—北京：科学出版社，2018.11
　ISBN　978-7-03-059315-3

　Ⅰ. ①丝…　Ⅱ. ①方…　Ⅲ. ①能源经济-经济合作-研究-中国-中亚
Ⅳ. ① F426.2 ② F437.062

中国版本图书馆 CIP 数据核字（2018）第 249435 号

责任编辑：朱海燕　丁传标 / 责任校对：韩　杨
责任印制：张　伟 / 封面设计：图阅社

科学出版社 出版

北京东黄城根北街 16 号
邮政编码：100717
http://www.sciencep.com

北京教图印刷有限公司 印刷

科学出版社发行　各地新华书店经销

*

2018 年 11 月第 一 版　开本：787×1092　1/16
2018 年 11 月第一次印刷　印张：16 3/4
字数：384 000
定价：139.00 元
（如有印装质量问题，我社负责调换）

前　言

在"一带一路"倡议推动下，丝绸之路经济带上的中亚地区是推进丝绸之路经济带建设的枢纽地段，是世界战略能矿资源富集区，也是我国关键战略能矿资源安全保障的战略基地。中亚地区同中国有着十分紧密的地缘与经济联系。从国家能源安全的高度，研究中亚战略能矿资源的地缘配置格局对我国的影响，对确保我国的资源安全、国防安全和经济安全，确保边疆稳定和民族团结等都具有十分重要的战略意义。本书所指的中亚五国包括哈萨克斯坦、乌兹别克斯坦、土库曼斯坦、吉尔吉斯斯坦和塔吉克斯坦，地处内陆，北部、西部与俄罗斯相连，西部与阿塞拜疆隔海相望，南部与伊朗、阿富汗接壤，东部与中国相邻，位于欧亚大陆东西方与南北方的十字路口，是"欧亚大陆汇合区"的核心区域，面积约 401 万 km^2，占全球的 2.98%，2017 年人口占全球的 0.94%，GDP 占全球的 0.37%，贸易总额占全球的 0.47%。中亚五国贸易总额占全球份额虽然很小，但却是大国势力东进西出、南下北上的必经之地，战略地位十分重要。20 世纪初，英国地理学家麦金德就将中亚称为"历史的地理枢纽"和"心脏地带"。并指出"谁统治东欧，谁就能主宰心脏地带，谁统治心脏地带，谁就能主宰世界岛，谁统治世界岛，谁就能主宰世界。"由于中亚地区特殊的战略地位，能源及矿产资源十分丰富，加之民族与种族矛盾突出，中亚地区成了世界超级大国和国家集团争夺和政治博弈的重点地区之一。

本书从满足国家能源安全战略需求的高度，分析中亚石油、天然气、铀矿三大战略资源的地缘配置格局，以及外部影响因素对中亚油、气、铀资源开发的影响、开发风险和对中国的保障程度、保障风险，提出中国与中亚战略资源合作开发的技术模式、合作路径与对策建议。通过对中亚关键资源地缘配置格局的科学研究，有利于摸清中亚地区战略资源"家底"，增强中国在中亚地区的国际影响力；通过解析关键地缘战略节点对"一带一路"建设的示范带动与关键支撑作用，推动中亚成为丝绸之路经济带建设的枢纽地段，为确保国家能源安全、经济安全和国防安全提供技术支撑和科学决策依据。本书第三章、第四章、第五章、第六章和第七章的核心观点于 2018 年 7～10 月先后分别被中央办公厅和国务院办公厅采用，并在《中国科学院院刊》2018 年第 6 期以"中亚能源地缘配置格局与国家安全"为题出版专栏。

本书研究成果先后得到作者主持的中国科学院战略性先导科技专项"泛第三极环境变化与绿色丝绸之路建设"项目课题（XDA20040400）和中国科学院重点部署项目"'一带一路'地区地缘环境系统演化模拟研究"（ZDRW-ZS-2016-6）中第 2 课题"中亚战略能矿资源开发的地缘配置格局及对国家安全的影响"的联合资助。

本书各章编写分工为：第一章由方创琳编写；第二章由曲建升、赵纪东、刘学、刘文浩编写；第三章由方创琳、毛汉英、鲍超、马海涛编写；第四章由马海涛、方创琳编写；第五章由鲍超编写；第六章由杨宇编写；第七章由毛汉英、李耀明、徐海燕、翟崑等编写，韩立群、陈宇、王栋等参与了部分编写工作，全书由毛汉英教授根据课题总体要求和国家发展需求删减、取舍和整合，最后由方创琳、毛汉英统稿。

在本书编写过程中，先后得到了中国科学院叶大年院士、国际欧亚科学院崔伟宏院士、国际欧亚科学院廖克院士、国际欧亚科学院孔德涌院士，以及我的同事黄金川副研究员、张蔷高级工程师、王振波副研究员、李广东副研究员、孙思奥助理研究员、戚伟助理研究员、康蕾助理研究员等的指导和帮助，我的博士研究生王婧、王洋、王岩、秦静、邱灵、关兴良、刘起、张舰、王少剑、李秋颖、庞博、张永姣、苏文松、刘海猛、罗奎、崔学刚、任宇飞，我的硕士研究生赵亚博、梁汉媚、赵杰、于晓华等协助搜集了大量资料，进行了数据加工和制图工作，在此对各位老师和同学付出的辛勤劳动表示最真挚的感谢！本书封面图片来自《中国科学院院刊》编辑部，在此深表谢意！

作为一位从事城市发展和丝绸之路经济带城乡发展研究的科研工作者，研究丝绸之路经济带中亚战略能矿资源地缘配置格局是作者学术生涯中的重要尝试，由于对中亚地区地缘环境与资源等热点难点问题的研究尚处初期阶段，学术界、政界和新闻界仁者见仁，智者见智，本书中提出的一些观点和看法可能会有失偏颇，加之时间仓促，能力有限，书中不妥之处在所难免，恳求广大同仁批评指正！本书在编写过程中，参考了许多专家学者的论著或科研成果，对引用部分文中都一一做了注明，但仍恐有挂一漏万之处，诚请多加包涵。竭诚渴望阅读本书的同仁们提出宝贵意见！

2018 年 6 月于中国科学院奥运科技园区

目　　录

第一章　战略需求与研究方案

在"一带一路"倡议推动下，"丝绸之路经济带"上的中亚地区是推进"丝绸之路经济带"建设的枢纽地段，也是世界战略能矿资源富集区。中亚地区能矿资源主要有石油、天然气、煤炭、水力等传统能源，以及太阳能、风能、核能等新能源，其中石油、天然气、铀矿不仅资源储量、开采规模和开发潜力巨大，而且在当今及未来相当一段时期的世界能源产销格局中占有重要地位，同时也是各大国及国家集团争夺的重要目标。因此本书将中亚地区的石油、天然气、铀矿能源资源配置格局与合作开发作为研究对象。中亚地区同中国有着十分紧密的地缘政治与经济联系。从能源持续稳定供应的角度，研究中亚战略能矿资源的地缘配置格局对国家能源安全、确保中国边疆稳定和民族团结等都具有十分重要的意义和作用。

本书从满足国家战略需求的高度，科学分析中亚地区的石油、天然气、铀矿三大战略能源资源的配置格局，以及内、外部因素对中亚地区油、气、铀矿资源开发的影响、开发风险和对中国的保障程度，提出了中国与中亚战略能源资源合作开发的技术模式、合作路径与对策建议；解析关键地缘战略节点对"一带一路"建设的示范带动与关键支撑作用，推动中亚地区成为"丝绸之路经济带"建设的战略枢纽，为确保国家能源安全提供技术支撑和科学决策依据。

第一节　战略需求与科学意义

一、国家战略需求分析

（一）中亚地区是我国推进丝绸之路经济带建设的枢纽地段

中亚地区包括哈萨克斯坦、吉尔吉斯斯坦、塔吉克斯坦、乌兹别克斯坦和土库曼斯坦五国，土地面积 400.65 万 km^2，占全球的 2.98%；2017 年中亚地区人口 7002 万人，占全球的 0.94%；GDP 总量为 2796.59 亿美元，占全球的 0.37%；2014 年贸易总额约 1859 亿美元，占全球的 0.47%（表 1.1）。中亚五国经贸占全球份额虽然很小（0.4%～0.5%），但却是大国东进西出、南下北上的必经之地，战略地位十分重要。

1904 年，英国地理学家麦金德在《陆权论》一书中就指出："谁统治东欧，谁就能主宰心脏地带，谁统治心脏地带，谁就能主宰世界岛，谁统治世界岛，谁就能主宰世界。[1]"1991 年苏联解体后，中亚五国纷纷宣布独立，成为独立国家。由于中亚地区特殊的战略地位，能源及矿产资源十分丰富，加之民族与种族矛盾突出，因此，俄罗斯、美国、欧盟、日本等大国及国家集团对这一地区的争夺与控制不断升级。可以预料，围绕着政治

表 1.1　中亚五国在全球的战略地位分析表

项目	土地面积/万 km²	人口/万人	GDP 总量/亿美元	人均 GDP/美元	2016 年 GDP 增长率/%	2014 年贸易总额/亿美元
哈萨克斯坦	272.49	1780	1561.89	8775	4.3	1105.88
土库曼斯坦	49.12	556	416.7	7489	6.2	371.00
乌兹别克斯坦	44.74	3185	675.05	2042	7.8	252.71
吉尔吉斯斯坦	19.99	608	70.61	1161	3.8	76.10
塔吉克斯坦	14.31	873	72.34	829	6.9	53.16
中亚五国合计	400.65	7002	2796.59	3994		1858.85
中亚占全球比例	2.98	0.94	0.37	37.23		0.47

注：中亚地区 2017 年贸易总额约为 1180 亿美元，因数字下降太大，且数据不完备，故用 2014 年数据代替。

资料来源：根据世界经济信息网整理。https://www.sohu.com.a22570922018-03-16.

和经济，中亚地区将成为未来全球政治经济格局中大国争夺的重要地区之一。在实施"一带一路"倡议中，中亚地区是我国走西口，落实"一带一路"倡议的关键枢纽地段。

（二）中亚地区对保障中国能源安全具有重要作用

中亚地区战略资源类多量大，品位高、开发潜力巨大，尤以石油、天然气、铀矿最为突出。里海沿岸被称为"第二个波斯湾"，阿尔泰山和天山地区是世界上有色金属富集区。中亚地区对保障中国 21 世纪能矿资源安全具有极为重要的作用。

据美国《油气杂志》报道，截至 2003 年年底，中亚地区的哈萨克斯坦、土库曼斯坦和乌兹别克斯坦三国探明的石油剩余可开采储量为 13.89 亿 t，天然气为 5.72 万亿 m³。近 10 年来，随着西方跨国石油公司的纷纷加入，油气资源勘探取得了突破性的进展。其中，哈萨克斯坦的陆上油田探明储量达 48 亿～59 亿 t，天然气为 3.5 万亿 m³；另外，在哈萨克斯坦隶属里海地区，近年探明的石油地质储量达 80 亿 t（其中最大的卡沙干油田可采储量达 10 亿 t），天然气可采储量超过 1 万亿 m³。在土库曼斯坦，近年在里海沿岸地区及卡拉库姆沙漠中勘探的石油和天然气远景储量分别为 208 亿 t 和 24.6 万亿 m³，油气资源仅次于俄罗斯、沙特阿拉伯和伊朗，居世界第 4 位[2, 3]。其中土库曼斯坦南部的南约洛坦天然气预测储量达 4 万亿～14 万亿 m³。在乌兹别克斯坦，近年探明石油储量达 5.84 亿 t，凝析油 1.9 亿 t，天然气探明储量为 2.055 万亿 m³。2009 年哈萨克斯坦原油开采量为 7800 万 t（2003 年为 4435 万 t），其中出口 6330 万 t，预计 2020 年达 2 亿 t。土库曼斯坦天然气产量从 2002 年的 530 亿 m³ 增至 2010 年的 1000 亿 m³，居世界第 4 位。预测 2020 年中亚地区原油开采量将达 2.5 亿 t，天然气开采量达到 3000 亿 m³。除石油、天然气资源外，哈萨克斯坦的铀矿探明储量 150 万 t。乌兹别克斯坦的铀矿储量居世界第 7 位[4]。

据预测，中亚地区到 2020 年原油开采量可达 2.5 亿～3 亿 t，天然气 2000 亿～3000 亿 m³，如按 1/3 出口至中国，可解决 2020 年中国所需清洁能源（石油、天然气）进口量的 40% 左右[5, 6]（表 1.2）。

表 1.2　中亚各国优势矿产资源种类与中国急缺矿种/对外依存度

项目	优势矿种/对外依存度
哈萨克斯坦	石油、天然气、煤炭、铁矿、锰矿、铬铁矿、铜、铅、锌、镍、钼、铅土矿、铀矿
吉尔吉斯斯坦	金、铀矿、锑、汞、锡、钨
塔吉克斯坦	金、锑、汞、铀、岩盐
乌兹别克斯坦	天然气、石油、金、铀、盐矿
土库曼斯坦	天然气、石油、盐矿
中国急缺矿种/对外依存度	石油/70%、天然气/70%、铀矿/66%、镍精矿/75%、铬铁矿/97%、锰矿/56%、钾盐/7%、精铁矿/57%

（三）中亚是大国和国家集团争夺和博弈的重点地区之一

中亚地区东西贯通亚欧两大洲，南北连接俄罗斯与南亚、西南亚、中东地区，具有重要的战略地位，区内蕴有丰富的油气资源和其他矿产资源，成为当前及今后世界大国和国家集团争夺的地区之一。中亚五国独立后，尽管俄罗斯力图通过建立"独联体"保持同这些国家的政治经济联系，但当时由于俄罗斯本身政治不稳定和经济不景气，"独联体"实际上是名存实亡。在这种形势下，美国、欧盟和日本等大国以经济援助、合作开发资源和反恐等作为借口，纷纷介入中亚五国。特别是阿富汗反恐战争开始后，美国以反恐为名，先后在吉尔吉斯斯坦首都比什凯克附近建立了玛纳斯空军基地（常驻军队2000 人），在塔吉克斯坦与阿富汗边境以北 100 km 塔境内的库洛布建立了军事基地，美国还获得了使用塔吉克斯坦的领空权，并与塔吉克斯坦达成了使用前苏联在塔吉克斯坦境内的军事基地和军事设施的协议。与此同时，美国和欧盟等西方国家，还利用中亚五国的民族和种族矛盾，支持反对派和敌对势力，制造矛盾，挑起事端，为其实现当前和长远的战略利益服务。

在经济方面，自 1992 年起，英国的 BP 石油公司，美国的埃克森美孚、德士古，荷兰皇家壳牌等国际石油垄断企业相继进入中亚能源领域，从事油气资源勘探、开发及铺设运输管道。例如，1997 年成立的以美国公司为首，包括沙特、日本、韩国等组成的铺设土—阿—巴天然气管道工程的国际财团；1998 年，美国与土库曼斯坦政府签订了能源合作协定，修建土库曼斯坦经里海海底—阿塞拜疆—格鲁吉亚—黑海海底—土耳其至欧洲的天然气管道；1994～1999 年，美国对哈萨克斯坦的投资就达 20.12 亿美元，涉及油气资源及有色金属资源的开发。美国公司与乌兹别克斯坦在黄金、油气资源开发及炼油厂的改造方面也投入了大量资金。目前，美国、欧盟、日本等大国势力已渗透到中亚五国的各个经济领域，并在优势能矿资源的开发方面掌握了主动权和部分控制权。2000 年以后，俄罗斯对中亚五国的投资也逐年增加，俄罗斯的一些大企业集团积极参与里海沿岸油气资源的开发、老矿山和企业的改造、交通基础设施建设等。可以预料，今后世界大国和国家集团围绕中亚地区战略地位和能源等战略资源的争夺将愈演愈烈。

在民族宗教方面，中亚地区有 100 多个民族，民族和宗教问题突出，历史上一向是不稳定地区。西方敌对势力的渗透，恐怖事件有增无减。再加之中亚五国的民族问题、边界问题和资源利用问题尚未彻底解决，其内部的冲突很容易国际化，在国际安全方面更具敏感性，这些都对我国国家安全构成潜在威胁。

（四）中亚地区同中国能源合作具有得天独厚的地缘政治与区位交通优势

中国与中亚地区空间上紧邻，并同其中的哈萨克斯坦、吉尔吉斯斯坦和塔吉克斯坦三国有着 3360 多千米长的边界线（其中中哈边界 1770 km，中吉边界 1096 km，中塔边界 497 km）。中国同上述三国已分别于 1978 年 7 月和 1999 年 8 月顺利地解决了边界划界问题。中亚五国缺乏出海口，中国通过第二条亚欧大陆桥（连云港到阿拉山口进入哈萨克斯坦）为其走向亚太地区提供了重要通道，为发展经贸关系和人员交往提供了有利条件。中国与中亚各国有着大量跨境民族存在，语言、文化、风俗、习俗相同，加深了亲缘关系，并在经济上存在较强的互补性。良好的地缘政治关系促进了地缘经济的持续快速发展，截至 2014 年，中国已成为中亚五国最大的贸易伙伴。

中亚五国独立后，中国是最早同其建交的国家之一。在顺利地全面解决边界问题之后，国家之间关系也由"加深友好关系"向"睦邻友好合作"和"全面战略伙伴关系"发展，经贸合作也取得了显著成效。特别是在能源合作方面，合作领域从油气田勘探与开发、管道建设延伸到设备供应和技术劳务服务等领域。1997 年，中哈两国政府签署油气合作协议，规定由中国承包阿克纠宾斯克（现名阿克托别）油田和乌津油田，同时修建从乌津至阿拉山口的输油管道。在管道建设方面，从 2002 年年初中哈原油管道首段肯基亚克—阿特劳段开工建设开始，先后建成了从哈萨克斯坦阿塔苏油田至新疆独山子的原油输油管道（能力 2000 万 t/a），以及从土库曼斯坦至中国的复线输气管道（能力 400 亿 m^3/a），为中国"西气东输"工程向南延伸提供了有力的气源保证。从 2000 年开始，中石油、中石化、中海油、中国五金矿产集团、中建集团，以及新疆、浙江、江苏、山东、广东、福建等省（市、区）的有关专业公司和一些有实力的民营企业相继进驻中亚五国，参与矿产开发及交通、能源、通信等基础设施建设、城市和市政工程建设、开发区建设、农业开发与农产品加工工业，涉及经济社会的各个领域和部门，并从经济领域延伸到科技、教育、医疗、卫生等领域，合作的规模不断扩大，领域不断拓展[7]。

中亚地区是距离我国最近最安全的油气资源与优势能矿资源开采区，是我国能源进口中不需经霍尔木兹海峡和马六甲海峡等"危险的"国际海上通道等的能源生命线[8]，能规避国际军事政治风险，保障能源安全的优势地区之一。

（1）中国与哈萨克斯坦、吉尔吉斯斯坦和塔吉克斯坦三个中亚国家接壤，有 3000 多千米的边界线，具有独特的区位交通优势，利于铺设陆上输油管道与输气管道，这是一项长期来看最安全、最经济的石油进出口方式。

（2）中国与中亚具有良好的国家合作关系。中国与中亚有关国家通过谈判解决历史遗留的边界问题，并且中、俄、哈、吉、塔五国签署了在边境地区相互裁减军事力量的协定，大大增进了彼此间的友好与信任，由中国发起并作为创始国之一的上海合作组织更拉近了中国与中亚国家的关系。

（3）中国西北与中亚国家不仅地域相连，且有俄罗斯族、哈萨克族、柯尔克孜（即"吉尔吉斯"）族、回族（即"东干"）、塔吉克族、乌兹别克族（即"乌孜别克"）和维吾尔族等 9 个同源民族跨境而居，人民的交往源远流长，具有悠久的民族、宗教与文化联系。

（4）中亚五国之间在苏联时期就曾有良好的交通基础设施建设。中国的能源设施在近几年得到了突飞猛进的发展，"西气东输"、"西油东送"、中哈石油管道及中国—中亚 A、B、C 三线天然气管道等项目相继建成运营。在此基础上，新亚欧大陆桥等基础设施为中国与中亚地区的矿产资源合作提供了畅通且低成本通道。据估算，通过新"大陆桥"运输货物可比经西伯利亚的大陆桥节省 12% 的运费，比水陆运输节省 20%～25% 的费用。中亚地区连接阿富汗南线的公路已开通，正在运营的中塔公路与印度、巴基斯坦实现对接，成为中亚与南亚地区发展经济合作的重要通道。中、吉、乌三国联合修建的铁路和公路都在加快建设。

（5）中亚五国能矿资源的合作开发及一体化进程直接影响到中国国家的能源安全、经济安全、社会安定、民族团结和国防安全。自古以来，中亚地区就是各大文明汇聚的区域，也是国家民族战争和社会动荡最为严重的区域，中亚多民族集中地区安全健康发展已经成为世界热门话题。然而，中亚地区在地缘和文化上与我国西部地区相近，因此构建西部地区稳定的地缘政治关系，成为实现国家安全发展，降低管理风险，促进社会和谐稳定发展的重要基石。目前，中亚地区处于经济和社会发展不协调阶段，表现为国家之间、地区之间、城乡之间发展差距较大，基础设施供给不足、贫富差距加大、社会治安问题突出等，尤其是中亚地区"三股势力"与国际恐怖势力相勾结，利用民族和宗教矛盾，挑起冲突，严重危及我国新疆等西部地区的安全与稳定。

（五）中亚地区是全球生态环境问题最突出的地区之一

中亚地处亚欧大陆中部，属于温带大陆气候，气候干旱少雨。夏季炎热、干燥，冬季严寒。7 月份平均温度为 22～32℃，绝对最高气温可达 50℃；1 月份平均温为-18～4℃，绝对最低气温可达-55℃。年降水量除哈萨克斯坦北部可达 300～400 mm 外，绝大部分地区只有 150～250 mm，不少地区少于 50 mm。由于光热条件充足，平原地区年日照时数可达 2500～3000 小时，全年≥10℃的活动积温从北部地区的 3000～3500℃，到中南地区的 4000～5500℃；而年蒸发量则从北部的 1000 多毫米增至南部地区的 2000 mm 以上。因此，中亚地区是全球水资源严重不足的最干旱地区之一。由于近半个世纪来人口的快速增长，人类的经济社会活动持续超强度开发，尤其是片面追求绿洲化，导致对水资源的过度开发利用而未实行有效的保护，加之受 20 世纪 70 年代以来全球气候变化的影响，出现了非常严重的生态环境问题。主要表现在：湖泊面积不断萎缩和消失，水体含盐度大幅上升；河流来水量逐年减少，河流缩短或消失，水质下降；地下水位下降，水质变坏；盐碱化土地面积增加；沙漠化速度加快（现沙漠面积达 100 万 km^2，占全区土地面积的 1/4），绿洲受到挤占；自然植被面积减少，植被类型退化，生物多样性日益丧失；沙尘暴频度上升，影响范围不断扩大，等等。这些问题又集中反映在咸海的干涸而引发的生态危机。

同世界上所有的干旱地区一样，水资源是维系占中亚土地总面积 80% 的干旱、半干旱地区生态安全的决定性因素，有水便有人类居住，便有农耕等人类经济活动，并伴随着城镇的兴起,这就是典型的"绿洲经济"。中亚地区地表水资源主要分布于阿姆河及锡尔河流域。其中,阿姆河源于帕米尔高原,上游称喷赤河,流经塔吉克斯坦、乌兹别克斯坦和土库曼斯坦,注入咸海,河长 2450 km^2,流域面积 46.5 万 km^2,流域水资源量 679 亿 m^3,河口地区年平均流量 1330 m^3/s,年径流量 430 亿 m^3,年输沙量 2.17 亿 t。锡尔河源于天山中部,上游称纳伦河,流经吉尔吉斯斯坦、乌兹别克斯坦和哈萨克斯坦,注入咸海,河长 3019 km,流域面积 21.9 万 km^2,河口平均流量 446 m^3/s,年平均径流量 370 亿 m^3。此外,还有源于俄罗斯乌拉尔山、注入里海的乌拉尔河,以及源于中国新疆注入哈萨克斯坦东南部巴尔喀什湖的伊犁河,以及源于中国新疆流经哈萨克斯坦东部注入北冰洋的额尔齐斯河。但是,从对中亚地区重要性而言,阿姆河及锡尔河是该地区水资源的最主要来源。

自 20 世纪 50 年代起,前苏联在中亚地区实施以大规模的水土资源开发为中心的区域发展战略,相继在锡尔河和阿姆河流域建设了一批大型水利工程(水库和大型灌溉渠系),如仅在乌兹别克斯坦就建成了 23 条大型灌渠及 47 座水库,开发锡尔河流域的费尔干纳盆地、饥饿草原、治扎克草原及泽拉夫尚绿洲;在阿姆河流域,通过修建瓦赫什、苏尔汉等大型水库和卡拉库姆运河(全长 1400 km,为世界最大的灌溉及通航运河之一)等大型水利工程,开发了塔吉克斯坦南部、乌兹别克斯坦东南部及土库曼斯坦东南部三大绿洲,主要用于大面积种植棉花及水稻、瓜果、蔬菜等作物,并吸引了大量的移民进入。绿洲人口也从 1960 年的 1400 万人增加到 20 世纪 90 年代中期的 3500 万人。由于中亚干旱地区对水资源长时期、大规模超强度的开发,导致阿姆河与锡尔河注入咸海的水量减少了 85%以上,咸海水面面积、总水量也相应地从 1960 年的 68000 km^2、1100 km^3,萎缩至 2004 年的 17160 km^2、193 km^3。2014 年咸海水面面积仅为 20 世纪 60 年代初的十分之一,海水含盐度高达 100 g/L。尽管采取了一些补救措施(如 2003 年哈萨克斯坦花费 2.6 亿美元,修建了一条人工堤,将南、北咸海分隔开),但成效并不显著。专家们预测,如再不采取积极有效措施,咸海将于 2020 年干涸。咸海的急剧萎缩不仅直接导致港口及航运业的衰落直至废弃,渔业资源的枯竭,河口三角洲的逐步消失,生物多样性的丧失,并且引发了严重的区域生态环境问题,如绿洲荒漠化加快、农田盐碱化加重、环境污染凸显、区域气候恶化。特别是干涸的湖底堆积的 100 亿 t 盐土,在春季狂风的作用下,形成盐尘暴,每年约有 4000 万~1.5 亿 t 有毒盐尘自北向南吹向中亚草原,不仅导致农田和牧场毁灭,并直接危及人体健康,诱发多种呼吸道疾病,并对交通、电力、通信等基础设施造成损害与破坏。同时,由于湖面严重萎缩,改变了下垫面性质,影响水热交换和湖泊的调节功能,导致周边区域气候的大陆性特征更加突出,沙尘暴频发(每年出现 90 多次),成为影响东亚地区重要的沙尘暴源地之一。

受咸海的生态灾难影响的人口约 4000 万人,占中亚地区总人口的 57%。联合国开发计划署 1992 年在一份报告中指出,"除了切尔诺贝利,在地球上再找不出一个地区,其深刻的生态危机所发生的面积有如此之大,涉及生命安危的人口是如此之多。"

中亚地区生态环境急剧恶化,已引起了国际社会的广泛关注,联合国环境规划署于 1990 年在乌兹别克斯坦的努库斯召开了咸海问题国际会议,发出了"拯救咸海"的号召。在联合国的倡议下,中亚五国元首于 1993 年成立了咸海问题跨国委员会,并于 1995 年共同签订了《咸海宣言》,世界银行还建立了拯救咸海国际基金会。但鉴于咸海问题的复杂性、治理的艰巨性，以及上下游国家协调一致的难度，目前尚未取得实质性进展，咸海及中亚地区的生态环境恶化状况仍未得到有效遏制。

二、科学意义

从国家资源环境安全的战略高度，研究中亚战略能矿资源的空间配置格局对国家安全的影响，对确保我国的资源安全、国防安全、军事安全和经济安全，确保边疆稳定和民族团结等都具有十分重要的科学意义。

（一）通过对中亚关键能源资源空间配置格局的科学研究，有利于摸清中亚地区关键战略能矿资源"家底"

中亚地区石油、天然气、铀矿三大关键战略能矿资源的分布、储量、开采条件与开发潜力如何？三大关键能矿资源开发对中国的能源安全保障程度有多大？对中国工业化和城镇化带来的影响有多大？中国与中亚地区在地缘政治与地缘经济方面的合作前景如何？等等。要回答上述重大科学问题，必须开展中亚关键能矿资源地缘格局的研究，通过研究，摸清中亚地区关键战略能矿资源"家底"，科学评估石油、天然气、铀矿三大关键能矿资源开发利用对中国能源的保障程度、保障风险和资源合作开发的技术模式与技术路径，为国家战略能源决策提供技术依据。

（二）通过解析关键地缘战略节点对"一带一路"建设的示范带动与关键支撑作用，推动中亚成为丝绸之路经济带建设的枢纽地段

选取对丝绸之路经济带建设起关键支撑作用的中哈塔城地缘战略节点（丝绸之路经济带北通道枢纽、绿色农产品战略通道、中哈国际合作示范区）、中哈霍尔果斯地缘战略节点（丝绸之路经济带主通道枢纽、油气战略通道、建中哈国际贸易中心）和中吉喀什地缘战略节点（古"丝绸之路"南线和北线的西端交汇点、天然气战略通道、中吉国际贸易中心与旅游中心），通过深入解析，为推动中亚成为共建丝绸之路经济带提供示范带动作用。

三、研究概况及发展趋势

中亚五国均地处大陆腹地，没有出海口，对外交通受限，加之经济结构带有由苏联沿袭下来的单一畸形特征，使得它们的经济发展在很大程度上取决于国家拥有自然资源的多寡和资源开发的程度。中亚地区拥有非常丰富的石油、天然气、煤炭、水电等常规能源资源以及太阳能、风能、核能等新能源资源，尤其是铀矿和天然气的储量在世界上占相当高的比例。作为世界上石油和天然气资源蕴藏最丰富的地区之一，石油和天然气是中亚能源构成的主干。能源矿产的区域分布相对集中，主要分布在里海东岸及海底。从石油和天然气的资源分布来看，哈萨克斯坦、土库曼斯坦、乌兹别克斯坦三国储量较为丰富，无论对其国内还是对世界经济的发展都有重要影响，而吉尔吉斯斯坦和塔吉克斯坦两国水电资源丰富、油气资源储量较少，对外影响不大。中亚地区石油储量为 42.8 亿 t，占世界总量的

2.1%，其中哈萨克斯坦探明储量 39 亿 t，占全球探明储量的 1.8%，储产比达 46[9]；天然气储量为 11.8 万亿 m³，占世界总量的 6.3%（2017 年 BP 世界能源统计），其中土库曼斯坦占中亚 64%、哈萨克斯坦约占中亚 20%、乌兹别克斯坦约占中亚 16%[8]。重要的油气盆地包括滨里海盆地、滨咸海盆地和锡尔河盆地等 7 个油气盆地。铀矿主要分布在哈萨克斯坦和乌兹别克斯坦。铀矿资源确定储量为 87.54 万 t（回收成本≤130 美元/kg），占全球总量的 15.3%。主要分布在哈萨克斯坦的楚河—萨雷苏河、锡尔河下游沿岸、北哈萨克斯坦的舍米兹拜、伊犁河盆地等，以及乌兹别克斯坦的克孜勒库姆沙漠的南缘。2016 年中亚地区铀矿开采量为 26979 t 铀，占世界总产量的 43.5%。其中，哈萨克斯坦现已开采的铀矿山有 18 座，2016 年铀矿产量 24575 t 铀，占世界总产量的 39.6% 和中亚地区铀矿总产量的 91.1%。

鉴于中亚地区的地理位置和资源状况的特殊性，不少学者从不同角度对该地区的地缘政治关系[10,11]、油气资源开发[12,13]、水土资源开发利用、区域经济合作等展开了研究，其中油气资源开发是研究的重点[14,15]。Dorian 将中亚地区称为 21 世纪全球新兴的能源中心，并指出中亚地区油气产业的发展将改变全球的能源格局[16]，Spechler 和 Martin 研究了中亚地区的油气资源及其贸易状况[17]。国内学者在这一领域也取得了丰硕的成果：毛汉英在全面分析中亚地区油气资源的基础上，探讨了扩大能源合作的潜力和前景，测算了到 2030 年中亚地区对中国能源安全的保障程度，并提出了扩大与提升能源合作的对策建议[6]。此外，许勤华从政治的视角研究了中亚地区的油气资源[18]；张抗从储量、产量、生产和运输等方面入手，对中亚地区和中东的油气资源进行了对比分析[19]；寇忠研究了中亚地区油气资源出口的新格局[20]；吉力力·阿不都外力和杨兆萍根据中亚各国资源状况实地调查和统计资料等，对区域资源开发现状与潜力进行了分析，对共同面对的问题、合作的基础和条件及合作前景，进行了探讨[21]；周可法等对中亚地区包括油气资源在内的典型矿床的提取技术进行了探究[22]；雷汉云和张忠俊基于中亚地区资源分布及开发的现状，分析了中国新疆与中亚地区矿产资源合作优势及面临的挑战[23]；汤一溉对中亚地区通向中国的能源战略通道的可能性与必要性进行了阐述[24]；梁迎迎分析了中亚油气资源投资的风险，结合我国能源企业在中亚地区能源投资现状，建立了针对中亚地区的能源资源风险评价指标体系[25]；谭斌等指出，中国应充分利用自身在中亚地区的地缘优势，积极发展同其油气合作[26]；赵亚博等结合中亚地区及中国的油气资源数据，研究了中亚油气资源与中国能源保障战略之间的关系[13]。

总体来看，对中亚地区能源资源研究具有以下四大特点。

（1）中亚地区战略能源资源勘查研究主要是宏观性地质构造区域划分，对矿产资源分布特点与开发潜力涉及较少。

（2）中亚地区油气资源合作开发研究多局限于能源争夺、能源安全的角度，对开发区域的具体划定和实践研究没有落地。

（3）中亚各国都制定了相应的矿业开发法规和能源政策，但目前缺少深入剖析与国内对接研究。

（4）中亚各国在战略能源资源开发与利用方面与我国已经开展了有效合作，但对技术合作模式、合作开发规模、合计的技术机制及风险、效益预测研究明显不足。

第二节　研究方案与技术路线

一、研究目标

从满足国家能源安全需求的高度，分析外部扰动因素对中亚油、气、铀三大战略能源资源开发及对中国的保障程度的影响，探索合作开发的技术模式，解析关键地缘战略节点对"一带一路"建设的示范带动与关键支撑作用，为确保国家能源安全、经济安全和国防安全提供技术支撑和科学决策依据。

二、研究内容

从全球化的战略高度，充分考量世界政治经济格局的多极化倾向和大国制衡中亚地区关键能矿资源开发与经济发展的现实，分析中亚地区所处的地缘政治环境、地缘经济环境，及其在世界政治经济格局中的重要战略地位，分析模拟中亚地区与我国开展全面合作的地缘、人缘与亲缘关系，提出中亚石油、天然气、铀矿三种能矿资源与中国合作开发的地缘经济态势，进一步开展区域合作的可能性与可行性。

（一）中亚能矿资源配置格局及对国家能源安全保障度分析

从最大限度地发挥中亚地区能矿资源优势和保障我国战略资源的双重需求出发，重点研究我国紧缺、尚需大量进口的石油、天然气、铀矿战略能矿资源的合作开发利用潜力与模式。

通过实地调研摸清中亚五国石油、天然气、铀矿三大关键战略资源的成矿条件、探明储量、空间分布格局和开发利用现状；分析外来投资规模，按国家分别估算中亚五国战略能矿资源的开发潜力和矿山服务年限，以便为制定借助中亚矿产资源满足我国矿产资源的保障程度提供定量的决策依据。

系统分析石油、天然气、铀矿对中国能源安全的保障程度和保障效益。从保障国家战略资源安全的高度出发，根据我国矿产资源紧缺的先后顺序，从比较利益、地缘战略需求和成本效益等多方面考量，提出中亚五国战略能矿资源开发的优先顺序；提出中国与中亚五国优势能矿资源合作开发的大致规模、重点矿山建设规模、相应的基础设施配套建设规模、人才保障规模、开采技术装备规模；并对优势能矿资源合作开发对中国的保障程度和保障效益进行分析。为我国国有大型企业进驻中亚五国开发战略能矿资源提供科学的决策依据。

（二）外部影响因素对关键能矿资源开发影响和对中国保障风险分析

综合分析外部关键影响要素对中亚石油、天然气、铀开发的影响和对中国的保障风险。分析储量变化、能源价格变化、交通可达性、电力保障程度、水资源可供性、开采技术进步、国家政策变化、政局更替、政治博弈、政治利益集团博弈、教育、民族、运输通道、国际贸易、恐怖袭击、战争等外部关键因素对中亚石油、天然气、铀矿开发利用的影响。

采用风险贝叶斯模型和风险评估模型，定量模拟评估影响度和风险系数，根据影响度大小提出中亚石油、天然气、铀矿开发对中国保障风险的情景方案。

（三）中亚能矿资源与中国需求的技术合作模式与合作路径

研制中亚与中国关键能矿资源互补合作开发的技术路径与技术模式，包括产量分成模式、联合经营模式、股份制开发模式、技术服务模式、其他合作模式等。

评估中亚地区石油、天然气、铀矿等关键能矿资源的跨境贸易现状、跨境贸易前景及跨境能源战略通道建设走向、规模和协调沿线有关各方关系的可行性。

（四）关键地缘节点对国家安全格局的影响分析

分析中哈塔城地缘节点作为丝绸之路经济带北通道枢纽和绿色农产品通道，对国家安全格局的影响；分析争取把塔城建成中哈国际合作示范区的可能性。

分析中哈霍尔果斯地缘节点作为丝绸之路经济带主通道枢纽和油气通道，对国家安全格局的影响；分析将霍尔果斯建成中哈国际贸易中心的重要性。

分析中吉喀什地缘节点作为古"丝绸之路"南线和北线的西端交汇点和天然气通道，对国家安全格局的影响；分析将喀什建成中吉国际贸易中心与旅游中心的重要性。

三、研究技术路线与方法

将科学前沿与国家战略需求紧密结合，利用国际合作调查和风险评估模型等方法，基本摸清中亚五国石油、天然气、铀矿等矿产资源"家底"、地缘政治经济格局和开发利用实情；提出中亚地区关键能矿资源综合开发潜力、基本模式、对中国的保障程度和保障风险，实现战略能矿资源开发的效益最大化目标；为掌握中亚地区关键能矿资源的开发利用格局、地缘政治格局和贸易格局，进而为实现我国与中亚地区能源技术合作提供科技支撑。

按照"基础数据获取→资源环境基础分析→地缘政治格局分析→关键能矿资源开发潜力与模式→保障程度与风险分析→关键地缘战略节点解析→配套及政策"这样一条技术路线开展研究工作，包括"收集遥感资料、文献资料和实地调查资料→建立中亚地区资源环境与社会经济数据库→摸清中亚五国优势能矿资源的储量、品位与开采条件→评估中亚五国优势能矿资源的开发潜力→阐述中亚五国优势能矿资源开发现状与存在问题→确定我国与中亚五国优势能矿资源合作开发的重点区域与基本模式→评价中亚五国优势能矿资源合作开发对我国的保障程度与风险→分析中亚生态环境地缘格局→提出相关配套条件及政策"，具体如图1.1所示。具体研究方法如下。

（1）文献综述法。通过对国内外文献的系统梳理，理清研究方法的应用方式，分析梳理国际国内研究中亚地区的相关文献，查阅历年《世界油气杂志》《采矿年评》以及国际原子能机构发布的《铀资源红皮书》《中亚信息》等，建立中亚地区资源环境与经济社会发展数据库等。

（2）实地勘察调查法。对中亚五国进行实地考察与数据调研，获取中亚地区资源环境与经济社会发展现状的第一手数据资料，补充完善中亚地区资源环境与经济社会发展数据库。

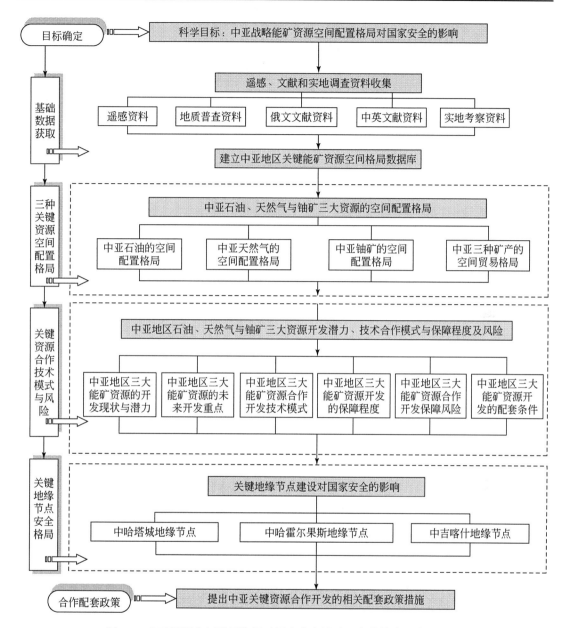

图 1.1　中亚能源空间配置格局对国家安全影响研究的技术路线示意图

（3）联合协作法。与国内中石油、中石化、中国五矿集团、国家开发银行、中资集团、中国社会科学院、国际欧亚科学院开展不同程度的合作，聘请这些单位的专业技术人员做顾问甚至参与研究其中，收集相关资料。

（4）国际合作法。借助相关的对外国际合作关系和中国科学院中亚生态与环境研究中心阿拉木图分中心、比什凯克分中心、杜尚别分中心 3 个海外研究中心，与哈萨克斯坦科学院地理研究所、乌兹别克斯坦科学院、吉尔吉斯斯坦科学院、塔吉克斯坦科学院、土库曼斯坦科学院以及中亚五国的部分高等院校开展联合研究，收集相关资料。

（5）定性定量结合法。将收集到的中亚地区资源环境数据和经济社会发展数据采用定性分析与定量分析相结合的方法进行分析、加工、整理。

（6）模型预测法。基于中亚地区资源环境与城市经济社会发展趋势，采用风险预警模型、风险贝叶斯模型等相关模拟预测未来中亚地区矿产资源开采量的动态变化趋势、外部要素扰动度及地缘政治演变格局。

四、研究过程

（一）开展了对中亚地区的实地调研

2016 年 7～10 月先后分三组完成了哈萨克斯坦、乌兹别克斯坦、吉尔吉斯斯坦和塔吉克斯坦等国石油、天然气、铀矿分布及开发状况的实地调研；2016 年 7 月考察了吉尔吉斯斯坦铀矿分布及核废料掩埋处理问题，考察了 Ak-Tuyz 矿区，该矿位于外伊犁阿拉套山西南坡，距离吉尔吉斯斯坦首都比什凯克约 100 km，1942 年应战争的需求开采铅、锌矿至 1978 年，后开展稀土金属和铀矿（钍铀铅矿）的开采，直至 1992 年苏联解体后关闭，其周围沿 Kichi-Kemin 河布置了 4 个核废料掩埋场。苏联时期曾经有 3500 人左右工作生活于此，现只剩不到 200 人。2016 年 8 月考察塔吉克斯坦地质、地震与抗震工程研究所设在吉萨尔山区的地震监测站，了解了塔吉克斯坦地质地矿领域的相关研究，时任所长 Yunus Mamadjanov 陪同访问。

根据中亚铀矿的分布和开发状况，分哈萨克斯坦和乌兹别克斯坦研究组、吉尔吉斯研究组和塔吉克斯坦研究组等 3 个研究组开展相关工作，其中哈乌研究组主要由国内人员组成，吉塔两国研究组由中亚生态与环境研究中心的外方工作人员组成；吉塔两个研究组已经开展铀矿类型、分布、开发历史、现状等工作，并对开发潜力进行评估和评价；国内研究组重点对哈萨克斯坦开展研究，完成哈萨克斯坦及其他中亚 4 国核能资源概况的资料整理和分析，包括铀矿分布、储量、开采量、投资者来源等，如 2015 年哈萨克斯坦产铀 2.38 万 t（较 2014 年增产 4.3%），占世界总产量的 40%，2016 年计划生产 2.408 万 t，估计 2017 年达到高峰，保持在 2.7 万 t 的水平，将在世界遥遥领先。根据目前掌握的资料，世界 80% 的铀矿资源曾为几个主要发达国家的铀矿公司所垄断，因此哈萨克斯坦的铀矿资源开发将在全球铀矿资源市场上起到新的平衡作用。

2016 年 7 月 15 日与哈萨克斯坦国东哈州州长达尼亚勒·阿赫梅托夫进行了会谈交流，与哈萨克斯坦铁路总公司阿乌巴基罗夫·叶力克就建设互联互通战略通道进行了会谈交流。

（二）完成了对丝绸之路经济带三大地缘节点的实地调研

2016 年 4～9 月完成了塔城、吉木乃、喀什 3 个丝绸之路经济带地缘节点的实地调研工作，完成了约 20 万字的《丝绸之路经济带中哈国际合作试验区研究报告》，建议报告约 1 万字，得到了新疆维吾尔自治区领导批示和高度赞许。8 月 12 日下午在新疆维吾尔自治区迎宾馆向新疆维吾尔自治区领导汇报了三大地缘战略节点建设思路，得到了充分肯定。

2016 年 6 月完成了关键地缘节点塔城建设丝绸之路经济带中哈国际合作试验区的研究报告，连续 6 次征求塔城地区主要领导和 25 个职能部门的意见，取得了重大成果，一些前期建设工作正在大力推进，前期工作已经纳入新疆维吾尔自治区"十三五"规划。6 月 24 日，新疆维吾尔自治区党委常委、地委书记组织召开了塔城地区四大班子及地区主要部门参加的中哈（塔城）国际合作试验区课题研究交流会。就研究成果做了详细汇报。领导听取汇报和发言后就加快中哈（塔城）国际合作试验区做了重要讲话。指出，地委提出"建设中哈（塔城）国际合作试验区"完全符合中央和自治区党委关于丝绸之路经济带建设决策部署的前瞻性战略构想，推进中哈（塔城）国际合作试验区研究建设，事关塔城经济社会发展和未来战略目标的实现，是全方位提升塔城在丝绸之路经济带建设中战略地位的必然选择。在中国科学院的大力支持下，中哈（塔城）国际合作试验区课题组专家形成了内容翔实、论证充分、目标明确，措施和政策性建议的针对性和可操作性都很强的研究报告，为塔城未来的发展描绘了非常美好的前景。此后，进一步修改完成了塔城地缘节点《关于建设丝绸之路经济带中哈国际合作试验区的建议》报告，得到了新疆维吾尔自治区领导批示，并以伊犁哈萨克自治州塔城地区行政公署（塔行发）[2016] 52 号文件上报新疆维吾尔自治区人民政府，以塔行函 [2016] 43 号文件上报中国科学院，2016 年 9 月通过中科院办公厅上报中办和国办。2016 年 8 月，哈萨克斯坦东哈州州长达尼亚勒·阿赫梅托夫会见后将此建议汇报给了哈萨克斯坦总统。

2016 年 5 月完成了喀什地缘战略节点的实地调研，撰写了《关于新建乌鲁木齐-喀什高速铁路，建设喀什城市圈的建议》报告，得到了喀什地委书记的亲笔批示。目前这一报告已经被国家发改委《改革内参》2016 年第 32 期采用。

（三）完成了系列研究报告，开发了两项计算机软件系统

在实地调研的基础上，笔者先后完成了《中亚战略能矿资源空间配置格局对国家安全的影响》文献评估报告、《中亚战略能矿资源空间配置格局对国家安全的影响》研究报告、《中亚石油资源空间配置格局对国家石油安全的影响》研究报告、《中亚天然气资源空间配置格局对国家天然气安全的影响》研究报告、《中亚油气资源贸易格局对国家能源安全的影响》研究报告、《中亚铀矿资源的空间配置格局与中国合作开发》研究报告、《中亚铀矿资源对中国核电原料供应安全评估》研究报告、《关键地缘战略节点中哈国际合作示范区建设》研究报告，共八大技术报告。同时开发完成了《丝绸之路经济带边境口岸城市地缘战略优势度综合评估系统 V1.0》（国家计算机软件著作权登记证书 2017SR259492）、《"一带一路"沿线国家城市化时空演变模拟系统 V1.0》（国家计算机软件著作权登记证书 2017SR431593）。

主要参考文献

[1] 麦金德. 历史的地理枢纽. 北京：商务印书馆，1985：13-14.

[2] 许勤华. 新地缘政治：中亚能源与中国. 北京：当代出版社，2007：35-36.

[3] 毛汉英. 中国与俄罗斯及中亚五国能源合作前景展望. 地理科学进展，2013，32（10）：1433-1443.

[4] 陈正，蒋峥. 中亚五国优势矿产资源分布及开发现状. 中国国土资源经济，2012，25（5）：34-39.

[5] 国土资源部信息中心. 世界矿产资源年评 2009～2010. 北京：地质出版社，2011：35-56.

［6］赵亚博，方创琳. 中国与中亚地区油气资源合作开发模式与前景分析. 世界地理研究，2014，01：29-36.

［7］杨中强. 中亚石油与21世纪的中国石油安全. 国际论坛，2001，3（1）：34-39.

［8］季志业，冯玉军. 俄罗斯、中亚油气政治与中国. 哈尔滨：黑龙江人民出版社，2008：22-29

［9］BP 集团. 2014 年 BP 世界能源统计年鉴. http://www. bp. com/zh_cn/china/reports-and-publications/bp_2014. html. 2016-11-5.

［10］亨廷顿. 文明的冲突与世界秩序的重建（修订版）. 周琪等译. 北京：新华出版社，2010：22-26.

［11］陆俊元. 中亚地缘政治新格局及其对中国的战略影响. 世界地理研究，2011，20（2）：8-14.

［12］刘甲金，蒲开夫，孙新安. 中亚油气资源与中亚油气市场. 东欧中亚市场研究，2002，（6）：25-29.

［13］赵亚博，方创琳，王少剑. 中亚地区油气资源开发及对中国油气进口战略影响的探讨. 干旱区地理，2014，37（5）：1036-1046.

［14］徐曼. 丝绸之路将成为"能源之路". 干旱区地理，2006，29（4）：462.

［15］高志刚，韩延玲. 中亚国家区域经济合作模式、机制及其启示. 新疆社会科学，2014，4：73-77.

［16］Dorian J P. Central Asia：A major emerging energy player in the 21st century. Energy Policy，2006，（34）：544-555.

［17］Spechler D R，Martin C，Spechler. Trade，energy，and security in the Central Asian Arena. The National Bureau of Asian Research，2006，（9）：214-231.

［18］许勤华. 新地缘政治：中亚能源与中国. 当代世界出版社，2007，14-17.

［19］张抗. 中亚与中东油气资源对比. 国际资料信息，2008，（7）：1-6.

［20］寇忠. 中亚油气资源出口新格局. 国际石油经济，2010，（5）：39-47.

［21］吉力力·阿不都外力，杨兆萍. 俄罗斯和中亚五国资源开发现状与潜力分析. 干旱区地理，2006，29（4）：588-597.

［22］周可法，陈衍景，张楠楠，等. 中亚地区典型矿床的特征提取技术及预测方法. 干旱区地理，2012，35（3）：339-347.

［23］雷汉云，张忠俊. 中国新疆与中亚地区矿产资源合作模式研究. 新疆师范大学学报：哲学社会科学版，2015，3：77-83.

［24］汤一溉. 再论中国通向中亚的石油天然气能源战略通道. 干旱区地理，2008，31（4）：615-623.

［25］梁迎迎. 中亚地区油气资源投资风险预警体系研究. 中国地质大学（北京）硕士学位论文，2014，35-43.

［26］谭斌，王菲. 中亚能源竞争及其对我国能源安业研究，2010，（2）：92-95.

第二章　中亚能源资源研究文献分析与综合评估

中国作为石油、天然气生产与消费大国，尽管近年来国内油气产量持续增长，但仍难以满足国民经济和社会持续快速发展的需要，油气供需缺口不断加大。根据 BP 集团 2017 年发布的《BP 世界能源统计年鉴》[1]，2016 年中国石油消费量为 5.787 亿 t，产量为 1.997 亿 t，对外依存度达 65.49%，远超 50% 这一国际公认警戒线；天然气消费量为 2013 亿 m^3，产量为 1384 亿 m^3，对外依存度达 31.25%；而从消费增长情况来看，天然气较 2016 年增长 7.7%，石油较 2016 年增长 2.6%。与此同时，近年来中国核电快速发展，2016 年全球核能生产净增长全部来自中国，中国核能产量年增量（960 万 t 油当量）成为 2004 年以来各国年增量的最大值。但中国是一个贫铀国，大量铀矿需要进口，能源安全形势日益严峻。

中亚地区油气资源储量十分丰富，开发潜力巨大。中亚地区油气资源主要分布在西部的里海及其附近陆域，目前里海海域已探明石油储量 27.4 亿 t，天然气储藏量约为 7.89 万亿 m^3，分别占世界石油和天然气总储量的 8% 和 4.3%[2]。从国家分布来看，中亚油气资源主要分布在哈萨克斯坦、土库曼斯坦和乌兹别克斯坦三国。哈萨克斯坦以石油资源为主，探明储量高达 39 亿 t；土库曼斯坦则以天然气资源为主，探明储量达 17.5 万亿 m^3。乌兹别克斯坦油、气资源兼备，但在储量上不及上述两国。此外，中亚地区还拥有丰富的铀矿资源，特别是哈萨克斯坦，其开采成本低于 130 美元/kg 的资源量为 74.53 万 t，占全球总量的 13%，仅次于澳大利亚[3]。中亚地区与我国地理位置临近，交通运输便利，凭借巨量的能矿资源和安全的运输通道，中亚地区已成为我国能源安全体系不可缺失的重要组成部分。

在全球与油气相关的地缘政治版图中，中亚位于心脏地带，美国著名地缘战略理论家布热津斯基认为，谁控制了中亚石油，谁就能在全球能源战略格局中争得主动。因此，中亚地区的能矿资源受到了全球各主要国家的广泛关注。从科学研究角度来看，很多国家都开展了大量与中亚能矿资源有关的研究，并发表了相关研究论文。多年以来，通过文献综述来梳理某领域的相关研究进展是一种常用的方法，如通过对战略报告和科学计划的解读，并结合学科综述性总结和学术大会的主旨报告来研究和分析某一领域的研究进展和发展动向。由于科学文献是科研活动产出和交流的主要形式之一，因此可以通过对文献的定量分析揭示出科研生产率、研究方向、发展趋势等特征。基于此，产生了文献计量学[4,5]。作为图书情报学的分支学科，其借助文献的各种特征的数量，采用数学与统计学方法来描述、评价和预测科学技术的现状与发展趋势，近年来得到了广泛应用[6,7]。

本章通过文献计量方法分析中亚能矿资源（石油、天然气、铀矿）的研究进展和趋势。科学引文索引（Science Citation Index，SCI）是国际上最有影响力的数据库之一，作为如今 Web of Science 的核心合集数据库收录了 1900 年至今世界各国的优秀科技期刊，并把所有文献分为自然科学、社会科学、生命科学与生物医学、艺术人文和应用科学五大类 156 个研究方向，可方便地对同一个主题的文献进行检索和分析。中国知网（CNKI）是目前世界上最大的连续动态更新的中国期刊全文数据库，收录国内 8200 多种重要期刊，以学术、技术、政策指导、高等科普及教育类为主，同时收录部分基础教育、大众科普、大众文化和文艺作品类刊物，内容覆盖自然科学、工程技术、农业、哲学、医学、人文社会科学等各个领域。因此，对中亚能矿资源的文献综合评估分别选择 SCI 数据库和中国知网数据库为数据源来进行文献检索和分析。

受文献检索数据库所限，本章所列的有关中亚能矿资源研究文献中，未包括 20 世纪 90 年代以前国内学者的有关专著，其中主要有：毛汉英、陈才主编并分别于 1983、1987 年出版的《苏联经济地理》（上册，总论）和《苏联经济地理》（下册，区域）[8,9]；裘新生、王国清编著的《苏联石油地理》[10]。上述两书分别以能源类别（煤炭、石油、天然气、水电等一次能源）和区域为主线，对中亚五国各类能矿资源的分布、开采、加工、运输、消费、贸易与能源综合体建设作了较全面的分析研究，对当时中国能源资源的开发与能源基地建设发挥了重要的参考与借鉴作用。

第一节　中亚石油资源研究的文献分析与评估

根据 Web of Science 的 SCI 数据库和中国知网文献数据库的不同要求，分别构建出中亚石油研究的检索式①，然后在各数据库中分别进行检索，在 SCI 数据库检索获得 569 篇论文，在中国知网中检索获得 2155 篇论文。以这些文献为基础，通过文献计量分析对中亚石油研究进行一次综合评估，以从整体上了解和认识相关的研究情况和进展。

一、论文数量变化

从论文总量来看，中国知网发表的有关中亚石油研究的论文数量远高于 SCI 数据库，大约是其 4 倍，这或许能够在一定程度上说明，与中亚地区临近的中国十分关注该地区的石油科技及其相关问题。从另一个侧面说明，中亚石油资源对于中国具有重要意义，所以才引发了如此巨大的关注。

通过对两个数据库中论文数量变化的分析发现，中国知网所收录论文在 1992 年之后呈现快速增长趋势，2013 年发文量达到峰值（196 篇），这一数据比 SCI 数据库中的最高峰（2016 年的 46 篇）高出约 3 倍（图 2.1）。整体来看，存在一个明显的共同之处，即 1992 年之后，两个数据库中的中亚石油研究论文均呈现出增长态势，尽管增长速率有所不同。而这一时间，刚好是中亚国家刚刚独立之时（1991 年苏联解体后，中亚五国分别独立，成立主权国），从科学研究角度看，对于中亚石油资源的全面关注始于其国家独立之时。

---

① SCI 数据库：TS=（oil or petroleum or "fossil oil" or "rock oil"）and（Kazakhstan or Uzbekistan or Kyrgyzstan or Tajikistan or Tadzhikistan or Turkmenistan or "central Asia" or "central Asian"）。

中国知网：SU=（石油）and SU=（"乌兹别克斯坦" + "哈萨克斯坦" + "塔吉克斯坦" + "土库曼斯坦" + "吉尔吉斯斯坦" + "中亚"）。

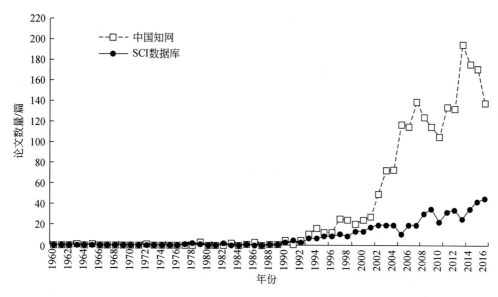

图 2.1 SCI 数据库和中国知网中有关中亚石油研究论文的数量变化图

二、研究力量分布

（一）主要国家

通过对 SCI 论文的分析，获得了全球开展中亚石油研究排在前 15 位的国家。美国的发文量为 115 篇，居各国之首；紧随其后的是哈萨克斯坦，发文量 95 篇；中国以 72 篇的发文量列第三位，俄罗斯则以 58 篇的发文量列第四位（图 2.2）。此外，英国、德国、法国、

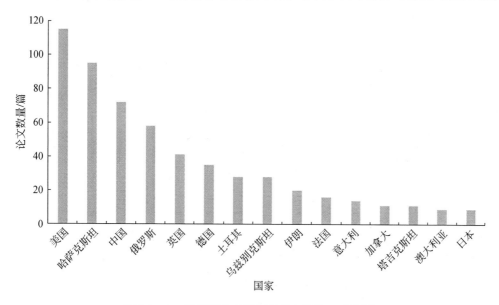

图 2.2 SCI 数据库中中亚石油研究的前 15 位国家

意大利等欧洲国家，以及乌兹别克斯坦、塔吉克斯坦等中亚国家也开展了一些与中亚石油有关的研究。除美国之外，其他一些远离中亚地区的国家，如加拿大、澳大利亚、日本等也比较关注中亚的石油资源。从近 5 年的发文情况来看，除哈萨克斯坦之外，中国、加拿大、塔吉克斯坦都比较关注中亚地区的石油资源，近 5 年发文量占其论文总量的比例均在 40%以上。

论文数量侧重于从量的角度反映研究主体在某领域的产出能力，论文被引侧重于反映其研究产出的影响力。从被引情况来看，日本的篇均被引最高，达到了 16.89 次/篇，加拿大紧随其后，16.09 次/篇，两者相差不是很大；澳大利亚和德国分别以约 13 次/篇的篇均被引频次列第三位和第四位（表 2.1）。发文量第一的美国，其论文篇均被引频次列第八位，而发文量居第二位和第三位的哈萨克斯坦和中国，其论文篇均被引频次分列倒数第一位和第二位。

表 2.1 SCI 数据库中中亚石油研究前 15 位国家的影响力

序号	国家	发文量/篇	近 5 年发文量占比/%	被引论文占比/%	总被引/次	篇均被引/(次/篇)
1	美国	115	23.48	74.78	1392	12.10
2	哈萨克斯坦	95	49.47	36.84	322	3.39
3	中国	72	61.11	66.67	412	5.72
4	俄罗斯	58	32.76	70.69	498	8.59
5	英国	41	39.02	75.61	518	12.63
6	德国	35	25.71	65.71	458	13.09
7	土耳其	28	21.43	78.57	279	9.96
8	乌兹别克斯坦	28	21.43	57.14	161	5.75
9	伊朗	20	40.00	60.00	187	9.35
10	法国	16	31.25	62.50	204	12.75
11	意大利	14	28.57	64.29	179	12.79
12	加拿大	11	45.45	72.73	177	16.09
13	塔吉克斯坦	11	45.45	72.73	65	5.91
14	澳大利亚	9	22.22	77.78	121	13.44
15	日本	9	11.11	66.67	152	16.89

（二）主要机构

通过对 SCI 论文的分析，获得了全球开展中亚石油研究排前 15 位的机构。俄罗斯科学院的发文量遥遥领先其他各机构，约是排在第二位的中国科学院的 2 倍。中国科学院、中国石油大学[①]、哈萨克斯坦国立大学、乌兹别克斯坦科学院的发文量相差不大，基本保持在同一个水平，可谓之第二梯队（图 2.3）。在此之后，是哈萨克斯坦国立技术大学、中石油勘探开发研究院、塔吉克斯坦科学院、阿拉巴马大学、莫斯科国立罗蒙诺索夫大学、中国

---

① 这里包括北京和华东两个分校，后文不再一一表述。

石油天然气集团公司组成的第三梯队，其发文量十分接近。最后是安纳托鲁大学、哥伦比亚大学、中国石化石油勘探开发研究院、斯坦福大学，它们的发文量相对最低。在这15个机构中，来自中国的有5个，分别是中国科学院、中国石油大学、中石油勘探开发研究院、中国石油天然气集团公司和中国石化石油勘探开发研究院，可以说明中国在中亚石油研究方面具有一定的实力。从近5年的发文量来看，来自中国的5个机构的发文量占其总发文量的比例均超过了50%，说明中国近年来十分重视中亚的石油研究。

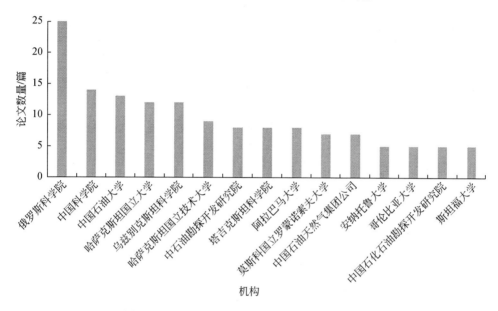

图 2.3 SCI 数据库中中亚石油研究的前 15 位机构

对于石油资源丰富的哈萨克斯坦而言，其亦十分重视石油研究，哈萨克斯坦国立大学近5年的发文量占到了其总发文量的67%就是一个很好例证。从研究论文的国际影响力来看，哈萨克斯坦国立大学以4.42次/篇的篇均被引在15个国际机构中列第八位。列第一位的是斯坦福大学，其研究论文的篇均被引是41次/篇，中国科学院以8.5次/篇列第三位（表2.2）。

表 2.2 SCI 数据库中中亚石油研究前 15 位机构的影响力

序号	单位名称	发文量/篇	近5年发文量占比/%	被引论文占比/%	总被引/次	篇均被引/（次/篇）
1	俄罗斯科学院	25	36.00	68.00	175	7.00
2	中国科学院	14	57.14	78.57	119	8.50
3	中国石油大学	13	76.92	61.54	39	3.00
4	哈萨克斯坦国立大学	12	66.67	41.67	53	4.42
5	乌兹别克斯坦科学院	12	25.00	83.33	24	2.00
6	哈萨克斯坦国立技术大学	9	77.78	22.22	3	0.33
7	中石油勘探开发研究院	8	100.00	62.50	48	6.00

续表

序号	单位名称	发文量/篇	近5年发文量占比/%	被引论文占比/%	总被引/次	篇均被引/(次/篇)
8	塔吉克斯坦科学院	8	50.00	87.50	22	2.75
9	阿拉巴马大学	8	37.50	75.00	64	8.00
10	莫斯科国立罗蒙诺索夫大学	7	42.86	71.43	28	4.00
11	中国石油天然气集团公司	7	71.43	85.71	31	4.43
12	安纳托鲁大学	5	60.00		54	10.80
13	哥伦比亚大学	5	20.00	80.00	14	2.80
14	中国石化石油勘探开发研究院	5	60.00	40.00	12	2.40
15	斯坦福大学	5	20.00	80.00	205	41.00

基于中国知网论文分析结果显示,包括新疆大学、中国石油大学(华东)、中国石油大学(北京)、新疆财经大学、吉林大学、中国地质大学(北京)等在内的15个机构是中国国内开展中亚石油研究较多的机构,尤其是新疆大学和中国石油大学的两个分校(图2.4)。

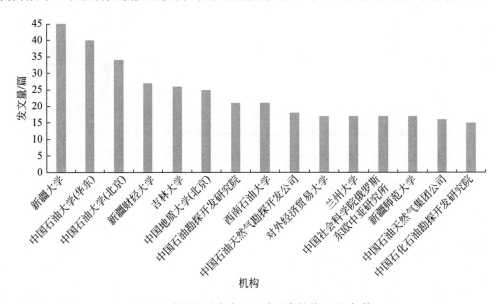

图2.4　中国知网中中亚石油研究的前15位机构

三、研究方向与热点

(一)研究方向

基于 SCI 的学科分类发现,在中亚石油研究中,全球的研究十分关注能源与燃料、工程学这两个方向,其次则比较关注地质学、环境科学与生态、化学,同时对商业与经济、政府和法治、国际关系也有一定程度的关注(图2.5)。由此说明,全球对中亚石油的研究

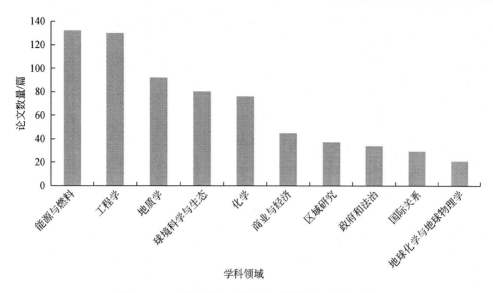

图 2.5　SCI 数据库中有关中亚石油的主要研究方向

不仅仅是资源的勘探和开发，同时还涉及国际贸易、石油政策等内容。

　　从中国知网所收录论文的情况来看，工业经济和石油天然气工业是两个主要研究方向，两者的论文数量占到了全部论文的 **70%多**；其次，在经济体制、国际政治、贸易经济等方面也有关注，这与国际情况有一些相似之处（图 2.6）。

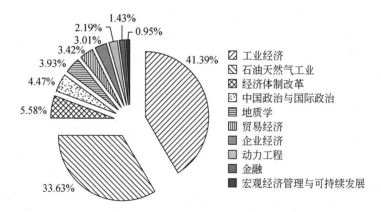

图 2.6　中国知网中有关中亚石油论文的主要研究方向

（二）研究热点

　　基于对论文关键词的统计发现，中亚石油研究相关的 SCI 研究论文侧重对气相色谱-质谱、碳氢化合物、生物标志物等石油技术方法领域的研究（图 2.7），在区域上十分关注里海地区，在研究主体上，除中亚国家之外，俄罗斯和中国是关注中亚石油的两个重要国家。中国知网中的研究论文则侧重石油安全及地缘政治、能源合作等方面的研究（图 2.8）。

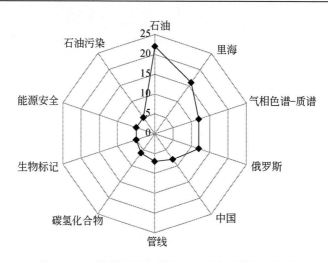

图 2.7　SCI 数据库中有关中亚石油文献关键词分布

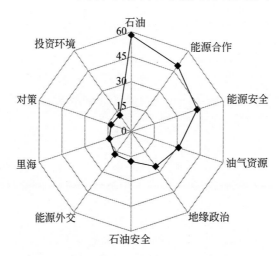

图 2.8　中国知网中有关中亚石油文献关键词分布

为了充分分析这些关键词之间的关联关系，并进一步发现其内在意义，对其进行了关联可视化分析①。对 SCI 论文的分析发现，哈萨克斯坦、中亚、中国、俄罗斯、中东和石油这几个关键词基本构成了网络的主体（图 2.9）。其中，对哈萨克斯坦的关注最多，这是因为中亚石油资源主要分布在哈萨克斯坦（从一定程度上印证了文献调研结果，即中亚石油储量绝大部分集中分布在哈萨克斯坦）；哈萨克斯坦的石油资源不仅涉及中国和俄罗斯两个近邻，还涉及中东，因此可能影响到整个欧亚大陆乃至全球的石油战略和政策。进一步来看，主要关注国家间的石油管线和能源安全问题，而在讨论中国相关事宜时，还涉及气候变化问题。此外，由于哈萨克斯坦的石油资源主要分布在里海区域，在勘探开发石油资源之外，还十分关注里海附近的污染问题，而这也是近年来哈萨克斯坦卡沙甘油田开发一再推迟的重要原因。

---

① 将从 TDA 得到的关键词共现矩阵导入 UCINET 进行可视化，图中点的大小代表论文数量的多少，点与点之间的连线代表关联关系的强弱，连线越粗说明关联越强，反之越弱，实线比虚线代表的关联强度大。没有连线，不代表不存在关联，仅说明在相关阈值下关联表现不显著。

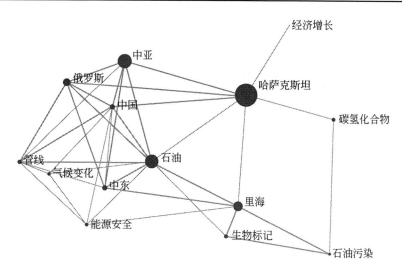

图 2.9　SCI 数据库中有关中亚石油文献的关键词关联可视化分析图

　　中文论文重点关注的是中国和哈萨克斯坦这两个国家，主要关注石油资源及与其相关的能源安全、能源外交、地缘政治，以及哈萨克斯坦的投资环境等，说明中国十分关心哈萨克斯坦的石油资源，并在积极努力地从多个方面与其展开合作。但是，哈萨克斯坦的石油资源不仅仅涉及中国，从图 2.10 可以看出，还牵扯到美国和俄罗斯这两个大国，说明其也在谋求获取或控制哈萨克斯坦的石油资源。除此之外，"丝绸之路经济带"也在网络之中，说明近年来中国发起的"一带一路"倡议对中哈之间的能源合作产生了一定影响。

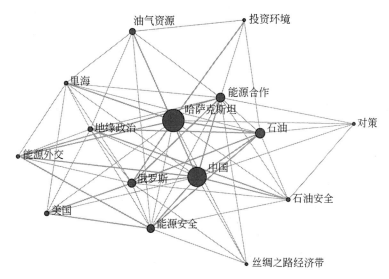

图 2.10　中国知网中有关中亚石油文献的关键词关联可视化图

　　在不同时期，科学研究有不同的关注重点。为此，分 4 个时间段（1960～1991 年、1992～2000 年、2001～2010 年、2011～2016 年）对两个数据库中的论文关键词进行具体分析（表 2.3）。SCI 论文的分析结果表明：1960～1991 年，热点关键词有沉积、探测器、测量等，说明这一时期主要关注石油勘探。1992～2000 年，热点关键词除石油外，还有油田、分布理论、吸附剂、气相色谱、碳酸盐岩、形变、成岩等，表明这一时期石油资源的勘探进一步发展，区域地质研究也得到重视；同时，硫化物、生物降解、健康等也成为关注较多的关键词，表明石油开发的污染问题已经引起重视。2001～2010 年，许多热点关键词涉及国家和区域，如哈萨克斯坦、中亚、俄罗斯、中国、中东、里海等，同时对管道、能源安全等也有较多关注，表明在这一时期能源贸易以及由此带来的能源安全问题成为重要主题；同时，气相色谱-质谱分析技术开始较多地应用于碳氢化合物（石油的主要组成成分）以及其他化学成分的分析。2011～2016 年，里海上升为一个重点关注区域，涉及哈萨克斯坦、俄罗斯、中国和中东的能源政策和安全问题仍是重要的研究主题；同时，准噶尔盆地与中亚石油地质的对比分析也较受关注；此外，与石油开发相关的一些其他问题，如气候变化、经济增长、区域主义等也受到了重视。

表 2.3　不同时间段中亚石油研究的热点关键词——SCI 数据库

序号	1960～1991 年	1992～2000 年	2001～2010 年	2011～2016 年
1	沉积	石油	哈萨克斯坦	哈萨克斯坦
2	探测器	油田	中亚	中亚
3	测量	分布理论	石油	里海
4	石油	吸附剂	气相色谱-质谱	石油
5	天然气	硫化物	管道	俄罗斯
6		生物降解	俄罗斯	气相色谱-质谱
7		生物标志物	咸海	中国
8		气相色谱	里海	准噶尔盆地
9		碳酸盐岩	中国	中东
10		里海	能源安全	生物标志物
11		中亚	碳氢化合物	能源
12		健康	中东	气候变化
13		岩心	化学成分	经济增长
14		形变	气候变化	石油污染
15		成岩	污染物模拟	区域主义

中国知网论文的分析结果表明：1960～1991 年，热点关键词有含油气层系、含油气地区等，说明这一时期主要关注石油勘探，这与 SCI 论文类似。1992～2000 年，热点关键词涉及众多国家和区域，如哈萨克斯坦、中国、俄罗斯、美国、中亚、亚太地区等，同时，对外合作、石油公司、原油储量、管道输送、能源安全、国际关系等也较受关注，表明这一时期由哈萨克斯坦的石油资源所引发的国家和地区关系及能源安全问题是重要的研究主题（表 2.4）。2001～2010 年，能源合作、地缘政治、能源外交、国际合作等进入热点关键词列表，表明上一时期的研究进一步深化和拓展，同时，对新疆也有较多关注，因为新疆是中国进口哈萨克斯坦石油资源的首要通道。2011～2016 年，丝绸之路经济带、一带一路成为热点关键词，表明中国发起的这一倡议受到了广泛关注，同时，除与中亚相邻国家之

外，美国也成为热点关键词，表明其对哈萨克斯坦石油资源的重视，以及对中亚乃至整个欧亚大陆能源政策和战略的关注。

表 2.4 不同时间段中亚石油研究的热点关键词——中国知网

序号	1960~1991 年	1992~2000 年	2001~2010 年	2011~2016 年
1	含油气层系	哈萨克斯坦	中亚	哈萨克斯坦
2	含油气地区	中国	中国	中国
3	大地构造	俄罗斯	哈萨克斯坦	中亚
4		石油	石油	能源合作
5		对外合作	能源安全	石油
6		石油公司	俄罗斯	俄罗斯
7		美国	能源合作	能源安全
8		中亚	地缘政治	新疆
9		亚太地区	石油安全	丝绸之路经济带
10		原油储量	里海	美国
11		能源安全	新疆	一带一路
12		里海	能源外交	对策
13		竞争	国际合作	投资环境
14		管道输送	中东	能源外交
15		国际关系	上合组织	地缘政治

四、国际合作研究

国际合作是当今科学研究的一个必然趋势，合著论文则是合作研究的一个重要表现。对 SCI 数据库中的论文统计表明，中亚石油研究的国际合作论文共计 137 篇。1997~2017年，国际合作论文呈波动上升态势，2014 年达到最高峰，近两年增长趋势稍有缓和(图 2.11)。

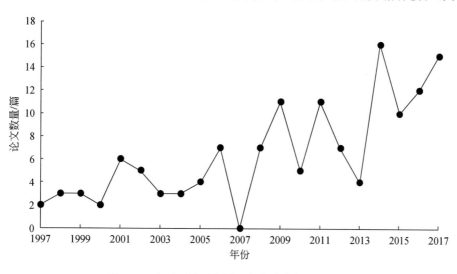

图 2.11 中亚石油研究国际合作论文变化曲线图

由论文合著表现出的合作情况来看，国际合作多在两个国家之间开展，两国合作完成的论文数约占到了该领域全部论文的 16%，而三国和三国以上的情形分别只占到了约 4.6% 和 3.5%。从各主要国家的情况看，美国的国际合作论文最多，达到了 57 篇，其次是哈萨克斯坦，国际合作论文 41 篇，相比之下，中国只有 14 篇。美国与哈萨克斯坦、俄罗斯和德国之间的合作非常频繁，明显多于其他国家（表 2.5、表 2.6）。

表 2.5　中亚石油研究的国际合作情况

合作国家数量/个	论文数/篇	占全部论文比例/%
2	91	15.99
3	26	4.57
4	13	2.28
5	6	1.05
6	1	0.18

表 2.6　中亚石油研究前 15 位国家的国际合作情况

国家	国际合作论文数/篇	合作国家（合作论文数量）
美国	57	哈萨克斯坦（9）、中国（8）、塔吉克斯坦（7）、德国（6）、俄罗斯（5）
哈萨克斯坦	41	俄罗斯（10）、美国（9）、德国（6）、英国（6）、土耳其（4）
俄罗斯	24	哈萨克斯坦（10）、美国（5）、英国（5）
德国	23	美国（6）、哈萨克斯坦（6）、乌兹别克斯坦（4）、英国（4）
英国	22	美国（7）、哈萨克斯坦（6）、俄罗斯（4）、奥地利（4）
中国	14	美国（8）、德国（2）、哈萨克斯坦（2）
乌兹别克斯坦	13	德国（4）、美国（3）、意大利（3）、土耳其（3）
意大利	10	乌兹别克斯坦（3）、美国（2）、瑞士（2）、英国（2）
法国	9	哈萨克斯坦（3）、美国（2）、英国（2）、奥地利（2）
土耳其	9	哈萨克斯坦（4）、乌兹别克斯坦（3）
塔吉克斯坦	8	美国（7）、德国（2）
伊朗	6	美国（3）、法国（1）
加拿大	5	美国（2）、中国（1）
澳大利亚	3	美国（2）、加拿大（1）
日本	3	美国（1）、俄罗斯（1）

第二节　中亚天然气资源研究的文献分析与评估

分别利用 Web of Science 数据库和中国知网数据库对中亚天然气研究相关文献进行了综合分析。基于不同的检索式[①]，结合数据筛选，分别得到 SCI 数据库论文 461 篇，中国知

---

① SCI 数据库：TS=（"natural gas" or gas）and（Kazakhstan or Uzbekistan or Kyrgyzstan or Tajikistan or Tadzhikistan or Turkmenistan or "central Asia" or "central Asian"）。

中国知网：SU=（天然气）and SU=（"乌兹别克斯坦"＋"哈萨克斯坦"＋"塔吉克斯坦"＋"土库曼斯坦"＋"吉尔吉斯斯坦"＋"中亚"）

网数据库论文 1808 篇。然后，分别从论文数量变化、主要研究主体和主要研究热点等方面对这些论文进行了计量分析。

一、论文数量变化

一个学科的科技论文数量变化往往能够反映该学科的研究发展态势及变化。分别对中国知网和 SCI 数据库中有关中亚天然气研究的相关论文进行了计量分析。通过对比发现，中国知网中的相关研究论文比 SCI 数据库更多一些（图 2.12）。

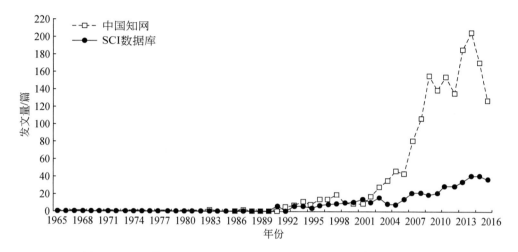

图 2.12　SCI 数据库和中国知网中有关中亚天然气研究论文数量变化图

总量方面，中国知网刊发的关于中亚天然气研究论文共 1808 篇。其增长趋势可以分为明显的四个阶段：在 1965~1990 年，发表有关中亚天然气研究的论文均在 1~2 篇，开始有初步涉及；在 1991~2005 年前后，论文数量呈现出了波动式增长，2005 年发表了 46 篇论文；在随后的 2006~2015 年，对中亚天然气的研究呈现出了快速增长，虽然 2010~2012 年有过短期停顿，但是整体而言该时段研究论文发表量达到了最大值，2014 年发表论文 204 篇，达到峰值；在 2015~2016 年，论文数量略有回落，但可看出，中国知网数据库中对中亚天然气的研究仍然是方兴未艾。

SCI 数据库中中亚天然气研究论文相比中国知网数据库较少，总量为 461 篇。从增长趋势来看，在 1990 年以前未有相关论文发表，在 1991 年有 6 篇论文发表，随后进入了持续的缓慢增长阶段，至 2003 年论文量达到了 13 篇，然后短期回落。在 2007 年之后，SCI 数据库中有关中亚天然气的论文数量逐渐快速增长，期间虽有波动，但是整体呈现了增长态势，至 2015 年达到高峰值（41 篇），随后有所回落。可以认为，SCI 数据库反映了国际范围内研究者在 1990 年之后开始关注中亚天然气研究，在 2000 年以后较为重视。

二、研究力量分布

（一）主要国家

基于文献计量的方法分析了中亚天然气研究的相关主体。结果发现，SCI 数据库中对中亚天然气研究力量较强的 15 个国家分别是美国、哈萨克斯坦、中国、俄罗斯、德国、英国、土耳其、乌兹别克斯坦、日本、加拿大、瑞士、法国、西班牙、塔吉克斯坦和意大利（图 2.13）。通过分析发现，美国以总论文量 84 篇的数量居于榜首，说明其对中亚天然气研究的关注最多。随后的哈萨克斯坦、中国、俄罗斯、德国和英国的论文量则在 41～72 篇，形成了第二研究梯队，或许这些国家对中亚天然气的关注也与其自身的能源战略息息相关。随后的土耳其、乌兹别克斯坦、日本等 9 个国家的发文量则低于 20 篇，大部分国家的发文量在 10 篇左右。

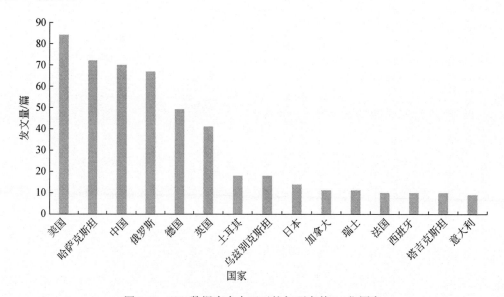

图 2.13　SCI 数据库中中亚天然气研究前 15 位国家

为了准确掌握这 15 个国家对中亚天然气的研究力量，进一步分析 15 个国家发文的影响力（表 2.7）。结果发现：①从近 5 年发文量占比来看，哈萨克斯坦和中国近 5 年的发文量占比超过了 50%，说明这两个国家对中亚天然气的研究关注在近 5 年来有了很大提升，而包括土耳其、法国和塔吉克斯坦在内的 3 个国家近 5 年发文量占比则在 10% 左右，或表明这些国家较早关注了中亚天然气的研究；②从论文被引比例来看，包括美国、土耳其、加拿大、法国、西班牙在内的 5 个国家的被引比例均高于 80%，显示这些国家的论文具有较高的影响力。中国被引论文占比为 74.29%，处于较好状态；③总被引频次和篇均被引次数可以反映国家论文的学术影响力。分析发现，美国、德国、中国的总被引频次位于前 3 位；篇均被引次方面，意大利、加拿大、日本位于前 3 位，说明这些国家发文量虽少，但论文影响力却相对较高。

表 2.7 SCI 数据库中中亚天然气研究前 15 位国家的影响力

序号	国家	发文量/篇	近 5 年发文量占比/%	被引论文占比/%	总被引/次	篇均被引/(次/篇)
1	美国	84	32.14	84.52	1682	20.02
2	哈萨克斯坦	72	66.67	37.50	207	2.88
3	中国	70	57.14	74.29	608	8.69
4	俄罗斯	67	34.33	70.15	486	7.25
5	德国	49	32.65	79.59	728	14.86
6	英国	41	48.78	78.05	351	8.56
7	土耳其	18	11.11	94.44	176	9.78
8	乌兹别克斯坦	18	38.89	66.67	286	15.89
9	日本	14	28.57	64.29	455	32.50
10	加拿大	11	36.36	90.91	408	37.09
11	瑞士	11	45.45	72.73	250	22.73
12	法国	10	10.00	90.00	131	13.10
13	西班牙	10	40.00	90.00	106	10.60
14	塔吉克斯坦	10	10.00	70.00	56	5.60
15	意大利	9	44.44	77.78	444	49.33

（二）主要机构

通过对 SCI 数据库中关于中亚天然气研究的机构分析发现，俄罗斯科学院、中国科学院、美国国家航空航天局、中国石油大学、哈萨克斯坦国立大学、莫斯科罗蒙诺索夫国立大学、塔吉克斯坦科学院、乌兹别克斯坦科学院、阿拉巴马州立大学、中国地质大学（北京）、兰州大学、国立古米廖夫欧亚大学、马克斯·普朗克化学研究所、中石油天然气股份有限公司和中国石化石油勘探开发研究院在内的机构为研究力量较强的前 15 个机构，其中中国研究机构有 5 个，占据 1/3（图 2.14）。

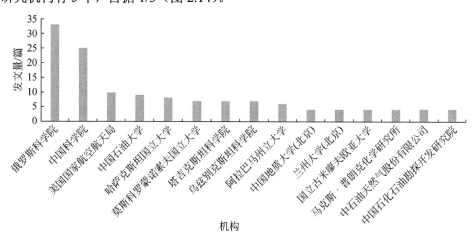

图 2.14 SCI 数据库中中亚石油研究前 15 位机构示意图

对这些机构进行影响力分析得知：①从近 5 年论文占比量来看，包括中国石油大学、哈萨克斯坦国立大学、兰州大学、中国石化石油勘探开发研究院在内的 4 个单位近 5 年论文占比超过了 70%，表示它们是近年来关注中亚天然气研究的新兴力量，而塔吉克斯坦科学院、乌兹别克斯坦科学院的近 5 年论文占比约 15%左右，说明其在很早就关注了中亚天然气的研究工作。②从被引论文占比方面看，塔吉克斯坦科学院、阿拉巴马州立大学、兰州大学、马克斯·普朗克化学研究所、中石油天然气股份有限公司 5 个机构的论文均被引用，被引占比 100%，这或与它们论文总量较少有一定关系，但是也反映出这些机构的研究影响力；中国科学院、美国国家航空航天局、乌兹别克斯坦科学院的被引论文占比在 80%以上，说明这些机构的研究实力也较强。③从总被引频次和篇均被引频次来看，中国科学院、美国国家航空航天局、乌兹别克斯坦科学院总被引频次位于前 3 位，乌兹别克斯坦科学院、美国国家航空航天局和中国地质大学（北京）的篇均被引处于前 3 位（表 2.8）。同时，还可发现，中国研究机构在这两个指标中均有较好的表现，反映出中国在中亚天然气研究领域具有一定的影响力。

表 2.8　SCI 数据库中中亚天然气研究前 15 位机构的影响力

序号	单位名称	发文量/篇	近 5 年发文量占比/%	被引论文占比/%	总被引/次	篇均被引/（次/篇）
1	俄罗斯科学院	33	39.39	72.73	163	4.94
2	中国科学院	25	44.00	88.00	311	12.44
3	美国国家航空航天局	10	20.00	80.00	243	24.30
4	中国石油大学	9	77.78	44.44	21	2.33
5	哈萨克斯坦国立大学	8	87.50	62.50	31	3.88
6	莫斯科罗蒙诺索夫国立大学	7	42.86	85.71	29	4.14
7	塔吉克斯坦科学院	7	14.29	100.00	56	8.00
8	乌兹别克斯坦科学院	7	14.29	85.71	182	26.00
9	阿拉巴马州立大学	6	16.67	100.00	48	8.00
10	中国地质大学（北京）	4	25.00	75.00	56	14.00
11	兰州大学	4	75.00	100.00	71	17.75
12	国立古米廖夫欧亚大学	4	50.00	0.00	0	0.00
13	马克斯·普朗克化学研究所	4	25.00	100.00	51	12.75
14	中石油天然气股份有限公司	4	25.00	100.00	12	3.00
15	中国石化石油勘探开发研究院	4	100.00	25.00	6	1.50

基于对中国知网数据库相关论文的分析发现，中国对中亚天然气研究的主要机构包括中国石油中亚天然气管道有限公司、中国石油大学（北京）、中国石油天然气管道局、中国石化石油勘探开发研究院等（图 2.15）。整体看以中石油、中石化相关研究院以及以中国石油大学为代表的高校为主体。

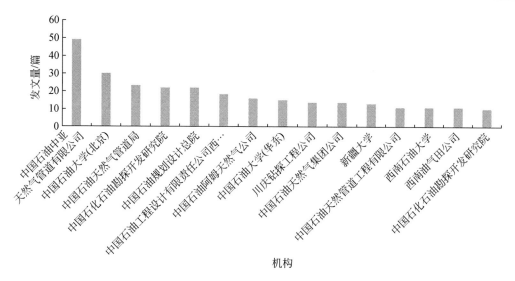

图 2.15　中国知网中中亚天然气研究的前 15 位机构

三、研究方向与热点

（一）研究方向

通过对 SCI 数据库中论文的研究领域分析发现，中亚天然气研究论文的主要关注领域分布在能源与燃料、工程学、地质学、环境科学与生态学、地球化学与地球物理、气象与大气科学、化学、商业与经济、政府与法律、科学技术及其他这 10 个方向（图 2.16）。

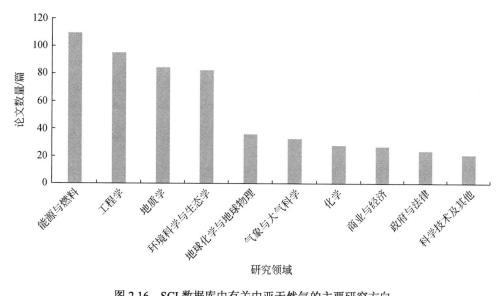

图 2.16　SCI 数据库中有关中亚天然气的主要研究方向

中国知网数据库中论文的主要研究领域则集中在工业经济、石油天然气工业、地质学、经济体制改革、贸易经济、中国政治与国际政治、动力工程、企业经济、燃料化工、宏观经济管理与可持续发展这 10 个方向（图 2.17），其中工业经济和石油天然气工业的论文占比达到了 83%，可见中国知网中论文主要关注这两个领域的研究工作。

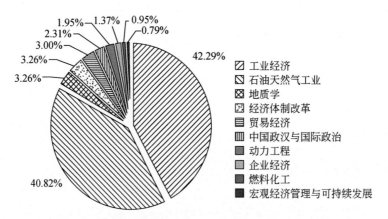

图 2.17　中国知网中有关中亚天然气论文的主要研究方向

（二）研究热点

对研究论文关键词出现频次的分析可以一定程度反映领域的热点。为此，分别分析了 SCI 数据库和中国知网中有关中亚天然气文献的关键词分布（图 2.18、图 2.19）。结果发现，SCI 数据库对中亚天然气的研究侧重在气候变化、天然气管道运输、流体混杂物、甲烷、能源政策和能源安全等领域。对比发现，中国知网中论文也对天然气管道运输、能源安全等领域进行了大量研究，此外，中国知网中的研究论文还特别关注了中亚天然气的能源合作，以及能源外交、地缘政治等热点，体现出对中亚能源合作开发及资源利用的重视。

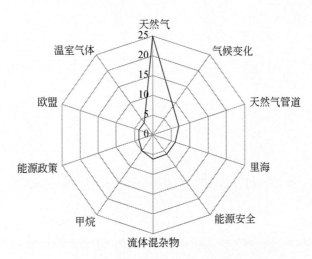

图 2.18　SCI 数据库中有关中亚天然气文献关键词分布

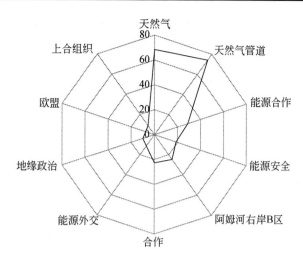

图2.19　中国知网中有关中亚天然气文献关键词分布

为了充分分析这些关键词之间的关联关系，基于 UCINET 软件对 SCI 数据和中国知网数据库中排前 15 位的关键词进行了网络关联的可视化分析。分析发现：SCI 数据库中，包括俄罗斯、天然气及天然气管道及中国在内的 4 个词组形成了其网络的主体，从侧面反映 SCI 数据库中论文较侧重中亚天然气的贸易问题，尤其是中国和俄罗斯这两个大国同整个中亚地区之间的管道天然气的贸易关系（图 2.20）。这也可从包括土库曼斯坦、哈萨克斯坦、乌兹别克斯坦这三个中亚主要天然气供给国在网络中的连接关系得到印证。此外，SCI 数据库还关注了包括里海、土耳其等地区的天然气问题，也有一些气候变化、可再生能源等当今热点问题与中亚天然气的相互关系问题的探讨研究。

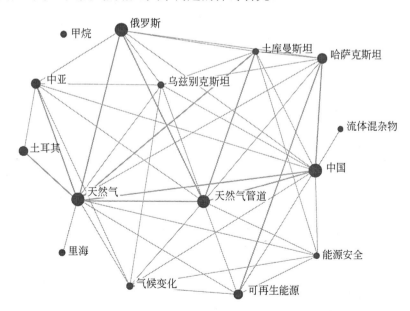

图2.20　SCI 数据库中有关中亚天然气文献的关键词关联可视化图

中国知网数据库中，主要集中在对天然气管道和输气能力方面的研究，包括油气合作、油气资源等从能源保障方面出发的研究相对较多（图 2.21）。此外，中国、中亚、土库曼斯坦和天然气形成的关联关系则反映出中国知网数据库中论文十分关注中国和中亚的最主要产气国土库曼斯坦之间的国家能源关系的探讨。在"一带一路"倡议政策的背景下，中国与中亚主要国家之间的能源关系和在中亚地区天然气领域的权益分配将是未来面临的主要问题。

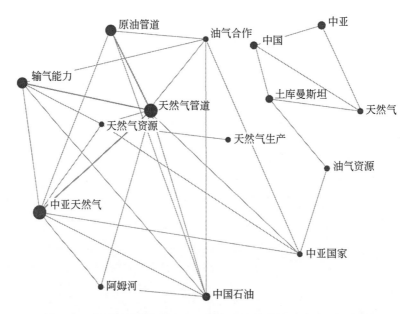

图 2.21　中国知网中有关中亚天然气文献的关键词关联可视化图

为了分析近年来国内外研究中对中亚天然气在不同时段的研究热点变化情况，本书以 10 年尺度分析了各个时段的热点关键词，其中，由于 1990 年之前的 SCI 和中国知网数据库中中亚天然气发文量较少，因此将 1990 年之前作为整体来分析（表 2.9、表 2.10）。

表 2.9　不同时间段中亚天然气研究的热点关键词——SCI 数据库

序号	1970～1990 年	1991～2000 年	2001～2010 年	2011～2016 年
1	凝析油	天然气	哈萨克斯坦	哈萨克斯坦
2	乌兹别克斯坦	里海	天然气	中亚
3	中亚储量	中亚	中国	天然气
4	中亚地区	哈萨克斯坦	气候变化	中国
5	燃料削减	污染	石油	挥发油成分
6	天然气勘查	煤层气	管道	土库曼斯坦
7	地球化学特征	污染控制	土耳其	气候变化
8	微量元素	探测器	中亚	可再生能源
9	有机硫化物	蒸发岩	能源政策	俄罗斯
10	结构组合	存储量	能源安全	里海

续表

序号	1970～1990 年	1991～2000 年	2001～2010 年	2011～2016 年
11	Urtabulak 气田	矿床	流体包裹体	甲烷
12		起源	光合作用	阿姆河盆地
13		塔吉克斯坦	乌兹别克斯坦	二氧化碳
14		源岩岩性	咸海	石炭纪
15		华东地区	里海	能源消费

表 2.10　不同时间段中亚天然气研究的热点关键词——中国知网

序号	1965～1990 年	1991～2000 年	2001～2010 年	2011～2016 年
1	含油气盆地	油气资源	天然气管道	天然气管道
2	天然气开采	天然气资源	中国石油	中国天然气
3	湖盆	天然气生产	中亚天然气	中国石油
4	西太平洋	天然气储量	中亚国家	阿姆河
5	陆源	中亚国家	中亚	输气能力
6	长期预报	独联体国家	天然气	中国
7	含油气区	外国石油公司	油气资源	油气合作
8	烃源岩	中亚各国	中国	天然气
9	卡拉库姆沙漠	乌兹别克斯坦	俄罗斯	土库曼斯坦
10	天然气净化	天然气开采	天然气资源	中亚国家
11	第三世界国家	里海地区	阿姆河盆地	原油管道
12	天然气输送	欧亚大陆	里海地区	中亚
13	古近系	外高加索	输气管道	天然气资源
14	能源资源	天然气产量	石油公司	哈萨克斯坦
15	盆地沉积	战略地位	原油管道	战略通道

可以看出，SCI 数据库中的论文在早期对中亚天然气研究方向较为单一，1970～1990年，热点关键词不足 15 个。具体研究领域方面，主要关注了凝析油、地球化学特征、微量元素、有机硫化物等天然气研究中基础理论方面的研究；此外还针对天然气的储量评价、天然气勘查进行了深入研究。1991～2000 年，中亚天然气研究的研究区域发生了变化，开始聚焦包括里海、哈萨克斯坦、塔吉克斯坦的天然气开发；同时在天然气矿床学研究、起源、烃源岩岩性研究等勘探领域开展了研究，并开始注重天然气开发带来的污染及控制；中国华东地区也进入了研究热点。2001～2010 年，中国首次作为热点词进入了 SCI 论文研究的关键词，并处于前列；整个热点体系中，通过管道连通的包括中亚、哈萨克斯坦、土耳其、乌兹别克斯坦等具体地区、国家为主体的关键词紧密的同能源政策和能源安全联系了起来，这也是能源政策和安全首次在研究热点中出现；此外，气候变化作为该时期的研究热点，也出现在中亚天然气的研究中；包括咸海和里海在内的区域天然气开发研究也成为该时期的热点。2011～2016 年，土库曼斯坦、俄罗斯进入了前 15 位的热点词，表现出

这两个国家在中亚天然气领域的地位逐渐凸显；此外，阿姆河盆地作为天然气富集的地区，对其研究的意义也逐渐受到关注；包括甲烷、二氧化碳在内对气候变化的影响也是近年来在天然气开发及能源消费中关注的主要热点。

中国知网在 1965 年之后出现了关于中亚天然气的研究，其研究热点也随着时间发生了变化，主要来看：1965～1990 年，主要关注了含油气盆地、湖盆、陆源、烃源岩、古近系、盆地沉积等以天然气资源赋存地质条件和环境为主的地质学研究；还重点关注了包括卡拉库姆沙漠、第三世界国家、西太平洋等重点关注的区域。研究明显处于早期分散的状态。1991～2000 年，包括天然气资源评价、生产、储量、开采、产量等具体围绕中亚天然气的研究体系逐渐形成。2001～2010 年，天然气管道运输逐渐成为中国知网论文关注的焦点，并通过天然气管道的联系形成了联系包括中亚、俄罗斯、中国等主要参与方的利益网络。这与 SCI 论文在该时期表现出的特征较为一致。2011～2016 年，中亚天然气管道建设和输气能力仍旧是该地区天然气研究的热点；此外，出现了包括油气合作、战略通道等能源战略和安全方面的研究；中国及中国石油也成为研究的焦点，体现出中国知网论文更加关注了中国及企业在中亚天然气的战略地位分析。

四、国际合作研究

为探讨 SCI 数据库中中亚天然气研究的国际合作情况，从合著论文的数量年际变化、合著论文占比及各个国家合作国家及数量三个维度进行了分析。结果发现（图 2.22），自 1970 年以来，SCI 数据库中开始出现关于中亚天然气研究的合作论文发表，随后在 1983～2005 年经历了波动，但是总量保持在 6 篇以下。2007～2016 年，合作论文数量呈现出波动式上升，至 2015 年达到峰值，为 19 篇。随后又逐渐回落。整体上看，对中亚研究论文的合作呈现出了增长的趋势。从合作论文的占比来看（表 2.11），由 2 个国家合作发表的论文

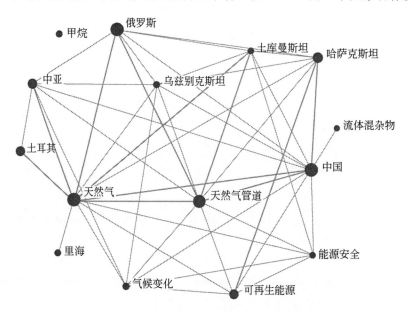

图 2.22　中亚天然气研究国际合作论文变化图

占 18.66%，3 个国家合作发表的论文占 4.77%。此外，部分文章合作国家达到及超过了 4 个，这部分总共占 3.47%。通过对各个国家对应的合作国家的分析发现（表 2.12），美国合作论文篇数最多，达到了 39 篇，合作国家也最多，与 11 个国家有合作。中国合作论文数量为 21 篇，排第三位，仅与德国、英国、加拿大三个国家有合作。

表 2.11　中亚天然气研究的国际合作情况

合作国家数量/个	论文数/篇	占全部论文比例/%
2	86	18.66
3	22	4.77
4	10	2.17
5	5	1.08
7	1	0.22

表 2.12　中亚天然气研究前 15 位国家的国际合作情况

国家	国际合作论文数/篇	合作国家（合作论文数量）
美国	39	俄罗斯（6）、塔吉克斯坦（6）、中国（5）、德国（5）、英国（5）、哈萨克斯坦（3）、日本（3）、法国（3）、加拿大（2）、乌兹别克斯坦（1）、瑞士（1）
哈萨克斯坦	26	俄罗斯（8）、德国（3）、英国（2）、中国（2）、法国（2）、西班牙（2）、乌兹别克斯坦（1）、加拿大（1）、土耳其（1）、瑞士（1）、意大利（1）
中国	21	德国（5）、英国（2）、加拿大（2）
俄罗斯	28	德国（4）、法国（4）、瑞士（3）、乌兹别克斯坦（2）、塔吉克斯坦（2）、意大利（1）、日本（1）、加拿大（1）、英国（1）德国
德国	30	英国（6）、瑞士（3）、西班牙（2）、塔吉克斯坦（2）、乌兹别克斯坦（2）、加拿大（1）、意大利（1）
英国	22	西班牙（3）、瑞士（2）、土耳其（2）、乌兹别克斯坦（2）、日本（1）、法国（1）、意大利（1）
乌兹别克斯坦	3	瑞士（2）、日本（1）、意大利（1）
日本	10	意大利（2）
瑞士	6	西班牙（2）、意大利（2）
法国	6	西班牙（1）
西班牙	11	意大利（1）

第三节　中亚铀矿资源研究的文献分析与评估

　　根据 Web of Science 的 SCI 数据库和中国知网（CNKI）文献数据库的不同要求，分别构建出中亚铀矿研究的检索式[①]，然后在各数据库中分别进行检索，在 SCI 数据库检索获得

---

　　① SCI 数据库：TS=（uranium or "uran ore"）and（Kazakhstan or Uzbekistan or Kyrgyzstan or Tajikistan or Tadzhikistan or Turkmenistan or "central Asia" or "central Asian"）。
　　中国知网：SU=（"铀" + "铀矿"）and SU=（"乌兹别克斯坦" + "哈萨克斯坦" + "塔吉克斯坦" + "土库曼斯坦" + "吉尔吉斯斯坦" + "中亚"）。

170 篇论文,在中国知网中检索获得 358 篇论文。以这些文献为基础,通过文献计量分析对中亚铀矿研究进行一次综合评估,以从整体上了解和认识相关的研究情况和进展。

一、论文数量变化

发表中亚铀矿相关的 SCI 研究论文有 170 篇,中国知网中的中文研究论文为 358 篇(图 2.23),由此可见,中国对中亚地区的铀矿研究较为关注。此外,在 1990 年之后,国际论文和国内论文的数量开始上升,表明对其研究开始增长,但是近两年,无论是国际和国内,相关论文数量都有所下降。

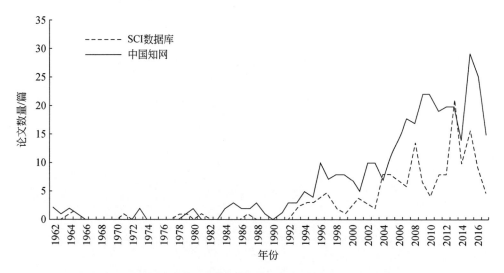

图 2.23　SCI 数据库和中国知网中有关中亚铀矿研究论文数量变化图

二、研究力量分布

(一)主要国家

通过对 SCI 数据库论文的分析,获得了全球开展中亚铀矿研究排在前 15 位的国家(图 2.24)。哈萨克斯坦的发文量为 47 篇,居各国之首;其次是俄罗斯,发文量 37 篇;美国和吉尔吉斯斯坦发文量分别列第三位和第四位。此外,德国、挪威、中国、塔吉克斯坦、法国、斯洛文尼亚、乌兹别克斯坦、加拿大、英国、日本、比利时等国也开展了一些与中亚铀矿有关的研究。其中值得关注的是,从近 5 年的发文情况来看,法国、斯洛文尼亚、挪威、英国等国对中亚地区铀矿资源的研究非常活跃,其近 5 年发文量占其论文总量的比例均在 70%以上(表 2.13)。

论文数量侧重于从量的角度反映研究主体在某领域的产出能力,论文被引则侧重于反映其研究产出的影响力。从被引论文占比来看,尽管斯洛文尼亚、英国和比利时的发文量不足 10 篇,但是其每篇发文都有被引用。从篇均被引来看,比利时、加拿大、美国等国的篇均被引较高,超过 10 次/篇,其余较高的依次为吉尔吉斯斯坦、中国、日本、挪威、德

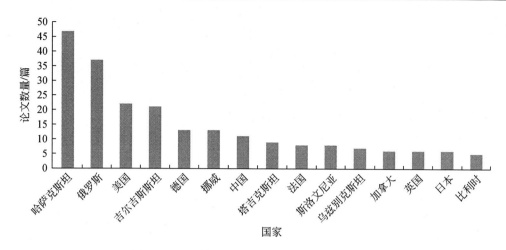

图 2.24　SCI 数据库中中亚铀矿研究前 15 位国家

国等国。而发文量最高的哈萨克斯坦和俄罗斯的篇均被引最低，分别是倒数第二和倒数第一。

表 2.13　SCI 数据库中中亚铀矿研究前 15 位国家的影响力

序号	国家	发文量/篇	近 5 年发文量占比/%	被引论文占比/%	总被引/次	篇均被引/（次/篇）
1	哈萨克斯坦	47	57.45	48.94	174	3.70
2	俄罗斯	37	35.48	64.86	109	2.95
3	吉尔吉斯斯坦	21	23.81	71.43	203	9.67
4	美国	22	25.00	63.64	243	11.05
5	德国	13	7.69	61.54	98	7.54
6	挪威	13	84.62	84.62	104	8.00
7	中国	11	54.55	63.64	101	9.18
8	塔吉克斯坦	9	44.44	55.56	35	3.89
9	法国	8	87.50	37.50	30	3.75
10	斯洛文尼亚	8	87.50	100.00	57	7.13
11	英国	6	71.43	100.00	41	6.83
12	日本	6	16.67	83.33	54	9.00
13	乌兹别克斯坦	7	33.33	71.43	26	3.71
14	比利时	5	20.00	100.00	76	15.20
15	加拿大	6	40.00	66.67	72	12.00

（二）主要机构

通过对 SCI 数据库论文的分析，获得了全球开展中亚铀矿研究排前 10 位的机构。俄罗斯科学院、哈萨克斯坦阿里-法拉比国立大学和挪威生命科学大学分列发文量最高的前三位机构（图 2.25）。其余发文量较高的还有斯洛文尼亚 Jozef Stefan 研究所、法国阿海珐公司、德国于利希研究中心、美国桑迪亚国家实验室、吉尔吉斯斯坦 CHUI 生态实验室、法国国家科学研究中心和日本广岛大学。可以看出，在全球开展中亚铀矿研究排前 10 位的机构中并没有中国的研究机构。中亚铀矿相关的中国知网数据库研究论文中，中国核工业集团公司的发文量遥遥领先，其他较多的机构依次为国土资源部、中国地质大学（北京）、中广核铀业发展有限公司等（图 2.26）。

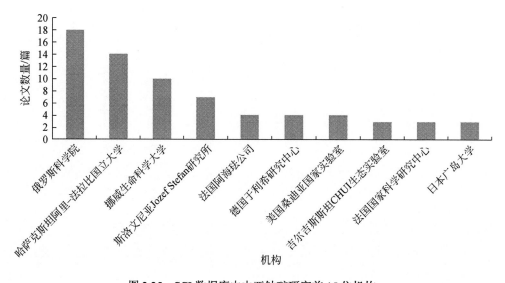

图 2.25　SCI 数据库中中亚铀矿研究前 15 位机构

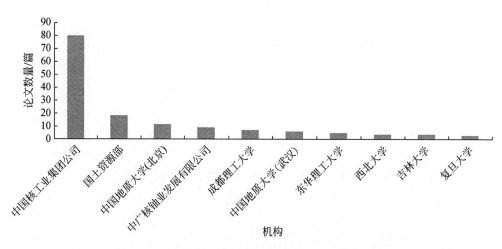

图 2.26　中国知网数据库中中亚铀矿研究前 10 位机构

　　从近 5 年的发文情况来看，法国阿海珐公司、吉尔吉斯斯坦 CHUI 生态实验室、法国国家科学研究中心、挪威生命科学大学等机构对中亚地区铀矿资源的研究非常活跃，其近 5 年发文量占其论文总量的比例均在 90%以上（表 2.14），对比之下，德国于利希研究中心和美国桑迪亚国家实验室则在近 5 年并没有对中亚地区铀矿资源研究的发文。从篇均被引来看，挪威生命科学大学和吉尔吉斯斯坦 CHUI 生态实验室的篇均被引较高，超过 8 次/篇。

表 2.14　SCI 数据库中中亚铀矿研究前 10 位机构的影响力①

机构	发文量/篇	近 5 年发文量占比/%	被引论文占比/%	总被引/次	篇均被引/(次/篇)
俄罗斯科学院	18	33.33	77.78	75	4.17
哈萨克斯坦阿里-法拉比国立大学	14	71.43	85.71	94	6.71
挪威生命科学大学	10	90.00	90.00	86	8.60
斯洛文尼亚 Jozef Stefan 研究所	7	85.71	100.00	38	5.43
法国阿海珐公司	4	100.00	25.00	1	0.25
德国于利希研究中心	4	0.00	25.00	16	4.00
桑迪亚国家实验室	4	0.00	75.00	8	2.00
吉尔吉斯斯坦 CHUI 生态实验室	3	100.00	100.00	25	8.33
法国国家科学研究中心	3	100.00	0.00	0	0.00
广岛大学	3	33.33	66.67	14	4.67

三、研究方向与热点

（一）研究方向

基于 SCI 的学科分类发现，在中亚铀矿研究中，全球的研究十分关注环境科学，其次则比较关注核科学技术和地球科学多学科，同时对矿物学、无机及原子化学、地质学、分析化学、地球化学与地球物理学、生态学、采矿与矿物加工也有一定程度的关注。由此说明，全球对中亚铀矿的研究不仅仅是传统上资源的勘探和开发，更关注铀矿资源对环境和生态的影响（图 2.27）。

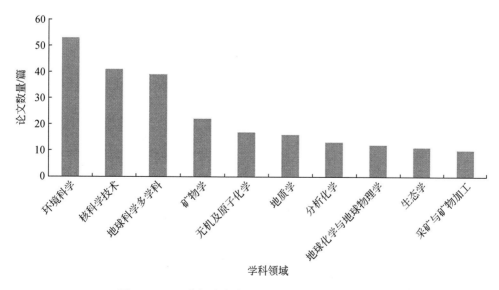

图 2.27　SCI 数据库中有关中亚铀矿的主要研究方向

---

① SCI 数据库中有关中亚铀矿研究的机构发文量较少，在此仅选取前 10 位机构进行分析。

从中国知网文献数据库所收录论文的情况来看，工业经济、地质学、矿业工程和核科学技术是主要研究方向，上述 4 个方向的论文数量超过全部论文的 90%（图 2.28）。

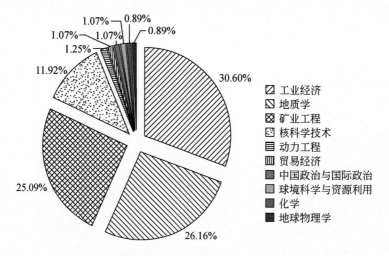

图 2.28　中国知网中有关中亚铀矿论文的主要研究方向

（二）研究热点

对研究论文关键词出现频次的分析可一定程度反映领域的热点。分别分析 SCI 数据库和中国知网中有关中亚铀矿文献的关键词分布。可以看出，就研究国家来看，中亚铀矿相关的 SCI 研究论文比较关注哈萨克斯坦和吉尔吉斯斯坦；就研究方向来看，SCI 研究论文比较关注铀的放射性及其对环境的污染（图 2.29、图 2.30），而中国知网数据库研究论文则比较关注哈萨克斯坦和乌兹别克斯坦，以及铀矿床的成矿条件、模式与找矿及其相关投资（图 2.31、图 2.32）。

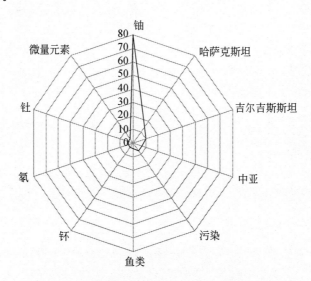

图 2.29　SCI 数据库中有关中亚铀矿文献关键词分布

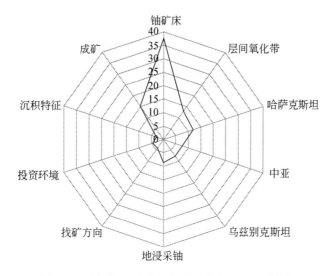

图 2.30 中国知网中有关中亚铀矿研究关键词分布

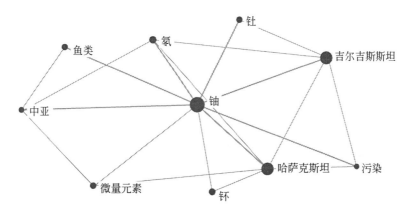

图 2.31 SCI 数据库中有关中亚铀矿文献的关键词关联可视化图

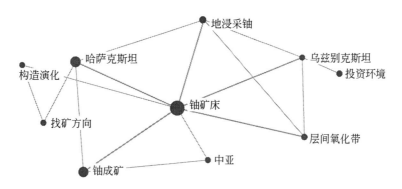

图 2.32 中国知网中有关中亚铀矿文献的关键词关联可视化图

为了分析近年来国内外研究中对中亚铀矿在不同时段的研究热点变化情况，以 10 年尺度分析了各个时段的热点关键词，其中，由于 1990 年之前的 SCI 和中国知网数据库中中亚铀矿发文量较少，因此将 1990 年之前作为整体来分析（表 2.15、表 2.16）。

表 2.15　不同时间段中亚铀矿研究的热点关键词——SCI 数据库

序号	1964～1990 年	1991～2000 年	2001～2010 年	2011～2016 年
1	铀	铀	铀	铀
2	哈萨克斯坦	背景水平	吉尔吉斯斯坦	哈萨克斯坦
3	钍	污染	哈萨克斯坦	中亚
4	锑	汽油	污染	鱼
5	多金属硫化物矿床	熔融	伊塞克湖	吉尔吉斯斯坦
6	稀土元素	石墨	钍	氡
7		辐射	中亚	污染
8		同位素	中-东亚能源矿产	剂量评估
9		材料	晶体结构	钚
10		单晶	放射性同位素和金属	放射性同位素
11		中子设备	土壤	钍
12		核	塔吉克斯坦	微量元素
13		氡	评估	化石燃料
14		反应堆	生物圈	俄罗斯
15		放射性矿床区域	生态环境	可再生能源

表 2.16　不同时间段中亚铀矿研究的热点关键词——中国知网

序号	1964～1990 年	1991～2000 年	2001～2010 年	2011～2016 年
1	铀	层间氧化带	铀矿	铀矿
2	中亚	铀矿	中亚	哈萨克斯坦
3	铀矿处理	中亚	哈萨克斯坦	地浸采铀
4	生物湿法冶金	成矿	乌兹别克斯坦	投资环境
5	花岗岩	勘探	新疆	沉积特征
6	放射性测量	大地构造背景	成矿	乌兹别克斯坦
7		火山口相	找矿方向	核能
8		找矿标志	天山造山带	中国
9		松辽盆地	山间盆地	成矿
10		地浸采铀	地质构造	航空高光谱遥感
11		哈萨克斯坦	矿产资源	塔吉克斯坦
12		地球化学	构造演化	能源合作
13		铀储量	地浸采铀	中亚造山带
14		外生后成作用	环境管理	中亚
15		内生来源	日本	地球化学

SCI 论文的分析结果表明：1964～1990 年，发文量极少，从热点关键词来看，主要关

注了可能富集铀的多金属硫化物矿床，以及相关的地球化学特征，包括钍、锑和稀土元素等行为，从研究区域来讲，主要关注的是哈萨克斯坦；1991～2000 年，这一时期发文量较多，主要关注了铀的放射性特征，明显的变化是开始注重铀矿床开发带来的污染防控，探讨了将铀作为反应堆原材料的核电开发；2001～2010 年，这一时期同样关注铀矿开发相关的污染问题，以及对土壤、生物圈和生态环境带来的影响，研究区域变得更广泛，除了一直以来比较关注的哈斯克斯坦之外，还包括吉尔吉斯斯坦（伊塞克湖州）和塔吉克斯坦；2011～2016 年，俄罗斯进入了前 15 位的热点词，表现出该国在中亚铀矿领域的地位逐渐凸显，同上一时期一样，哈萨克斯坦和吉尔吉斯斯坦依然受到关注，铀的放射性属性及其开发过程的污染防控、化石燃料和可再生能源的分析也是这一时期的主要热点。

中国知网论文的分析结果表明：1964～1990 年，主要关注中亚地区的铀矿地质特征，包括在花岗岩中的存在形式和放射性特征等，另外还关注铀矿加工处理中应用到的生物湿法冶金方法；1991～2000 年，主要关注铀矿的勘探与开发，包括层间氧化带砂岩型铀矿、水成铀矿床、外生后成渗入型铀矿、超大型火山岩型铀矿床等不同类型铀矿床的大地构造背景、地球化学特征、成矿条件与找矿标志。同时，由于松辽盆地位于中亚可地浸砂岩型铀矿带的东延部分，也受到一定关注；2001～2010 年，铀矿的勘探与开发依然受到关注，值得注意的是环境管理进入了热点词，表明这一时期的研究一开始关注由铀矿开发带来的环境影响；这一时期的研究区域变得更加广泛，中亚成矿带可能在新疆境内延伸，因此新疆的矿产资源与中亚地区的对比研究也受到关注；此外，日本对于中亚地区的铀矿资源表现出了浓厚的兴趣；2011～2016 年，中亚国家与他国之间在核能领域成为主要关注点，涉及铀矿的合作开发、投资政策与环境等。

四、国际合作研究

由中亚铀矿研究的论文合著表现出的合作情况来看（表 2.17），国际合作多在 2 个国家之间开展，两国合作完成的论文数约占到了该领域全部论文的 22%，而三国合作的情形只占到了 4.7%。从各主要国家情况来看（表 2.18），哈萨克斯坦的国际合作论文最多，其次是美国、俄罗斯和吉尔吉斯斯坦。

表 2.17　中亚铀矿研究的国际合作情况

合作国家数量/个	论文数/篇	占全部论文比例/%
2	37	21.76
3	8	4.71
4	5	2.94
5	2	1.18
6	1	0.59

表 2.18　中亚铀矿研究前 15 位国家的国际合作情况

国家名称	国际合作论文数/篇	合作国家（合作论文数量）
哈萨克斯坦	25	吉尔吉斯斯坦（7）、挪威（7）、斯洛文尼亚（7）、俄罗斯（5）、塔吉克斯坦（5）

国家名称	国际合作论文数/篇	合作国家（合作论文数量）
美国	14	吉尔吉斯斯坦（6）、哈萨克斯坦（4）、塔吉克斯坦（4）
俄罗斯	13	哈萨克斯坦（5）、美国（3）
吉尔吉斯斯坦	12	哈萨克斯坦（7）、美国（6）
挪威	9	哈萨克斯坦（7）、斯洛文尼亚（4）、吉尔吉斯斯坦（3）、塔吉克斯坦（3）
塔吉克斯坦	8	哈萨克斯坦（5）、美国（4）
斯洛文尼亚	8	哈萨克斯坦（7）、挪威（4）
德国	6	比利时（1）、中国（1）
日本	6	哈萨克斯坦（4）
法国	5	哈萨克斯坦（2）
比利时	5	吉尔吉斯斯坦（2）
加拿大	5	俄罗斯（2）
中国	4	法国（1）、德国（1）
英国	4	哈萨克斯坦（2）
乌兹别克斯坦	4	日本（2）

第四节　中亚能源资源研究的文献综合评估

一、石油资源研究的文献综合评估

1992 年之后，有关中亚石油研究的论文，无论是 SCI 论文，还是中文论文，均呈现明显的增长趋势。相比而言，中文论文数量和增长速率明显高于 SCI 论文，这或许可以在一定程度上说明中国对中亚石油资源的重视。

美国、哈萨克斯坦、中国和俄罗斯是全球开展中亚石油研究最多的 4 个国家。从近 5 年的 SCI 论文情况来看，除哈萨克斯坦和中国之外，加拿大等国也较关注中亚的石油资源。从各国论文的被引用情况来看，日本和加拿大位居前列，而发文量较多的美国和哈萨克斯坦则相对靠后，说明其研究的影响力有待提升。

俄罗斯科学院、中国科学院、中国石油大学、哈萨克斯坦国立大学是全球开展中亚石油研究最多的 4 个机构。在中亚石油研究全球前 15 位机构中，中国占据了 5 个，说明中国在中亚石油研究方面具有一定的实力。从近 5 年的 SCI 论文情况来看，中国 5 个机构的发文量占其论文总量的比例均超过了 50%，说明这些机构近年来十分重视中亚石油的相关研究。具体到中国国内来看，新疆大学和中国石油大学在华东和北京的两个分校表现十分突出，发文量分列前三位。

全球范围内对中亚石油的研究集中于能源与燃料、工程学这两个方向，同时对环境与生态，以及国际贸易和国际关系也有一定关注，具体研究主要集中于哈萨克斯坦的石油资源，以及与之相关的石油管线和区域能源安全问题，同时十分关注与里海石油开发有关的污染问题。中文论文的研究主要集中于工业经济和石油天然气工业这两个方向，同时对经济体制和国际政治等也有一定关注，具体研究侧重哈萨克斯坦的石油资源，尤其是与其相关的能源安全、能源合作及政策等。总体而言，中亚石油研究主要关注石油资源的勘探开发等相关的科学、技术和工程问题。同时，对国际能源政策、能源安全等也比较关注。

从不同时间段对两个数据库中论文热点关键词的分析表明，1960~1991年SCI论文和中国知网论文都十分关注中亚石油的勘探，1992年之后中国知网论文更加侧重能源安全、能源合作、国际关系等相关研究，近年来丝绸之路经济带、"一带一路"等受到较多关注。相比之下，1992~2000年SCI论文继续重点关注中亚石油的勘探，石油开发导致的污染问题开始受到重视，2001~2010年SCI论文开始关注与哈萨克斯坦石油相关的区域能源安全和政策，同时亦有对石油成分的研究，2011~2016年SCI论文继续上一阶段的重点研究，但同时涉及与中国的地质对比分析和石油相关其他问题如气候变化、区域主义等的研究。

从论文合著体现出的中亚石油研究的国际合作较为频繁，共计137篇国际合作论文。1997~2017年，国际合作论文的数量整体呈波动上升态势。具体来看，国际合作多在2个国家之间开展，美国与哈萨克斯坦、俄罗斯和德国之间有着较多的研究合作。

二、天然气资源研究的文献综合评估

SCI数据库和中国知网数据库中均有论文涉及中亚天然气研究，中国知网论文数量约为SCI数据库的4倍多。两个数据库中相关论文数量整体均呈现出波动增长的趋势，中国知网数据库中论文近年来波动较大。同时，从时间上来看，两个数据库中相关论文数量增长起始于1992年左右。

包括美国、哈萨克斯坦、中国等在内的15个国家对中亚天然气研究较为关注，其中，SCI数据库中美国发文量最大。在论文被引方面，美国、德国和中国的总被引次数位于前三位，意大利、加拿大和日本的篇均被引次数列前三位。

包括俄罗斯科学院、中国科学院等在内的15家机构位于中亚天然气研究发文量前15位，其中包括了5个中国机构。论文被引方面，中国科学院、美国国家航空航天局、乌兹别克斯坦科学院总被引频次位于前三位，乌兹别克斯坦科学院、美国国家航空航天局和中国地质大学（北京）的篇均被引频次列前三位。在中国国内，中国石油中亚天然气管道有限公司、中国石油大学（北京）、中国石油天然气管道局是中国知网数据库中论文发表总量的前三位。

SCI数据库中论文主要关注能源与燃料、工程学、地质学等学科领域，中国知网数据库中论文主要关注工业经济和石油天然气工业领域。SCI数据库对中亚天然气的研究侧重在天然气管道运输、流体混杂物、甲烷、能源政策和能源安全等领域，中国知网论文与SCI论文的研究热点有相同之处，如天然气管道，同时还特别关注了中亚天然气的能源合作，以及能源外交、地缘政治等热点，体现出对中亚能源合作开发及资源利用的重视。SCI数据库中论文较侧重中亚天然气的贸易问题，尤其是中国和俄罗斯这两个大国同整个中亚地区之间的管道天然气的贸易关系。还关注了包括里海、土耳其等地区的天然气问题，也有一些气候变化、可再生能源等当今热点问题与中亚天然气的关系问题的探讨。中国知网数据库中，主要集中在对天然气管道和输气能力方面的研究，包括油气合作、油气资源等从能源保障方面出发的研究相对较多。此外，十分关注中国和中亚的最主要产气国土库曼斯坦之间的国家能源关系的探讨。

从 SCI 论文和中国知网论文在不同时段体现出的热点特征分布来看，SCI 数据库中的论文在早期对中亚天然气研究方向较为单一，1970~1990 年，关注了地球化学特征、微量元素、有机硫化物等天然气基础理论研究。1991~2000 年，开始聚焦包括里海、哈萨克斯坦、塔吉克斯坦的天然气开发，并研究了天然气开发带来的污染及控制。2001~2010 年，研究了天然气运输管道，以及由其联系的中亚国家及外部国家之间的能源政策和能源安全。2011~2016 年，土库曼斯坦天然气研究成为热点。此外，阿姆河盆地相关研究受到关注。相比，中国知网在 1965~1990 年，主要关注以天然气资源赋存地质条件和环境为主的地质学研究。1991~2000 年，开展了天然气资源生产、储量、开采、产量等评价研究。2001~2010 年，天然气管道运输也逐渐成为中国知网论文关注的焦点，与同期 SCI 论文特征一致。2011~2016 年，出现了包括油气合作、战略通道等能源战略和安全方面的研究，此外，中国知网论文更加关注中国及中国企业在中亚天然气的战略地位和利益分析。

SCI 数据库中国际合作论文数量呈现出波动上升的状态，多为两个国家间的合作。对各个国家合作网络的分析发现，美国合作论文篇数最多，达到了 39 篇，与 11 个国家有合作。中国合作论文数量为 21 篇，排第三位，与德国、英国、加拿大三个国家有合作。因此，建议中国在今后的研究中应该更加侧重合作研究。

三、铀矿资源研究的文献综合评估

1990 年之后，有关中亚铀矿研究的国际论文和国内论文的数量开始上升，表明对其研究开始增长，但是近两年，无论是国际和国内，相关论文数量都有所下降。

哈萨克斯坦、俄罗斯、美国和吉尔吉斯斯坦全球开展中亚铀矿研究最多的 4 个国家。从近 5 年的发文情况来看，法国、斯洛文尼亚、挪威、英国等国对中亚地区铀矿资源的研究非常活跃，其近 5 年发文量占其论文总量的比例均在 70%以上。从篇均被引来看，比利时、加拿大、美国等国的篇均被引较高。而发文量最高的哈萨克斯坦和俄罗斯的篇均被引最低，分别是倒数第二和倒数第一。

俄罗斯科学院、哈萨克斯坦阿里-法拉比国立大学和挪威生命科学大学是全球开展中亚铀矿研究最多的 3 个机构。在全球开展中亚铀矿研究排前 10 位的机构中并没有中国的研究机构。中亚铀矿相关的中国知网数据库研究论文中，中国核工业集团公司的发文量遥遥领先。从近 5 年的发文情况来看，法国阿海珐公司、吉尔吉斯斯坦 CHUI 生态实验室、法国国家科学研究中心、挪威生命科学大学等机构对中亚地区铀矿资源的研究非常活跃，对比之下，德国于利希研究中心和美国桑迪亚国家实验室则在近 5 年并没有对中亚地区铀矿资源研究的发文。从篇均被引来看，挪威生命科学大学和吉尔吉斯斯坦 CHUI 生态实验室的篇均被引较高。

在中亚铀矿研究中，全球的研究十分关注环境科学，全球对中亚铀矿的研究不仅仅是传统上资源的勘探和开发，而更关注铀矿资源对环境和生态的影响。中文论文的研究主要集中在工业经济、地质学、矿业工程和核科学技术 4 个研究方向。中亚铀矿相关的 SCI 研究论文比较关注铀的放射性及其对环境的污染，中文论文则比较关注铀矿床的成矿条件、模式与找矿及其相关投资。

从 SCI 论文和中国知网论文在不同时段体现出的热点特征分布来看，SCI 论文的分析结果表明：1964～1990 年，主要关注相关的地球化学特征等基础理论研究，从研究区域来讲，主要关注的是哈萨克斯坦；1991～2000 年，主要关注铀的放射性特征，开始注重铀矿床开发带来的污染防控；2001～2010 年，同样关注铀矿开发相关的污染问题，研究区域变得更广泛；2011～2016 年，哈萨克斯坦和吉尔吉斯斯坦依然受到关注，铀的放射性属性及其开发过程的污染防控、化石燃料和可再生能源的分析也是这一时期的主要热点。中国知网论文的分析结果表明：1964～1990 年，主要关注中亚地区的铀矿地质特征；1991～2000 年，主要关注铀矿的勘探与开发；2001～2010 年，铀矿的勘探与开发依然受到关注，同时开始关注由铀矿开发带来的环境影响；日本对于中亚地区的铀矿资源表现出了浓厚的兴趣；2011～2016 年，中亚国家与其他国家之间在核能领域成为主要关注点，涉及铀矿的合作开发、投资政策与环境等。

由中亚铀矿研究的论文合著表现出的合作情况来看，国际合作多在 2 个国家之间开展，2 国合作完成的论文数约占到了该领域全部论文的 22%，而 3 国的情形只占到了 4.7%。从各主要国家的情况来看，哈萨克斯坦的国际合作论文最多，其次是美国、俄罗斯和吉尔吉斯斯坦。

主要参考文献

[1] BP. BP 世界能源统计年鉴 2017. https：//www. bp. com/zh_cn/china/reports-and-publications/_bp_2017-_.html. 2017-9-17.

[2] 赵亚博，方创琳，王少剑. 中亚地区油气资源开发及对中国油气进口战略影响的探讨. 干旱区地理，2014，37（5）：1036-1046.

[3] OECD/NEA and IAEA. Uranium 2016：Resources，Production and Demand. https：//www. oecd-nea. org/ndd/pubs/2016/7301-uranium-2016. pdf. 2016-11-15.

[4] Lamwani S M. Biblimetrics：Its theoretical foundations，methods and applications. International Journal of Libraries and Information Services，1981，31（4）：294-315.

[5] 邱均平，段宇锋，陈敬全，等. 我国文献计量学发展的回顾与展望. 科学学研究，2003，21（2）：143-148.

[6] 赵纪东，郑军卫. 文献计量、网络图谱、专家知识在领域态势分析中的耦合应用. 图书馆杂志，2013，32（9）：8-13.

[7] 郑军卫，史斗. 从文献计量角度看国际天然气水合物研发态势. 天然气地球科学，2005，16（6）：825-829.

[8] 中国科学院地理研究所，东北师范大学. 苏联经济地理（上册，总论）. 北京：科学出版社，1983，111-157.

[9] 中国科学院地理研究所，东北师范大学. 苏联经济地理（下册，区域）. 北京：科学出版社，1987，249-272.

[10] 裘新生，王国清. 苏联石油地理. 北京：科学出版社，1987，140-151.

第三章 中亚战略能源空间配置格局与中国能源保障

中亚战略能源资源（石油、天然气和铀矿）开发利用表现为"两大两小"的突出特点，即储量大、产量小，出口量大、自消量小。从储量分析，中亚战略能源资源储量丰富，地区分布不均衡。石油资源储备较少，仅占全球的1.8%，高度集中在哈萨克斯坦，占96%；天然气储备较大，占全球的6.3%，高度集中在土库曼斯坦，占64%；铀矿储量大，占全球的15.3%；品位高，高度集中在哈萨克斯坦（占85%）。从生产量分析，中亚战略能源资源开发利用量总体较少，但产量不一。其中：中亚石油产量较少，仅占全球的2.5%，高度集中在哈萨克斯坦（占84%）；中亚天然气产量较少，仅占全球的4.21%，高度集中在土库曼斯坦、乌兹别克斯坦（合计占86.7%）；中亚天然铀产量大，占全球的43.5%，高度集中在哈萨克斯坦（占91.1%）。从出口量分析，中亚地区工业化程度低，能源消耗量少，对战略能源资源产品自消量少，出口量很大。其中：中亚石油自消量少，出口量高达90%，80%通过陆上三条管道外运；中亚天然气自消量较大，出口量占43.7%，主要通过陆上四条管道外送；中亚为无核化地区，天然铀自消量为零，出口率高达100%，中国是中亚天然铀最大的进口国。

中亚战略能源资源（石油、天然气和铀矿）开发利用对中国的保障程度各不相同。专家预测，到2030年中国石油、天然气、铀矿的对外依存度分别高达80%、55%和70%，而同期中亚石油出口对中国石油安全的保障程度不容乐观，保障程度只有7.9%；中亚天然气出口对中国天然气安全的保障程度较高，保障程度可达到40.7%；中亚铀矿出口对中国核电安全的保障程度最高，保障程度可高达60%以上。

中亚战略能源资源的开发利用与合作受到政治、经济、政策、法律、社会文化等多个方面影响。其中政治因素主要包括国家政权更迭、战争及动乱、国际利益集团干预等；经济因素包括价格、利率、汇率、基础设施建设及投资软硬环境等；政策法律因素包括矿业权设置、税费制度、对经营的干预程度；社会文化因素包括民族、宗教、文化教育等。上述因素均对中亚战略能源资源开发合作产生重要影响，并由此带来一系列政治、经济、法律、社会文化等方面的风险。因此，中国与中亚战略能源资源合作开发一定要增强防范风险意识，按照化解风险、增进合作、互利共赢的总体思路开展能矿资源的开发利用，可选择贷款换能源、产量分成、联合经营、技术服务、兼并收购、"PPTE"项目管理模式和上下游一体化模式等技术合作模式，采取相应的合作对策。包括：明确政府角色，保证政策沟通，建立副总理级战略能源开发协调委员会；发挥地缘区位优势，保障贸易畅通，设立中国-中亚能源自由贸易区；完善基础设施，实现互联互通，加强中亚能源开发战略运输通道建设；建立能源资源战略储备制度，建立国家战略能源联合储备体系；发展能源金融，促进资金融通，建立中亚战略能源期货交易市场；加强人文合作，促进民心相通，降低战略能矿资源合作风险；发挥地方作用，利用丝绸核心区优势，建设中亚战略能矿资源合作桥头堡；强化市场机制，完善企业连通，共建中亚战略能矿资源勘探开采集团；开展多方外交，化解国家矛盾，创造能源合作开发的良好国际环境。

第一节　战略能源资源储量及开发利用现状

中亚战略能源资源（石油、天然气和铀矿）开发利用表现为"两大两小"的突出特点，即储量大、产量小，出口量大、自消量小（表3.1）。

表3.1　中亚战略能源资源开发利用现状统计表

	石油资源/亿t				天然气资源/亿m³				铀矿资源/万t			
	1990年	2000年	2010年	2016年	1990年	2000年	2010年	2016年	1990年	2000年	2010年	2016年
探明储量		7.62		42.63				117558				150
开采量		0.642		0.977	1221	1015	1144	1495			2.0203	2.6979
自消量					574	628	723	943			0	0
出口量				0.8970			452.4	643			2.0203	2.6979
对中国出口量				336.9				341			1.2285	1.7197
占中亚出口量比例/%				3.45				52.0			60.81	63.74
对中国进口量的保障程度/%				0.88				47.2				51.3

一、战略能源资源储量分析

中亚战略能源资源储量丰富，地区分布不均衡，开发潜力较大。石油资源储备较少，仅占全球的1.8%，高度集中在哈萨克斯坦，占96%；天然气储备较大，占全球的6.3%，高度集中在土库曼斯坦，占64%；铀矿储量大，占全球的15.3%，品位高，高度集中在哈萨克斯坦，占85%。

（一）石油资源储量仅占全球的1.8%，高度集中在哈萨克斯坦

中亚五国拥有丰富的能源矿产资源，被称为21世纪战略能源与资源基地；其中石油资源储量较大。根据2017年BP世界资源年鉴显示，2016年中亚五国的石油探明储量42.63亿t，仅占世界石油探明总量的1.8%，但中亚地区石油资源潜在储量较大，有"第二个中东""第二个波斯湾"的美誉，但目前探明程度较低。目前中亚已探明的石油资源分布不均，集中分布在里海沿岸地区（表3.2），其中：哈萨克斯坦石油探明储量40.92亿t，占中亚五国的比例高达95.98%，居世界第11位；土库曼斯坦石油探明储量8186万t，占中亚五国的1.92%，居世界第46位；乌兹别克斯坦石油探明储量8186万t，占中亚五国的1.92%，居世界第47位。

表 3.2　2016 年中亚五国石油储量统计表

国别	探明储量/万 t	探明储量占中亚地区的比例/%	储量在世界的排名
哈萨克斯坦	409200	95.98	11
土库曼斯坦	8186	1.92	46
乌兹别克斯坦	8186	1.92	47
吉尔吉斯斯坦	546	0.87	79
塔吉克斯坦	164	0.10	88
中亚地区总计	426282	100.00	—

（二）天然气储量较大，占全球的 6.3%，高度集中在土库曼斯坦

中亚地区蕴藏着十分丰富的天然气资源。据 2017 年 BP 世界能源统计年鉴统计，2016 年年底全球天然气储量为 186.6 万亿 m^3，其中中亚五国的天然气探明储量达到 11.76 万亿 m^3，占世界天然气探明储量的 6.3%。在能源危机日益突出的严峻形势下，中亚以其丰厚的油气资源被誉为"21 世纪的能源基地"[1, 2]。中亚已经探明和潜在的天然气储藏地主要在土库曼斯坦、哈萨克斯坦和乌兹别克斯坦，塔吉克斯坦和吉尔吉斯斯坦仅有少量储藏。分别为 74995 亿 m^3（占 64%，居世界第 6 位）、24055 亿 m^3（占 20%）、18395 亿 m^3（占 16%）、56.6 亿 m^3、56.6 亿 m^3。

（三）铀矿储量大，占全球的 15.3%，品位高，高度集中在哈萨克斯坦，占 85%

据国际原子能机构公布的世界各国铀矿资源数据，截至 2015 年 1 月，中亚地区回收成本<130 美元/kg 铀的铀资源确定储量为 87.54 万 t 铀①，占世界的 15.3%，储量在世界上占据重要地位。其中哈萨克斯坦又占中亚地区的 85.1%[3-5]。据哈萨克斯坦地矿部门统计，其铀矿资源总储量（包括确定储量与预测储量）为 150 万 t，已探明铀矿储量占世界总量 19%[6]。其中各类回收成本的铀矿资源确定储量分别为：<40 美元/kg 铀 9.75 万 t，<80 美元/kg 铀 66.72 万 t，<130 美元/kg 铀 74.53 万 t，<260 美元/kg 铀 94.16 万 t②，分别占全世界相应回收成本铀矿确定储量的 15.1%、31.4%、13.0%和 12.3%[7]。哈萨克斯坦现已探明的铀矿有 50 多个，集中分布在楚河-萨雷苏河铀矿区、锡尔河铀矿区、北哈萨克斯坦铀矿区、伊犁河铀矿区和里海沿岸曼吉斯套州铀矿区共五大矿区。乌兹别克斯坦是中亚第二铀矿资源大国。据 2014 年 2 月乌兹别克斯坦国家地质和矿产资源委员会数据显示，乌境内共有 27 个铀矿产地，均分布在克孜勒库姆沙漠地区，已探明和评估的铀储量为 18.58 万 t，其中回收成本<130 美元/kg 铀的确定储量为 13.01 万 t 铀（内探明储量 5.46 万 t），其中 13.88 万 t 为砂页岩矿，4.7 万 t 为黑页岩矿；经预测的铀远景储量为 24.27 万 t[8]。

二、战略能源资源开发利用现状特点分析

中亚战略能源资源开发总体规模尚不大，但各类矿种不一。其中，石油产量较少，仅

---

① 国际上将回收成本<130 美元/kg 铀作为铀矿开采商业价值的主要指标，高于该回收成本的铀矿开采难度大，商业价值小。

② 另据国际原子能机构 2016 年公布的数字，截至 2015 年 1 月，哈萨克斯坦回收成本<260 美元/kg 铀的铀矿资源确定储量为 107.99 万 t。

占全球的 2.5%，高度集中在哈萨克斯坦（占 84%）；天然气产量虽仅占全球的 4.21%，但未来增长潜力较大，现主要集中在土库曼斯坦、乌兹别克斯坦（合占 86.7%）；中亚天然铀产量大，占全球的 43.5%，主要集中在哈萨克斯坦（占 91.1%）。

（一）石油产量约占全球的 2.5%，高度集中于哈萨克斯坦

根据 2017 年 BP 世界资源年鉴显示，2016 年中亚五国的石油开采量 9770 万 t，占全球石油产量的比例不到 2.5%（2016 年全球石油产量接近 39.2 亿 t）。2016 年中亚石油开采量分布不均，集中分布在里海沿岸地区（表 3.3），其中：哈萨克斯坦石油开采量 8212 万 t，占中亚五国的比例高达 84.05%，居世界第 16 位；土库曼斯坦石油开采量 1281 万 t，占中亚五国的 13.11%，居世界第 38 位；乌兹别克斯坦石油开采量 270 万 t，占中亚五国的 2.76%，居世界第 49 位。

表 3.3　2016 年中亚五国石油开采量统计表

国别	石油产量/万 t	石油产量占中亚地区的比例/%	产量在世界的排名
哈萨克斯坦	8212	84.05	16
土库曼斯坦	1281	13.11	38
乌兹别克斯坦	270	2.76	49
吉尔吉斯斯坦	7	0.08	86
塔吉克斯坦	—	0.00	—
总计	9770	100.00	—

（二）天然气产量约占全球的 4.21%，高度集中在土库曼斯坦与乌兹别克斯坦

中亚天然气产量总体较小，1985 年中亚天然气产量为 1109 亿 m³，其后在波动中缓慢增加，到 2016 年达到 1495 亿 m³（图 3.1）。根据 2017 年 BP 世界资源年鉴显示，2016 年全球天然气产量为 3.5516 万亿 m³，中亚地区天然气产量为 1495 亿 m³，占全球天然气产量的比例

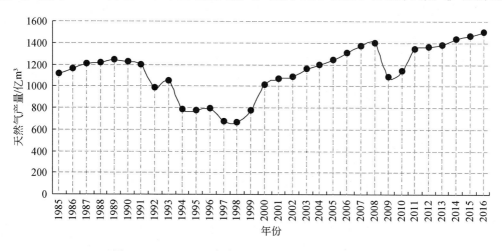

图 3.1　1985～2016 年中亚地区天然气产量变化示意图

为 4.21%。2016 年中亚天然气开采量分布不均，集中分布在土库曼斯坦、乌兹别克斯坦和哈萨克斯坦，其中：土库曼斯坦天然气开采量 668 亿 m^3，占中亚五国的 44.68%；乌兹别克斯坦天然气开采量 628 亿 m^3，占中亚五国的 42.01%；哈萨克斯坦天然气开采量 199 亿 m^3，占中亚五国的 13.31%。

（三）中亚天然铀产量占全球的 43.5%，高度集中在哈萨克斯坦

中亚地区铀矿开采规模大，自 2009 年以来铀矿开采量长期居世界首位。2016 年铀矿开采量为 26979 t 铀，占全球总产量的 43.5%。其中哈萨克斯坦生产 24575 t 铀，占全球铀产量的 39%，占中亚地区铀矿量的 91.1%[9, 10]（表 3.4）。铀矿开采与资源分布大体相一致，主要采用生产成本较低的地浸法开采。2015 年，外资约占中亚地区铀矿开采的 40%。

表 3.4　中亚地区铀矿开采量统计表

项目	2005 年	2009 年	2010 年	2013 年	2015 年	2016 年
哈萨克斯坦/t	4357	14020	17803	22451	23800	24575
乌兹别克斯坦/t	2300	2429	2400	2400	2385	2404
中亚地区合计/t	6837	16449	20203	24851	26185	26979
中亚地区占全球比例/%	16.6	32.4	37.6	41.9	43.3	43.5

资料来源：World Nuclear Association：World Uranium Mining Production（Updated June2017）；参考文献［4］。

三、战略能源资源出口贸易现状分析

中亚地区工业化程度低、能源消耗量少，对战略能源资源产品自消量少，以出口为主导。其中：中亚石油自消量少，出口量高达 90%，80% 通过陆上三条管道外运；中亚天然气自消量较大，出口量占 43.7%，主要通过陆上四条管道外送；中亚为无核化地区，现状天然铀矿自消量为零，出口量高达 100%，中国是中亚天然铀矿的最大进口国。

（一）石油自消量少，出口量高达 90%，80% 通过陆上三条管道外运

中亚地区不仅石油资源十分丰富，而且人口稀少，工业在国民经济中所占比例较低，能源需求不大，因此出口潜力巨大。2016 年中亚五国石油出口量 8790 万 t，哈萨克斯坦石油产量的 90%、土库曼斯坦油气产量的 90% 都用于出口，其中 80% 均通过管道运输，主要的干线输油管包括：阿特劳（Atyrou）—萨马拉（Samara）管道（约占 21%）、里海管道财团（Caspian pipeline consortium，CPC）管道（约占出口总量的 40%）和中哈石油管道（约占 16%）。另外海运和铁路运输各占 10%。海运主要是经阿特劳港运往巴库、马哈奇卡拉等方向；铁路运输主要运往东欧及黑海港等方向（表 3.5、表 3.6）。中亚原油出口受俄罗斯管道限制较大，中哈石油管道成后，中国开始积极参与中亚石油资源开发，与中亚五国的合作程度不断深化。

表 3.5　中亚地区主要出口输油管道统计表[8]

管道名称	管道起点、终点	长度/km	年输送能力/万 t	占出口总量比例/%
萨马拉管道	阿特劳—萨马拉	695	1750	40

续表

管道名称	管道起点、终点	长度/km	年输送能力/万 t	占出口总量比例/%
CPC 管道	田吉兹—新罗西斯克	1511	2820	21
中哈石油管道	阿特劳—阿拉山口	2834	2000	16

表 3.6 哈萨克斯坦原油外输通道能力

管道及港口		设计输量/（万 t/a）	
		现有	在建/规划
CPC 管道		2828	5200
中哈原油管道	阿特劳—肯基亚克	—	1200
	肯基亚克—库姆科尔	1000	2000
	库姆科尔—阿塔苏	2000	2600
	阿塔苏—阿拉山口	2000	2000
阿特劳—萨马拉管道		1550	2500
叶斯克涅—库雷克		—	2300
			5600
阿克套港		1100	1100

（二）天然气自消量较大，出口量占 43.7%，主要通过陆上四条管道外送

中亚地区天然气资源十分丰富，工业化程度较低，工业用能源需求量较少，但民用天然气消费量较大，生产的天然气大约 45% 用于出口。2016 年中亚地区天然气产量为 1495 亿 m^3，消费量为 943 亿 m^3，占生产量的 63.03%，出口量为 653 亿 m^3，占生产量的 43.7%（表 3.7）。其中：土库曼斯坦天然气生产量 668 亿 m^3，消费量 295 亿 m^3，占生产量的 44.2%，出口量 373 亿 m^3，出口量占生产量的 55.8%；主要流向哈萨克斯坦（11 亿 m^3）、伊朗（67 亿 m^3）和中国（295 亿 m^3）。

表 3.7 1985～2016 年中亚地区天然气产销量及出口量统计表 （单位：亿 m^3）

项目		1985 年	1990 年	1995 年	2000 年	2005 年	2010 年	2015 年	2016 年
哈萨克斯坦	生产量	43	57	38	79	128	176	190	199
	消费量	84	122	105	49	70	89	129	134
	出口量	—	—	—	—	—	119.5	113	166
土库曼斯坦	生产量	753	795	292	425	570	424	696	668
	消费量	84	95	78	122	161	226	294	295
	出口量	—	—	—	—	—	197.3	381	373
乌兹别克斯坦	生产量	313	369	439	511	540	544	577	628
	消费量	319	357	411	457	427	408	502	514
	出口量	—	—	—	—	—	135.6	75	114

项目		1985 年	1990 年	1995 年	2000 年	2005 年	2010 年	2015 年	2016 年
中亚地区	生产量	1109	1221	769	1015	1238	1144	1463	1495
	消费量	487	574	594	628	658	723	925	943
	出口量	—	—	—	—	—	452.4	569	653

乌兹别克斯坦天然气生产量 628 亿 m^3，消费量 514 亿 m^3，占生产量的 81.8%，出口量 114 亿 m^3，出口量占生产量的 18.2%；主要流向哈萨克斯坦（15 亿 m^3）、俄罗斯（56 亿 m^3）和中国（43 亿 m^3）。

哈萨克斯坦天然气生产量 199 亿 m^3，消费量 134 亿 m^3，占生产量的 67.3%，出口量 166 亿 m^3，出口量占生产量的 83.4%。主要流向俄罗斯（162 亿 m^3）和中国（4 亿 m^3）。

中亚天然气出口主要通过四个方向的管道外送。北向管道为通往俄罗斯并经俄罗斯通往欧洲的管道，包括从土库曼斯坦和乌兹别克斯坦各大天然气田为起点的中亚—中部区管道、中亚（布哈拉）—乌拉尔管道；而规划中的通过里海和高加索通往欧洲国家的中亚输气管道，可不经过俄罗斯直接向土耳其和欧洲市场供应天然气，但由于涉及复杂的大国和域内主要国家之间的利益博弈，因而仍是停留在方案设计阶段，尚未建设。南向管道为土库曼斯坦通往伊朗的管道，包括多夫列塔巴德—罕格兰通道和科尔佩杰—库伊通道。东向管道为土库曼斯坦经乌兹别克斯坦、哈萨克斯坦到中国的管道，目前已实施 A 线、B 线、C 线，D 线正在建设。

（三）天然铀开采全部出口，出口率高达 100%

中亚作为无核化地区，哈萨克斯坦和乌兹别克斯坦两大产铀国均无核电站，所开采的铀矿全部出口。2010 年前铀矿出口对象国分散，主要包括俄罗斯、欧盟、美国、中国、日本，韩国等，2010 年以来中国成为哈萨克斯坦和乌兹别克斯坦两国铀矿的最大出口对象国。2010～2015 年中国占中亚地区铀矿出口量的 51.3%（表 3.8）。

表 3.8　2010～2015 年中亚产铀国对中国天然铀出口量　　　　（单位：t）

项目	2010 年	2011 年	2012 年	2013 年	2014 年	2015 年
哈萨克斯坦	8950.4	10868.9	13655.7	16101	15384.1	14217
乌兹别克斯坦	3334.8	1515	1046.6	1926	2495.7	2980.7
中亚地区合计	12285.2	12838.9	14702.3	18027	17879.8	17197.7

第二节　中亚战略能源资源开发对中国能源的保障程度

从长远发展来看，中亚三大战略能源资源开发利用对中国的保障程度各不相同，据预测，到 2030 年中亚石油出口对中国石油需求的保障程度只有 7.89%，处较低水平；而中亚天然气出口对中国天然气需求的保障程度较高，保障程度可达到 40.74%；中亚铀矿出口对中国核电安全的保障程度最高，保障程度可高达 60% 以上（表 3.9）。

表 3.9　中亚战略能源资源开发利用前景及对中国进口量的保障程度预测表

指标	石油资源/万 t					天然气资源/亿 m³					铀矿资源/万 t				
	2016年现状	2020年预测	2025年预测	2030年预测	2035年预测	2016年现状	2020年预测	2025年预测	2030年预测	2035年预测	2016年现状	2020年预测	2025年预测	2030年预测	2035年预测
开采量预测	9770	14700	16500	20000	25000	1495	2502	2674	3206	3500	2.69	2.8	2.5	2.2~2.4	2.0
出口量预测	8790	12000	13000	15000	18000	653	1605	1644	2050	2500	2.69	2.8	2.5	2.2	1.8
对中国的出口量预测	336.9	1500	3500	4500	4500	341	850	950	1100	1300	1.38	2.0	1.8	1.6	1.2
出口量对中国的保障程度/%	0.88	3.52	6.65	7.89	7.89	47.2	53.12	45.23	40.74	39.39	51.3	80	67	60	40

一、石油资源开发利用对中国石油需求的保障程度分析

从石油资源开发利用对中国石油安全的保障程度分析，到 2030 年中国石油对外依存度预计高达 80%，已成为全球最大原油净进口国；而中亚石油出口对中国石油安全保障程度不容乐观，保障程度只有 7.9%。

（一）2030 年中国石油对外依存度将高达 80%，为全球最大原油净进口国

据国家海关统计，2016 年全国原油产量为 1.9969 亿 t，原油进口量达 3.81 亿 t，石油对外依存度高达 65.4%。根据 EIA 的数据计算，2016 年美国原油净进口量约为 3.7218 亿 t。这是我国年度原油净进口量首次超过美国，成为世界第一大原油净进口国。受国内产量下降和进口增加的影响，2016 年我国原油对外依存度水平和美国历史上的最高值（66%）非常接近。据专家预测，在未来较长时期内，为应对全球气候变暖和大幅度削减 CO_2 排放要求，以及加大治理大气污染的需要，中国对作为清洁能源的石油和天然气在一次能源消费结构中所占比例不断提升。据国际能源署 2010 年预测，2020 年和 2030 年中国石油进口量将达到 4.5 亿 t 和 5.7 亿 t（表 3.10），对外依存度分别达 72% 和 81%。

表 3.10　中国石油对外依存度预测表

年份	1965	1970	1975	1980	1985	1990	1995	2000	2005	2010	2015	2016	2020	2025	2030
对外依存度/%	-5.11	-10.76	-14.99	-25.57	-37.79	-19.72	7.59	33.76	41.15	53.93	60.99	65.40	72	75	81

资料来源：《国内外油气行业发展报告》。

中国石油进口渠道风险较高，中亚在国家能源进口"多元化战略"中地位逐渐攀升。长期以来，中国油气资源进口面临着来源集中、品种和运输方式单一等问题。例如，2016 年中国石油进口的地区结构中，中东占 51.24%，非洲占 23.7%，俄罗斯及中亚地区占 12.3%，拉美占 9.35%，亚太地区占 3.4%；在进口的油气资源品种上，按油当量折算，石油占 91.3%，天然气及液化天然气仅占 7.9%；在进口的油气资源的运输方式上，海运占 87.7%，管道及

铁路运输仅占 12.3%。

由于占中国原油进口量 3/4 的中东、非洲地区的一些主要产油国（如伊朗、伊拉克、利比亚、南苏丹、阿曼等国）局势长期动荡不定，加之海运要穿越波斯湾的霍尔木兹海峡、红海与亚丁湾之间的曼德海峡、苏伊士运河及马六甲海峡等战略通道，战时易遭到封锁和攻击，对中国能源安全保障极为不利。因此，从 2006 年起中国就着手对能源进口战略进行调整，通过实施"多元化战略"，优化能源进口的地区、品种和运输方式结构，而加强中国与俄罗斯及中亚五国的能源合作，是实施能源进口"多元化战略"的重要组成部分，必将有力地提升中国能源供应的长期、安全、可靠性。

中亚的哈萨克斯坦、土库曼斯坦和乌兹别克斯坦三国油气资源探明储量大、储采比高、未来油气资源的开发潜力巨大。随着中国与中亚地区的合作不断深入，经过约 20 年的发展，中国与中亚地区已建立起了互利共赢的全面合作关系，中亚原油向中国出口具备扎实的地缘政治基础，如中哈两国同为上海合作组织成员国；中国是哈萨克斯坦的最大贸易伙伴国；哈萨克斯坦是中国第三大投资目的国；哈萨克斯坦原油出口至中国不需要过境第三国中转等。

中国与中亚国家的石油合作既是政治合作也是商务合作。该合作既解决了中国国内石油资源不足的问题，同时也为中亚五国带去了先进的石油开采技术，提高了国家的经济税收，解决了社会人口就业问题，改善了市民生活环境，是一项互利共赢的合作项目。据国际能源署 2010 年预测，中亚五国的石油开采量将从 2011 年的 9677 万 t 增至 2020 年的 1.47 亿 t 和 2030 年的 2 亿 t，相应地原油出口量也将从 7720 万 t 增至 1.2 亿 t 和 1.5 亿 t。目前，中亚地区和我国在"丝绸之路经济带"的框架下展开了多领域跨区域的经济合作，中亚向中国的原油出口已成为象征两国政治经贸合作关系的标志，未来能源合作前景光明，中亚地区有充足的理由向中国出口更大比例的石油资源。

但是油气政治受内外因素影响，战略博弈复杂。近几年来，中亚产油气国日益加强对本国油气资源的控制力度，并通过修改法律法规和税收政策，设置新的环保壁垒，收紧对外合作范围，抬高门槛，以限制外国公司进一步扩张，力图改变与外国公司的合作模式。除某些中亚国家中央政府外，管道沿线的地方政府也希望共享跨国油气管道运输带来的巨大利益。此外，一些中亚国家隐藏着诸多不安定因素，尤其是恐怖主义的冲击、民族矛盾等因素，有可能给中国在中亚的油气资产和油气安全运输带来威胁，为此，中国与中亚油气合作需要双方携手营造一个安全、稳定的投资环境。

（二）未来中亚石油出口对中国石油需求的保障程度约为 8%

中亚地区将石油作为经济发展战略重心，为近邻中国石油保障提供了新契机。中亚丰富的石油和巨大开发潜力，可弥补我国石油的部分缺口。中亚石油开发生产成本相对低廉，陆上运输同样具有较高利用效率。但 2016 年中亚出口给中国石油仅占中国石油进口量的 0.88%。

全球能源研究中心（Center for Globle Energy Studies）预测，2018 年哈萨克斯坦原油出口量 27.21 万 t/d（当年出口总量约 9800 万 t），2024 年将达 36.73 万桶/d（当年出口总量约 1.32 亿 t），2030 年出口总量将达 1.92 亿 t。假设哈萨克斯坦占中亚石油出口量的 96%，据国际能源署 2010 年预测，2020 年和 2030 年中国石油进口量将达到 4.5 亿 t 和 5.7 亿 t，按照中亚向中国出口原油量 2018 年最大 15%、2020 年最大 18%、2024 年为 20%、2030 年 30%，来估算中亚对中国石油的保障程度。即便是按照中亚向中国出口 25% 的比例计算，2030 年中亚石油出口给中国的最大值为 4500 万 t，对中国的保障度也仅为 7.89%（表 3.11）。从目前中亚出口给中国的比例仅为 0.88% 来看，要达到 30% 的比例需要更多的努力。

表 3.11　中亚石油产量预测及对中国需求的保障程度

年份	预测区间	中亚地区石油产量/万 t	中亚出口中国的石油/万 t	中亚石油出口对中国石油需求的保障程度/%
2015	—	—	519.9	1.55
2016	—	9770	336.9	0.88
2018	最小值（10%）	9800	1021	2.44
2018	最大值（15%）	9800	1531	3.65
2020	最小值（10%）	11000	1146	2.55
2020	最大值（18%）	11000	2063	4.58
2024	最小值（15%）	13200	3300	6.60
2024	最大值（25%）	13200	3438	6.88
2030	最小值（20%）	19200	4000	7.02
2030	最大值（30%）	19200	4500	7.89

根据国际能源署预测，到 2030 年中国石油消耗量的 80% 需要依靠进口，也就是说大约有 5.7 亿 t 石油需要从国外进口。2017 年中国石油净进口量达到 4.19 亿 t，预计到 2030 年，石油进口量将达 6.7 亿 t。

而中亚方面，国际能源署预测其在 2030 年石油产量约为 2 亿 t，出口量约为 1.5 亿 t，考虑到美国、俄罗斯等国家也从中亚地区进口石油，中国从中亚进口的石油量约为 0.45 亿 t 左右，即中国在 2030 年时从中亚进口石油约占石油总进口量的不到 8%。

二、天然气资源开发利用对中国天然气需求的保障程度分析

从中亚天然气资源开发利用对中国天然气安全的保障程度分析，预测 2035 年中国天然气对外依存度预计高达 60%，相应地中亚天然气进口对中国天然气安全保障程度较大，保障程度可达 40.7% 左右。

（一）2035 年中国天然气对外依存度将高达 60%

从中国天然气生产与进口现状分析，2016 年中国天然气储量为 5.4 万亿 m³，生产量为 1384 亿 m³，消费量为 2103 亿 m³，进口量为 723 亿 m³，天然气对外依存度为 34.4%。在进口量中，其中从管道进口天然气 380 亿 m³，主要进口国家为哈萨克斯坦（4 亿 m³）、土库曼斯坦（294 亿 m³）、乌兹别克斯坦（43 亿 m³）和缅甸（39 亿 m³）；液化天然气进口 343 亿 m³，主要进口国家为俄罗斯（157 亿 m³）、阿拉伯国家（65 亿 m³）、印度尼西亚（37 亿 m³）、

马来西亚（34 亿 m³）、巴布亚新几内亚（29 亿 m³），以及其他十几个国家。从进口方向来看，中国已经形成了西北、东北、东南、西南四大天然气进口通道格局，既包括陆上及海上运输，也包括管道天然气及 LNG。西北通道为中亚-中国天然气管道 A 线、B 线、C 线、D 线四条线；东北通道为中俄天然气管道运输线路，东南通道为海上进口 LNG，主要分布在广东、福建、上海、浙江、海南、江苏、山东、辽宁、天津等地，LNG 进口来源地已扩充至卡塔尔等近 10 个国家，主要来自中东国家；西南通道为中缅管道，从缅甸皎漂港起，经缅甸若开邦、马圭省、曼德勒省和掸邦，从缅中边境地区进入中国的瑞丽，再延伸至昆明。管道全长约 1100 km，初步设计为每年向中国输送 120 亿 m³ 的天然气，天然气主要来自缅甸近海油气田。2013 年 7 月 28 日中缅油气管道开始向中国输送天然气，中缅油气管道的建设缓解了中国在进口非洲和中东油气时对马六甲海峡的依赖程度[11, 12]。从陆上管道天然气运输来看，共有 7 条管道，进口能力达 1650 亿 m³/a。从进口来源国来看，亚太、非洲地区份额不断下降，中亚地区份额不断上升成为进口主要地区。

从中国天然气生产量预测分析，有关学者预测中国常规天然气的高峰年产量为 2400 亿～2800 亿 m³，产量增长高峰期将持续到 2045 年左右[1, 13-17]。预计 2020 年，常规气产量突破 2000 亿 m³，非常规气达到 200 亿 m³ 以上；2030 年，常规天然气产量达到 2500 亿 m³ 左右，考虑煤层气、页岩气等非常规天然气今后的产量增长潜力，总产量有望超过 3000 亿 m³，之后将进入一个较长时期的稳产阶段。

从中国天然气消费量预测分析，不同机构提出了对未来我国天然气需求的预测情况。国际能源署（IEA）、中国石油经济技术研究院、中石油规划院、国务院发展研究中心、国土资源部等多家机构对消费量做了不同的预测结果[1, 13-17]。总体看来，对于中国 2020 年天然气的消费量可分为高中低三种方案，高方案将达到 4500 亿 m³，中方案为 3400 亿 m³，低方案仅为 2690 亿 m³，对 2020 年预测，本书采取中方案 3400 亿 m³。另外预测到 2025 年中国天然气消费量为 4200 亿 m³，到 2030 年中国天然气消费量为 5000 亿 m³，到 2035 年中国天然气消费量为 5500 亿 m³。

从中国天然气进口量预测分析，中国从世界各国进口天然气的量持续增长，从 2010 年的 163.5 亿 m³ 增长到 2016 年的 723 亿 m³，六年间增长了 559.5 亿 m³。未来中国天然气的进口量将进一步增加。由于消费量和生产量预测值不同，进口量预测结果也不尽相同。陈红仙预测对外依存度将从 2015 年的 37.31%上升到 2020 年的 42.41%[18]。前瞻产业研究院预测，中国天然气净进口量比例到 2020 年将达到 50%左右。中国石油天然气集团公司则预测到 2030 年中国天然气进口量将跃升至 1900 亿～2700 亿 m³。本书预测，2020 年、2025 年、2030 年、2035 年中国天然气进口量为 1600 亿 m³、2100 亿 m³、2700 亿 m³ 和 3300 亿 m³（表 3.12）。根据 2010～2016 年的历史数据及 2020 年、2025 年、2030 年、2035 年预测数据，中国天然气的对外依存度呈持续上升趋势；从 2010 年的 14.70%上升至 2016 年的 34.38%，2020 年、2025 年、2030 年、2035 年的对外依存度分别为 45.71%、50%、54%、60%，说明如果大幅度提高天然气消费量，将大量依靠进口天然气，国家天然气能源风险提高。

表 3.12　中国天然气的进口、消费量及对外依存度预测表

年份	中国从世界进口天然气的量/亿 m³	中国天然气消费量/亿 m³	中国天然气对外依存度/%
2010	163.5	1112	14.70
2011	309	1371	22.54
2012	414	1509	27.44
2013	518	1719	30.13
2014	578	1884	30.68
2015	598	1948	30.70
2016	723	2103	34.38
2020	1600	3500	45.71
2025	2100	4200	50.00
2030	2700	5000	54.00
2035	3300	5500	60.00

（二）中亚天然气进口对中国天然气需求保障程度可达40%

在从世界各国进口的天然气中，中亚五国占了很大比例。由于中亚—中国天然气管道建成运营，2010~2011 年中亚五国天然气进口占总进口的比例从 21.73%跃升到 45.92%，到 2012 年占据进口市场的半壁江山，近几年在 50%上下波动（表 3.13）。

表 3.13　中国天然气的对外依存度及中亚对中国天然气的保障程度预测表

年份	中亚供给中国天然气的量/亿 m³	中国从世界进口天然气的量/亿 m³	中亚对中国天然气进口的保障程度/%
2010	36	163.5	21.73
2011	142	309	45.92
2012	215	414	51.84
2013	271	518	52.32
2014	281	578	48.59
2015	318	598	53.14
2016	342	723	47.29
2020	850	1600	53.12
2025	950	2100	45.23
2030	1100	2700	40.74
2035	1300	3300	39.39

从中亚供给中国天然气的量与中国天然气消费量的比值来看，保障程度逐年上升，自 2009 年从中亚向中国输送的天然气开始，大部分来自土库曼斯坦，总计达 1000 亿 m³。到 2020 年前，中亚—中国天然气管道 4 条支线的总运力预计每年最高可达 850 亿 m³，最低为 800 亿 m³。根据 2020 年、2025 年、2030 年、2035 年中亚出口量分别为 1605 亿 m³、1644 亿 m³、2050 亿 m³、2500 亿 m³，并按 2016 年中亚地区供给中国的天然气比例为 52%测算，

预测 2020 年、2025 年、2030 年、2035 年中亚供应中国的天然气的量分别为 850 亿 m^3、950 亿 m^3、1100 亿 m^3 和 1300 亿 m^3。相应地，中亚天然气出口对中国需求的保障程度 2020 年将达到 53.12%，其后随着从世界各国进口天然气量的增大，虽然进口总量在增加，保障程度有所降低，预测 2025 年为 45.23%，2030 年为 40.74%。由于中国天然气进口的多元化趋势逐渐增强，但中亚在中国天然气进口格局中将长期占据举足轻重的战略地位。

三、铀矿资源开发利用对中国核电发展的保障程度分析

中亚铀矿资源非常丰富，产量位居世界前列，中国还是中亚天然铀最大的进口国。到 2030 年中国铀矿资源对外依存度预计高达 80%，中亚铀矿资源出口对中国的保障程度预计高达 60%。加强中国与中亚铀矿合作开发是确保中国核电持续快速发展对核燃料需求的重大战略决策。

（一）到 2030 年中国铀矿资源对外依存度预计高达 80%

国际能源署 2015 年 11 月发布的《世界能源展望 2015》报告中预测，世界核能发电量将从 2013 年的 24780 亿 kW·h 增至 2040 年的 46060 亿 kW·h，相应地对核的需求量也将增长 80%。我国在《"十三五"经济和社会发展规划纲要》中提出，"以沿海核电带为重点，安全建设自主核电示范工程和项目"，要求 2020 年"核电运行装机容量达到 5800 万 kW，在建达到 3000 万 kW 以上"，"加强核燃料保障体系建设"。

据国际原子能机构发布的数字，2015 年年底中国核电站运行的核反应堆 35 座，总装机容量 3161.7 万 kW，核能发电量 1612 亿 kW·h，占全国发电量的 3.01%；另有在建核反应堆 20 座，总装机容量 2259.6 万 kW；计划建设的核反应堆 41 座，总装机容量 4685 万 kW；分别占同期世界在建和计划建设的核反应堆总数的 34.5% 和 24.6%、装机容量的 36.2% 和 26.8%。未来 25 年，中国核电仍将保持较快的增速。根据《中国核电中长期规划（2007—2020 年）》，预测 2030 年和 2040 年中国核电发电量将分别达 9460 亿 kW·h 和 12890 亿 kW·h。与此同时，中国对天然铀的需求量也将从 2015 年的 8000 t 增加到 2020 年的 1.5 万～1.6 万 t 铀[1][2]。根据新投产的核电站机组所需的初装料及运营的核电站机组所需的年换料，以及基础储备等项预测，2030 年铀的消费量将达 2.2 万～2.5 万 t 铀，与地矿部门预测的数据（2.24 万 t）相接近，已超过美国 2013 年铀矿的进口量 20845 t（U_3O_8）。

另据 2015 年国际原子能机构第 25 版铀资源《红皮书》预测，受中国国内铀资源探明储量（回收成本 <130 美元/kg 铀的探明储量 12.83 万 t，仅占世界有探明储量的 3.7%）及开采条件与产能所限，2020 年预测中国天然铀产量为 3870 t 铀，2030 年为 5000～6000 t 铀，届时中国铀矿的自给率分别为 26% 和 23%。如考虑到中国核电发电量在全国发电量中占比远低于国际平均水平（2015 年为 11.5%，2030 年计划达 17%），以及国家对铀资源的合理储备等因素，未来 20～30 年中国核燃料铀的实际进口量将会更大。综合预测：到 2020 年中国核燃料铀的需求量将达到 1.1 万 t，实际进口量达 0.7 万 t，对外依存度 63.6%；到 2025

---

① 引自王世虎，欧阳平：全球铀矿业动态及中国应对策略，中国国土经济，2016（5）：26-30.
② 中国大唐集团有限公司唐文忠根据核电站机组初装料与年换料需求预测，2020 年中国新投产与在运营核电站对天然铀的总需求量为 11500t（其中初装料 2400t，年换料 9100t），未考虑必要的安全储备因素。

年中国核燃料铀的需求量将达到1.85万t,实际进口量达到1.35万t,对外依存度高达72.9%;到2030年中国核燃料铀的需求量将达到2.4万t,实际进口量达到1.85万t,对外依存度高达77.1%(表3.14)。确保中国核电安全的重大决策就是建立中亚核电原料基地。

表3.14　中国天然铀的供需与缺口预测表

项目	2015 年	2020 年	2025 年	2030 年
国内铀矿产能预测/t 铀	1616	3870	5000	5500
中核海外开发（纳米比亚、蒙古、尼日尔等）/t 铀	—	900	1100	1100
中广核海外开发（纳米比亚、哈萨克斯坦等）/t 铀		3500	5500	6500
国内外开发合计产量/t 铀	—	8400	11600	13100
天然铀需求量/t 铀	8000	11000	18500	24000
天然铀的对外依存度/%	79.8	63.6	72.9	77.1
天然铀的需求缺口/t 铀	—	7000	13500	18500

（二）到 2030 年中亚铀矿资源出口对中国的保障程度预计高达 60%

根据 2017 年国际原子能机构提供的最新数据,哈萨克斯坦回收成本<130 美元/kg 铀的铀矿探明储量为 30.91 万 t,推断资源储量为 52.74 万 t,合计确定储量 83.56 万 t。如按 2016 年 2.5 万 t/a 的开采能力设计（开采中铀资源折损率为 11%）,则可供开采年份约为 30 年;若再加上确定储量之外的预测储量及展望储量（合计 50.1 万 t）,则可供开采年份约为 47 年[①]。再从国际市场天然铀价格变化分析,2007 年以来,受美国次贷危机引发的国际金融危机,以及 2011 年日本福岛核泄漏事故的双重叠加影响,国际市场铀的现货价格从 2007 年 6 月的 354 美元/kg 铀下跌至 2010 年 3 月的 105 美元/kg 铀和 2014 年 5 月的 73 美元/kg 铀（其间日本福岛核事故前的 2011 年 2 月铀价一度升至 190 美元/kg 铀）,近两年基本稳定在 80 美元/kg 铀的价位。部分专家认为,2010 年以来,哈萨克斯坦铀矿产量的快速增长也是导致国际市场有价格持续走低的原因之一。为此,国际原子能机构纷纷调低了主要铀矿生产国未来的产能预期。据 2016 年国际原子能机构《红皮书》预测,哈萨克斯坦铀生产能力 2015～2020 年将维持在 2.5 万 t/a 水平上,其后因价格因素有可能降至 2025 年的 2 万 t/a 和 2030 年的 1.5 万 t/a;而乌兹别克斯坦将保持 3000 t/a 水平。但更多专家认为,调减产能仅仅是短期内有助于提振全球铀市场的一项策略,一旦市场条件好转,国际铀价就会上升,铀矿开采步伐也会加快;而且从中长期国际核电发展规划看,对铀矿的总需求仍呈稳定增长态势。基于上述分析,以储采比为基础,适当参照国际铀市场价格变化因素,预测如下。

（1）2020 年中亚铀矿产量为 2.8 万 t 铀,对中国的出口量约为 2 万 t 铀（含库存）,占中国同期天然铀进口量的 80%。

（2）2025 年中亚铀矿产量为 2.5 万 t 铀,对中国的出口量预计为 1.8 万 t 铀,占中国同期天然铀进口量的 67%。

（3）2030 年中亚铀矿产量有可能达到 2.2 万～2.4 万 t 铀,对中国的出口量预计为

---

① 引自：http://www.world-nuclear.org/information-library/country-profiles/countries-gn/Kazakhstan.aspx.

1.6 万 t 铀，占中国同期天然铀进口量的 57%。2035 年，中亚铀矿产量将下降至 2 万吨铀以下，对中国的出口量预计为 1.2 万吨铀，在中国天然铀进口中所占比重将降至 40%。为此，中国必须及早寻找新的铀矿资源替代国家。

第三节　中国与中亚战略能源资源合作开发的影响因素与风险评估

本书第一章对中国与中亚战略能源资源合作开发的有利条件进行了较全面的分析，主要包括：独特的区位交通优势，良好的地缘政治与地缘经济关系，密切的民族、宗教与文化联系，以及现有的开发基础。未来，中国与中亚进一步深化战略能源资源的合作开发，包括扩大合作规模，提升合作层次与水平，就必须对与战略能源合作开发有关的政治、经济、政策、法律、社会文化及基础设施等诸多因素进行深入的研究。其中政治因素包括资源国的政治稳定程度、大国及国际垄断集团的干预，以及"三股势力"的破坏活动等；经济因素包括东道国经济增长的稳定性、通货膨胀率及汇率的变化等；政策法律因素包括矿业权取得的难易程度、东道国对经营的干预程度、政策法律的稳定性、税费制度及环保要求等。社会文化因素包括民族、宗教、文化教育及劳动力成本等。上述因素既有有利的一面，也有不利方面，并由此带来合作的风险。

一、合作开发的影响因素与风险

（一）政治因素与风险

良好的国际及国内政治环境是中国与中亚战略能源资源合作开发取得成功的关键因素。1991 年中亚五国相继脱离苏联取得独立后，除吉尔吉斯斯坦于 2005 年发生"郁金香革命"，并一度导致政局不稳和社会动荡外，总体来看，各国政局相对稳定。特别是 2016 年 12 月的总统大选中，米尔济约耶夫以高票当选乌兹别克斯坦总统，实现了领导人的平稳过渡；接着，2017 年 2 月土库曼斯坦现任总统别尔德穆哈梅多夫又获得连任，根据土库曼斯坦 2016 年 9 月修改后的宪法，新一届总统任期为 7 年。此外，哈萨克斯坦总统纳扎尔巴耶夫自 1990 年至今已执政长达 28 年，塔吉克斯坦总统拉赫蒙也于 1994 年起连续了 4 个总统任期（24 年）。因此，从中长期看，围绕着总统选举，国内外敌对势力相互勾结，哈、塔两国政局均存在一定的不确定性。

石油、天然气和铀矿资源均为重要的战略物资，也是美、俄和欧盟等大国争夺的重要对象。美国作为世界最大的石油、天然气和天然铀矿的消费国，因而对包括中亚在内的世界战略能源资源具有较强的控制欲。"9·11"事件以后，美国打着反恐的旗号，不仅加强了在中亚的军事存在（如在吉尔吉斯和塔吉克斯坦建有空军基地），而且还插手中亚国家内部事务，策动"颜色革命"，引发一些国家的政局动荡。并通过其控制的一些西方石油天然气公司，在油气资源的开发及输油输气管道建设方面施加重要影响，千方百计对中国实施围堵战略。俄罗斯作为中亚能源地缘政治的重要力量，虽然自苏联解体后其政治经济地位日益衰落，但其同中亚国家密切的政治和经济联系乃至军事影响依然存在，特别是由于拥有较完善的油气管道运输设施，并力图从能源战略资源合作开发入手，强化"欧亚经济联盟"，加快一体化进程，并以此与美国和欧盟相抗衡。

欧盟和日本对中亚油气和铀矿等战略能源的合作开发也十分关注，为此签署了一系列双边合作协议。欧盟和美国一起，还对中亚通往区外的石油管道（如中亚经巴库至土耳其地中海沿岸杰伊汉的输油管）以及计划中的通过里海和外高加索至欧盟国家的天然气管道的建设施加较大影响，这对现已建成的从哈萨克斯坦、土库曼斯坦经乌兹别克斯坦、塔吉克斯坦和吉尔吉斯斯坦至中国新疆的输油管和输气管线油气的持续稳定供应形成一定的竞争关系。

中亚地区是宗教极端势力、民族分裂势力和国际恐怖势力"三股势力"的重要源地之一，特别是位于乌、吉、塔三国交界处的费尔干纳盆地，是"乌兹别克斯坦伊斯兰运动"和"伊扎布特"等恐怖组织活动最为猖獗的地区。长期以来，他们以宗教极端主义面目出现，以"民族独立（分裂）"为目的，进行有组织的恐怖和分裂活动，并波及中国的新疆、西藏等边境省区。不仅对中国的国家安全、民族团结和社会安定构成了严重威胁，而且也是制约中国与中亚战略能源资源合作开发的重大风险因素。

此外，中亚国家存在官僚主义作风，以及贪污腐败等问题，必然会影响到战略能源资源合作开发的进程与成效。

（二）经济因素与风险

中亚五国独立后，经过一段时期的恢复发展，于 2000 年前后先后进入了经济持续较快的发展阶段。由于中亚地区经济具有明显的资源出口导向特征，2014 年以来受国际油气和天然铀价格大幅下跌的冲击，除乌兹别克斯坦因其出口商品结构多元化受冲击相对较小外，其他四国 GDP 增速均明显下降，尤其是作为中亚经济大国的哈萨克斯坦（2015 年占中亚GDP 总量的 62%），由于经济结构过于单一，主要依靠出口大量能矿资源拉动经济增长，因此深受 2014 年至 2016 年国际市场能矿产品价格持续低迷的影响，GDP 年均增长率从2005 年代的 9.7%、2010 年的 7.3%降至 2015 年的和 2016 年的-1.2%和-1.1%，其中按美元计算的国内生产总值 2016 年比 2015 年下降了 27.4%。相应地人均 GDP 也从最高年份 2013年的 13891 美元降至 2015 年的 10510 美元和 2016 年的 7501 美元（引自哈萨克斯坦国家统计局 2017 年 2 月 17 日发布的数据）。2017 年哈萨克斯坦因国际石油价格拉动经济止跌回升，GDP 增速为 4.0%，人均 GDP 也增至 8769 美元。据世界银行 2017 年 6 月预测，未来 3 年中亚国家经济仍将保持持续平稳增长势头，2018 年中亚各国 GDP 增速为：乌兹别克斯坦 7.7%，土库曼斯坦 6.5%，塔吉克斯坦 5.9%，吉尔吉斯斯坦 4.0%，哈萨克斯坦 2.6%（2018 年 5 月又调高为 3.7%）。2019 年和 2020 年，中亚五国 GDP 仍将保持 4.2%~6.5%的增速。但由于国际市场能矿价格具有周期性不规则的升降特点，因而近中期 GDP 增速仍有可能出现低增长甚至负增长。同时，由于经济增长同汇率变化密切相关，如哈萨克斯坦经济处于负增长的2015 年和 2016 年，按美元计算的平均汇率分别下降 15.1%和 19.4%，从而给海外投资企业的外汇资产和负债带来很大的外汇风险，包括面临潜在的折算风险、交易风险和经营风险。

（三）政策法律因素与风险

政策法律因素是指东道国由于法律法规政策体系不健全、不稳定或执行不规范而给外国投资企业带来的风险。主要包括以下三个方面。

（1）矿业权的设置。中亚国家规定，石油、天然气、铀矿等战略能源资源均归国家所有，管理权归属中央政府，由国有公司进行控股。哈萨克斯坦的《地下资源及地下资源利用法》、乌兹别克斯坦地质和矿产资源委员会 1994 年颁发的《乌兹别克斯坦共和国地下资源法》，以及 1997 年土库曼斯坦颁布的《石油法》等均对矿业权做了严格规定，并对矿山的环境影响提出了严格要求。

（2）税费制度。中亚各国在油、气、铀矿等战略能源的开发过程中，东道国为维护本国利益，频频针对外资企业出台新政策，如多次调高资源使用税率、企业所得税率和出口增至税率，总体上大大增加了包括中资企业在内的投资国企业的负担。

（3）对经营的干预程度。2003 年以来，中亚一些资源大国如哈萨克斯坦和土库曼斯坦等国通过制定新的外商投资法，对外国公司的经营活动进行直接和间接干预。其中尤以哈萨克斯坦干预程度最大，如在油气资源勘探开发合同中，为提高"哈萨克斯坦含量"，严格规定外国投资者在经营过程中使用哈萨克斯坦设备数量、采购其商品金额、雇佣其劳工比例，并严格限制外资人员在哈工作签证数量等。相比之下，乌兹别克斯坦对外商经营的干预程度相对较小。

总体上看，中亚地区战略能源资源合作开发的相关法律制度较为健全，投资政策正在逐步完善，整体上对中资企业较具吸引力。但中亚一些国家（尤其是哈萨克斯坦）近年出现资源民族主义思潮抬头现象，表现为政策多变，直接干预外资企业的经营活动等，导致投资软环境出现负面变化，并由此带来经营风险。

（四）社会文化因素与风险

中国与中亚各国有着长期的友好交往历史，并积淀了深厚的历史文化渊源，古老的"丝绸之路"将双方连接在一起。中国的历史文化与中亚五国相互认同度较高，不会构成冲突，并且中国与伊斯兰国家一直保持着亲密的友好关系，在中亚各国具有良好的形象和传统友谊，中亚五国独立后，中国与哈萨克斯坦、吉尔吉斯斯坦和塔吉克斯坦通过友好谈判，顺利地解决了历史上遗留下来的边界问题，增进了友谊与信任[19]。为今后进一步深化战略能源资源的合作开发奠定了广泛的民意基础。

中亚地区近 20 多年来人口增长较快，劳动力资源充裕，尤其是乌兹别克斯坦，但中亚地区的人口文化素质不高，目前劳动就业很不充分。联合国 2016 年报告指出，中亚地区有近三分之一的劳动人口就业困难，近半数人口处于贫困线以下，且缺乏教育、医疗、卫生等基本公共服务保障。由于居民受教育程度不高，因而各类专业技术人才和技术工人极为短缺。

（五）基础设施风险

中亚五国独立后，各国均将大力发展交通、电力、通信、供水等基础设施建设置于重要地位，改变了基础设施长期滞后的发展局面，铁路、公路、管道、民航等交通基础设施取得长足进步，供电及供水条件也得到显著改善。但目前中亚地区基础设施仍不能满足经济社会发展需要，主要体现在：一是基础设施陈旧老化。如哈萨克斯坦有 2000 多千米铁路是苏联时期建设的，亟待对铁路网进行提升，对老旧机车车辆进行更新改造。乌兹别克斯坦正在运营的 42 座电站和近万千米输电线路大部分是 20 世纪 50 年代建成的，技术标准低，设备老化并存在安全隐患，亟待更新改造。二是基础设施分布很不均衡，主要集中在哈萨克斯坦和乌兹别克斯坦两国，吉尔吉斯斯坦和塔吉克斯坦由于经济较为落后，加之受山地阻隔，交通基础设施总体较为落后，通达性较差，远不能满足能矿资源大规模开发需要。

中亚地区是生态环境十分脆弱的干旱半干旱地区，大规模开发石油、天然气和铀矿势必会破坏原生植被和生态平衡，导致半固定或固定沙丘退化为流动沙漠；同时由于环保基础设施建设滞后，采油和开采铀矿（中亚地区大多采用地浸法开采）的过程中，极有可能污染地表水和地下水，并加剧已有的生态危机。

二、合作开发的风险评估

（一）中亚战略能源资源开发投资风险评估指标体系

中亚地区战略能源资源丰富，品位较高，但是中亚地区不同油气田和铀矿的勘探、开发难度区别较大，存在因开发难度太大导致投资成本过高的风险。按照敏感性原则、独立性原则、可测性原则和全面性原则，建立中亚战略能源开发投资风险评估指标体系，如图 3.2 所示。由图看出：中亚战略能源开发投资风险评估指标体系由 5 个二级指标、18 个三级指标组成，其中 5 个二级指标包括政治风险、法律风险、经济风险、社会风险和基础设施风险；18 个三级指标包括战争或动乱、国内政权更替、国内管理腐败、国际石油垄断、大国外交政策、矿业权取得难易程度、东道国干预程度、税费制度风险、法律与政策的稳定性、环境保护要求、经济 GDP 增长率、外汇风险、通货膨胀率、民族文化与宗教差异、恐怖主义活动风险、劳动力资本、水电交通等基础设施、油气管道铺设长度。

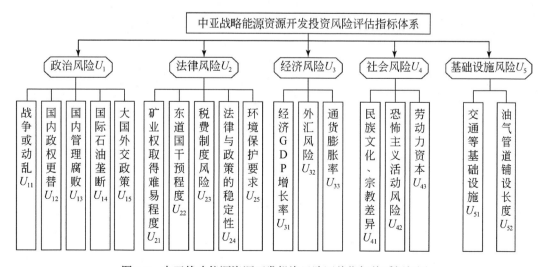

图 3.2　中亚战略能源资源开发投资风险评估指标体系框架图

（二）中亚战略能源资源开发投资风险评估结果分析

选择模糊综合评价法，通过确定风险因素集、建立风险评语集、确定指标权重集、邀请专家进行评价打分建立评价矩阵等步骤，对中亚战略能源资源开发投资风险程度进行模糊综合评价。评价结果见表 3.15。由此得出如下风险评估结论。

（1）五种风险中法律风险属于高风险，经济风险属于较高风险。在风险等级划分中，1 代表着极低风险，9 代表着极高风险，区间内风险等级逐步上升。根据评估结果 $7 \geqslant U_2 \geqslant U_3 \geqslant 5 \geqslant U_4 \geqslant U_1 \geqslant U_5 \geqslant 3$。据此判断，中亚法律风险评估值为 6.1670，风险指标值为 6～7，属于高风险，海外企业在投资时应该充分斟酌合同条款，避免陷入法律陷阱，完善双边法律体系，时刻关注东道国法律政策的变动，做好充足准备避免损失的发生；经济风险评估值为 5.4827，指标值指标大于 5，属于较高风险，海外企业在该地区投资时要时刻关注国际货币汇率的变化，关注东道国的经济态势，掌握经济市场变动趋势以确保投资的安全；社会风险评估值 4.8687，风险指标值接近 5，属于一般偏低风险；政治风险评估值 4.5406，风险指标值接近 5，属于一般偏低风险；基础设施风险评估值为 4.2186 最低，属于低风险。

表 3.15   中亚能源开发投资各级指标层风险评价结果表

目标层	准则层	准则层风险得分	风险指标层	指标层风险属性
中亚能源投资风险评价	政治风险	4.5406 一般风险	战争或动乱	(0.175, 0.133, 0.225, 0.392, 0.075)
				39.2%的概率属于高风险
			国内政权更替	(0.117, 0.358, 0.208, 0.258, 0.058)
				35.8%的概率属于低风险
			国内管理腐败	(0.075, 0.417, 0.425, 0.083, 0)
				42.5%的概率属于一般风险
			国际石油垄断	(0.075, 0.492, 0.300, 0.133, 0)
				49.2%的概率属于低风险
			大国外交政策	(0.050, 0.492, 0.300, 0.158, 0)
				49.2%的概率属于低风险
	法律风险	6.1670 高风险	矿业权取得难易程度	(0.000, 0.083, 0.175, 0.683, 0.058)
				68.3%的概率属于高风险
			东道国对经营的干预程度	(0.000, 0.192, 0.100, 0.650, 0.058)
				65%的概率属于高风险
			税费风险	(0.000, 0.142, 0.417, 0.442, 0)
				44.2%的概率属于高风险
			法律、政策的稳定性	(0, 0.292, 0.117, 0.400, 0.192)
				40%的概率属于高风险
			环保要求	(0.133, 0.183, 0.367, 0.258, 0.058)
				36.7%的概率属于一般风险

续表

目标层	准则层	准则层风险得分	风险指标层	指标层风险属性
中亚能源投资风险评价	经济风险	5.4827 较高风险	经济增长率 GDP	(0, 0.283, 0.408, 0.308, 0)
				40.8%的概率属于一般风险
			外汇风险	(0.075, 0.050, 0.467, 0.333, 0.075)
				40.8%的概率属于一般风险
			通货膨胀率	(0.075, 0.100, 0.408, 0.342, 0.075)
				46.7%的概率属于一般风险
	社会风险	4.8687 一般风险	劳动力成本	(0.200, 0.242, 0.233, 0.325, 0)
				32.5%的概率属于高风险
			恐怖主义活动风险	(0.058, 0.525, 0.217, 0.083, 0.117)
				52.5%的概率属于低风险
			民族文化、宗教差异	(0.050, 0.108, 0.300, 0.300, 0.242)
				60%的概率属于高风险
	基础设施风险	4.2186 低风险	水、电、通信、交通等基础设施	(0.117, 0.408, 0.342, 0.133, 0)
				40.8%的概率属于低风险
			油气管道铺设长度	(0.150, 0.392, 0.133, 0.325, 0)
				39.2%的概率属于低风险

（2）在法律风险中：政策稳定性、东道国干预、矿业权取得均属于中高风险。中亚政策法律风险总体属于高风险，风险综合评分为 6.167，介于一般风险和高风险之间。有 0.73% 的概率是极低风险，17.05%的概率是低风险，19.61%的概率是一般风险，58.35%的概率属于高风险，6.48%的概率属于极高风险。

（3）在经济风险类别中：经济增长率，外汇和通货膨胀均属于较高风险。中亚地区经济风险综合评价得分为 5.4827，属于较高风险。经济风险有 6.58%的概率是极低风险，8.99% 的概率是低风险，44.62%的概率是一般风险，33.20%的概率属于高风险，6.58%的概率属于极高风险。

（4）在政治风险中：战争动乱属于高风险，国内管理腐败属于一般风险。中亚地区政治风险有 11.32%的概率是极低风险，32.85%的概率是低风险，26.86%的概率是一般风险，25.33%的概率属于高风险，3.62%的概率属于极高风险。综合评价风险得分为 4.5406，接近一般风险。

（5）在社会风险中：劳动力资本和民族文化宗教差异属于中高风险。中亚地区社会风险综合评价得分为 4.8687，属于一般风险。社会风险有 7.6%的概率是极低风险，36.55% 的概率是低风险，24.3%的概率是一般风险，17.96%的概率是高风险，13.6%的概率是极高风险。

（6）在基础设施风险中：水、电、通信、交通等属于中低风险。中亚地区基础设施风险综合评价值为 4.2186，属于中低风险。基础设施风险有 14.45%的概率是极低风险，39.47% 的概率是低风险，16.78%的概率是一般风险，29.30%的概率属于较高风险。

第四节　中国与中亚战略能源合作开发的风险防控、技术模式及应对策略

一、中国与中亚战略能源资源合作开发的风险控制策略

中亚地区从总体上看，战略能源资源合作开发的风险程度较低，说明中亚地区的投资环境较为稳定，整体上合适投资。中国国有油气企业应该采用风险规避、风险转化工具应对中亚地区油气投资潜在风险。

（一）大国外交风险的控制策略

东道国的大国外交政策对中国投资者有较大的影响。以美国、印度、日本三国为代表的国家经常联合东道国限制中国的油气资源投资，因此，中国企业在投资前应做好相应准备工作，寻找其他合作伙伴组成国际油气投资财团，提前与中亚国家政府接触，防止其他国家干预。要充分利用上海合作组织平台，深化安全合作，共同打击"三股势力"，维护中亚地区安全与稳定，为中亚油气合作创造稳定、安全的社会环境。目前中国对中亚国家的投资中有 80%以上集中在油气领域，未来中国企业可考虑提高非油气领域的投资比例，在上海合作组织框架内积极与中亚国家在科技、基础设施建设、加工制造等多领域开展全方位的合作。

（二）东道国干预经营风险的控制策略

面对东道国对经营的干预，将政治风险部分或全部地转移给第三方承担是一种重要手段。第一种方法是非保险转移，即中国石油企业可与非东道国的石油投资企业进行合作，共同投资，以便共同承担风险、共同出资、共同分享利润，避免独自承担风险，减少风险损失。另外，中国石油企业还可同东道国政府或企业进行合作投资，这样可以规避东道国实施不利于合资企业发展的政策。第二种方法是保险转移，中国石油企业可以对海外投资资产进行投保，将资产可能遭受的政治风险转移给保险公司。伴随着国际法和国际政治的发展，国家间的海外投资保险制度的已经非常完善，一国可为本国企业的海外资产进行投保，一旦发生政治风险，便可通过保险制度取得代位求偿权，并通过国家间的投资保护约定进行事后追偿。这种机制完善、易行，可有效避免投资企业的海外资产损失风险。

（三）法律稳定性风险的应对策略

中国企业在中亚地区投资时首先要仔细斟酌合同条款，找出可能隐藏在其中的法律陷阱，尤其是签署由勘探向开采期过渡期间的方案及合同文本，就产品分成比例、劳工比例、使用产品份额及产品质量要求、管道使用协议等具体内容与哈萨克斯坦等中亚国家协商，必要时还可借助国际财团影响力施加影响。在矿业合同条款中，尽量把劳务许可的申请列入不可抗拒力条款，以避免因技术人员不能及时获得工作签证而导致的工程延期违约。合

同签订后，中国投资企业应严格遵守中亚各国法律和合同条款要求，避免因违法、违约带来的巨额罚款。合同签订后，中国油气投资企业应当实时关注东道国法律、政策的变动，积极与中国驻外使领馆、驻外商务机构、国内政府设立的政治风险评估机构沟通，及时获取准确、权威的政策法律信息，提前做好应对措施避免损失发生。

（四）劳动力成本风险的控制策略

中亚各国劳动力成本差别较大，哈、乌两国全民教育程度高，平均工资水平也较高，中国在此两个国家投资如果雇用较多当地员工会导致劳动力成本上升，因此中资企业在投资合同签订时应尽量降低当地劳工比例。土、塔、吉三国平均工资水平不及中国，可以适当多雇用当地廉价劳动力。另外还应关注土、哈两国工会组织的影响，适时提高职工福利水平。

（五）外汇风险的控制策略

美元是国际石油市场的交易货币，中国石油企业在海外投资过程中，涉及美元与人民币的汇率变化风险，以及美元与东道国货币的汇率变化风险。为降低汇率风险，对于中国经济合作较多的国家或地区，中国外汇管理部门应加强对该国或地区的汇率研究，时刻关注外汇市场信息，定期发布专业性的各国汇率分析报告，掌握汇率变动趋势，为中国海外投资企业提供有用的汇率参考信息。通过汇率监控机制不仅可大大降低中国投资企业的汇率风险。还可与投资国签订外汇保值条款以保障投资安全。

（六）民族文化、宗教差异风险的控制策略

中国的海外利益事实上已经遍布全球各地，政府部门固然负有海外领事保护的责任，但海外利益遭遇安全威胁具有突发性、紧急性等特点，政府的保护能力往往难以迅速而直接地延伸至当地。因此，中资企业应积极开展社会交往，通过提升公共外交能力，塑造企业的正面形象。同时，还应积极关注当地的民生问题，积极参与援助当地社区发展的慈善活动，邀请舆论精英造访公司或项目所在地，通过开展良好的对话与互动塑造企业的正面形象。要积极打造自身保护环境、关爱生态的公益形象，确保媒体和民众及时了解中国企业的责任感，可有效避免当地民众和极端势力的仇视，从而降低遭遇袭击的可能性。在日常交往中，中国方工程人员应该尊重当地伊斯兰民众宗教信仰和文化习俗，避免与极端宗教人士接触，加强与部族民众、长老及宗教领袖的沟通，拓展社会网络，扩大人脉资源，力求在危机发生前能够通过多渠道及时获取信息，在危机发生后能够动员多方力量进行援救，全力保障中方人员人身财产安全。

（七）战争或内乱风险的控制策略

面对中亚地区纷繁复杂的国情与政治情况，中国应坚持不干涉他国内政原则，以中立者的身份在中亚地区开展经济活动，避免主动介入当地各类政治和军事冲突。从历史上看，中国历来奉行不干涉他国内政的原则，与中亚政府没有任何历史遗留问题。近年来由于积极参与中亚战略能源资源投资，中国与中亚国家高层政治往来日益密切，中国对中亚能源

合作投资宜限于经济合作与商业投资领域，以中立、合作、互利、共赢态度处理各项事务，绝不能将能源投资建立在政治或军事结盟的基础之上，更要防止陷入中亚国家内部教派冲突和民族纠纷的政治漩涡。

二、中国与中亚战略能源资源合作开发的技术模式

能源合作是巩固和加强中国与俄罗斯及中亚五国地缘政治与地缘经济关系的重要组成部分，也是新形势下不断深化"全面战略伙伴关系"的要求，按照"互利共赢"的原则，并借鉴国际上已有的油气资源开发合作模式，可以选择贷款换能源、产量分成、联合经营、技术服务、兼并收购、"PPTE"项目管理模式和上下游一体化模式。在实际合作中，往往是多种相互交叉，形成"混合合作模式"[1, 20-22]。

（一）贷款换能源合作模式

常见的贷款换能源的合作模式是"贷款换石油"模式。对贷款双方而言，可谓各取所需。"贷款换石油"是一个中国式的国际石油贸易模式创新。与从国际石油市场上直接购买"贸易油"和直接投资海外从而获取"份额油"不同，贷款换石油所选择的谈判对象既不是财大气粗的中东石油生产国，也不是地缘政治风险极高的国家，而主要是与中国一样的新兴国家，其内外部环境相对稳定，同时对国外资本又有较高需求。如果"贷款换石油"协议进展顺利，"贷款换石油"还将有助于增进中国与众多产油大国之间的政治经济联系、保障国内石油进口通道等重要意义。这种模式的好处在于：保障石油通道安全，实现进口路线的多元化；稳定石油供应数量，补充国家石油储备体系；带动石油产业出口，创造产业海外经营条件；平抑国际价格波动，减少石油市场过度投机；降低市场购买成本，获得长期稳定石油供应。

贷款换能源模式对中国能源供应安全具有较高的重要性，成为国家缓解日益增长的能源供需压力的有效途径。在中亚复杂的地缘政治背景下，"贷款换能源"的模式具有广阔的应用空间。中国应抓住有利时机，充分发挥在资金上的优势，探讨以"融资换资源""融资换合作"等方式深化与中亚开展合作，并约定其以能源资源作为抵押品，这是一种双赢的合作模式。贷款换能源的模式既能帮助中亚缓解所面临的资金压力，又能使中国通过协议获得长期稳定的战略能矿资源，满足对能源资源的巨大需求。

（二）产量分成合作模式

该模式也是国际上常用的能源合作模式。资源国拥有油气资源所有权，外国油气公司投入资金、技术等进行油气开发，外国企业向资源国投资油气田开发，外国油气公司可以从合同区的油气产量中进行成本回收，成本回收后的余额由双方按比例分成。目前该模式在中亚的哈萨克斯坦、土库曼斯坦和乌兹别克斯坦的油气资源开发中运用最多。通常是中国公司直接投资，与资源国油气公司联合成立财团，签订产量分成协议，参与一个或多个项目开发。中石油与苏丹、中石化与蒙古、中海油与雪佛龙，以及中石油与壳牌近年签订的页岩气开发合同等都是产量分成合同模式。

产量分成合作模式的最大特点是资源国拥有资源的所有权及相应的经济利益，外国油

气公司承担勘探的初期阶段风险，一旦有油气商业发现，就可以收回成本，并与资源国共同分享利润油；并且获得回报的方式是利润油分成，而非利益分成，从而消除了资源国和外国石油公司关于利润决定、汇率转换、税收核算、利润过境等相关问题引起的矛盾冲突，这对外国油气公司充满了巨大的吸引力。

（三）联合经营的共享模式

中国在中亚地区的油气与铀矿资源合作开发中，必须充分重视大国竞争的外在风险和资源民族主义的内部风险。一方面西方国际石油巨头依靠其强大的资金实力、开采技术等已经先入为主，在中亚形成了比较成熟的合作基础与合作网络；另一方面，中亚地区一直面临着新旧国际热点争端和严峻的安全形势，包括冲突、战争、分裂、政局动荡、政权更迭等各种社会政治经济风险都可能给中国与中亚能源合作带来负面冲击。尽管目前中亚各国欢迎国际资本进入其能源战略资源勘探开发领域，但是必须警惕中亚国家资源民族主义可能带来的国家能源资源开发政策的变动，否则不仅相应的投资难以收回，还将面临着油气资源供应中断的风险。在此背景下，中国可与中亚和俄罗斯的国家的能源公司组建战略联盟，联合开发，利益共享，寻求一种温和的合作模式，不仅有利于降低资源民族主义风险，规避资源民族主义对外国资产的抵制，避免由于对所在国的法律、政策、人文、经济、监管体制等缺乏了解而导致的各种自然、人文风险，而且也是提高对抗西方国际能源巨头的综合竞争力的有效途径。

（四）技术服务合作模式

该模式作为服务模式的一种，是合作国以技术和知识为载体，解决资源国油气资源勘探、开发、加工、运输中的技术问题而开展的合作。当前，世界经济社会发展都还处于对石油的较大依赖性，而且全球范围内的油气储量随着勘探技术的不断发展，也呈现出较大的上升趋势。这些市场需求点，意味着未来的石油油气市场技术服务将会不断地增加。石油技术服务的需求必定会给中国石油技术服务企业国际化带来新的契机。

在承接国际油气资源勘探开发等技术服务方面，中国的陆地油气资源开发技术更具优势，海洋油气资源开发技术也取得了长足的进步。中石油、中石化、中海油均多次承接国外石油公司委托的勘探开发、石油工程等方面的技术服务业务。在业务承揽中，多家企业联合承揽成为一个新的趋势。中国在近海大陆架油气资源勘探、开发、老油田的二次开发具有一定的技术优势，对中亚的哈、土、乌三国则可在油气资源的勘探、开发、炼油厂和油气输送管道建设提供全方位的先进技术支持。

（五）兼并收购合作模式

并购是当今国际油气市场一种主流的合作模式。并购模式是指能源企业通过资本市场以股权变更的方式获得其他能源企业的股份以直接或间接获得他国能源资源的模式。并购模式需要石油企业拥有足够的资金实力，以及较强的竞争能力和抗风险能力。并购的优点为：可避开贸易壁垒，获得企业的部分或全部所有权和控制权。缺点是实施并购的过程中资本投入风险大，有时为了从众多并购竞争者中取得并购的主动权，不得不提供超出并购企业本身价值的大量资本。目前，中国企业参与国际油气资源并购活动的具体方式主要包括：一是并购石油公司股权；二是并购油气资产。未来中资企业应学习和借鉴国外石油公司经验，积极探索和利用项目融资、买"壳"融资、海外上市、发行债券、出口信贷、租赁、项目产品销售合同等多种渠道筹集资金，减轻资金压力，尽量分散投资风险。

（六）"PPTE"项目管理模式

在横跨土库曼斯坦、乌兹别克斯坦、哈萨克斯坦和中国四国的中亚天然气管道工程项目实施中，为应对复杂多变的环境，创新采用了 PMT+PMC+TPI+EPC 的项目管理模式（PPTE）[21, 22]。建立起以业主管理团队 PMT（project management team）为决策主体，PMC（project management contractor）承包商为项目管理主体，TPI（third party inspection）为项目质量监督管理主体，EPC（engineering procurement construction）总承包商为实施主体的项目运作模式，从而为按期、保质地完成工程项目提供了保障。

中亚天然气管道公司分别与哈萨克斯坦和乌兹别克斯坦的公司成立合资公司，作为相应管道工程的业主，负责管道工程的建设和运营。PMT 管理团队由合资公司的专业人员组成，直接对项目实施进行管理。中亚天然气管道公司选择德国 ILF 公司作为 PMC 承包商，协助中哈和中乌的 PMT 准备各类采办合同和招标文件，协助 PMT 进行项目进度和成本控制管理。中亚天然气管道工程通过国际竞标方式，选择英国 Moody 公司作为 TPI，Moody 公司主要负责甲方提供物资的驻厂监造、施工监督。EPC 总承包商承担中亚天然气管道工程的主要建设任务，对项目的顺利完工起着重要的作用，来自中、乌、哈三方。PPTE 管理模式具有提高项目管理水平、节约成本、精简业主机构等优势，但也存在着管理经验亟待提高，队伍素质建设有待完善，员工外语和国际化理念需要加强等问题[21, 22]。

（七）上下游一体化产业链合作模式

国际油气工业经历近百年的发展，先后形成了矿费税收制、产品分成、技术服务、兼并收购等不同类型的合作模式。随着油气合作业务的深入，部分油气资源丰富的第三世界资源国为振兴本国经济，提高资源的经济附加值，满足国内成品油供应，促进劳动就业改善民生，越来越倾向于采用上下游一体化的产业链的合作模式，即从油田勘探、开发、建设炼厂及修建原油管道等配套设施，在资源国形成比较完整的石油工业产业链。通常，中资油气公司与资源国政府组建合资公司，合作开发油气资源，将油气资源开发所取得的部分利润用于炼厂建设，并对管道项目进行投资、建设和运营，其收入按照所在国的财税规定缴纳各项税费后，通过合资公司进行纳税后的利润分红。

上述合作模式从油气资源逐渐拓展到铀矿合作开发领域，即从合作开发铀矿资源延伸到核燃料加工和组件生产，最终合作建设核电站。哈方认为，这是提升铀矿合作开发中"哈萨克斯坦含量"的战略性突破。

三、中国与中亚战略能源资源合作开发的对策建议

中亚地区是中国未来国际能源合作的重要战略区域，可从能源供给、能源运输安全、地缘政治安全等各个方面缓解中国日益趋紧的海外油气资源形势，深化与该地区的战略能

源合作是中国实现海外油气进口多元化和保障能源运输安全性的重要战略。同时应该认识到中国与中亚地区的能源合作是国家行为，需要政府的力量进行总体协调，并发挥地方优势，采取适当的合作路径，为加强与深化区域合作创造良好的条件。

（一）确保政策沟通，建立副总理级的中国−中亚战略能源开发协调委员会

中亚是中国能源外交的重点区域之一。除继续发挥中国与中亚国家良好的地缘政治经济关系的优势，并妥善处理与区域内主要政治力量关系之外，中国还应根据中亚各国的实际情况，坚持"友邻、安邻、富邻"的基本方针，开展务实有效的能源外交。同时，政府要保护中国石油企业和公民的合法权益，并为企业海外投资提供信息服务和政策支持。

目前，中国与哈萨克斯坦国、俄罗斯已建立了总理级定期会晤机制，中哈总理定期会晤于 2012 年正式启动，每两年举行一次；中国与俄罗斯还建立了副总理级的中俄投资合作委员会、中俄能源合作委员会等[23]。为推动中国、中亚及俄罗斯跨境互联互通战略通道建设，建议中国与哈萨克斯坦、土库曼斯坦、乌兹别克斯坦、俄罗斯在上述双边高层领导定期会晤机制的基础上，成立中国-中亚战略能源资源开发合作的副总理级协调委员会，主席为各国副总理级别官员轮流担任，每年会晤一次，并在中国、俄罗斯、哈萨克斯坦、土库曼斯坦、乌兹别克斯坦等国轮流举行。

中国-中亚战略能源资源开发合作的副总理级协调委员会具体负责组织沿"西欧—俄罗斯—中亚—中国西部—东北亚"的铁路、公路、航空、油气管道等重大建设项目的可行性研究，支持各国经济实体广泛挖掘过境运输潜力，推动建设国际运输走廊，以保障欧亚地区及中国-中亚境内的货物运输。同时，各方要发展具有竞争力的现代交通通信基础设施，通过加强边防、海关、检验检疫及铁路部门的协作，完善物流服务，优化运输条件，实现货物快速通关，促进欧亚交通运输可持续发展。

（二）保障贸易畅通，设立中国-中亚能源自由贸易区

依托丝绸之路经济带核心区独特的地理区位优势和对中亚各国经济社会固有的亲和力，鼓励和支持新疆各类企业、资本进入中亚开展广泛经贸活动特别是油气合作项目。新疆的石化工业较发达，拥有独山子-克拉玛依、乌鲁木齐、南疆和吐哈四大石化基地，可采用"来料加工"的方式实现互利共赢。此外，新疆的管道开发技术比中亚国家先进，可以在复杂输送管道建设等领域为中亚国家提供技术服务，还可考虑向中亚国家转让这些先进生产技术，将加工设备、生产线和配套组建等中国传统强项在中亚国家实现本土化生产，从而建立与中亚国家在能源上的纽带关系。

贸易合作是中国与中亚地区油气合作的主要方式，建立中国-中亚能源自由贸易区，各方应该在定价、通关和关税、服务贸易等领域加强合作。扩大与中亚的经贸合作的范围，提高合作层次和水平，也在一定程度上支持了中亚各国的能源产业，并赢得了好感。中亚国家单纯依靠油气出口，这种单一的经济结构，会使其产生不安全感，所以我们可以充分利用中国的对外经济贸易优势，扩大贸易市场。综合考虑技术、经济和地缘政治的诸多因素，共建新丝绸之路，利用地缘优势构建我国陆路能源资源大通道，建立稳定、安全、经济、多元的国家能源供应体系，促进经贸和能源产业互补[21, 22]。

（三）建立战略能源储备制度，完善国家及企业商业储备体系

一是建立铀储备制度。国际上一般认为核电站安全运行需 5～8 年的铀资源（U_3O_8 或浓缩铀等）作储备。建立并保持一定量的铀资源储备，一方面可提高我国核电应对天然铀供应中断、价格大幅度变动或突发情况的能力，保证核燃料安全稳定供应；另一方面可增强国际市场购买铀产品的弹性，提高获得良好价格的谈判地位，规避可能的汇率风险等。美国、俄罗斯、日本、欧盟等国家和组织早就建立了铀储备体系，为稳定、平衡本国有供应发挥了重要作用。在冷战时期及冷战后，俄罗斯、美国两国均拥有大量的铀库存。据国际原子能机构披露，俄罗斯在苏联时期，从东欧、中亚和西伯利亚开采了大量铀矿，其铀储量相当于上述地区 50 年的产量，总量达 61.5 万 t。2013 年美国以铀浓缩物、天然 UF_6 和浓缩 UF_6 为主的商量库存量达 1.21 亿磅（1 磅=0.4536kg）U_3O_8（折合 4.65 万 t），相当于 4.6～5.6 万吨铀当量；同时其核电企业还有大量的商业库存，并拥有 11.4 万吨品位为 0.34% 的贫铀尾矿，可满足其 25 年的商业需求。目前国际铀市场价格处于低位运行阶段[21-23]，中国应抓紧当前国际市场铀价格低迷的机遇，从国际市场大量购进天然铀、铀浓缩物、天然 UF 和浓缩 UF 等多种铀产品，建立起国家战略铀储备和企业商业铀储备体系。争取 2020 年左右铀资源储备量达 15～18 万吨，可为未来中国核电发展提供 8～10 年的铀资源储备。

二是探索建立能源就地转化机制。突出属地性质，加快能源的就地转化。属地化管理已成为跨国公司海外企业发展的必然趋势。随着中国油气公司的规模化和国际化，加强海外项目属地化管理迫在眉睫。2015 年中国国务院授权发布的《推动共建丝绸之路经济带和21 世纪海上丝绸之路的愿景与行动》指出，要"推进能源资源就地就近加工转化合作，形成能源资源合作上下游一体化产业链"。从中亚国家的长远发展战略来看，中亚各国能源产业发展的重点已经开始从单纯的油气出口向油气中下游发展，如哈萨克斯坦和土库曼斯坦正在积极推进炼油厂改造项目，乌兹别克斯坦也关注天然气化工领域的发展。中国石油企业需改变单纯购买油气资产的方式，从东道国经济发展需要和油气发展战略出发，进行知识共享和技术开发方面的密切合作，使之成为惠及双方社会经济发展的重要引擎。同时，中国石油企业要提高能源投资的本地嵌入性，提高当地员工的雇用比例，促进当地就业，加强与所在国政府、工会组织等有关社会团体及当地民众、媒体的跨文化沟通交流，争取各界对中国石油企业投资经营的理解和支持。

三是建立跨区域能源联合储备机制。传统的能源储备仅限于石油实物储备，随着各项能源技术的进步，油田储备、天然气储备等均可纳入能源储备体系。从长远来看，逐步建立联合能源储备机制将是中国与中亚国家加强能源合作，构建多边能源合作模式的重要内容。构建跨国能源储备机制有利于稳定参与国长期的能源供给，减少由于地缘政治冲突而带来的风险，有利于资源国规避能源价格波动风险，确保长期的石油和天然气收益。在能源过剩导致能源价格急剧下跌时，中国可与中亚各国协商以合理的价格购买油气资源进行本地化储备。在油气供应短缺时，中亚国家给予中国在同等条件下优先供给的政策。跨区域能源联合储备，并不局限于双边合作，中国可在中亚地区与哈萨克斯坦、土库曼斯坦和乌兹别克斯坦实行联合能源储备，必要时可同时协调三国的跨国储备，以最大限度保障中亚各国的能源收益和中国能源稳定供应。

（四）实现基础设施互联互通，加强中亚能源开发战略运输通道建设

强化天然气勘探开发及基础设施建设。力争用 20 年时间将中亚地区建成为中国最主要、最可靠、最现实的境外油气供应基地。近期主要是促进和加快中国与中亚各国天然气管网建设，特别是中土、中乌天然气管线的建设。

能源基础设施投资，是中国共建丝绸之路经济带的重要内容。需认清其存在的宏观和微观投资风险，在与本国政府、东道国政府、地方相关利益方进行充分互动的基础上，积极研究对象国的政治、经济、社会文化等领域的制度性安排和发展现状，尽可能地规避或降低投资风险[24]。积极利用亚洲基础设施投资机构与丝路基金方面的资本，主动设置油气企业海外风险勘探基金与海外并购基金，以此拓展海外投资融资方面的途径；着重引导并支持一些非常规油气及深海油气资源方面的国际化合作；针对油气企业海外大型投资项目实施监督决策，积极提供相关的科学咨询，尽可能把油气企业海外投资的风险降到最低。

（五）促进资金融通，建立中亚战略能源期货交易市场

发展能源金融和期货市场，以提高中国在国际能源格局中的影响力。尽管中国能源金融市场起步较晚、尚不发达，但中亚地区的能源金融制度也不完善，随着俄罗斯在金融和能源上逐步转向亚洲，中国可考虑在新疆建立配套的人民币结算中心，提高油气贸易本币结算规模。2013 年 9 月，中国第一个跨境人民币自由兑换中心落户新疆伊犁，开启中国金融界历史性的一页。下一步，中国应发挥新疆的区位交通及中亚国家天然气等能源储量大的优势，成立能源期货交易中心，打造中亚能源期货交易所。这些将有助于提高中国在世界区域能源市场的地位和话语权。

在各国法律框架下，为各国银行在对方境内开展各项交通基础设施建设创造平等和便利条件，支持各国银行建立合作伙伴关系并开展代理业务。借助丝路基金、亚洲基础设施投资银行、中国国家开发银行等资金，建立多元化资金投入渠道，保障中哈国际合作示范区跨境互联互通战略通道建设的顺利进行。其中，丝路基金是由中国外汇储备、中国投资有限责任公司、中国进出口银行、国家开发银行共同出资设立的中长期开发投资基金，投资于基础设施、资源开发、产业合作、金融合作等领域，重点在"一带一路"发展进程中寻找投资机会并提供相应的投融资服务；亚洲基础设施投资银行（简称亚行）是一个政府间性质的亚洲区域多边开发机构，主要包括五大投资方向，即能源、交通、农村发展、城市发展和物流，重点支持基础设施建设，成立宗旨在于促进亚洲区域的建设互联互通化和经济一体化的进程，并且加强中国及其他亚洲国家和地区的合作。

（六）促进民心相通，降低战略能源合作风险

受地理、民族、宗教、文化和历史等诸多因素的影响，中国与中亚国家战略关系的进一步发展迫切需要创新人文合作方式，拓展人文合作空间，提高人文合作水平，以化解隔阂，增进互信。建议在上合组织及"丝绸之路经济带"倡议框架下，人文合作应继续秉承"互信、互利、平等、协商、尊重多样文明、谋求共同发展"的"上海精神"和"团结互信、平等互利、包容互鉴、合作共赢"的"丝路精神"，这是人文合作的根本指导思想。

要让中亚了解中国，中国首先要了解中亚。今后，中国媒体应不断增加对中亚地区的历史沿革、风土人情和宗教信仰等基本情况、中亚各国的政治走向、经济发展及外交政策等的报道，以促进相互了解。要建立相应机制和提供多种平台，促进政党、议会、企业、大众媒体、学术机构、部族长老、非政府组织和驻外机构等不同社会群体的沟通，有组织、有分工、有配合地与东道国构建全方位、多领域的立体合作关系，营造相互包容、相互理解的友好氛围。不仅要与政府和社会精英的打交道，还要与广大普通民众交朋友，使官民交流相互配合、相得益彰。要强化人文合作的能力建设，建立人文合作的长效机制，逐步将人文合作从展会、演出、文化节和运动会等"小文化"层面提升到科技、出版和学术等"大文化"层面上来。要大力培育能够参与公共外交和民间外交的人才和队伍，鼓励地方民间组织在海外开展活动，同相关国家民间社会建立联系。

（七）利用丝绸之路经济带核心区优势，建设中亚战略资源合作桥头堡

在中国与中亚的合作中，丝绸之路经济带核心区的作用无可取代。重要的区位优势、民族优势和人文优势，使得新疆成为中国向西开放的"桥头堡"。近年来，在东部油气产量逐年递减的背景下，中国矿产资源勘查逐步加大在西部地区的投入，能源开发重心已实现战略西移。新疆是中国油气资源储量丰富的省区，蕴藏丰富的油气资源，石油和天然气分别占中国陆上油气资源总量的30%和34%，是我国重要的能源接替区。作为连接中国内地与中亚、俄罗斯等能源资源富集区的关键区域，新疆在中国与中亚国家的能源合作中发挥着重要和特殊的作用。新疆是中哈原油管道、中国-中亚天然气管道的必经之地，是中国与中亚开展能源合作的前沿。新疆拥有横跨东西、连通海外的油气管道干线网络，是中国管道运输里程最长的省区，油气管道总里程超过1.1万km。此外，承担油气铁路运输重任的哈—土—伊标准轨铁路（2014年12月开通）、中—吉—乌铁路、中巴铁路（筹建中）和新亚欧大陆桥也都经过新疆。未来，随着国内能源需求的不断增加，新疆将建设成为中国最大的油气资源生产基地和能源陆上大通道。在中国能源战略格局中，依托中亚能源资源通道，有序开发新疆能源资源将成为维护中国能源安全的最大保障之一。

（八）强化市场机制，共建中亚战略能源资源勘探开采集团

引导企业走出去，重视民营企业的参与。中国要鼓励民营企业参与海外能源开发，推动国有企业和民营企业的合作，建立"走出去"产业联盟。在哈萨克斯坦和吉尔吉斯斯坦，越来越多的民营企业，如中信集团、广汇能源、正和股份、中能国际和华荣能源等积极拓展海外油气业务，积极参与到中亚油气开发大潮中。近年来，中国对外直接投资增长迅速，企业海外并购热潮一浪高过一浪。通过收购或参股，中国石油企业逐渐掌握东道国一些重要油气项目的绝对控股权。矿产和能源资源涉及国家利益和经济安全，东道国政府对此十分敏感，各种审批程序和法律政策的限制也随之增加。因此，中国石油企业进行海外投资不必刻意追求掌握控制权，以股权为基础的控制权其实并不完全可靠，反而招来不必要的麻烦。

进行属地化管理，强调知识技术的合作。随着中国石油企业的规模化和国际化，加强海外项目属地化管理迫在眉睫。中国石油企业要加强自我约束，熟悉并遵守当地工会、劳工、税收和环保等方面的法律法规；尽量提高海外项目当地员工的雇用比例，加强对当地

雇用员工的培训和管理，促进当地就业，积极参与公益事业；加强与所在国政府、工会组织等有关社会团体及当地民众、媒体的跨文化沟通交流，争取各界对中国石油企业投资经营的理解和支持。积极推行"PPTE"，大型管道项目工期长、参与方众多，因此在项目实施期间应用该管理模式，要注意处理好各参与方之间的关系。因此，中国石油企业需改变单纯购买油气资产的方式，多从东道国经济发展需要和油气发展战略出发，进行知识共享和技术开发方面的密切合作，使之成为惠及双方社会经济发展的重要引擎。

（九）开展多方外交，创造战略资源合作开发的良好国际环境

当前，国际能源格局处于一种相互依存的状态，任何国家都只能获得相对利益而得不到绝对利益。在中亚地区，中国面对着错综复杂的地缘政治和能源利益竞争。参与中亚地区这场大角逐的主要政治力量都有相似的地缘和能源诉求，存在尖锐的战略冲突和利益矛盾。从整体局势上看，中亚地区形成三足鼎立的态势——以美国为首包括欧盟和日本为一方，以俄罗斯为首包括伊朗为一方，以及中国、韩国和印度为一方。其中，俄美矛盾是中亚地区争夺的主要矛盾，中国是俄美矛盾中重要的平衡力量，韩国和印度既可以加入俄罗斯一方，也可以加入美国一方，还可以加入中国一方。中国需要运用智慧，利用矛盾，在"中亚石油大棋局"中有所作为。中国要与中亚周边大国俄罗斯、伊朗一道共同维护中亚地区的安全与稳定；同时，深化与中亚外围国家——美国、欧盟、土耳其和日本的合作，尤其是要加强与美国的战略对话，避免发生"能源冷战"，陷入被围困的窘境。此外，中国还可以积极争取韩国和印度，挖掘合作潜力，扩大合作空间。

主要参考文献

[1] 毛汉英. 中国与俄罗斯及中亚五国能源合作前景展望. 地理科学进展，2013，32（10）：1433-1443.

[2] 钱明. 里海石油向我国招手. 中国石化，2008，（11）：66-67.

[3] IAEA. A Joint Report by the Nuclear Energy Agency and the International Atomic Energy Agency；Uranium 2016：Resources，Production and Demand. 2016，18-20.

[4] 李强，王建平，徐千琰. 世界铀矿资源概况及供需形势展望. 中国矿业，2013，22（11）：13-18.

[5] 刘廷，刘巧峰. 全球铀矿资源现状及核能发展趋势. 现代矿业，2017，（4）：98-103.

[6] 陈民玺，陈超. 哈萨克斯坦共和国矿业投资分析. 地质与勘探，2013，49（4）：791-796.

[7] 刘增浩. 哈萨克斯坦铀资源、生产及供需形势. 矿产与矿业，2012，（4）：24-26.

[8] 厉芳. 乌兹别克斯坦的核能及多元国际合作. 黑龙江省对外经贸，2011，（3）：38-40.

[9] 曹斌，胡勇，岳小文，等. 哈萨克斯坦原油生产和出口现状及未来趋势. 石油规划设计，2015，26（4）：5-7.

[10] 前瞻产业研究院. 2020 年我国天然气消费量将达到 4200 立方米. http：//bg. qianzhan. com/report/detail/459/150702-b79f7ee3. html. 2016-10-5.

[11] 参考消息网. 中国加速扩大天然气使用量 2030 年将达 6000 亿立方米. http：//www. chinanews. com/cj/2017/05-21/8229884. shtml. 2015-10-7.

[12] 腾讯财经. 中国增加中亚天然气进口需求. http：//finance. qq. com/a/20141122/014630. htm. 2015-10-7.

[13] 天工. 中国-中亚天然气管道累计输气突破 1000 亿立方米. 天然气工业，2014，（11）：20-20.

[14] 陈红仙. 基于系统动力学的中国天然气需求预测与分析. 北京：中国地质大学（北京）硕士学位论文，2016.

[15] 许勤华. 大国中亚能源博弈的新地缘政治学分析. 亚非纵横，2007，（3）：45-51.

[16] 宋文英. "一带一路" 倡仪下我国油气产业面临的挑战及机遇. 当代经济，2016，（22）：20-21.

[17] 鲁燕，秋今子. 乌克兰危机对中国与俄罗斯及中亚油气合作的影响. 国际石油经济，2014，22（9）：1-3.

[18] 肖洋. 中国油气管道在中亚地区面临的风险与应对. 当代世界，2011，（9）：52-54.

[19] 赵亚博，方创琳. 中国与中亚地区油气资源合作开发模式与前景分析. 世界地理研究，2014，23（1）：29-36.

[20] 唐超，邵龙义，陈万里. 中国铀矿资源安全分析. 中国矿业，2017，26（5）：1-6.

[21] 钱亚林. PPTE 项目管理模式的实践探索——以中亚天然气管道工程为例. 国际经济合作，2013，（1）：72-76.

[22] 孟繁春. 中亚天然气管道项目管理模式创新. 国际经济合作，2012，（8）：51-54.

[23] 刘乾，高楠. 俄罗斯-中亚地区油气政策走向及对华合作前景. 国际石油经济，2016，24（2）：22-28.

[24] 邓秀杰. 中国与中亚国家油气合作的机遇与挑战研究. 北京：中共中央党校博士学位论文，2015，14-16.

第四章 中亚石油资源空间配置格局
与中国合作开发

中亚地区具有良好的储油构造，石油专家估计中亚有可能是仅次于中东和西伯利亚的世界第三大石油储积区，是 21 世纪世界经济发展的最大能源库之一。中亚地区目前的石油资源储量仅占世界石油探明总量的 1.8%，而且集中分布在里海沿岸地区，其中哈萨克斯坦一国占中亚探明总储量的 96%[1]。中亚作为欧亚大陆的心脏地带，有丰富的能矿资源和储油潜力，地缘战略位置十分重要，这里的石油资源成为世界石油公司和大国（集团）角逐的焦点。一方面中亚石油的 90% 都用于出口；另一方面中国石油对外依存度逐年提高（2016年高达 65.4%），因此中国开展同中亚的石油资源合作显得尤为重要。目前中亚石油对中国的出口量仅为 1% 左右，如果这一比例在 2030 年能达到 30%，那么中亚可为中国提供原油 4500 万 t，保障中国进口石油的 7.89%[2]。通过发挥中国同中亚地理位置上毗邻和陆上石油管道运输的优势，加强石油多领域合作，可以弥补中国石油资源供应短缺的现状，减轻对中东和非洲石油过度依赖带来的风险。中国对中亚进行跨国石油投资时需要深入分析众多不确定因素，合理规避多种类型风险。通过构建中国对中亚地区石油投资的风险评价指标体系，应用模糊综合评价法，对政治风险、法律风险、经济风险、社会风险和基础设施风险进行了定量评价，为石油公司对中亚地区石油投资风险控制提供依据。此外，选择合理的合作模式与合作路径可以在一定程度上降低能源合作的风险。结合中国与中亚地区国家的合作历程、合作特点，以及战略导向和针对可能面临的风险，提出未来中国可采取贷款换石油合作模式、与中亚国家石油公司联合经营模式、产量分成模式与技术服务模式等合作模式，以尽可能地降低石油投资风险，最大限度地稳定石油资源供应，确保国家能源安全。

第一节 中亚石油资源配置格局与国际合作开发

中亚五国包括哈萨克斯坦、乌兹别克斯坦、土库曼斯坦、吉尔吉斯斯坦和塔吉克斯坦，地处内陆，北部、西部与俄罗斯相连，西部与阿塞拜疆隔海相望，南部与伊朗、阿富汗接壤，东部与中国相邻，位于欧亚大陆东西方与南北方的十字路口，是"欧亚大陆汇合区"的核心区域，总面积 400.65 万 km²[3]。中亚五国东部为高原山地，中西部为沙漠、盆地，地形从东南向西北方向依次降低。中亚五国拥有丰富的能矿资源，其中石油资源储量较大，2016 年石油探明总储量约 42.63 亿 t，仅占世界石油探明总量的 1.8%，但远景开发潜力巨大，其中里海被称为"第二个波斯湾"[4]。由于中亚地区与中国地理邻近且具有良好合作基础，在"一带一路"倡议推动下，中国与中亚在石油资源方面具有较大合作潜力，中亚石油资源对中国的保障程度将不断提高，且具有较高的保障效益。

一、中亚石油资源分布开发潜力

中亚五国被中国、俄罗斯、伊朗和阿富汗等国所围绕，由于地广人稀，经济落后，在冷战时期为苏联的一部分，长期不为世界所关注。冷战结束后，由于政治宗教上的活跃及能源资源的发现，该地区的地缘政治形势变得更加复杂[5]。苏联解体后，独立的中亚各油气生产国都把油气兴国作为其基本的发展战略，制订了宏伟的发展计划。拥有各种背景的国际石油公司也纷纷进入这块有巨大油气潜力的地区。中亚的油气勘探开发成为世界石油工业的热点之一，从中亚油气中获取更多的利益份额成为石油公司和大国（集团）角逐的焦点之一[6]。自20世纪末期以来，中亚油气成为媒体的热门话题，中亚各国及世界石油界对其发展前景充满期待。若干论著把其石油前景与中东对比，认为中亚的油气可以与中东相提并论，是仅次于中东的世界上第二个油气最丰富的地区，因而也是世界上列于中东之后的第二大油气供应源。

（一）中亚石油资源成矿条件好、探明储量较大

中亚地区有丰富的有机沉积物和稳定的沉积盆地，亦即称"储油构造"[7]，并有良好的生油、储油、运聚、保存油气的条件，因而蕴藏着大量的石油资源。中亚地区富含世界级的石油资源，在这一地区分布着数十个含有石油资源的盆地，主要有伏尔加-乌拉尔盆地、阿富汗-塔吉克盆地及费尔干纳盆地、楚河-萨雷苏河盆地、图尔盖盆地及西西伯利亚盆地等诸多盆地[8]。根据2017年BP世界资源年鉴显示，中亚五国2016年石油探明总储量约42.63亿t，占世界石油探明总量的1.8%[9]。

（二）中亚石油资源分布不均，集中分布于哈萨克斯坦

中亚五国石油资源储量较大，但其地理分布不均，集中分布于哈萨克斯坦，其次为乌兹别克斯坦及土库曼斯坦，吉尔吉斯斯坦和塔吉克斯坦较少。2016年中亚五国的石油探明储量42.63亿t，产量9770万t[1]（表4.1）。

表4.1 2016年中亚五国石油储量统计表

国别	探明储量/万t	储量在世界的排名	石油产量/万t	产量在世界的排名
哈萨克斯坦	409200	11	8212	16
乌兹别克斯坦	8186	47	270	49
土库曼斯坦	8184	46	1281	38
吉尔吉斯斯坦	546	79	7	86
塔吉克斯坦	164	88	—	—
总计	426282	—	9770	—

资料来源：《BP世界能源统计年鉴》2017，http://energy.cngold.org.

1. 哈萨克斯坦

哈萨克斯坦是独联体国家中仅次于俄罗斯的第二大产油国，2015年哈萨克斯坦石油探

测储量为 40.92 亿 t,占中亚五国总探明储量的 96%。在其独立后,原油产量快速增长,从 1995 年的 2064 万 t 增长至 2016 年的 8212 万 t,位居世界第 16 位。哈萨克斯坦油气行业在 GDP 中的比例呈现持续上升的趋势,1997 年为 3.7%,2006 年为 14.7%,2011 年达 25.8%,2014 年更提升至 30%,呈现持续上升的趋势[10]。哈萨克斯坦也是中亚石油和输油管道的地理枢纽[11]。

哈萨克斯坦石油成油时代从晚泥盆世开始直到中-新生代,主要产于西北部的滨里海盆地,北部的南图尔盖盆地,西部的南曼格什拉克盆地以及西南部的北乌斯蒂尔特盆地[12],主要油区和油气田分布见表 4.2。哈萨克斯坦原油探明区主要分布于西部的阿特劳州(发现油田 75 个)和曼吉斯套州(发现油田 60 个)[13]。

表 4.2　哈萨克斯坦主要石油资源分布表

盆地/油气区	探明储量/10 亿桶	累计产量/10 亿桶	油田数量/个	面积/万 km²	产油层
滨里海	12.8	0.8	80	40	盐下沉积地层
南曼格什拉克	1.6	2.1	16	65	砂岩和粉砂岩层
南图尔盖	0.7	0.0	17	8	侏罗系和白垩系尼欧克姆统
北乌斯蒂尔特	1.8	0.3	19	24	侏罗系油层

目前,在开发的油田有 80 个,其中,储量大于 1 亿 t 的大型油田有 11 个。哈萨克斯坦主要油田剩余石油探明可采储量集中在里海的卡沙甘油田和田吉兹油田,其中,卡沙甘油田是哈萨克斯坦最大的油田,发现于 2000 年,其原油地质储量约 64 亿 t,天然气地质储量超过 1 万亿 m³,2013 年 9 月开始产油;田吉兹油田是哈萨克斯坦第二大油田,发现于 1979 年,原油地质储量 31 亿 t,可采储量约 7.5 亿～11.25 亿 t,主要油田情况见表 4.3[12]。

表 4.3　哈萨克斯坦主要油田统计表

油田	发现年份	地质储量/亿 t	作业者
卡沙甘油田	2000	64.0	北里海作业公司
田吉兹油田	1979	31.0	田吉兹雪弗龙
乌津油田	1961	11.0	哈油气公司
卡拉恰甘纳克油田	1979	10.0	卡拉恰甘纳克石油作业公司
卡拉姆卡斯油田	1976	5.1	曼吉斯套油气公司
扎纳诺尔油田	1978	5.0	CNPC-阿克托别油气公司
热特巴依油田	1961	3.3	曼格什套油气公司
阿克托德油田	2003	2.7	北里海作业公司
卡拉姆卡斯海上油田	2002	1.6	北里海作业公司
卡伊兰油田	2003	1.5	北里海作业公司
肯基雅克油田	1959	1.5	CNPC-阿克托别油气公司

资料来源:参考文献[12]。

根据哈萨克斯坦 2030 年能源发展纲要,2030 年石油产量将达到 1.18 亿 t。2017～2030

年石油产量规划见图 4.1。2030 年前，哈萨克斯坦石油产量增长主要依靠阿特劳州的卡沙甘、田吉兹和西哈萨克斯坦州的卡拉恰甘纳克等三个大型油田的持续稳定开发和增产[14]。

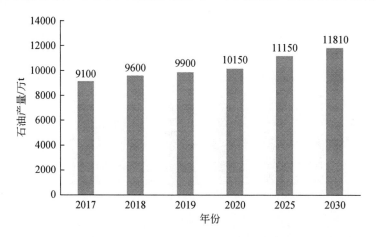

图 4.1　哈萨克斯坦 2017～2030 年石油产量油量规划柱状图

2. 乌兹别克斯坦

乌兹别克斯坦是中亚五国中的人口大国，2016 年总人口 3100 多万人，其主导产业是以棉花、石油、天然气和黄金为代表的农牧业和采矿业。石油资源探明储量 8186 万吨，在中亚五国中居第 3 位，乌兹别克斯坦有沉积盆地 5 处，其中含油气盆地 4 处：费尔干纳盆地、卡拉库姆盆地、南塔吉克盆地、北乌斯蒂尔特盆地，主要油气盆地见表 4.4[12]。

表 4.4　乌兹别克斯坦沉积盆地油气特征表

特征		费尔干纳盆地	卡拉库姆盆地	南塔吉克盆地	北乌斯蒂尔特盆地	克孜勒库姆盆地
面积/万 km²	盆地	4.5	53	10	25	30
	境内	1.8	4.6	1.4	11	5.8
盆地背景		断陷盆地	地台边缘	地台边缘	碳酸盐岩盆地	中间地块
盆地构造		中部凹降南北两侧为段阶	块状的凹陷和隆起	由三个南北向构造带组成	6 个次级的凹陷与隆起	—
油藏类型		被断层复杂化的背斜	背斜生物礁	背斜生物礁	—	—
油气产层	时代	N、E、K、J₁₋₂	K₁、J₃、J₁₋₂	E、K、J	J₂	—
	岩性	泥灰岩、灰岩、砂岩	砂岩、碳酸热层	灰岩、碎屑岩、碳酸盐岩	碎屑岩	—
	埋深/m	—	<1000	<3000	3500	>1500
资源量	石油/亿 t	10	—	—	—	—
勘察发现油气田		含油田块十余处，明格布拉克油田	80 处气田	13 处油田	4 处气田	乌方未投入，哈方投入 3 口井
开发油气田		已开发三处油田	2 处气田	油田 13 处	阿克恰拉克气田	

资料来源：参考文献 [14]。

3. 土库曼斯坦

土库曼斯坦有着丰富的天然气和石油资源（表 4.5），其石油资源探明储量为 8184 万 t，居世界第 46 位；天然气资源探明储量达 74885 亿 m³，居世界第 6 位，占中亚五国总探明储量的 63.8%。土库曼斯坦是中亚石油和输油管道重要的节点，也是石油和天然气的出口大国[15]。

土库曼斯坦属图兰地台的西南边缘部分，中部和东部的图兰地台部分和西部的山间盆地的含油气性已经得到证实。前者含气为主，后者是含油气盆地，既发现油田和凝析油气田，又发现有凝析气田和纯气田[12]。

表 4.5　土库曼斯坦重要油气田

序号	油田名称	发现年份	可采储量		所属盆地	产层深度/m	圈闭类型	产层时代	岩性	备注
			油/亿 t	气/亿 m³						
1	科图尔代佩	1956	2.4	480	西土库曼斯坦	2600	断背斜	N	砂岩	油气
2	切列肯	1965	0.9	—	西土库曼斯坦	2500	断背斜	E	砂岩	油气
3	道勒塔巴德	1976	—	15000	阿姆尔河沿岸	2900	地层	K	砂岩	气田
4	萨特克雷	1968	—	9755	阿姆尔河沿岸	3500	背斜	K	砂岩	气田
5	纳伊普	1970	—	1744	阿姆尔河沿岸	1900	背斜	K	砂岩	气田
6	基尔皮契利	1972	—	1688	阿姆尔河沿岸	3000	背斜	K	碳酸盐岩	气田
7	阿恰克	1966	—	1553	阿姆尔河沿岸	1600	背斜	K	砂岩	气田
8	古古尔特里	1965	—	1130	阿姆尔河沿岸	1000	背斜	K	石灰岩	气田
9	萨曼特佩	1964	—	1013	阿姆尔河沿岸	2300	背斜	J	碳酸盐岩	气田

资料来源：参考文献 [12]。

4. 吉尔吉斯斯坦

吉尔吉斯斯坦是以农牧业、矿业为主的欠发达国家，其石油探明储量为 546 万 t。吉尔吉斯斯坦境内的 14 个油田均分布在费尔干纳盆地北部和东部边缘地区[16]。

5. 塔吉克斯坦

塔吉克斯坦石油探明储量仅 164 万 t，在中亚五国中居末位。该国山地占国土面积的 93%。境内水能资源丰富，约占中亚地区的 50%，蕴藏量居世界第八位，人均拥有水能资源居世界第一位。其水能、有色金属和油气资源仍处于待开发的状态[12]。

（三）中亚石油自消量少，出口量高达 90%

中亚地区不仅石油资源十分丰富，而且由于人口稀少，工业在国民经济中所占比例较低，能源需求不大，因此出口潜力巨大。哈萨克斯坦石油产量的 90%、土库曼斯坦油气产量的 90% 都用于出口。由此可以看出，在当今世界其他供油基地储量减少、生产能力下降而世界油气需求不断攀升的情况下，中亚地区的油气资源对于国际经济具有重要的战略意义[17]。

中亚地区石油开采集中分布于哈萨克斯坦，其次为土库曼斯坦和乌兹别克斯坦。该地区所产的石油 80% 通过管道运输；此外，海运和铁路运输各占 10%。海运主要是从阿特劳港运往巴库、马哈奇卡拉等方向；铁路运输主要运往东欧及黑海港等方向。目前主要输油管道以下三条。

（1）阿特劳—萨马拉管道，年输油能力 1750 万 t，约占出口总量的 13%，过境俄罗斯销往东欧、黑海及波罗的海国家。

（2）CPC（里海管道财团）管道，哈萨克斯坦境内年输送能力为 2820 万 t，约占出口总量的 21%，石油输送至俄罗斯黑海沿岸的新俄罗斯港出口；

（3）中哈石油管道，年输送能力 2000 万 t，约占出口总量的 15%，石油输送至中国新疆的独山子（表 4.6）[2, 18]。

表 4.6 中亚地区主要出口输油管道统计表

管道名称	管道起点、终点	长度/km	年输送能力/万 t	占出口总量比例/%
萨马拉管道	阿特劳—萨马拉	695	1750	13
CPC 管道	田吉兹—新罗西斯克	1511	2820	21
中哈石油管道	阿特劳—独山子	2834	2000	15

资料来源：参考文献 [2]。

此外，还有一条重要的石油长输干线，即从俄罗斯鄂木斯克南下经哈萨克斯坦到土库曼斯坦的石油管道，苏联时期用于向哈萨克斯坦和土库曼斯坦输送西西伯利亚的石油。苏联解体后，俄罗斯通过该管道继续向哈萨克斯坦两个方向供油：一是向东北部巴甫洛达尔炼厂供油，每年大约 400 万 t；二是向南哈萨克斯坦州希姆肯特炼厂供油，每年大约 250 万 t。中哈管道建成后，该管道与中哈管道衔接，实现了哈萨克斯坦西部地区石油向巴甫洛达尔炼厂和希姆肯特炼厂供油，减少了对俄罗斯石油的依赖[19]。

哈萨克斯坦所开采的石油约 85% 用于出口，为实现石油出口方向多元化，将进一步加快石油出口通道建设。一是扩建 CPC 管道，将输油能力提高到 6700 万 t/a，以确保田吉兹、卡莎甘等大型油田上产需求；二是将肯基亚克—阿特劳管道（即西北管道）进行反输改造，并与中哈石油管道 KK（肯基亚克—库姆科尔）段连接，实现里海油气区石油进入中哈石油管道出口中国；三是建设哈萨克斯坦里海输油系统，初期年输油能力 2300 万 t，远期达到 3800 万～5600 万 t，通过叶斯科涅到库雷克管线将石油输送至码头后再以油轮跨里海运送至巴库，然后通过巴库—杰伊汉管线出口到国际市场。此外，还计划对萨马拉输油管道进行扩建。通过以上措施，可确保哈萨克斯坦石油出口输送能力超过 1 亿 t/a[20]。

（四）中亚潜在油气资源丰富，石油开发潜力较大

石油剩余储量是石油资源潜力中确定性最高的组成部分，是最可依赖的资源潜力。据能源专家估计，即使不把里海石油的储量计算在内，中亚也是仅次于中东和西西伯利亚的世界第三大石油储积区，是 21 世纪世界经济发展的最大能源库之一，更何况"里海石油"的资源储量十分巨大，其石油储量一般估计在 1500 亿～2000 亿桶，约占世界储量的 18%～25%；还有的估计在 6000 亿桶左右，使其有可能成为"第二个波斯湾"。其中，里海沿岸国家中哈萨克斯坦已探明的石油储量为 80 亿～220 亿桶，总储量为 950 亿～1170 亿桶；土

库曼斯坦的石油探明储量和总储量分别为 15 亿桶和 335 亿桶；阿塞拜疆分别为 30 亿～110 亿桶和 270 亿桶；伊朗和俄罗斯的石油总储量分别为 120 亿桶和 50 亿桶[21]。

中亚石油分布广，品位高，杂质少，并且由于中亚地广人稀，工业在国民经济中所占比例较低，能源消费需求不大，因而出口潜力较大，其原油及天然气凝析油的出口比例约占 90%。预计到 2020 年，其原油净出口能力可达 7580 万～7810 万 t。展望 21 世纪，中亚石油前景乐观，"可能成为今后 10 年世界石油市场极为重要的新角色"[20]。

此外，中亚石油仍有进一步发现的可能性。纵观国际石油工业的发展史，随着科技的进步，世界重大含油层的储量总是不断刷新，如中东的石油探明储量即从 20 世纪 50 年代初的 1000 亿桶上升到今天的 6000 亿桶。中亚石油潜能巨大。据估计里海石油储量足够开采 140～280 年，而且这是在中亚大部分地区尚未采用先进的三维地震法勘探的情况下，随着勘探的深入，世界第一大湖里海极有可能成为"第二个波斯湾"[22]。2012 年，美国地质调查局应用地质评估方法，以发表的地质信息、油田和气井的商业数据、实地生产记录为基础，对中亚的阿姆河盆地和阿富汗-塔吉克斯坦盆地未发现的、技术可采的常规油气资源进行了评估。该评估是 USGS 全球优先盆地（priority basin）油气资源评估项目的一部分，特别针对那些在地质特征上明显有利于产生和聚集油气资源的地质单元和全含油气系统（total petroleum systems，TPS）。证实中亚的阿姆河盆地和阿富汗-塔吉克斯坦盆地蕴有丰富的油气资源。其中阿姆河盆地面积为 417000 km^2，阿富汗-塔吉克斯坦盆地面积为 97000 km^2，这两个盆地涉及的国家主要包括：阿富汗、伊朗、塔吉克斯坦、土库曼斯坦和乌兹别克斯坦。评估表明：①阿姆河盆地蕴有 96200 万桶原油、52025 bcf ［1 bcf＝10 亿 ft^3（1 ft^3＝2.831685×10^{-2} m^3）］天然气（非伴生气 49704 bcf、石油伴生气和溶解气 2321 bcf）、58200 万桶凝析气（油藏中的凝析气 5500 万桶、非伴生气藏中的凝析气 52700 万桶）；②阿富汗-塔吉克斯坦盆地蕴有 94600 万桶原油、7072 bcf 天然气（非伴生气 6847 bcf、石油伴生气和溶解气 225 bcf）、8500 万桶凝析气（其中油藏中的凝析气 400 万桶、非伴生气藏中的凝析气 8100 万桶）[23, 24]。

二、中亚石油资源开发的国际合作格局

中亚地区作为欧洲、亚洲和中东中间地带的独特的战略枢纽地位，在世界油气供需和世界能源政治格局中的地位将不断上升。在中亚能源博弈中的大国势力在巩固与扩张的基础上不断进行相互渗透与反渗透，将成为中亚能源政治的基本态势[25]。伴随着近年来中国与中亚合作的不断深入，俄罗斯、美国和中国的相互竞争和博弈关系主导着中亚的能源政治格局，使得中亚地区形成了多元角力的政治格局新特征[26]。

（一）中亚石油资源开发形成了美、俄相互博弈的能源政治格局

苏联解体后，中亚作为独立的政治经济区域，成为权力真空地带。觊觎该地区能源的各种势力争先恐后加入了激烈的能源争夺中。中亚能源博弈中的大国势力在巩固与扩张的基础上不断地相互渗透与反渗透，反复博弈将成为中亚能源政治的基本态势。多元角力是中亚能源政治格局的新特征，能源出口国、能源进口国，以及能源输送过境国的斗争与协调深刻地影响着中亚能源格局的变化。

1. 美国深度介入并主导中亚石油的开发与贸易

伴随中亚地区能源探明储量的不断增加,美国对中亚的战略由核安全转向地区安全,由能源利益转向能源战略。1994 年,美国宣布将独联体国家作为其战略利益区,2003 年提出"新中亚战略",并利用资金优势使中亚成为其稳定的能源供应基地。美国在中亚能源政治博弈的作用主要体现在:主导从阿塞拜疆的巴库经格鲁吉亚的第比利斯连接土耳其地中海沿岸的杰伊汉的输油管道建设(以下简称巴-杰线)和推动土库曼斯坦—阿富汗—巴基斯坦天然气管道(TAP)建设。巴-杰管线全长 1767 km,于 2002 年开工建设,2006 年 7 月开始投入运营,耗资 30 多亿美元,输油能力为每天 100 万桶(相当于年输油能力 5000 万吨),中期可达 180 万桶。该线建设大大提升了美国在中亚地区能源争夺的竞争优势,打破了俄罗斯对中亚国家原有的"中亚—中央"油气资源运输的垄断控制。为加强在中亚的能源战略利益,美国还从政治、经济、军事、社会等多方面介入了中亚事务,如分别在乌兹别克斯坦和吉尔吉斯斯坦建立了军事基地,并加强了非政府组织的渗透。美国国际石油巨头凭借资金、技术等优势获得了中亚多个油田的勘探和开采权,如雪弗龙、埃克森美孚公司开发了田吉兹油田并拥有 75%的股份;埃克森美孚、壳牌在卡沙甘油田进行开发工作,并占有 37.04%的股份;雪弗龙公司开采卡拉恰甘纳克油田并占有该油田 20%的股份[27]。

2. 俄罗斯垄断着中亚石油的开发与运输

俄罗斯一直是中亚地区能源政治格局演变的核心力量。油气资源是俄罗斯参与世界政治经济体系、实现其能源战略和能源外交的重要手段。在苏联时期就通过"中亚—中央"天然气管道控制着中亚的天然气资源。苏联解体后,俄罗斯一直企图进行重新一体化,并将发展与独联体国家的关系作为俄罗斯外交的优先方向。希望通过中亚能源合作增强在中亚地区乃至世界范围内的政治和对外经济影响,为此提出优先利用俄罗斯现有巴库-新罗西斯克输油管的运输能力来贬低巴—杰管道的战略意义,并维持在欧盟天然气供应中的垄断地位,扼制欧美建设绕过俄罗斯的能源进口通道[5]。

目前,中亚天然气管道和穿越里海的天然气管道等欧洲能源走廊的重要组成部分均在俄罗斯的掌控之下。为防止欧盟势力对中亚的渗透,俄罗斯还积极鼓励其国家石油天然气公司参与哈萨克斯坦、乌兹别克斯坦等国油气资源的勘探、开发和加工,并且推动中亚油气资源企业重组;高价收购土库曼斯坦、哈萨克斯坦及乌兹别克斯坦用于出口的天然气,实现价格垄断,并呼吁成立独联体天然气联盟。2005 年俄罗斯与哈萨克斯坦签订了在哈萨克斯坦境内运输天然气的协议;并与土库曼斯坦签订了购买其全部天然气产量的协议。2007 年 5 月,俄罗斯、哈萨克斯坦、土库曼斯坦和乌兹别克斯坦达成对"中亚—中央"天然气管道进行更新改造,以及铺设新的里海天然气管线的协议,计划共同建设中亚规模最大的天然气输送管道,年输气能力达 900 亿 m³[28]。

(二)中亚原油出口受俄罗斯管道制约大,中哈石油管道成为新出口

在中哈原油管道建成以前,哈萨克斯坦原油除少部分用油轮运往里海沿岸的马哈奇卡拉(俄罗斯)、巴库(阿塞拜疆)和奈卡(伊朗)外,只能通过输油管道过境俄罗斯出口到欧洲。2013 年哈萨克斯坦干线管道输油量达到 7210 万 t。在干线管道中,最重要的是阿特劳-萨马拉输油管和里海管道财团输油管(CPC 管道)[29]。

阿特劳-萨马拉输油管道是一条经哈萨克斯坦北部边境连接俄罗斯国家石油管道运输公司（Transneft）管网的管道。在苏联时期，哈萨克斯坦外输原油几乎全部由该管线运送。其设计能力为 31 万桶/d（1550 万 t/a），近两年通过增加泵站和加热站，输送能力达到近 60 万桶/d。2002 年俄哈又签署了为期 15 年的运输协议，规定哈萨克斯坦每年通过俄罗斯管网出口 34 万桶/d 的原油。2009 年实际输油量就达 35 万桶/d（相当于 1750 万 t/a）[30]。

CPC 管道以哈萨克斯坦西北部田吉兹油田（Tenguiz）为起点，途经俄罗斯北高加索西部城市季霍列茨克（Tikhoretsk），最后到达俄罗斯黑海沿岸的新罗西斯克港（Novorossiysk）。该管道由雪佛龙公司、埃克森美孚公司、卢克石油公司、阿曼国家石油公司和哈萨克斯坦国家石油公司等多家石油公司组成的里海管道财团修建，于 2001 年 10 月投产，设计输量为 56 万桶/d，2009 年的输油量达到 69.8 万桶/d（相当于 3490 万 t/a）。目前在通过该管道外输的原油中，哈萨克斯坦约占 80%，其余为俄罗斯原油。里海管道财团还计划修建 Bourgas-Alexandropoulis 管道，以解决土耳其海峡的拥堵，进一步提高 CPC 管道的输量。2010 年 CPC 管道开始实施扩容，包括建设 10 座输油站（哈萨克斯坦 2 座，俄罗斯 8 座），扩容后的 CPC 管道年输油量将达到 6700 万 t，其中哈油的输送量将提高至 5000 万 t/a[31]。

中哈原油管道起自哈萨克斯坦阿特劳，终点为中国新疆的阿拉山口，全长 2834 km。一年输油能力为 1000 万 t/a，最终年输油能力可达 2000 万 t/a。全线由四段组成：第一段为 2003 年投产的肯基亚克—阿特劳管线，该段长 449 km，建成后一直向阿特劳—萨马拉输油管道及 CPC 管道输送石油，哈中二期贯通后改为反向输送；第二段为肯基亚克—库姆科尔管道，该段长 794.1 km，本段的建设和哈中一期管道的改造又称哈中原油管道二期工程；第三段为库姆科尔—阿塔苏段，长 626 km，全线已建五座站场；第四段为阿塔苏—阿拉山口管道，又称哈中原油管道一期工程，该段长 965.1 km，设计年输油量 1000 万 t/a（表 4.7）[32]。

表 4.7　哈萨克斯坦原油外输通道能力

管道及港口		设计年输油量/（万 t/a）	
		现有	在建/规划
CPC 管道		2828	5200
中哈原油管道	肯基亚克—阿特劳	—	1200
	肯基亚克—库姆科尔	1000	2000
	库姆科尔—阿塔苏	2000	2600
	阿塔苏—阿拉山口	2000	2000
阿特劳—萨马拉管道		1550	2500
叶斯克涅—库雷克			2300
			5600
阿克套港		1100	1100

资料来源：参考文献［32］。

除上述三条管道外，哈萨克斯坦原油还通过里海油轮和铁路分别运往俄罗斯的马哈奇卡拉、阿塞拜疆的巴库、伊朗的奈卡，再通过巴库—第比利斯—杰伊汉（BTC）等管道外输。哈萨克斯坦最大油港阿克套港（库雷克港）2009 年油轮输油量为 927.4 万 t，其中到巴库后经 BTC 管道外输的仅有 190 万 t 哈萨克斯坦田吉兹油田原油（2009 年 BTC 管道的总输油量为 3490 万 t）；到奈卡的哈萨克斯坦原油与伊朗原油进行置换后，销往国际原油市场。此外，哈萨克斯坦还有少量原油通过铁路运往俄罗斯[18]。

（三）中国积极参与中亚石油资源开发，与中亚五国的合作不断深化

中国与中亚国家的合作符合双方利益。自 1997 年中石油签订购买哈萨克斯坦阿克托别项目 60.3%的股权协议以来，截至 2012 年中国已向哈萨克斯坦累计投资 60 多亿美元，其中中石油向土库曼斯坦油气领域累计投资 40 多亿美元；中亚油气合作区油气作业产量当量突破 3500 万 t[33]。2004~2005 年，中石油又与乌兹别克斯坦石油天然气公司签署合作协议，成功收购拥有 11 个油田股份、6 个勘探区块及希姆肯特 700 万 t/a 炼油厂的 PK 公司。此外，中哈两国还在开发北布扎齐项目、里海达尔汗区块项目进行了长期合作。在中哈两国的共同推动下，中哈石油输油管道于 2004 年 9 月动工修建，该管道西起里海北岸的石油城阿特劳，经肯基亚克、库姆科尔、阿塔苏，至中国新疆的阿拉山口，全长 2800 km，设计年输油能力 2000 万 t。经过 5 年建设，2009 年全线正式投入运营，2011 年哈萨克斯坦向中国出口原油 1121 万 t（占当年中国原油进口量的 4.4%）均经由此线。2006 年 5 月至 2012年年末，中哈原油管道输送量已突破 5000 万 t[34]。中哈原油管道全线通油标志着中国境外陆路管线供油时代和陆上能源安全大通道时代的开启。

从合作特点来看，中国与中亚国家油气合作呈现多元化的趋势，合作规模不断扩大，合作程度不断深化，已从油气资源贸易领域逐渐扩展到勘探开发、管道运输、炼油和油气销售等上中下游各个领域，形成了包括工程技术服务在内的完整业务链，并进一步拓展到其他相关的建设领域。双方合作也得到了各自国家的高度认可。例如，哈萨克斯坦阿克托别公司从严重亏损的状态发展成为当地支柱企业，连续 3 年保持油气作业产量当量 1000 万 t 级规模，上缴的税收占阿克托别州全部税收的 70%，被两国领导人称为"中哈合作的典范"[35]。哈萨克斯坦、乌兹别克斯坦及土库曼斯坦都将能源合作列为与中国合作的优先方向，并希望加强同中国在商品贸易、通讯、交通、基础设施，以及人文等领域的互联互通。因此，从中亚国家自身的战略需求出发，未来双方的油气资源合作将持续深化，并建立稳定合作关系。

1. 中国与哈萨克斯坦的石油合作开发

1997 年 6 月 4 日，中国石油天然气集团公司（简称中石油）旗下的中国石油天然气勘探开发公司中标获得哈萨克斯坦阿克纠宾斯克（现名阿克托别）油气股份公司 60.3%的股份（占持股的 66.67%），同年又取得了对哈萨克斯坦西南部乌津油田的开采权益。自此拉开了中哈两国能源合作的序幕。此后，中国石油天然气集团公司、中国长城钻井有限责任公司、中国石油化工股份有限公司、中国中信集团等又陆续通过组建合资公司、控股、收购等方式扩大了与哈萨克斯坦的油气合作。

为降低由铁路和汽车运输石油带来的成本和各种风险，提出了建设中国与哈萨克斯坦间的石油管道项目。1997~1999 年，中哈双方完成了管道建设的可行性研究报告。其后由于修建管道的成本过高和哈萨克斯坦当时的石油供应量不足等原因，该项目曾被暂时搁置。

2003 年中国国家主席胡锦涛对哈萨克斯坦进行国事访问，与哈萨克斯坦总统努·纳尔巴扎耶夫在阿斯塔纳签署的《中哈联合声明》指出："中哈能源领域合作具有战略意义，双方将加强在石油天然气领域的合作，确保现有合作项目的顺利实施，并继续就中哈石油管道项目和相应的油田开发项目，以及建设由哈萨克斯坦至中国的天然气管道的可行性进行研究。哈萨克斯坦支持中方参加哈里海大陆架油田的勘探和开发"。为加快推进输油管道建设奠定了坚实的基础。

2006 年中哈输油管道经阿拉山口进入中国，这是中国石油史上首次实现了通过管道长期稳定进口原油的战略目标，并正式开启了我国多元进口石油的新时代。同时也是中哈两国经济互补双赢之举，有力地推动了哈萨克斯坦石油出口的多元化，提升了该国石油管道出口的经济效益与安全系数。

2013 年 9 月，中国国家主席习近平在访问哈萨克斯坦时期提出的共建"丝绸之路经济带"的重大倡议，将加强能源及道路等基础设施合作置于优先地位。

2014 年 11 月，哈萨克斯坦总统纳扎尔巴耶夫提出"光明之路"新经济政策。其中最核心的一个内容就是包括管道在内的基础设施建设。纳扎尔巴耶夫表示，习近平主席提出的"丝绸之路经济带"政策和 "光明之路"新经济政策有很多共同性，为两国合作提供了新机遇。

2015 年，在中国总理李克强和哈萨克斯坦总理马西莫夫共同见证下，中哈两国签署了加强产能与投资合作备忘录，以及开展钢铁、有色金属、平板玻璃、炼油、水电、汽车等领域产能合作的 33 份文件，项目总金额高达 236 亿美元。

由此可见，中哈间的石油合作不仅是中亚地区最早的能源合作项目，也是合作领域最为广泛、合作规模最大的，现已经为双方带来了明显的经济和社会效益，形成双赢的局面[36]。

2. 中国与土库曼斯坦的油气合作开发

中国与土库曼斯坦之间在能源领域的合作起步较早，但在 2000 年之前，主要由中石油向对方提供油井修复、深层钻探等技术服务项目。2000 年中石油开始筹划铺设连接中国与土库曼斯坦的天然气管道项目[37]。

2006 年 4 月，土库曼斯坦前总统尼亚佐夫访华期间，中、土两国政府共同签署了《中华人民共和国政府和土库曼斯坦政府关于实施中土天然气管道项目和土库曼斯坦向中国出售天然气的总协议》，在 2008 年年底前建成对华天然气供应管道。

从 2009 年 1 月 1 日起，土库曼斯坦开始向中国市场供应天然气，每年 300 亿 m^3，为期 30 年的出口基地为土库曼斯坦阿姆河右岸的巨型天然气田。2007~2012 年，中、土两国政府和相关企业又陆续签订了油气田产量分成协议、天然气合作框架协议、采购天然气协议、增供天然气协议等，并于 2011 年 9 月和 2012 年 7 月分别在阿什哈巴德和北京召开了第一、第二次中-土库曼斯坦能源合作分委员会会议，就扩大天然气合作、项目开发、劳务签证、标准互认、磋商机制、人才培训等方面达成了新的共识。

迄今中国与土库曼斯坦间的能源合作集中在天然气领域，石油领域的合作项目尚不多。

3. 中国与乌兹别克斯坦的油气合作开发

1997 年，中国石油技术开发公司作为中国第一家公司与乌兹别克斯坦石油天然气公司进行合作；2002 年中方公司在乌兹别克斯坦的卡克杜马拉克油田钻探的水平井还首次完成了交钥匙工程。此外，该公司 2003 年还与乌兹别克斯坦石油天然气公司签署了 10 台钻机设备更新及在卡克杜马拉克油田钻探 5 口水平井的合同。

同时，中国新疆的吐哈油田也与乌兹别克斯坦有关部门合作，着手进行加兹利油田石油增产计划，双方还曾就计划中的技术设备和资金问题进行了商讨。2003 年参与乌兹别克斯坦石油合作的还有中国石油天然气股份有限公司等具有很强实力的中国公司。

2004 年 6 月 15 日，中国国家主席胡锦涛在塔什干与乌兹别克斯坦总统卡里莫夫举行会谈，两国的油气公司签署了在石油天然气领域开展互惠合作的协议等文件，该协议主要包括：在石油勘探开发领域扩大合作；在工程技术服务方面，进一步发展合作关系；中国继续向乌兹别克斯坦出口石油钻采设备等。

2006 年 6 月 8 日，中国石油天然气勘探开发公司与乌兹别克斯坦国家油气公司在北京签署了油气勘探协议。该项目的合同区包括乌兹别克斯坦境内 5 个陆上勘探区块，总面积 3.4 万 km^2。同年 8 月 23 日，乌兹别克斯坦总统卡里莫夫签署了上述 5 个区块勘探项目的总统指令，标志着中、乌间的第一个油气勘探协议正式生效。8 月 30 日，中石油与乌兹别克斯坦国有石油天然气公司、俄罗斯卢克石油公司、马来西亚国家石油公司及韩国国家石油公司共同组成的咸海财团（5 家公司各自持有该项目 20% 的股份），在塔什干与乌兹别克斯坦政府正式签署咸海水域油气勘探开发项目产品分成协议。上述两个项目拉开了中国石油集团成规模进入乌兹别克斯坦的序幕。2008 年 10 月 15 日，中石油与该国油气公司在塔什干正式签署合资开发明格布拉克油田的协议，该油田位于乌兹别克斯坦费尔干纳盆地北缘，油气埋藏深度超过 5000 m，可采储量超过 3000 万 t，预计可建成年 200 万 t 的生产能力。

2009 年 9 月，乌兹别克斯坦油气公司与中国石油天然气集团举行石油天然气合作会谈。同年 6 月，两国石油公司还签订了一系列扩大石油和天然气的合作的协议。

2010 年，中国国家主席胡锦涛对乌兹别克斯坦进行首次国事访问，并签署了全面加深和发展两国友好伙伴关系的联合声明。2011 年乌兹别克斯坦总统卡里莫夫对中国进行国事访问，双方签订了 50 多亿美元的经贸协议，其中能源是两国经贸合作的主要领域。

2013 年 9 月，中国国家主席习近平访问乌兹别克斯坦，双方签署《中乌关于进一步发展和深化战略伙伴关系的联合宣言》和《中乌友好合作条约》。中乌两国将继续扩大能源合作，保障中国-乌兹别克斯坦天然气管道长期安全稳定运营，加强石油、天然气联合勘探和开发合作。

此后，中国与乌兹别克斯坦又达成多项合作协议，推动了两国在油气勘探开发和化工、电力和新能源、铀矿、管道建设与管理等领域的合作，促使中乌能源合作再上新台阶[38]。

4. 中国与吉尔吉斯斯坦的石油合作开发

1999 年，中国胜利油田下属公司和江汉油田管理局曾以承包方式在吉尔吉斯斯坦为其石油企业进行老油井修复和资源勘探开发作业。

2002 年 6~8 月，中石化工集团公司获得了吉尔吉斯斯坦马利苏四-依兹巴斯肯特油田 126 km^2 勘探转开发许可证和阿赖盆地 6000 km^2 的勘探许可证，两个项目总投资约 5700 万美元。2004 年中石化集团公司从吉尔吉斯斯坦油田开发项目中获得权益油 2.4 万 t。

此外，吉尔吉斯斯坦石油天然气有限责任公司和中石油签订了关于在吉尔吉斯斯坦境内勘探和开采石油的协议，并已在吉尔吉斯斯坦内的北部和南部勘探得储量约为 1.68 亿 t

石油的矿区。中石油计划在第一阶段先向石油开采领域投资 1.3 亿美元，未来将扩大到 3 亿美元。

2011 年 4 月，陕西延长石油集团有限责任公司取得了吉尔吉斯斯坦勘探开发区块许可证，面积达 1.1 万 km²。2013 年，延长石油公司所属的国际勘探开发工程有限公司中标吉尔吉斯斯坦西南部巴特肯州三个区块内的 6 口油气井石油作业项目[39]。

5. 中国与塔吉克斯坦的石油合作开发

塔吉克斯坦的石油探明储量较小，主要分布于费尔干纳盆地西部和塔吉克斯坦盆地。2012 年 6 月，应中国国家主席胡锦涛邀请，塔吉克斯坦总统拉赫蒙在参加上海合作组织峰会期间，中石油与塔吉克斯坦能源和工业部部长签署了首份《中国石油天然气集团公司与塔吉克斯坦共和国能源和工业部合作备忘录》。半年之后中石油即获得了在该国的首个油气项目权益，该项目位于阿姆河盆地东部 3.5 万 km² 的伯格达区域，该区蕴有无风险可恢复的油气资源 37.52 亿 t（275 亿桶油）油当量，其中以天然气为主。

2013 年 6 月 18 日，中石油与塔吉克斯坦能源工业部、法国道达尔公司、加拿大克能石油公司，在杜尚别共同签署塔吉克斯坦伯格达区块项目油气合作交割协议，标志着中国与塔吉克斯坦油气合作进入实质阶段。据多方初步评估，塔吉克斯坦油气资源潜力相当可观，天然气勘探前景良好。该项目的顺利交割为中国石油海外油气合作增添了一个新的资源国，为扩大中亚油气合作拓展了新领域。

2013 年 5 月 19 日，应中国国家主席习近平邀请，塔吉克斯坦总统埃莫马利·拉赫蒙对中国进行国事访问，中石油与塔能源和工业部部长舍拉利·古尔共同签署《中国石油天然气集团公司与塔吉克斯坦共和国能源和工业部进一步深化油气合作的框架协议》。根据协议，双方将全面加强在塔吉克斯坦境内油气勘探和开发等领域的合作[40]。

第二节　中亚石油贸易对中国石油供应的保障程度

一、中亚在中国石油贸易格局中的地位

中国石油对外依存度逐年升高，2016 年已成为世界上最大的石油净进口国，但面临着石油进口渠道集中、品种和运输方式单一等问题。伴随着中亚地区能源的发现和中国与中亚的能源合作不断深入，经过 20 余年的发展，中国与中亚地区已建立起了互利共赢的全面合作关系，随着中亚原油向中国出口，中亚在中国能源进口"多元化战略"中的地位逐渐攀升。

（一）中国石油对外依存度逐年攀升，成为全球最大原油净进口国

中国石油探明储量整体比较稳定，波动于 18 亿~24 亿 t 之间。自 1980 年以来中国探明的石油储量大致可分为三个阶段。第一阶段（1982 年前）：石油探明储量稳定在 18 亿 t 的水平。第二阶段（1983~1998 年）：随着勘探技术的提高和国内重要油田发现，石油探明储量明显增加，1983 年石油探明储量达到 20.38 亿 t，1987 年达到 23.87 亿 t 的历史最高水平后开始下滑，1993 年随着国内主要油田探明储量的增加，石油储量呈现出新一轮增加，

但 1998 年再次稳定在 23.87 亿 t。第三阶段（1999 年至今）中国石油储量平稳，稳定在 20 亿~21 亿 t 水平。截至 2016 年年底，全国石油累计探明地质储量 381.02 亿 t，剩余技术可采储量 35.01 亿 t，剩余经济可采储量 25.36 亿 t，储采比 12.7。2016 年，中国石油产量 1.996 亿 t，为 2011 年以来首次降至 2 亿 t 以下[①]。

改革开放以来，随着中国经济社会的持续发展，对能源、特别是石油和天然气等清洁能源的需求量呈高速增长态势。1993 年以前，中国为石油净出口国。自 1993 年成为石油净进口国以来，石油进口量逐年增加，对外依存度不断攀升（表 4.8、图 4.2）。1993 年中国石油对外依存度为 5.07%，1996 年为 10.56%；其后快速上升，2000 年对外依存度达 33.76%，2016 年更高达 65.4%[41]。

表 4.8　中国石油对外依存度统计表

年份	1965	1966	1967	1968	1969	1970	1971	1972
对外依存度/%	−5.11	−5.32	−1.72	−7.17	−8.70	−10.76	−4.79	−5.51
年份	1973	1974	1975	1976	1977	1978	1979	1980
对外依存度/%	−1.45	−6.74	−14.99	−13.45	−15.38	−14.63	−16.41	−25.57
年份	1981	1982	1983	1984	1985	1986	1987	1988
对外依存度/%	−26.11	−28.40	−30.04	−35.39	−37.79	−35.69	−31.10	−24.61
年份	1989	1990	1991	1992	1993	1994	1995	1996
对外依存度/%	−18.25	−19.72	−12.33	−3.97	5.07	5.83	7.59	10.56
年份	1997	1998	1999	2000	2001	2002	2003	2004
对外依存度/%	20.17	17.22	22.97	33.76	30.81	32.81	34.92	41.10
年份	2005	2006	2007	2008	2009	2010	2011	2012
对外依存度/%	41.15	44.00	46.69	48.44	51.80	53.93	55.57	56.64
年份	2013	2014	2015	2016				
对外依存度/%	57.30	59.32	60.99	65.40				

资料来源：《国内外油气行业发展报告》。

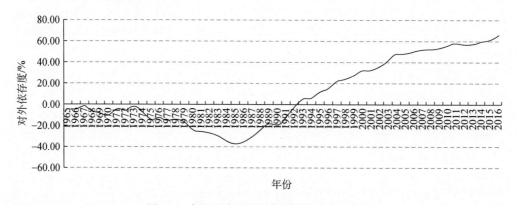

图 4.2　中国石油对外依存度历年变化示意图

---

① 资料来源：2016 年全国油气资源勘查开采情况通报，http://news.cnpc.com.cn/system/2017/07/11/001653282.shtml.

据中国海关统计，2016 年中国原油进口量为 3.8101 亿 t，全年净进口量为 3.7809 亿 t，同比增幅 9.9%（表 4.9）。根据 EIA 的数据，2016 年美国原油净进口量约为 3.7218 亿 t，中国原油净进口量首次超过美国，成为世界第一大原油净进口国。2017 年，中国石油净进口量（包括原油、成品油及野花石油气等）达 4.188 亿吨，对外依存度高达 72.3%，远远超过了美国历史上的最高值（66%）。据专家预测，在未来较长时期内，为应对全球气候变暖和大幅度削减 CO_2 排放要求，以及加大治理大气污染的需要，中国对作为清洁能源的石油和天然气在一次能源消费结构中所占比例不断提升。据国际能源署 2010 年预测，2020 年和 2030 年中国石油进口量分别将达到 4.5 亿 t 和 5.7 亿 t，对外依存度分别达 72% 和 81%[42]。

中国现有化石能源结构中，以煤炭为主（保有储量 10345 亿 t，剩余探明可采储量约占世界的 13%），已探明的石油、天然气储量相对不足。据 BP 世界能源统计年鉴 2012 年公布的数据，2011 年中国石油探明可采储量约为 20 亿 t，天然气探明可采储量 3.1 万亿 m^3，分别占世界石油探明可采储量的 0.89% 和天然气探明可采储量的 1.5%，且储采比较低（2011 年世界石油平均储采比为 54.2 年，中国仅为 9.9 年）[43]。与世界其他能源资源丰富的国家相比，中国煤炭资源地质开采条件较差；石油、天然气资源总量和人均占有量小（中国人均石油天然气可采储量仅分别相当于世界平均水平的 10% 和 5%）[44,45]，与中国人口和经济大国的地位很不相称，难以支撑经济和社会持续发展的需要。

表 4.9 中国石油进出口量情况

项目	进口量			出口量			净进口量		
	2015 年	2016 年	增长率	2015 年	2016 年	增长率	2015 年	2016 年	增长率
单位	万 t	万 t	%	万 t	万 t	%	万 t	万 t	%
原油	33549.13	38103.78	13.6	286.56	294.06	2.6	33262.57	37809.71	13.7
成品油	2993.91	2787.04	−6.9	3615.96	4831.68	33.6	−622.04	−2044.64	—
汽油	17.01	20.77	22.1	589.87	969.67	64.4	−572.87	−948.9	—
石脑油	664.76	669.92	0.8	—	7.50	—	664.76	662.47	−0.3
航空煤油	346.11	349.45	1.0	1235.86	1310.07	6.0	−889.75	−960.63	—
轻柴油	42.8	91.63	114.1	716.37	1540.47	115.0	−673.57	−1448.84	—
燃料油	1556.16	1176.85	−24.4	1052.85	985.91	−6.4	503.32	190.94	−62.1
润滑油	32.61	34.57	6.0	11.88	9.98	−16.0	20.72	24.60	18.7
润滑油基础油	257.60	284.69	10.5	1.87	4.69	150.7	255.73	280	9.5
其他成品油	76.85	159.17	107.1	7.25	3.44	−52.6	69.6	155.73	123.8
液化石油气	1208.81	1612.5	33.4	144.13	132.31	−8.2	1064.69	1480.19	39.0
其他石油产品	1059.94	927.29	−12.5	332.27	342.7	3.1	727.67	584.60	−19.7
石蜡	0.69	0.52	−23.7	61.65	63.66	3.3	−60.96	−63.14	—
石油焦	588.66	431.63	−26.7	241.92	258.42	6.8	346.75	173.21	−50.0
石油沥青	470.59	495.14	5.2	28.7	20.62	−28.2	441.89	474.52	7.4
石油合计	38811.8	43430.62	11.9	4378.91	5600.76	27.9	34432.89	37829.86	9.9

资料来源：国家海关总署网站公布数据，http://www.customs.gov.cn/.

（二）中国石油进口渠道风险较高，中亚地位逐渐攀升

长期以来，中国油气资源进口面临着来源集中、品种和运输方式单一等问题。例如，2016 年中国石油进口的地区结构中，中东占 51.24%，非洲占 23.7%，俄罗斯及中亚地区占 12.3%，拉美占 9.35%，亚太地区占 3.4%；在进口的油气资源品种上，按油当量折算，石油占 91.3%，天然气及液化天然气仅占 7.9%；在进口的油气资源的运输方式上，海运占 87.7%，管道及铁路运输仅占 12.3%[45]。

由于占中国原油进口量 3/4 的中东、非洲地区的一些主要产油国（如伊朗、伊拉克、利比亚、南苏丹、阿曼等国）局势长期动荡不定，加之海运要穿越波斯湾的霍尔木兹海峡、红海与亚丁湾之间的曼德海峡、苏伊士运河及马六甲海峡等战略通道，战时易遭到封锁和攻击，对中国能源安全保障极为不利。因此，从 2006 年起中国就着手对能源进口战略进行调整，通过实施"多元化战略"，优化能源进口的地区、品种和运输方式结构，而加强中国与俄罗斯及中亚五国的能源合作，是实施能源进口"多元化战略"的重要组成部分，必将有力地提升中国能源供应的长期、安全、可靠性[46]。

从历年石油进口变化来看，流入中国的石油资源来源地日益多元化（表 4.10）。20 世纪 80 年代中国原油进口国家不超过 5 个，90 年代初，进口来源国家的数量也不超过 7 个[47]。2011 年中国原油进口国增加到 30 余个。从中国海外石油进口国的变化中可以看出，2005 年中国的石油进口主要来源于中东、亚太和非洲。2010 年俄罗斯、中亚成为中国海外重要的石油来源地，中东的阿联酋、中南美洲的委内瑞拉等国陆续成为中国海外重要的石油来源地。近几年，随着中国原油需求的不断增加，中国海外石油来源地进一步多元化，中亚及俄罗斯逐渐成为中国海外石油的集中来源地之一。在中亚地区，中国主要的石油进口国是哈萨克斯坦。2015 年哈萨克斯坦生产石油 7798 万 t，出口给中国 499.1 万 t，约占 6.4%；2016 年哈萨克斯坦生产石油 8212 万 t，出口给中国 323.4 万 t，约占 3.9%。中国从中亚地区进口的石油量在 2000～2010 年迅速上升，但最近几年有所下降；但从长远看，中亚对于中国石油进口的重要性将不断提升。

表 4.10　中国石油进口来源历年变化

进口来源与去向	2000 年进口/万 t	2005 年进口/万 t	2010 年进口/万 t	2014 年进口/万 t	2015 年进口/万 t	2016 年进口/万 t	2016 年比 2015 年增长/%	2016 年份额/%
沙特阿拉伯*	573.02	2217.89	4463	4966.19	5054.2	5100.34	0.90	13.40
伊拉克*	318.32	117.04	1123.83	2858.04	3211.41	3621.64	12.80	9.50
阿曼	1566.08	1083.46	1586.83	2974.34	3206.42	3506.92	9.40	9.20
伊朗*	700.05	1427.28	2131.95	2746.13	2661.59	3129.75	17.60	8.20
科威特*	43.34	164.57	983.39	1062.04	1442.81	1633.96	13.20	4.30
阿联酋*	43.05	256.77	528.51	1165.22	1256.97	1218.36	−3.10	3.20
也门	159.89	34.32	56.02	36.1	26.7	48.03	79.90	0.10
卡塔尔*	361.24	697.85	402.11	249.96	155.85	40.26	−74.20	0.10
中东地区	**3764.99**	**5999.19**	**11275.63**	**16058.01**	**17015.96**	**18299.26**	**7.50**	**48.00**

续表

进口来源与去向	2000 年进口/万 t	2005 年进口/万 t	2010 年进口/万 t	2014 年进口/万 t	2015 年进口/万 t	2016 年进口/万 t	2016 年比 2015 年增长/%	2016 年份额/%
越南	315.85	319.55	68.34	148.25	211.66	426.65	101.60	1.10
澳大利亚	110.84	23.24	287.04	272.72	238.86	323.84	35.60	0.80
印度尼西亚	464.11	408.52	139.41	37.55	161.55	284.85	76.30	0.70
马来西亚	74.43	34.79	207.95	21.74	27.14	240.76	787.10	0.60
蒙古	0.96	2.17	28.7	103.08	110.41	108.67	-1.60	0.30
泰国	28.51	119.23	23.13	0		88.98	—	0.20
文莱	27.55	50.15	102.46	8.19	15.95	35.93	125.30	0.10
其他国家	39.06	10.74	23.07	9.33	65.84	0	-100.00	0.00
亚太地区	**1061.31**	**968.39**	**880.1**	**600.86**	**831.41**	**1509.68**	**81.60**	**4.00**
安哥拉*	863.66	1746.28	3938.19	4065.04	3870.75	4375.16	13.00	11.50
刚果	145.44	553.48	504.83	705.17	586.2	694.31	18.40	1.80
南苏丹	—	—	—	644.38	660.62	536.5	-18.80	1.40
加蓬*	45.73		42.29	155.48	155.83	319.7	105.20	0.80
加纳	—	—	—	87.96	213.26	254.15	19.20	0.70
赤道几内亚	91.59	383.89	82.27	324.89	201.5	116.68	-42.10	0.30
苏丹	331.36	662.08	1259.87	177.33	139.35	104.32	-25.10	0.30
利比亚*	13	225.92	737.33	96.55	214.55	101.59	-52.70	0.30
尼日利亚*	118.66	131.02	129.1	199.64	65.86	84.84	28.80	0.20
埃及	12.01	7.98	68.89	94.6	142.07	65.61	-53.80	0.20
喀麦隆	42.67	—	35.94	51.97	102.29	38.97	-61.90	0.10
乍得	—	54.75	96.31	14.31	23.07	35.35	53.20	0.10
民主刚果	—	—	—	96.94	12.42	30.14	142.70	0.10
南非	—	—	—		26.97	26.44	-1.90	0.10
其他国家	30.75	81.64	190.26	89.84	30.82	—	-100.00	0.00
非洲	**1694.86**	**3847.05**	**7085.27**	**6804.11**	**6445.56**	**6783.76**	**5.20**	**17.80**
俄罗斯	147.67	1277.59	1524.52	3310.82	4243.17	5247.91	23.70	13.80
英国	104.15	0	8.14	121.94	197.27	495.7	151.30	1.30
哈萨克斯坦	72.42	129	1005.38	568.64	499.1	323.4	-35.20	0.80
阿塞拜疆	—	0	12.75	22.2	28.42	95.31	235.30	0.30
挪威	147.78	51.77	7.86	14.6	17.09	82.48	382.60	0.20
其他国家	—	—	27.42	—	—	3.6	—	0.00
欧洲/前苏联	**472.03**	**1458.36**	**2586.08**	**4038.2**	**4985.06**	**6248.41**	**25.30**	**16.40**
委内瑞拉*	—	192.79	754.96	1378.78	1600.89	2015.67	25.90	5.30

续表

进口来源与去向	2000 年进口/万 t	2005 年进口/万 t	2010 年进口/万 t	2014 年进口/万 t	2015 年进口/万 t	2016 年进口/万 t	2016 年比 2015 年增长/%	2016 年份额/%
巴西	22.78	134.32	804.77	700.21	1391.75	1914.04	37.50	5.00
哥伦比亚	—	—	200.03	988.71	886.66	880.72	-0.70	2.30
阿根廷	—	91.23	113.55	32.24	43.69	160.87	268.20	0.40
厄瓜多尔*	—	9.3	81.03	74.66	139.73	114.4	-18.10	0.30
墨西哥	—	—	113.07	68.23	81.25	99.9	23.00	0.30
美国	10.55	0	0	0	6.24	48.56	677.90	0.10
加拿大	—	0	30.84	20.16	12.36	16.01	29.50	0.00
其他国家	—	7.7	5.82	71.6	108.57	12.5	-88.50	0.00
西半球	**33.34**	**435.33**	**2104.06**	**3334.58**	**4271.14**	**5262.66**	**23.20**	**13.80**
进口量合计	**7026.53**	**12708.32**	**23931.14**	**30835.77**	**33549.13**	**38103.78**	**13.60**	**100.00**
其中：欧佩克	2878.72	6604.84	15144.99	18893.7	19732.11	21763.44	10.30	57.10
中东所占比例/%	53.60	47.20	47.10	52.10	50.70	48.00		
中亚所占比例/%	**1.03**	**1.02**	**4.20**	**1.84**	**1.49**	**0.85**		
出口去向								
日本	496.36	95.48	60.96	18.59	272.56	117.73	-56.80	40.00
韩国	68.3	205.08	61.27	9.36	135.23	106.74	-21.10	36.30
新加坡	35.28	70.44	7.6	—	25.54	23.25	-9.00	7.90
泰国	66.21	5.87	24.43	—	20.47	20.47	0.00	7.00
美国	174.95	121.34	52.04	0	26.87	18.04	-32.90	6.10
澳大利亚	22.43	35.01	5.75	—	7.82	7.82	0.00	2.70
其他国家（地区）	180.25	273.47	92.16	32.07	92.12	0.01	-100.00	0.00
出口量合计	1043.78	806.69	304.22	60.02	580.62	294.06	-49.40	100.00

*资料来源：国家海关总署网站公布数据，http://www.customs.gov.cn/.

中亚的哈萨克斯坦、土库曼斯坦和乌兹别克斯坦三国油气资源探明储量大、储采比高、未来油气资源的开发潜力巨大。随着中国与中亚地区的合作不断深入，目前中国与中亚地区已建立了互利共赢的全面合作关系，中亚原油向中国出口石油具有独特的地缘政治基础与区位交通优势，如中哈两国同为上海合作组织成员国，中国是哈萨克斯坦的最大贸易伙伴国；哈萨克斯坦是中国第三大投资目的国；哈萨克斯坦原油出口至中国不需要过境第三国中转等[48]。

中国与中亚国家的石油合作既是政治合作也是商务合作。该合作不仅可解决中国国内部分石油来源问题，同时也为中亚五国带去了先进的石油开采技术，提高了资源所在国的经济税收，解决了社会人口就业问题，改善了民生，是一项互利共赢的合作项目[49]。据国际能源署 2010 年预测，中亚五国的石油开采量将从 2011 年的 0.97 亿 t 增至 2020 年的 1.47

亿 t 和 2030 年的 2 亿 t,相应地原油出口量也将从 0.77 亿 t 增至 1.2 亿 t 和 1.5 亿 t(表 4.11)。目前,中亚地区与中国在共建"丝绸之路经济带"的框架下开展了多领域跨区域的经济合作,中亚向中国出口原油已成为象征两国政治经贸合作关系的标志,未来能源合作前景光明,中亚地区将向中国出口更大比例的石油[22, 42]。

表 4.11　中亚地区石油资源开发与出口潜力

年份	石油/亿 t	
	产量	出口量
2011	0.97	0.77
2020	1.47	1.2
2030	2.0	1.5

资料来源:国际能源署 2010 年统计数据及参考文献 [22]。

二、中亚石油对中国石油供应的保障程度分析

中国对石油进口的需求逐年增大,但石油进口的渠道却较为单一。中亚地区蕴藏着丰富的石油资源,有着巨大的开发潜力;且中亚与中国地理邻近,陆上管道输油可以节省运输成本与管理成本。因此,从中亚进口大量安全、可靠价廉和质优的石油资源,既符合比较成本理论,又能够科学运筹,对弥补我国石油供应不足有着重要意义。

(一)中亚将石油作为经济发展重心,为中国石油保障提供了新契机

中亚地区独特的枢纽位置使其成为"世界地缘战略的心脏地带,其战略意义对于中国不言而喻。由于中亚位于欧亚大陆的腹地,是连接大陆上欧洲、中东、南亚和东亚的枢纽,成为南上北下、东进西出的必经之地,具有十分重要的战略意义,一贯是大国的争夺目标。"19 世纪英国和沙俄正是由于这一地区的重要性,所以在此展开了激烈的争夺,爆发过多次冲突[50]。

此外,中亚地区丰富的石油资源对于中国也具有十分重要的意义。展望 21 世纪,中亚石油前景乐观,"可能成为今后 10 年世界石油市场极为重要的市场角色"。中亚一些国家也已将石油和天然气的生产与出口作为经济发展战略重心,力图走阿拉伯国家的"石油帝国"之路。据世界能源协会统计,世界已探明可采石油储量共计 9660 亿桶,若以每年消费 231 亿桶来计算,预计 42 年后,世界石油将会被人类消耗完毕[51]。而事实上,随着世界经济的迅猛发展,全球石油需求正以年均 3.4%的速度递增,国际能源署(IEA)在 2017 年发布了未来 5 年原油市场分析和预测报告,指出如果新的项目不尽快推出,全球石油可能在 2020 年后"供不应求"。石油需求在未来 5 年将持续增长,石油日需求量将从 2016 年的 9660 万桶增至 2019 年的 1 亿桶,到 2022 年达到约 1.04 亿桶,且全球石油消费增长 70%将来自亚洲国家,全球石油供需紧张的矛盾日益凸显[52]。在当今世界其他供油基地的储量日益减少的情况下,中亚地区油气资源的重要战略意义也不言而喻。

20 世纪 80 年代以后,国际油价长期在低位运行。为提升油价,国际石油输出国组织(OPEC)曾发起多次"限产保价"的行动,但均告失败,人们误以为"石油时代"就此结

束。但进入 21 世纪以来，石油价格从 2002 年的 20 美元 1 桶一路狂涨到 2008 年的 147 美元 1 桶，一度接近 150 美元的"天价"。全球进入石油高价位时代，许多国家普遍对此感到无奈。因此，中国制定了"开辟进口石油多元化渠道，降低对中东石油依赖程度"的石油战略。随着对中东地区政治不稳定和社会动荡的加剧，世界各国纷纷寻找"石油新大陆"，中亚成为逐鹿焦点。中亚石油已经成为 21 世纪"世界石油外交"的新热点。中国也理所应当把目光投向中亚，在这一地区开发能源，确保自己得到稳定、持续的能源供应[53]。

（二）中亚丰富的石油资源和巨大的开发潜力，可弥补我国石油的部分缺口

哈萨克斯坦石油储量占中亚的 96%，2015 年石油储量为 300 亿 gal [1 gal（UK）= 4.54609 L]。石油产量缓慢增加并有波动，2005 年哈萨克斯坦石油产量为 6149 万 t，2010 年增至 7968 万 t，2015 年为 7930 万 t。石油出口量则在 6000 万 t 上下波动，2005 年最低为 5250 万 t，2010 年出口量最高达到 7040 万 t，2015 年出口 6660 万 t。在哈萨克斯坦石油出口中，2005 年出口中国 126 万 t，占中亚出口量的 2.62%；2010 年出口中国 1005.38 万 t，占中亚出口量的 14.28%；2015 年出口给中国 499.1 万 t，占中亚出口量的 7.94%。可见，中亚出口给中国的石油占其总出口量的比重不足 1/10[54]。

全球能源研究中心（Center for Globle Energy Studies）预测，2018 年哈萨克斯坦原油出口量将为 27.21 万 t/d（约 9800 万 t/a），2024 年达到 36.73 万桶/d（约 13200 万 t/a），2030 年出口总量将达 1.92 亿 t[22]。假设哈萨克斯坦占中亚石油出口量的 96%，据国际能源署 2010 年预测，2020 年和 2030 年中国石油进口量将达到 4.5 亿 t 和 5.7 亿 t，按照中亚向中国出口原油量 2018 年最大为 15%、2020 年最大为 18%、2024 年为 20%、2030 年为 30%，估算中亚对中国石油的保障程度。结果显示，即便是按照中亚向中国出口 30%的比例计算，2030 年中亚石油出口给中国的最大值为 4500 万 t，对中国的保障度也仅为 7.89%（表 4.12）。从目前中亚出口给中国的比例仅为 1%来看，要达到 30%的比例还需要更多的努力[55]。

目前中国石油的对外依存度正在逐年提高，中国对石油进口的需求也在逐年增大。中国石油经济技术研究院发布的《2050 年世界与中国能源展望》中指出，在目前的政策情景下，中国化石能源消费将在 2030 年左右到达峰值，在 2030 年达到石油需求的峰值，约 6.7 亿 t[56]。

表 4.12　中亚石油对中国的出口量估算值

年份	预测区间	哈萨克斯坦对中国石油的出口量/万 t	中亚对中国石油的出口量/万 t	中亚对中国石油供应的保障程度/%
2015	—	499.1	519.9	1.55
2016	—	323.4	336.9	0.88
2018（9800 万 t）	最小值（10%）	980	1021	2.44
	最大值（15%）	1470	1531	3.65
2020（1.1 亿 t）	最小值（10%）	1100	1146	2.55
	最大值（18%）	1980	2063	4.58
2024（1.32 亿 t）	最小值（15%）	1980	3300	6.60
	最大值（25%）	3300	3438	6.88

续表

年份	预测区间	哈萨克斯坦对 中国石油的出口量/万 t	中亚对中国 石油的出口量/万 t	中亚对中国 石油供应的保障程度/%
2030 (1.92 亿 t)	最小值（20%）	3840	4000	7.02
	最大值（30%）	4000	4500	7.89

根据国际能源署预测，到 2030 年中国石油消耗量的 80%需要依靠进口，也就是说大约有 5.7 亿 t 石油需要从国外进口。而中亚方面，国际能源署则预测其在 2030 年石油产量约为 2 亿 t，出口量约为 1.5 亿 t，考虑到欧盟、俄罗斯等国也从中亚地区进口石油，中国从中亚进口的石油量为 0.45 亿 t 左右，即中国在 2030 年从中亚进口石油约占石油总进口量的 8%[57]。

油源和油路的多元化是衡量一个国家石油战略是否安全的一项重要指标，也是中国石油战略的一项重要内容。实际上，从产能、资源基础和油气品质来看，中东地区都有理由成为中国石油来源的首选之地。但中东地区的政治、社会形势时常动荡不安，对石油的可持续供应构成一定威胁。为分散风险，油源和油路的多元化战略的实施已势在必行。在地区选择上，非洲和亚太地区虽是中东以外中国原油的另外两个重要的进口地。但由于非洲战乱频繁而亚太地区石油需求旺盛和出口量已达到极限等因素，这两个地区都很难缓解中国对中东石油的依赖。因此，中亚的石油出口在中国油源和油路多元化战略中将占有重要地位。当前，中亚石油供应在中国石油进口量中所占比例相对偏低，但恰恰表明今后中国中亚石油合作的潜力还较大。

（三）中亚石油开采生产成本相对较低，陆上运输效率较高

由于中亚地区的石油资源丰富且出口潜力巨大，因此获取这一地区的石油资源可以增加中国能源安全的系数，保证能源供应来源地的多样化、降低运输成本，从而获得稳定而丰富的能源供应，同时也可加强与俄罗斯、中亚地区的经济联系。

1. 中国与中亚能源合作具有互补性

随着经济社会的持续较快增长，以及石油产量增长速度有限，中国正面临石油缺口在不断加大的局面。而中亚地区石油资源丰富，石油开采成本较低（中亚石油开采成本为 7 美元/桶左右，而中国为 13.3 美元/桶），具有单位投入低、产出高的特点。因此，加强中国与中亚的能源合作不仅可弥补中国石油的缺口，还有利于促进石油出口国经济发展，增加就业岗位、基础设施建设和民生改善，实现互利共赢。

2. 中国与中亚能源合作有利于促进中国石油来源的多元化

目前，中国对中东石油的依赖性太高，虽然中东地区无论是从产能还是从资源基础来看都理应成为中国石油重要的外部来源，但中东长期是动荡不安的多事之地，中国对中东日益增加的依赖将不利于中国石油安全。除中东外，虽然中国也从非洲、亚太地区进口石油，但非洲战乱频繁，而亚太地区石油资源贫乏，加之石油消费量近年增长迅速，成为世界石油消费增长最快的地区。如东南亚 10 国的人口约 6.25 亿，石油需求近 600 万桶/d，超过印度的 420 万桶/d。据 IEA 预测，到 2040 年，东南亚原油进口将增加一倍多，从 330 万

桶/d 增至 670 万桶/d；2016～2021 年，东南亚地区原油需求综合年增长率 3.1%，仅略低于同期中国的需求增长率 3.4%。未来，现石油出口国印度尼西亚和马来西亚也将成为石油净进口国。因此，加强与中亚的能源合作是确保中国石油来源多元化的重要途径。

3. 中国与中亚能源合作有利于中国获得稳定的石油供应源

虽然中国加强了与中东、委内瑞拉、尼日利亚的石油合作，但从国家石油安全的长期利益看，这些石油来源都有一个致命缺陷，即需长距离的海洋运输，大多要经过一些重要的海上通道，如霍尔木兹海峡、马六甲海峡等。这对尚未拥有一支强大远洋海军的中国来说，很有可能成为影响我国石油安全的大问题。而中亚是中国的近邻，中亚石油经输油管或铁路可直达中国，石油运输安全系数最高，且运输成本较低，是中国目前唯一安全石油供应的来源。并且中亚是连接俄罗斯和中东的重要枢纽，参与中亚石油开发，不仅有利于发展与俄罗斯、中东的关系，而且在中亚、俄罗斯、中东诸能源地域连接以后，可通过中亚从俄罗斯、中东获得长期、稳定的能源供应。

由于中亚几国与中国接壤或邻近，可以建设陆上输油管道，节省运输成本与管理成本，如在中亚设立中资石油公司，成本也较低。

（四）中国与中亚合作开发石油取得初步成果，为今后深化合作奠定良好基础

中国与中亚油气合作开始于 20 世纪 90 年代，合作的领域主要在油气田开发、管道建设、设备应用和技术劳务服务等方面，并取得了初步成果。

在油气田开发方面，中国主要和哈萨克斯坦进行了一系列卓有成效的合作。1997 年两国政府签署油气合作协议，规定由中国承包阿克托别油田和乌津油田，同时修建从乌津到阿拉山口的长达 3000 km 的输油管道。

截至 2014 年年底，中国中亚石油海外业务包括以下 15 项：哈萨克斯坦 PK 项目、哈萨克斯坦阿克托别项目、哈萨克斯坦北布扎奇项目、哈萨克斯坦曼吉斯套项目、哈萨克斯坦 ADM 项目、哈萨克斯坦 KAM 项目、中哈管道项目、阿塞拜疆 K&K 项目、土库曼斯坦阿姆河天然气项目、中亚天然气管道项目、乌兹别克斯坦丝绸之路项目、乌兹别克斯坦明格布拉克项目、乌兹别克斯坦咸海项目、塔吉克斯坦项目和西北管道项目（表 4.13）。

表 4.13　中国在中亚的石油海外业务一览表

项目	投资公司	业务内容	业务效益
哈萨克斯坦 PK 项目	哈萨克斯坦石油公司（Petro Kazakhstan，PK 公司）	在哈萨克斯坦从事油气资产的并购、勘探、开发、生产、原油炼制及原油加工、成品油销售等业务	目前哈萨克斯坦境内第二大外国石油生产商、最大的一体化石油公司和最大的炼化产品供应商
哈萨克斯坦阿克托别项目	中国石油阿克托别油气股份公司	开发、勘探肯基亚克盐下油田与滨里海盆地油田	改善勘探技术、注重人才培养、带动经济发展，被称作"中哈合作典范"
哈萨克斯坦北布扎奇项目	中国石油公司与俄罗斯卢克石油公司	油田开发、建设、增产、开发勘探新油田	通过联合作业，实现双赢目标
哈萨克斯坦曼吉斯套项目	中国石油与哈萨克斯坦国家石油公司	改善采油技术、优化投资结构、优化老井、开发新井	曼州最大的石油公司、哈萨克斯坦第三大石油公司

续表

项目	投资公司	业务内容	业务效益
哈萨克斯坦 ADM 项目	中国石油公司	油气勘探、开发、生产、经营	主要勘探哈萨克斯坦南部克孜勒奥尔达州的油气资源
哈萨克斯坦 KAM 项目	中国石油公司	石油、天然气开采、运输、运营	提高油气产能、促进当地经济发展
中哈管道项目	哈萨克斯坦石油运输公司于中国石油公司	建立中哈石油管道实现原油运输	提供安全、稳定、经济的供油渠道
阿塞拜疆 K&K 项目	中国石油公司	解决复杂地质条件钻井、施工，以及经济方面问题	优化当地井身结构、降低井事故概率
土库曼斯坦阿姆河沿岸天然气项目	中国石油天然气集团公司	天然气开采、运输	中石油向国内供气量最大的海外项目
中亚天然气管道项目	中国石油天然气集团公司与哈萨克斯坦石油公司	天然气开采、运输	世界上最长的天然气管道
乌兹别克斯坦丝绸之路项目	中国石油公司	石油、天然气开采、管道铺设	中乌合作资源共享互利共赢
乌兹别克斯坦明格布拉克项目	—	—	—
乌兹别克斯坦咸海项目	中国石油公司	海上钻井、测井、录井、固井	成功开发高产油气井
塔吉克斯坦项目	中国石油天然气集团公司、道达尔公司、克能石油公司	开采塔吉克斯坦油气资源	为中国石油海外油气合作增添新的资源国
西北管道项目	中国石油天然气集团公司	石油管道建设、油气资源运输	实现两国共赢

资料来源：根据资料自制。

目前中国石油建立的海外企业有 9 家，其中有 3 家位于中亚地区，分别是中国石油天然气集团公司哈萨克斯坦公司、中石油阿姆河天然气勘探开发（北京）有限公司和中石油中亚天然气管道有限公司。

1. 中国石油天然气集团公司哈萨克斯坦公司

简称哈萨克斯坦公司，于 2008 年 11 月建立，截至 2014 年年底哈萨克斯坦公司管理和运作着 7 个上游项目、2 个管道项目和 1 座炼油厂。截至 2014 年年底，原油剩余可采储量 22.3 亿 t，油气生产能力 3000 万 t 油气当量，向国内原油输送能力达到 2000 万 t/a，中外方员工 20542 人，其中中方员工 393 人。

2. 中石油阿姆河天然气勘探开发（北京）有限公司

简称阿姆河公司，截至 2014 年年底，建成天然气处理厂 2 座，集气站 6 座，水源站 2 座，自备电站 1 座。阿姆河公司制定《土方员工晋升管理办法》及《土方员工培训管理办法》，着手当地员工的培养，与 2010 年投产初期相比，每 10 亿 m^3 天然气产能所需中方员工数量从 58 人减少到 29 人，生产部门中方岗位下降 50%。

3. 中石油中亚天然气管道有限公司

简称中亚管道，是集团公司直属企业，与 2007 年 9 月成立，目前运用中乌天然气管道项目、中哈天然气管道项目、哈萨克斯坦南线天然气管道项目、中塔天然气管道项目和中吉天然气管道项目五个项目，截至 2014 年年底，共有中方员工 456 人。

第三节　中亚石油开发的影响因素和风险防控

中亚石油资源大规模开发受政治、经济、政策法律及社会文化诸多因素的影响，其中大国的政治博弈、国内经济形势、汇率、法律的变更、投资环境以及民族宗教等因素是主要因素。本节在对上述因素进行深入分析的基础上，运用投资风险评价指标体系对投资风险进行定量测度，并据此提出了中国与中亚石油合作开发的风险防控策略。

一、影响中亚石油开发的因素分析

中亚石油资源的开发利用不仅是一国的资源开发活动行为，而且同周边国家、域外大国、国际石油集团等利益主体有着紧密的联系，并通过争夺石油资源及石油开发的主导权进行了长期、反复的博弈，构成了相互交错、互为制约的复杂政治、经济关系。

（一）政治因素

政治风险是指在境外投资过程中，由于未能预期政治事件或者其他政治因素的变动所带来的东道国投资环境的变化，从而对跨国投资企业造成损失的可能性。政治风险是跨国投资者所面临的危险性最高的风险，单个投资者难以预测和识别，更难于控制。政治风险所包含的内容十分复杂，主要包括国家政权更迭、国家管理腐败、战争内乱爆发、大国外交政策和国际石油垄断带来的政治风险等[58-60]。

1. 大国外交政策的博弈

石油是重要的战略物资和经济社会发展的重要基础，基于石油的特殊性，世界各国都在激烈地争夺这种资源。当前世界各国很多的政治活动均是围绕石油展开，号称"石油外交"。目前世界石油界存在三种政治利益团体：石油进口国、石油出口国和石油过境运输国。这三种利益团体之间及内部的博弈，对国际石油市场产生巨大的影响，为各个石油利益方带来多种不确定性和各种风险[61, 62]。

20世纪90年代，苏联宣告解体，德国实现统一、东欧发生巨变，标志着冷战的结束，但冷战思维仍然未消失。西方国家制造的"中国威胁论"和"中国对非洲新殖民主义"等谬论为中国参与中亚石油合作开发制造种种障碍，使中资企业承受更多的不正当竞争和不公平待遇，并且这种影响短期内不会消失，中国石油企业应作好长期充分的应对策略与措施。

2. 国际石油集团的垄断

石油资源作为一种重要的战略物资和经济发展能源，越来越多地被世界各国所争夺。自20世纪60年代起，各国出于本国经济社会的发展和战备的需要，其需求量迅速增长，但由于世界石油的生产地和消费地严重错位，导致石油消费国对这一资源的争夺更加激烈。冷战结束后，美国的霸权地位不断增强，并形成美国独大的世界政治格局，美国则利用各种外交、经济手段支配了世界大部分的石油资源。目前，以埃克森美孚、英国石油公司、壳牌等为代表的西方大型石油公司已占有世界上80%的石油资源。随着新兴国家的兴起，其对石油资源的消费量也越来越大，因而对世界石油资源的竞争也更加激烈，西方发达国家为维护其在世界范围内的石油势力范围，必然会干预、遏制新兴国家的海外石油投资。

美国将跨里海能源管道作为伸向中亚与里海地区的一根"双向吸管"——既能吸出能源，又能输入美国的价值观。21世纪初，美国凭借"9·11"事件涉足中亚地区，以反恐的名义在多国建立军事基地，巩固其地区影响力。美国为了抢占中亚油气资源还联手印度、日本等国的石油公司，牵制中国、俄罗斯在中亚油气投资。

（二）经济因素

经济风险是指由于市场上各种不确定性因素的影响，如价格、利率、汇率、海外投资环境等变化，导致项目预测的投资收益与实际的投资收益存在差距的可能性。经济风险往往与政治风险相伴出现、相互作用。由于经济风险的不可控性，经济风险的发生可能会严重影响项目的运行，甚至会中断项目的实施[63]。

1. 2010 年以来中亚五国经济增长缓慢甚至出现负增长

中亚五国大都具有资源型经济特征，而2000年之后全球资源价格上涨周期一直持续到2014年。因此，中亚五国的经济基本上保持了持续上涨态势，甚至在2008年金融危机引发全球经济危机的背景下，这一基本态势也没有发生明显变化。2013年，国际市场的石油等能源原材料价格达到历史高位，随后逐渐回落，并在2014年下半年快速下跌。在能源价格冲击的影响下，中亚国家及俄罗斯出现了明显的经济衰退，2015年中亚各国经济增长速度放缓，哈萨克斯坦甚至出现了经济倒退（负增长）（表4.14、表4.15）。

表 4.14　中亚五国 2006～2016 年 GDP 增长率　　　　（单位：%）

年份	哈萨克斯坦	吉尔吉斯斯坦	塔吉克斯坦	土库曼斯坦	乌兹别克斯坦
2006	10.7	3.1	7	10.9	7.3
2007	8.9	8.5	7.8	11.1	9.5
2008	3.3	8.4	7.9	14.7	9.4
2009	1.2	2.9	3.8	6.1	8.1
2010	7.3	-0.47	6.5	9.2	8.5
2011	5.5	-0.68	6.3	9.3	7.1
2012	3.6	-1.4	6.1	9.5	5.6
2013	4.5	8.7	3.4	8.6	6.3
2014	2.8	2	2.8	8.7	6.7
2015	-1.2	-0.5	4.2	4.9	7
2016	-1.1	-0.6	2.2	4.9	7.8

表 4.15　中亚五国 2012～2016 年人均 GDP 增长率　　　　（单位：%）

年份	哈萨克斯坦	吉尔吉斯斯坦	塔吉克斯坦	土库曼斯坦	乌兹别克斯坦
2012	3.6	-1.4	6.1	9.5	5.6
2013	4.5	8.7	3.4	8.6	6.3
2014	2.8	2	2.8	8.7	6.7
2015	-1.2	-0.5	4.2	4.9	7
2016	-1.1	-0.6	2.2	4.9	5.2

外部经济环境恶化和国内经济增速下降,使得中亚五国的人均 GDP 增速继续降低。其中,依赖能源出口的哈萨克斯坦和依赖对外贸易的吉尔吉斯斯坦,人均 GDP 增速出现了负增长。依赖侨汇收入的塔吉克斯坦下降幅度十分明显。相对而言,由于天然气市场行情相对稳定以及经济结构的多元化,土库曼斯坦与乌兹别克斯坦的人均 GDP 增速则下降相对较小。中亚五国内部经济形势的恶化必然会严重影响到国外投资者的积极性。为规避投资风险,各国投资者竞相放慢能源投资步伐。

2. 汇率风险

汇率风险是指经济实体以外币定值或者衡量的资产与负债、收入与支出,以及未来的经营活动可望产生现金流量的本币价值因货币汇率的波动而产生损失的可能性。目前,世界多数国家实行浮动汇率制,加之国际政治、经济因素的影响,国际金融市场的汇率起伏较大,波动频繁,从而给海外投资企业的外汇资产和负债带来很大的外汇风险。汇率风险包括折算风险、交易风险和经营风险。

折算风险又称会计风险,是指由于汇率变化而引起海外资产和负债价值的变化,是经济主体在会计处理和外币债权、债务决算时,将必须转换成本币的各种外币计价项目加以折算时所产生的风险。

交易风险是指未来现金交易价值受汇率波动的影响而使经济主体蒙受损失的可能性。交易风险进一步分为外汇买卖风险和交易结算风险两类。外汇买卖风险是本币与外币之间的反复兑换而带来损失的可能性。外汇交易结算风险是指一般企业以外币计价进行交易时,由于计划中的交易在结算时所运用的汇率没有确定,因而产生风险的可能性。

经营风险是指由于意料之外的汇率波动而引起公司或者企业未来一定期间的收益或现金流量变化的一种潜在风险。随着中国石油企业在海外投资的项目越来越多,以外币交易和结算的业务随之增多,而中国的投资区域多位于汇率不稳定地区,国家货币汇率的重大波动,都会给中国海外石油项目带来巨大的外汇风险[64]。

(三)政策法律因素

政策法律因素是确保中亚油气资源开发的重要基础,对吸引外国投资者、调整东道国与投资国的利益关系、确保投资项目的持续稳定收益和扩大投资规模有着十分重要的作用。特别是当投资涉及多国或多个国际石油财团,以及投资国与东道国利益发生矛盾和冲突时,东道国为使其利益最大化,常动用汇率、财政、外贸、国际收支等政策措施,甚至可能更改法律法规,达到限制外资石油公司的经营,剥夺更多石油收益的目的[65]。

1. 矿业权的设置

哈萨克斯坦的《地下资源及地下资源利用法》规定,包括矿产在内的所有自然资源归哈萨克斯坦国家所有,管理权归属中央。石油和天然气的勘探开发归哈萨克斯坦石油与天然气部管辖。企业可采用竞标、谈判和获得许可三种方式获取矿业权,勘探企业直接拥有优先开采权。但是,哈萨克斯坦政府为真正控制矿业权往往在合同中限定"哈萨克斯坦含量",即确保哈方的利益,若投资企业不能满足哈萨克斯坦政府相关要求,矿业权就被收回。

乌兹别克斯坦包括石油天然气在内的矿产资源开发由地质和矿产资源委员会统一管理。乌兹别克斯坦采用许可证方式设置矿业权,分为地质研究和开采两类许可证。获得地质研究许可证后并实际开展勘探工作的投资人可优先获得开采许可证。许可证可以通过公开招投标和谈判两种途径获取。但油气资源许可证比较特殊，需经地质和矿产资源委员会联合乌兹别克斯坦国家石油天然气股份公司向乌内阁提交议案，内阁通过议案后采用公开招标这一途径发放许可证。1994 年颁布的《乌兹别克斯坦共和国地下资源法》规定，地方政府有权中止对环境造成威胁的矿产开发活动。

1997 年土库曼斯坦颁布的《石油法》规定，油气资源是国家专有财产，必须经内阁部长颁发许可证才可进行勘探或开采作业。许可证通过招投标或谈判途径获得。许可证分为勘探、生产、勘探开发三种类型。强调投资企业必须严格按照合同及许可证范围作业，并有义务保护地面及地下水环境和防止资源浪费。

2. 税费制度

中亚各国油气资源开发进程中，税费制度变化较大。东道国为维护本国利益，频频出台新政策，总体上增加了投资国企业的负担。

（1）哈萨克斯坦 2009 年以前，油气资源开发税费制度较为优惠。自 2009 年起，政府通过实施新税法，提高税率、征收超额利润以及征收排污费等手段增加税费的种类与税负，其中：①矿产开采税。该税种的税基为开采出的矿产品的产值，计算产值时使用全球该矿产品的行情价格计算，税率依产品不同而划分，一般石油的税率为 7%～20%，天然气税率为 10%。②企业所得税税率。哈萨克斯坦近年来不断调低企业所得税税率，从 2005 年的 30%下降到 2011 的 15%。而且所得税允许抵扣一定的折旧费用，但不得超过初始固定资产的 30%。③出口收益税。哈萨克斯坦新法采用石油天然气出口收益税取代了原来的出口税，出口收益税以实际出口额为税基，计算依据为矿产品的全球价格行情，出口收益税率与销售单价呈正比，为 0～32%。④超额利润税。是对资源开发企业收入超过支出的 25%的部分征收的税款。哈萨克斯坦原税法规定超额利润税率为 4%～30%，最低应税额为 20%。新法颁布后将税率提高至 15%～60%，最低应税额提高至 25%。⑤环保税费。随着对环保要求越来越高，哈萨克斯坦政府通过不断提高的环境排污费和无污染钻井费等环保费用来保护环境，加大了企业的费用支出和经济负担。

（2）乌兹别克斯坦对所有开采矿产资源的企业征收资源使用税，根据矿产种类设置不同税率。2007 年后乌政府对石油资源的使用税率为 20%，天然气税率为 30%，并对超过规定价格的销售收入征收 50%的超额利润税。例如，规定每立方米天然气价格超过 0.13 美元，企业应就超出部分获得的收入缴纳 50%的超额利润税。乌兹别克斯坦还要求开发企业一次性支付一种固定费用，用于进行矿产资源普查、勘探和开发。

（3）土库曼斯坦对油气资源开采企业的所得税税率为 25%，允许抵扣利息、研发费用、社保费用、环境保护费用及租金，制定的矿区使用费最高费率为 15%。

3. 对经营的干预程度

（1）哈萨克斯坦。根据哈政府制定的新投资法对油气资源投资企业，在勘探开发合同中严格规定外国投资者在经营过程中使用哈萨克斯坦设备数量、采购哈萨克斯坦生产的商品金额、雇用哈萨克斯坦劳工比例、限制外资人员在哈工作签证数量、限制最低薪酬或者控制裁员幅度等具体经营事项，干预了投资企业的自由经营，直接导致了哈萨克斯坦近年来在各大矿业集团投资环境评级报告中的排名下滑。一旦哈萨克斯坦执法机构发现投资企业未能执行"哈萨克斯坦含量",则哈萨克斯坦政府有权单方面收回矿业权,给企业造成更大风险。但哈萨克斯坦外汇管制较松,企业缴纳必要税金后就允许自由兑换外汇出境。

(2)乌兹别克斯坦。乌政府对外商的经营干预程度比哈萨克斯坦要低,其法律保障外资企业自由掌握、使用和分配在乌兹别克斯坦投资活动中获取的利润的权利,避免对外资企业实行国有化或无偿征用。只要外资企业依法经营,乌兹别克斯坦政府机关就无权干涉其经营活动。外资企业不需要申请许可证出口其在乌境内开采或生产的产品抑或进口外国产品用于生产。但是乌兹别克斯坦的法律法规的最大的风险在于其政策的多变性。以资源使用税为例,最初乌兹别克斯坦该税税率极高,1997 前后乌政府为改善投资环境,降低资源使用税率,引进了很多外资。但是 2002 年后,随着全球矿产品价格的大幅度提升,乌政府为享受能源收入再一次调高资源使用税率,导致很多国家能源投资企业纷纷逃离乌兹别克斯坦。于是乌政府又在 2007 年再次降低资源使用税,但却以 20%的出口增值税取代了原本的金属矿产出口免税的政策。

(3)土库曼斯坦。土政府颁布的外商投资法规定,外国投资者可独立或与土库曼斯坦法人和自然人共同获取土地使用权、自然资源使用租让权。在外汇管制上,规定投资者持有的外汇在交纳税费后由投资者自行支配。除非经判决外国投资者违反土库曼斯坦法律可以没收其财产,否则土库曼斯坦政府不能对境内的外资企业进行国有化或无偿征收。

(4)吉尔吉斯斯坦。吉政府制定的未来五年的重点工作就是改善外商投资环境,包括确立稳定的经济规则,建立严格的法律制度,保障自由的融资方式。具体的措施包括减免税收、简化许可证制度、统一技术标准;缩短资金的流动过程,防止无谓的"中间"费用产生;打击经济腐败,保障合法投资者的权益等。

综上所述,中亚国家油气资源开发的相关法律制度较为健全,投资政策正在逐步完善,但整体上对外国投资者较具有吸引力。但外商投资政策变化频繁、稳定性较差,由于中亚各国近年来开始重视生态环境保护,企业环保成本逐年上升。中亚地区尤其是哈萨克斯坦近年来出现了资源民族主义思潮抬头现象,影响该地区的投资政策制定,哈萨克斯坦政府为增强对资源勘探开发的掌控能力实行了很多新的限制措施,并通过"国家含量"直接干预外资企业的具体经营活动,使该地区的油气资源投资政策环境趋于恶化[66]。

(四)社会文化因素

1. 劳动力资本

劳动力资本是海外石油项目投资的重要影响因素。在中亚的石油投资项目中,高学历、高技术的综合型专业人员对石油企业的运营管理、石油资源的勘探开采是十分必要的。这些技术人员一部分由投资国派出,但中亚国家实行严格的签证和居留制度,如乌兹别克斯坦对外国所有类别的护照均要求签证;哈萨克斯坦对国外劳务实行严格限制,外国人在哈取得劳动就业许可和居留许可较困难,而且申办程序十分烦琐。目前已成为阻碍外国投资的主要壁垒之一。土库曼斯坦是五国中最难取得签证和劳动许可的国家,严格控制向外国人发签证比例。而据联合国 2016 年报告指出,中亚地区近 1/3 的劳动人口就业困难,且缺乏教育、医疗、卫生等基本服务保障。从中亚国家整体看,近半数人口属于贫困线之下,且居民受教育程度不高,尤其是综合型人才极为短缺。

2. 民族与宗教

中亚地区既是穆斯林的聚居区，又是多种文明交汇碰撞的区域。中亚五国民族构成中，除乌兹别克、哈萨克、吉尔吉斯、塔吉克、土库曼、俄罗斯 6 个主要民族外，还有近百个民族和种族，其总体特征为具有较强的民族中心意识和民族利己倾向，各国间为争夺水资源、牧场等常发生冲突；在国内，主体民族在制定政策时往往向本民族倾斜，而对少数民族就业、教育等产生歧视，并因此导致民族矛盾激化，对油气资源投资开发造成不利影响[67]。

3. 恐怖主义活动

20 世纪末，中亚泛伊斯兰势力不断扩张，在阿富汗的塔利班和俄罗斯车臣民族分裂主义宣传影响下，提出圣战口号、招募成员，建立机构，并积极向宗教极端势力和国际恐怖势力靠拢，在中亚地区制造一系列暴力恐怖事件。中亚地区的民族分裂势力、宗教极端势力和国际恐怖势力等"三股势力"的存在，导致一些地区局势很不稳定，影响了外国公司对油气资源的投资。

（五）基础设施因素

主要指由于东道国的基础设施建设落后，交通、通讯、供水不便等，导致外国公司难以进行油气资源的勘探开采，或在开采过程中出现效率低下甚至造成石油公司的经济损失[68]。

1. 水、电、通信、交通等基础设施

近年来，哈萨克斯坦大力进行交通、电力等基础设施建设，首先对全国超过 2000 km 的老旧铁路和机车、车辆进行更新改造，并着力修建从中国到欧洲、从乌兹别克斯坦到土库曼斯坦的跨境公路。其次，通过新建输电线网和修建三座大型水电、火电厂，保障了国内各地区电力供应平衡。此外哈萨克斯坦通信基础设施也有了长足的进步，已基本实现境内 2G 通信网络全覆盖。

乌兹别克斯坦交通设施基础相对较好，全国公路总长 184896 km，公路多项指标基本符合现代国际标准；全国有近 7000 km 的铁路线，其中约有 20% 为电气化铁路。但乌兹别克斯坦尚未形成完整的铁路运输体系，存在一定的安全隐患。乌兹别克斯坦目前正在运营的 42 座发电站和近万千米输电线路大部分是在 20 世纪 50 年代建成的，技术标准低、设备老化，亟待更新改造。乌兹别克斯坦水资源匮乏，2008 年与土库曼斯坦一起被列为世界上极度缺水的 13 个国家之一。

土库曼斯坦独立后，将大力发展贯通欧亚的陆地交通网络作为国家战略，公路、铁路建设发展迅速，并积极引进国外先进的交通工具。电力方面，土库曼斯坦现在有 10 座电站，共 32 台涡轮机组。除了满足国内需求外，还向中东地区出口电力。

塔、吉两国因受山地阻隔，基础设施较差。塔吉克斯坦境内的铁路长度不足 1000 km，吉尔吉斯斯坦境内公路长度约为 34000 km，近年来塔、吉两国采用国际贷款、与邻国合作等方式加大对交通基础设施建设的投入并取得重大进展。

2. 石油管道建设

中亚地区现有点输油管道有 3 条，即：从自阿塞拜疆的巴库经俄抵达俄黑海沿岸的新罗西斯克港，从自巴库经格鲁吉亚抵达黑海沿岸的苏普萨港，以及从哈萨克斯坦经俄罗斯抵达黑海沿岸。但因为年久失修，运输能力有限，无法满足中亚大规模石油开采和出口的

需求。俄罗斯、美国、欧盟及里海沿岸国家从各自利益出发，提出了建设包括"东南西北"四个走向的五条输油管道方案。

（1）北向方案：一是从哈萨克斯坦的田吉兹油田到俄罗斯的新罗西斯克港；二是通过将克罗地亚的输油管道升级换代，将其与已有的经乌克兰的朱扎巴管道相连。

（2）西向方案：一是从阿塞拜疆首都巴库经格鲁吉亚到土耳其地中海沿岸的杰伊汉港；二是土库曼斯坦向南经伊朗再折向西经土耳其到杰伊汉港。

（3）南向方案：一是从哈萨克斯坦经伊朗到波斯湾的哈奈克岛；二是从土库曼斯坦经阿富汗抵达巴基斯坦。

（4）东向方案：向东铺设一条经中国至太平洋沿岸的石油管道。

俄罗斯坚持北向方案，虽可充分发挥俄现有的油气管道的运输潜力，比较经济便捷，但同时也可使俄罗斯垄断中亚油气运输，为其他大国所不容。为降低对俄罗斯的依赖度，阿塞拜疆、哈萨克斯坦、土库曼斯坦等在美国、土耳其的支持下倾向于西向方案，成为俄罗斯的主要竞争者。但西向方案要经过俄罗斯黑海港口或地中海，而地中海又是一个石油供给相对过剩的地区，且从里海到地中海的油船必须穿越博斯普鲁斯海峡或达达尼尔海峡，而这两个海峡又过于拥挤，事故频繁；南向方案从技术上看最经济便捷，但因美对伊朗制裁、阿富汗局势动荡而显得前景黯淡；东向方案由于距离遥远，西方石油专家未曾设想，因此中哈两国对此管道的签署令西方震惊。东向方案的启动意义不仅仅在于协议本身，未来的意义将更加凸显。

此外，在中亚的能源战略争夺中，各种矛盾渐趋激化也是影响中亚石油前景不可忽视的因素。一般而言，新的能源基地在某个时期也可能成为动荡甚至战争的新策源地。如果中亚及其里海地区果真进入一种非理性的争夺，再加上"三股势力"的存在与发展，必将影响中亚成为"第二中东"及"第二个波斯湾"的进程[69]。

（六）其他因素

影响中亚石油开发的其他因素中，里海的法律地位及石油管道走向之争等尤为突出。这些因素将使"中亚地区如同一个经济和地缘政治的混合体"[70]。

1. 里海的法律地位问题

里海是中亚的内陆水域，19世纪就是列强的必争之地，曾一度成为沙俄的"内湖"。冷战期间由苏联和伊朗共同开发，几十年来一直相安无事。冷战后，里海沿岸国家演变为俄罗斯、伊朗、阿塞拜疆、哈萨克斯坦和土库曼斯坦五国，里海法律地位问题随之产生。究竟里海是湖还是海，成为争论的焦点。根据国际法，如果是"海"就可以分割，如果是"湖"则只能作为共同财产联合开发利用。根据国际法，里海似乎可以界定为湖，但是世界上有些湖泊还是被瓜分了，故国际法并不能提供一项可供操作的解决方案。

哈萨克斯坦、土库曼斯坦和阿塞拜疆认为里海是"海"，其理由是里海面积与日本海差不多，水中含有盐分，自古以来一直是海。即便称之为湖，也有例可援，世界上一些有名的大湖如日内瓦湖也是被沿岸国家分开管理的。况且苏联时期就曾把里海水域分配给沿岸的几个加盟共和国使用。

俄罗斯和伊朗则认为里海是"湖"，"沿岸国家应杜绝采取与里海的矿产资源开发与勘探有关的一切单边行动"。但俄罗斯最近改变策略"退而求其和"，先是抛出一项"油炸圈饼"方案，建议每一个里海国家都享有 45 海里（1 海里=1.852 千米）的绝对权利，超过 45 海里以外的资源共享。其后又与哈萨克斯坦单独进行谈判，并于 1998 年签订了按中心线划分里海北部海底的协定。这是迄今为止俄罗斯做出的重大让步，并与美国的直接干涉密切有关。早在俄罗斯与哈萨克斯坦谈判期间，美国就曾明确表示支持后者，并以断绝投资相要挟。里海法律地位的悬而未决，加之西方插手，有可能使里海的"能源投资陷于风险之中"，并进而影响到中亚石油的开发步伐。

2. 中亚油气管道走向及其背后的政治斗争

争夺亚洲腹地油气资源的主要手段是控制出口，因此油气管线的意义尤为重要。围绕里海地区修建的大小管线，体现了国际政治力量在中亚的博弈。

苏联时期建成的巴库至新罗西斯克港里海管道、阿特劳到萨马拉的管线是中亚国家尤其是哈萨克斯坦石油出口的重要通道，因经由俄罗斯而受到控制。随着新管道的建成，原有管线的出口份额面临下降，但仍是中亚石油输出的一大通道。美国历时 10 年主导的巴杰管道从阿塞拜疆、格鲁吉亚到土耳其的地中海港口杰伊汉，具有强烈地缘政治色彩，其目的主要是为了削弱俄罗斯对欧洲能源供应的影响力，并使里海周边的前苏联成员国加速脱离俄罗斯的控制。中哈管道于 2006 年 7 月投入运营并与俄罗斯管道相连，具备了从俄罗斯进口油气的条件，兼顾了其他大国的利益，因而阻力相对较小。该项目的成功运作为中国参与中亚未来的油气资源竞争、扩大与中亚国家贸易往来树立了典范。俄罗斯与前苏联加盟共和国乌克兰之间的天然气争端，也使欧盟认识到依赖俄罗斯的天然气存在巨大风险。为了摆脱对俄罗斯的过度依赖，欧盟国家也希望从中亚和里海建设一条不经过俄罗斯的管道，直接将油气输往欧洲。其中有敖德萨-格但斯克输油管道和纳布索天然气管道。

利用中、美、俄、欧等国家的竞争，努力平衡各方利益，实现油气出口的多元化，是中亚国家的现实考虑。以上管线建设也正反映了以哈萨克斯坦为代表的中亚国家谋求自身利益的努力：一方面巩固对俄罗斯关系，保障现有管道的输出规模；另一方面积极与中美欧合作，筹划新的油气出口路线。

总体上看，中亚各国政府通过近五年来大力加强公路、铁路、航空等交通设施建设，不断改善投资环境，现有交通运输网络已能基本满足能源投资需求。中亚电力设施较完备，电力供应充足有余。中亚地区水资源匮乏，水利设施建设不够合理，水资源过度开发对投资有一定影响。中亚各国可通过加强合作维护地区安全，民族、宗教等问题虽然严峻但仍在可控范围之内，是投资的重大潜在风险。

二、中国与中亚石油合作开发的风险评估

由于上述各种因素具有边界不清、亦此亦彼，涉及大量的复杂现象和多种因素的相互作用，且因素难以定量化处理。为此，选择模糊综合评价法，通过确定风险因素集、建立风险评估集、确定指标权重集、邀请专家进行评价打分并建立评价矩阵等步骤，对中亚石油资源开发的风险程度进行模糊综合评价。

（一）风险预警评价指标体系

中亚地区油气资源丰富，品质较好，但中亚地区不同油气田的勘探、开发难度差别较大，存在因开发难度太大导致投资成本过高的风险。建立中亚地区石油开发风险预警指标体系的原则为[71]。

（1）敏感性原则。要求保证所设计预警指标能够敏感地反映中亚地区最真实的风险变动。

（2）独立性原则。尽量减少所选取指标的重复区间。

（3）可测性原则。要求所设计预警指标具较强的可行性，能较为准确和完整地被观测。

（4）全面性原则。所设计预警指标必须能较全面地反映中亚油气投资风险状态，不漏不偏。

依据上述四大原则，结合中亚地区风险特征，建立的中亚地区石油开发风险预警指标体系见表4.16。

表 4.16　中国与中亚石油合作开发投资风险预警指标体系

目标层	准则层	风险预警指标层
中亚地区石油开发投资风险评价	政治风险 U_1	战争或动乱 U_{11}
		国内政权更替 U_{12}
		国内管理腐败 U_{13}
		国际石油垄断 U_{14}
		大国外交政策 U_{15}
	法律风险 U_2	矿业权取得难易程度 U_{21}
		东道国对经营的干预程度 U_{22}
		税费制度风险 U_{23}
		法律、政策的稳定性 U_{24}
		环保要求 U_{25}
	经济风险 U_3	经济增长率 GDP U_{31}
		外汇风险 U_{32}
		通货膨胀率 U_{33}
	社会风险 U_4	民族文化、宗教差异 U_{41}
		恐怖主义活动风险 U_{42}
		劳动力资本 U_{43}
	基础设施风险 U_5	水、电、通信、交通等基础设施 U_{51}
		石油管道铺设 U_{52}

（二）风险评价过程

采用模糊综合评价方法（模糊数学评价法-层次分析法）对中亚地区油气开发风险开展评价，具体步骤如下[72]。

1. 确定风险因素集

$U=\{u_1, u_2, u_3, \cdots, u_n\}$，其中 u_i（$i=1, 2, \cdots, n$）代表对外直接投资风险的第 i 个风险因子。根据建立的中亚地区石油开发投资风险指标体系，中亚地区石油开发投资风险的一级风险因素集为 $U=\{$政治风险，政策法律风险，经济风险，社会风险，基础设施风险$\}$。

2. 建立风险评估集

$V=\{v_1, v_2, \cdots, v_m\}$ 是风险等级的划分，v_i（$i=1, 2, \cdots, m$）代表各种可能的等级因子。中亚地区石油开发投资风险可划分为 5 个等级，即 $V=\{$极低，低，中，高，极高$\}=\{1, 3, 5, 7, 9\}$。

3. 进行单因素评价

对每一个 u_i 风险指标进行单因素评价，评价方法通过德尔菲法进行，成立一个由 f 个专家组成的评判组，每一位专家给每一个风险指标 u_i（$i=1, 2, \cdots, n$）评定 v_i（$i=1, 2, \cdots, m$）中的一个且仅一个等级，然后统计 f 位专家中 u_i 为等级 v_t 的有 f_{ji} 个人，可以得到模糊评判结果为 $(f_{j1}, \cdots, f_{j5})$，则有 $\sum_{i=1}^{5} f_{ij} = f$，将其归一化处理，可得该风险的模糊隶属向量，

$$R_1 = \left(\frac{f_{1i}}{f}, \cdots, \frac{f_{1m}}{f} \right) = (r_{i1}, \cdots, r_{im}),$$ 由此矩阵可得到模糊矩阵 $\boldsymbol{R}$。例如，对于政治风险中的战争和内乱风险，8 位专家中有 2 位认为极高，6 位认为中等，则其模糊评判结果为（2，0，6，0，0），将其做归一化处理，将各个数值都除以 8，可得出战争和内乱风险的模糊隶属向量（0.25，0，0.75，0，0）。同理继续计算剩余同一准则层指标下的风险指标的模糊隶属向量后放在一起就是准则层指标的模糊隶属评判矩阵。

$$\boldsymbol{R} = (R_1, R_2, \cdots, R_n) = (r_{ij})_{m \times n} = \begin{bmatrix} r_{11} & r_{12} & r_{1m} \\ r_{21} & r_{22} & r_{2m} \\ r_{n1} & r_{n2} & r_{nm} \end{bmatrix}$$

上式中，r_{ij} 为 u_i 对各个风险评价等级 v_i 的隶属程度。至此，我们称（U，V，R）为一个模糊综合决策模型；U，V，R 为该模型的 3 个要素。

聘请 46 位专家对各个风险因素进行评判。主要选择在中亚地区和石油资源专业领域具有权威的科研单位和专家，发放调查问卷，实际发放 78 份，收回 58 份，有效并采用的问卷 46 份。有效问卷涵盖中国科学院、北京社科院、新疆大学、中科院新疆生态环境与地理研究所、兰州大学、中科院兰州文献中心、香港中文大学、同济大学、中山大学、中石油克拉玛依石化有限责任公司、大庆油田有限责任公司等 20 家单位（包括 2 位国际欧亚科学院院士，高级职称以上专家 26 人，具有博士学位的专家 36 人）。

根据上述计算方法，得到政治风险中战争或动乱风险 u_{11} 的模糊隶属向量 r_{11}（0.175，0.133，0.225，0.392，0.075），国内政权更替 u_{12} 的模糊隶属向量 r_{12}（0.117，0.358，0.208，0.258，0.058）等，从而得到政治风险 u_1 的模糊隶属评判矩阵为

$$R_1 = \begin{bmatrix} 0.175 & 0.133 & 0.225 & 0.392 & 0.075 \\ 0.117 & 0.358 & 0.208 & 0.258 & 0.058 \\ 0.075 & 0.417 & 0.425 & 0.083 & 0 \\ 0.075 & 0.492 & 0.300 & 0.133 & 0 \\ 0.050 & 0.492 & 0.300 & 0.158 & 0 \end{bmatrix}$$

同理可得到政策法律风险 u_2，经济风险 u_3，社会风险 u_4，基础设施风险 u_5 的模糊隶属评判矩阵为

$$R_2 = \begin{bmatrix} 0 & 0.083 & 0.175 & 0.683 & 0.058 \\ 0 & 0.192 & 0.100 & 0.650 & 0.058 \\ 0 & 0.142 & 0.417 & 0.442 & 0 \\ 0 & 0.292 & 0.117 & 0.400 & 0.192 \\ 0.133 & 0.183 & 0.367 & 0.258 & 0.058 \end{bmatrix}$$

$$R_3 = \begin{bmatrix} 0 & 0.283 & 0.408 & 0.308 & 0 \\ 0.075 & 0.050 & 0.467 & 0.333 & 0.075 \\ 0.075 & 0.100 & 0.408 & 0.342 & 0.075 \end{bmatrix}$$

$$R_4 = \begin{bmatrix} 0.200 & 0.242 & 0.233 & 0.325 & 0 \\ 0.058 & 0.525 & 0.217 & 0.083 & 0.117 \\ 0.050 & 0.108 & 0.300 & 0.300 & 0.242 \end{bmatrix}$$

$$R_5 = \begin{bmatrix} 0.117 & 0.408 & 0.342 & 0.133 & 0 \\ 0.150 & 0.392 & 0.133 & 0.325 & 0 \end{bmatrix}$$

4. 确定指标权重集

对指标进行两两比较，某个指标与其他指标同等重要则计 1 分，稍微重要计 3 分，重要计 5 分，非常重要计 7 分，绝对重要计 9 分。两两比较过程由专家小组来进行，据此可以构造出判断矩阵，求解出该矩阵的最大特征根及相应的特征向量，向量中每一分量即为相对应指标的权重排序。风险权重判断矩阵见表 4.17～表 4.21。

表 4.17　政治风险权重判断矩阵

风险因子	战争或动乱	国内政权更替	管理腐败	国内石油垄断	大国外交政策
战争或动乱	1	3	7	2	2
国内政权更替	1/3	1	2	1/2	1/3
国内管理腐败	1/7	1/2	1	1/2	1/3
国际石油垄断	1/2	2	2	1	1/2
大国外交政策	1/2	3	3	2	1

表 4.18　政策法律风险权重判断矩阵

风险因子	矿业权取得的难易程度	东道国对经营的干预程度	税费风险	法律、政策的稳定性	环保要求
矿业权取得的难易程度	1	2	3	4	7
东道国对经营的干预程度	1/2	1	2	2	5
税费风险	1/3	1/2	1	2	2
法律、政策的稳定性	1/4	1/2	1/2	1	3
环保要求	1/7	1/5	1/2	1/3	1

表 4.19　经济风险权重判断矩阵

风险因子	经济增长率（GDP）	外汇风险	通货膨胀率
经济增长率（GDP）	1	1/5	1/2
外汇风险	5	1	3
通货膨胀率	2	1/3	1

表 4.20　社会风险权重判断矩阵

风险因子	劳动力成本	恐怖主义活动风险	民族文化、宗教差异
劳动力成本	1	1/4	1/2
恐怖主义活动风险	4	1	2
民族文化、宗教差异	2	1/2	1

表 4.21　基础设施风险权重判断矩阵

风险因子	水、电、通信、交通等基础设施	石油管道铺设
水、电、通信、交通等基础设施	1	1/5
石油管道铺设	5	1

应用 Matlab 软件对这些矩阵进行一致性检验，并计算最大特征向量，可得到各风险指标的权重向量：

$A_1 = \{0.4012, 0.1070, 0.0682, 0.1658, 0.2578\}$；

$A_2 = \{0.4346, 0.2479, 0.1482, 0.1148, 0.0546\}$；

$A_3 = \{0.1220, 0.6483, 0.2297\}$；

$A_4 = \{0.1428, 0.5715, 0.2857\}$；

$A_5 = \{0.1667, 0.8333\}$。

从上述权重向量可以看出，在政治风险中，战争或动乱的权重较大，大国外交政策次之；在政策法律风险中，矿业权取得的难易最为重要，其次是东道国对经营的干预；在经济风险中，专家认为外汇风险的重要性最大；在社会风险中，恐怖主义活动最重要；在基础设施建设风险中，石油管道铺设的权重较大。

5. 综合评判

将得到的单因素评价矩阵 **R** 与各因素的权重指标 A 进行综合评判，即 B＝A*R，B 为 **R**

对 V 的隶属向量，为总评价结果。计算结果如下：

$$B_1 = A_1 \times R_1 = \{0.4012, 0.1070, 0.0682, 0.1658, 0.2578\} \times \begin{bmatrix} 0.175 & 0.133 & 0.225 & 0.392 & 0.075 \\ 0.117 & 0.358 & 0.208 & 0.258 & 0.058 \\ 0.075 & 0.417 & 0.425 & 0.083 & 0 \\ 0.075 & 0.492 & 0.300 & 0.133 & 0 \\ 0.050 & 0.492 & 0.300 & 0.158 & 0 \end{bmatrix}$$

$$= (0.1132, 0.3285, 0.2686, 0.2533, 0.0362)$$

$$B_2 = A_2 \times R_2 = \{0.4346, 0.2479, 0.1482, 0.1148, 0.0546\} \times \begin{bmatrix} 0 & 0.083 & 0.175 & 0.683 & 0.058 \\ 0 & 0.192 & 0.100 & 0.650 & 0.058 \\ 0 & 0.292 & 0.417 & 0.442 & 0 \\ 0 & 0.292 & 0.117 & 0.400 & 0.192 \\ 0.133 & 0.183 & 0.367 & 0.258 & 0.058 \end{bmatrix}$$

$$= (0.0073, 0.1705, 0.1961, 0.5835, 0.0648)$$

$$B_3 = A_3 \times R_3 = \{0.1220, 0.6483, 0.2297\} \times \begin{bmatrix} 0 & 0.283 & 0.408 & 0.308 & 0 \\ 0.075 & 0.050 & 0.467 & 0.333 & 0.075 \\ 0.075 & 0.100 & 0.408 & 0.342 & 0.075 \end{bmatrix}$$

$$= (0.0658, 0.0899, 0.4462, 0.3320, 0.0658)$$

$$B_4 = A_4 \times R_4 = \{0.1428, 0.5715, 0.2857\} \times \begin{bmatrix} 0.200 & 0.2432 & 0.233 & 0.325 & 0 \\ 0.058 & 0.525 & 0.217 & 0.083 & 0.117 \\ 0.050 & 0.108 & 0.300 & 0.300 & 0.242 \end{bmatrix}$$

$$= (0.0760, 0.3655, 0.2430, 0.1796, 0.1360)$$

$$B_5 = A_5 \times R_5 = \{0.1667, 0.8333\} \times \begin{bmatrix} 0.117 & 0.408 & 0.342 & 0.133 & 0 \\ 0.150 & 0.392 & 0.133 & 0.325 & 0 \end{bmatrix}$$

$$= (0.1445, 0.3947, 0.1678, 0.2930, 0)$$

最后将评估集 V 中风险程度进行量化处理，用 $G=B*V$ 的值作为最终评价投资风险的大小。

政治风险：$G_1 = B_1 \times V = 4.5406$；

政策法律风险：$G_2 = B_2 \times V = 6.1670$；

经济风险：$G_3 = B_3 \times V = 5.4827$；

社会风险：$G_4 = B_4 \times V = 4.8687$；

基础设施风险：$G_5 = B_5 \times V = 4.2186$。

（三）风险评价结果

（1）在五种风险类别中，基础设施风险属于低风险，经济风险、社会风险和政治风险属于一般风险，法律风险属于高风险。

中亚地区政治风险有 11.32%的概率是极低风险，32.85%的概率是低风险，26.86%的概率是一般风险，25.33%的概率属于高风险，3.62%的概率属于极高风险。综合评价风险得分为 4.5406，接近一般风险（表 4.22）。

政策法律风险有 0.73%的概率是极低风险，17.05%的概率是低风险，19.61%的概率是一般风险，58.35%的概率属于高风险，6.48%的概率属于极高风险。综合评价风险得分为 6.167，介于一般风险和高风险之间。

经济风险有 6.58%的概率是极低风险，8.99%的概率是低风险，44.62%的概率是一般风险，33.20%的概率属于高风险，6.58%的概率属于极高风险。综合评价风险得分为 5.4827，属于一般风险。

社会风险有 7.6%的概率是极低风险，36.55%的概率是低风险，24.3%的概率是一般风险，17.96%的概率是高风险，13.6%的概率是极高风险。综合评价风险得分为 4.8687，属于一般风险。

基础设施风险有 14.45%的概率是极低风险，39.47%的概率是低风险，16.78%的概率是一般风险，29.30%的概率属于较高风险，0%的概率属于高风险。综合评价风险得分为 4.2186，属于中低风险。

表 4.22　各级指标层风险评价属性表

目标层	准则层	准则层风险得分	风险指标层	指标层风险属性
中亚石油开发投资风险投资评价	政治风险	4.5406 一般风险	战争或动乱	（0.175，0.133，0.225，0.392，0.075）
				39.2%的概率属于高风险
			国内政权更替	（0.117，0.358，0.208，0.258，0.058）
				35.8%的概率属于低风险
			国内管理腐败	（0.075，0.417，0.425，0.083，0）
				42.5%的概率属于一般风险
			国际石油垄断	（0.075，0.492，0.300，0.133，0）
				49.2%的概率属于低风险
			大国外交政策	（0.050，0.492，0.300，0.158，0）
				49.2%的概率属于低风险
	法律风险	6.1670 高风险	矿业权取得难易程度	（0.000，0.083，0.175，0.683，0.058）
				68.3%的概率属于高风险
			东道国对经营的干预程度	（0.000，0.192，0.100，0.650，0.058）
				65%的概率属于高风险
			税费风险	（0.000，0.142，0.417，0.442，0）
				44.2%的概率属于高风险

目标层	准则层	准则层风险得分	风险指标层	指标层风险属性
中亚石油开发投资风险投资评价	法律风险	6.1670 高风险	法律、政策的稳定性	(0, 0.292, 0.117, 0.400, 0.192)
				40%的概率属于高风险
			环保要求	(0.133, 0.183, 0.367, 0.258, 0.058)
				36.7%的概率属于一般风险
	经济风险	5.4827 一般风险	经济增长率 GDP	(0, 0.283, 0.408, 0.308, 0)
				40.8%的概率属于一般风险
			外汇风险	(0.075, 0.050, 0.467, 0.333, 0.075)
				40.8%的概率属于一般风险
			通货膨胀率	(0.075, 0.100, 0.408, 0.342, 0.075)
				46.7%的概率属于一般风险
	社会风险	4.8687 一般风险	劳动力成本	(0.200, 0.242, 0.233, 0.325, 0)
				32.5%的概率属于高风险
			恐怖主义活动风险	(0.058, 0.525, 0.217, 0.083, 0.117)
				52.5%的概率属于低风险
			民族文化、宗教差异	(0.050, 0.108, 0.300, 0.300, 0.242)
				60%的概率属于高风险
	基础设施风险	4.2186 低风险	水、电、通信、交通等基础设施	(0.117, 0.408, 0.342, 0.133, 0)
				40.8%的概率属于低风险
			石油管道铺设长度	(0.150, 0.392, 0.133, 0.325, 0)
				39.2%的概率属于低风险

（2）在政治风险类别中，战争动乱风险属于高风险，国内管理腐败属于一般风险，国内政权更替、国际石油垄断和大国外交政策属于低风险。

（3）在法律风险类别中，政策的稳定性、东道国干预、矿业权取得，以及税费制度均属于中高风险，环保要求属于中低风险。

（4）在经济风险类别中，经济增长率、外汇和通货膨胀均属于一般风险。

（5）在社会风险类别中，劳动力成本和民族文化宗教差异属于中高风险，恐怖主义活动属于中低风险。

（6）在基础设施风险类别中，水、电、通信、交通等基础设施和石油管道铺设属于中低风险。

在风险等级划分中，1代表着极低风险，9代表着极高风险，区间内风险等级逐步上升。根据评估结果 $7 \geqslant U_2 \geqslant U_3 \geqslant 5 \geqslant U_4 \geqslant U_1 \geqslant U_5 \geqslant 3$，说明中亚地区基础设施风险最低（4.2186），属于低风险指标。社会风险（4.8687）和政治风险（4.5406）的风险指标值向上接近5，属于一般偏低风险。经济风险（5.4827）指标值指标大于5，属于一般偏高风险，海外企业在该地区投资时要时刻关注国际货币汇率的变化，关注东道国的经济态势，掌握经济市场变动趋势以确保投资的安全。而法律风险（6.1670）的风险指标值为 6~7，属于高风险，海外企业在投资时应该充分斟酌合同条款，避免陷入法律陷阱，完善双边法律体系，时刻关注东道国法律政策的变动，做好充足准备避免损失的发生。

三、中国与中亚石油合作开发的风险防控策略

中亚地区从综合风险来看风险程度较低，说明中亚地区的投资环境较为稳定，整体上适合投资。中国油气企业应运用风险规避、风险转化工具应对中亚地区油气投资潜在风险。

（一）大国外交风险的防控策略

东道国的大国外交政策对中国投资者有巨大的影响，为应对美、印、日等国遏制中国与中亚油气合作开发所设置的各种障碍，中国企业在投资前应做好相应准备工作，并提出对应策略，特别是联合其他合作伙伴组成国际油气投资财团，共同参与项目招标、勘探开发。同时要充分利用上海合作组织平台，一方面深化安全合作，共同打击"三股势力"，维护中亚地区安全与稳定，为中亚油气合作创造稳定、安全的社会环境；另一方面，加强中国与中亚国家在科技、基础设施建设、加工制造等多领域开展全方位的合作[73]。

（二）东道国干预经营风险的防控策略

面对东道国对经营的干预，将政治风险部分或全部地转移给第三方承担是一种重要手段。一是非保险转移，即中国石油企业可与非东道国的石油投资企业进行合作，共同投资、共同分享利润、共同承担风险。同时，中国石油企业还可与东道国政府或企业进行合作投资，这样可以规避东道国实施不利于合资企业发展的政策。二是保险转移。中国石油企业通过对海外投资资产进行投保，将资产可能遭受的政治风险转移给保险公司。目前，国家间的海外投资保险制度的已经非常完善，一国可通过保险制度取得代位求偿权，并通过国家间的投资保护约定进行事后追偿[74]。

（三）法律稳定性风险的应对策略

中国企业在中亚地区投资时首先要仔细斟酌合同条款，找出可能隐藏在其中的法律陷阱，尤其是签署由勘探向开采期过渡期间的方案及合同文本，就产品分成比例、哈萨克斯坦劳工比例、使用哈萨克斯坦产品份额及产品质量要求、管道使用协议等具体内容与哈萨克斯坦协商，必要时借助国际财团影响力进行协调。在矿业合同条款中，尽量将劳务许可的申请列入不可抗拒力条款，以避免因技术人员不能及时获得工作签证而导致的工程延期违约。合同签订后，中国投资企业应当严格遵守中亚各国法律和合同条款要求，避免因违法、违约带来巨额罚款的危险。合同签订后，油气投资企业应当实时关注东道国法律、政策的变动，积极与中国驻外使领馆、驻外商务机构及政治风险评估机构沟通，及时获取准确、权威的政策法律信息，提前做好应对措施避免损失发生[75]。

（四）劳动力成本风险的防控策略

中亚各国劳动力成本差别较大，哈、乌两国国民教育程度高，平均工资水平也较高，因此中资企业在投资合同签订时应尽量降低当地劳工比例。土、塔、吉三国平均工资水平不及中国，可适当多雇用当地廉价劳动力[76]。

（五）外汇风险防控策略

中国石油企业在海外投资过程中，涉及美元与人民币的汇率变化风险，以及美元与东道国货币的汇率变化风险。为降低汇率风险，对于同中国经济合作较多的国家或地区，国家外汇管理部门应加强对其汇率研究，定期发布专业性的汇率分析报告，掌握汇率变动趋势，为中国海外投资企业提供实用的汇率参考信息，以大大降低中国投资企业的汇率风险。同时还可以与投资国签订外汇保值条款以保证投资安全[77]。

（六）民族文化、宗教风险的防控策略

中国的海外利益遭遇安全威胁具有突发性、紧急性等特点，政府的保护能力往往难以迅速而直接地延伸至当地。因此，在中方企业应积极开展社会交往，通过提升公共外交能力，塑造企业的正面形象。积极关注当地的民生问题，积极参与援助当地社区发展的慈善活动，邀请舆论精英造访公司或项目所在地，通过开展良好的对话与互动塑造企业的正面形象。要积极打造自身保护环境、关爱生态的公益形象，确保媒体和民众及时了解中国企业的责任感，以有效避免当地民众和极端势力的敌视，从而降低遭遇袭击的可能性。在日常交往中，中方工程人员应该尊重当地伊斯兰民众宗教信仰和文化习俗，避免与极端宗教人士接触，加强与部族民众、长老及宗教领袖的沟通，拓展社会网络，扩大人脉资源，力求在危机发生前能够通过多渠道及时获取信息，在危机发生后能够动员多方力量进行援救，全力保障中方人员人身财产安全[78]。同时，更要防止陷入中亚国家内部教派冲突和民族纠纷的政治漩涡[79]。

第四节　中国与中亚石油合作开发的模式与路径

选择合理的合作模式与合作路径可以在一定程度上降低能源合作的风险，增加石油合作的成功率。结合中国与中亚国家的合作历程及合作特点，中国同中亚的石油合作可以选择贷款换石油的合作模式、产量分成的合作模式、联合经营的共享模式、技术服务的合作模式、兼并收购的合作模式和一体化开发的合作模式等，采取行之有效的合作路径，最大限度地保证石油合作取得成功并向纵深发展。

一、中国与中亚石油合作开发的模式选择

能源合作是巩固和加强中国与中亚五国地缘政治与地缘经济关系的重要组成部分，也是新形势下不断深化"全面战略伙伴关系"的要求，按照"互利共赢"的原则，并借鉴国际上已有的油气资源开发合作模式，可以选择贷款换石油、产量分成、联合经营、

技术服务、兼并收购和一体化开发模式。在实际合作中，往往是多种模式交叉运用，形成混合模式。

（一）贷款换石油合作模式

自 2009 年以来，中国先后与俄罗斯、委内瑞拉、安哥拉、哈萨克斯坦和巴西五国签订了总额为 450 亿美元的"贷款换石油"协议。按照这些协议，在未来 15～20 年，中国将通过向相关国家的石油企业提供贷款，换取每年 3000 万 t 左右的原油供应。"贷款换石油"对贷款双方而言可谓各取所需。"贷款换石油"是一个中国式的国际石油贸易模式创新。与从国际石油市场上直接购买"贸易油"和直接投资海外从而获取"份额油"不同，贷款换石油所选择的谈判对象主要是与中国一样的新兴国家（如中亚五国），其内外部环境相对稳定，同时对国外资本又有较高需求。如果"贷款换石油"协议进展顺利，则可保障石油通道安全，稳定石油供应，实现中国石油进口路线的多元化。通过与中亚国家石油贷款实现未来长期供应，可以减少对中东石油的过度依赖，尽可能避开战略上脆弱的海运航线，这对中国的能源安全至关重要。"贷款换石油"模式具有显著的政府色彩，可抑制国际石油市场的投机行为，有助于增进中国与众多产油大国之间的政治经济联系[80]。

（二）产量分成合作模式

该模式也是国际上常用的能源合作模式，是通过签订产量分成合同（production sharing contract，PSC）的形式建立合作关系。资源国拥有油气资源所有权，外国石油公司投入资金、技术等进行石油开发，可从资源国合同区的原油产量中进行成本回收，成本回收后的余额由双方按比例分成。目前该模式在中亚的哈萨克斯坦、土库曼斯坦和乌兹别克斯坦的油气资源开发中运用较多。通常由中国公司直接投资，与资源国油气公司联合成立财团，签订产量分成协议，参与一个或多个项目开发。例如，中石油与苏丹、中石化与蒙古、中海油与雪佛龙以及中石油与壳牌最新签订的页岩气开发合同等都是产量分成合作模式[81]。

产量分成合同有如下特点：一是资源国政府具有资源的所有权，外国石油公司在资源所在国政府的指导、管理下进行勘探业务。二是油气勘探风险承担方式特殊。如没有油气商业发现，则外国石油公司承担所有的损失；如果有商业发现，当地政府可参股，外国石油公司按合同约定承担相应比例开发和生产费用。三是资源国政府在后期有参股的权利。进入开发阶段后，资源国家可以参股，参与生产经营并对国际石油公司进行监督管理。四是产出油分配方式具有特殊性。国际石油公司从每年原油产量中回收其成本，成本回收后的余额，在向资源国政府交纳所得税后作为利润，与资源国按比例分配，一般都以一定量的原油支付。五是合作开发合同区域内的全部石油作业设备和设施的所有权，在合作开发完毕后，通常归资源国所有。

总体而言，产量分成合作模式的最大特点是资源国拥有资源的所有权及相应的经济利益，外国石油公司承担勘探的初期阶段风险。可较好地解决资源国与外国石油公司之间的利益关系问题，包括油气勘探、开发与生产过程中的风险、控制和利润分成等。但伴随着产量分成合同的广泛应用，相关问题也随之产生，特别是中国石油公司作为作业方与其他国家签订产量分成合同时，由于各国法律规定、政府管制等方面的不同，使得双方在制定合同条款、利益诉求上千差万别，集中表现为双方在成本库管理、外币业务处理、税费缴纳等方面分歧较大，需要进行多轮谈判才能达成共识。

（三）联合经营共享模式

中国在中亚、俄罗斯的油气资源开发建设中，为应对复杂的地缘政治经济矛盾与冲突，规避能源投资风险，中国石油公司与资源所在国石油公司组成战略联盟，实行联合开发，利益共享的合作模式。该合作模式不仅有利于中国获得石油勘探的作业权及份额油，而且可在更大程度上保证中国海外石油供给来源的稳定[28]。同时，与当地国家石油公司组建战略联盟，能在一定程度上避免对所在国的能源数量、质量、分布、开发利用现状以及潜力等了解不足，并可避免对所在国的法律、政策、人文、经济、监管体制等缺乏了解而导致的各种自然、人文风险。

为深化能源合作的需要，该模式可分为合资经营和联合作业两种模式。合资经营又称双向合作模式，是由资源国与合作国的国家油气公司按一定比例出资组建一个新公司，新公司作为独立法人从事油气勘探、开发、生产、运输和销售业务，组建双方共同承担经营风险和分担纳税责任，并按合作规定比例分享收益，如 2009 年中俄在北京成立了能源投资有限公司，并取得了东西伯利亚的天然气勘探权；又如 2010 年中俄双方合资组建中俄东方（天津）炼油化工厂，将能源合作从上游的勘探、开发向下游的炼化、销售发展。联合作业模式是指双方通过协议，不需再重新组建合资公司，共同出资、共同作业、共同承担风险和分享收益。这类模式在中国与中亚哈、乌、土三国能源合作中应用较多，如中哈合作的阿克纠宾斯克（现名"阿克托别"）油气勘探合作项目、希姆肯特炼油厂的 PK 项目、里海达尔汉区块开发项目，中乌合作的乌斯蒂尔特、布哈拉-希瓦和费尔干纳盆地为期 5 年的油气勘探项目等[47]。

（四）技术服务合作模式

该模式作为服务模式的一种，是合作国以技术和知识为载体，解决资源国油气资源勘探、开发、加工、运输中的技术问题而开展的合作。中国在近海大陆架油气资源勘探开发、老油田的二次开发、石油加工和油气输送管道建设方面有一定的技术优势，对中亚哈萨克斯坦及土库曼斯坦在里海大陆架油气勘探、哈萨克斯坦与乌兹别克斯坦老油田挖潜、炼油厂改扩建设等方面可提供技术支持与服务[82]。

（五）兼并收购合作模式

并购是当今国际油气市场主流的一种合作模式。并购模式是指能源企业通过资本市场以股权变更的方式获得其他能源企业的股份以直接或间接获得他国能源资源的模式。并购模式需要石油企业拥有足够的资金实力，以及较强的竞争力和抗风险能力。并购的优点在于可以避开贸易壁垒，获得企业的部分或全部所有权和控制权。但在实施并购的过程中资本投入风险较大，有时为了从众多并购竞争者中取得主动权，须拿出超出并购企业本身价值的大量资本。而对于需要大量资金进行发展建设而又资源充足的中亚国家来说，并购是一种十分适合的合作模式[83]。

中国石油石化企业拥有雄厚的实力和较好的信誉。近年来，以中石油为代表的中国石油公司在国际油气资源的并购中表现十分活跃，涉及油气勘探、油气开采、炼化、管道建设、贸易和技术服务等领域。今后应学习和借鉴国外石油公司经验，积极探索和利用项目融资、买"壳"融资、海外上市、发行债券、出口信贷、租赁、项目产品销售合同等多种渠道筹集资金，不断创新并购合作模式。

（六）一体化开发合作模式

随着油气合作业务的深入，一些油气资源丰富、炼油能力匮乏、成品油严重依赖进口的第三世界资源国越来越倾向于采用一体化的合作模式，进行油田开发、炼油厂及原油管道等配套设施的建设，在资源国形成比较完整的石油工业产业链，实现既满足国内成品油供应，提高资源的经济附加值，拉动当地经济发展，改善民生，又能摆脱石油及其产品的对外依赖[84]。石油合作的一体化包括了上游油田、中游管道和下游炼厂多个部分。运用该模式，需要熟悉一体化合作模式的内容和特点，掌握一体化效益评估的方法和步骤，实施以上游带动下游、以下游促进上游的发展模式，能更好地提高石油公司整体经济效益和抗风险能力，获得更多的海外油气合作机遇。

二、中国与中亚石油开发的合作路径

中亚地区是中国未来国际能源合作的重要战略区域，可从能源供给、能源运输安全等方面缓解中国日益趋紧的海外油气资源形势。深化与该地区的能源合作是中国实现海外油气进口多元化和保障能源运输安全性的重要途径。中国与中亚地区的石油合作既是国家行为，需要政府的力量引领、组织与协调；同时也要发挥企业能动性，采取适当的合作路径，为石油合作开发创造良好的条件。

（一）实施多方外交，营造中亚石油合作的良好国际环境

当前国际能源格局处于一种相互依存状态，国家间围绕油气开发、运输和定价等进行的各项活动不是一种"彼之所得必为我之所失"的"零和博弈"，而是一种通过合作与竞争能够实现互利共赢的"非零和博弈"。作为中亚能源博弈中的重要大国之一，中国要妥善处理与相关国家或区域性国际组织之间的关系，通过竞争有序、合作共赢的方式化解国家间的矛盾与冲突，为中国与中亚国家的油气合作创造良好国际环境。在中亚地区，中国面对着错综复杂的地缘政治和能源利益竞争。参与中亚地区这场大角逐的主要政治力量都有相似的地缘和能源诉求，存在尖锐的战略冲突和利益矛盾。中国需要运用智慧在"中亚石油大棋局"中有所作为。中国要与中亚周边大国俄罗斯、伊朗建立良好关系，共同维护中亚地区的安全与稳定；同时，深化与中亚外围国家美国、欧盟、土耳其和日本的合作，尤其是要加强与美国的战略对话，避免发生"能源冷战"，陷入被围困的窘境。此外，中国还可以积极争取韩国和印度，挖掘合作潜力，扩大合作空间[85]。

"政治是经济的集中体现"，中国应从战略的高度继续保持和加强与中亚国家的友好关系。目前，"上合组织"定期峰会，以及中国与中亚国家良好的地缘政治与地缘经济关系对推动能源合作的不断深化具有重要意义。随着未来中亚石油的大规模开发，中国也应

灵活调整内外政策。未来中国能否获得稳定的中亚石油供应，保障石油安全，关键是要提高中国参与中亚事务的能力[86]。

（二）开展法治合作，保障对中亚石油投资的合法权益

中国企业在中亚的石油投资面临较多法治障碍，如中亚国家的法制不健全、执法不规范、政策随意多变和投资环境趋紧的问题。对此，中国政府一方面要尊重中亚各国的体制政策，理解中亚各国为维护国家利益而做的政策调整和法律法规修改；另一方面，中国应加强与中亚各国政府和立法、执法机关的交流与沟通，完善双边争端解决机制，构建竞争有序的能源合作环境。中国还应利用双边合作协议或者上合组织法律法规，进行有理有节的斗争，切实维护中国石油企业的合法利益。

此外，还应加强对中国石油企业海外油气投资的宏观指导和政策支持。首先，做好全球投资需求的规模、领域和国别研究，为企业提供东道国的政治、经济、法律、文化、投资条件、投资程序和政策法规等背景信息，对企业的投资提供政策咨询和指导。自 2009 年以来，中国商务部连续五年编写并发布《对外投资合作国别（地区）指南》，为中资企业了解国际投资合作市场环境，有效规避风险，提高对外投资合作的经济和社会效益提供了重要依据。其次，加强与中国驻中亚机构的联系，拓宽信息来源，及时发布国际组织关于中亚国家的投资环境报告，与有关部门做好配套服务、风险预警等工作。最后，要健全海外投资法律体系和管理机制，简化对外投资审批程序，为企业海外投资提供财政、金融和税收等法律和政策支持；发挥国内政策性银行的作用，为企业海外投资提供融资支持[87]。

（三）鼓励民企参与，增强在中亚石油开发的活跃度

在维护国家能源安全方面，除了国有企业之外，民营企业也是一支不可忽视的重要力量。为此，要鼓励民营企业参与海外能源开发，推动国有企业和民营企业的合作，建立"走出去"产业联盟。目前，在国家政策放宽和大力扶持下，中国民营企业正在快速成长、崛起。在哈萨克斯坦和吉尔吉斯斯坦，越来越多的民营企业，如中信集团、广汇能源、正和股份、中能国际和华荣能源等加快拓展海外油气业务，积极参与到中亚油气开发大潮中。随着中国石油企业的规模化和国际化，加强海外项目属地化管理迫在眉睫。中国石油企业要加强自我约束，熟悉并遵守当地工会、劳工、税收和环保等方面的法律法规；尽量提高海外项目当地员工的雇用比例，加强对当地雇用员工的培训和管理，促进当地就业，积极参与公益事业；加强与所在国政府、工会组织等有关社会团体及当地民众、媒体的跨文化沟通交流，争取各界对中国石油企业投资经营的理解和支持。

（四）拓展合作领域，推动中亚石油合作成为经济全面合作的重要引擎

利用中亚五国丰富的资源优势，因地制宜，与当地企业在除石油领域外的天然气、煤炭、有色金属、铀矿、铁矿等资源领域进行联合开发。在境外加工区初步完成产品的采掘、提炼等初加工工作，以减少运输过程中增加的生产成本，在境内加工区完成产品的深加工和能源转化工作，以逐步完善产业链的发展和延伸。同时亦可在中亚地区积极建设境外产业园区，带动优势产业发展。重点在"一带一路"沿线建设工业园区，积极参与中亚地区

的开发建设，大力开展资源类投资合作项目。

目前，中亚各国能源产业发展已经开始从单纯的油气出口向油气中下游发展，如哈萨克斯坦和土库曼斯坦正在积极推进炼油厂改造项目，乌兹别克斯坦也关注天然气化工领域的发展。中国石油企业在中亚地区寻购油气资产、通过股权交易"锁定"资源的模式是不可持续的。因此，中国石油企业需多从东道国经济发展需要和油气发展战略出发，进行知识共享和技术开发方面的密切合作，使之成为惠及双方社会经济发展的重要引擎。只有充分发挥中国同中亚的石油合作在经济社会全面合作中的引领作用，石油合作的问题就能迎刃而解。

（五）采用联合方式，实现中亚石油合作的互利双赢

中国在对中亚进行石油投资时宜选择多种模式联合的方式。中国石油企业可与其他有经验的大型跨国石油公司进行联合，这有利于提高中国自身的技术水平和管理经验，有利于追赶国际先进水平。中国石油企业也可选择与中亚当地的石油公司进行联合生产。中亚国家的石油开采和加工技术相对落后，中国可以输出技术、管理经验等软资源，中亚国家可提供资源、信息及劳动力等优势，实行优势互补。无论采用何种合作模式都应坚持"互利双赢、共同发展"的合作原则，按照与国际接轨的商业运营规范，充分开发利用原油资源，提高其经济效益，同时也应积极履行经济、环境和社会责任[88]。

主要参考文献

[1] 曹斌，胡勇，岳小文，等. 哈萨克斯坦原油生产和出口现状及未来趋势. 石油规划设计，2015，26（4）：5-7.

[2] 黄伟，杨桂荣，张品先. 哈萨克斯坦石油天然气工业发展现状及展望. 天然气与石油，2015，33（2）：1-8.

[3] 蒋新卫. 中亚石油地缘政治与我国陆上能源安全大通道建设. 东北亚论坛，2007，16（3）：62-66.

[4] 刘春涌. 中亚地区各国矿产资源现状. 中亚信息，2004，（8）：25-28.

[5] 李同昇，龙冬平. 中亚国家地缘位置与中国地缘战略的若干思考. 地理科学进展，2014，33（3）：303-314.

[6] 陆如泉，杨立庆，汪华，等. 中亚地区十大国际石油公司油气上游业务排名分析. 国际石油经济，2007，15（5）：48-52.

[7] Tissot B P，Welte D H. Petroleum Formation and Occurrence. Springer Berlin Heidelberg，1984.

[8] 王屿涛，杨新峰，王晓钦，等. 哈萨克斯坦东南部含油气盆地石油地质条件及投资环境分析. 中国石油勘探，2010，15（1）：67-73.

[9] BP世界能源统计年鉴. www.bp.com/statisticalreview. 2017. 2016-3-21.

[10] 王祥. 哈萨克斯坦石油产业现状及中哈石油合作项目综述. 科技创业月刊，2015，28（1）：45-46.

[11] 吴绩新. 从里海"BTC"石油管道建成后看中国-哈萨克斯坦石油管线建设. 新疆大学学报（哲学·人文社会科学汉文版），2006，34（1）：94-97.

[12] 李恒海，邱瑞照. 中亚五国矿产资源勘查开发指南. 北京：中国地质大学出版社，2010.

[13] 黄伟，杨桂荣，张品先. 哈萨克斯坦石油天然气工业发展现状及展望. 天然气与石油，2015，33（02）：1-8+10.

[14] 王然, 邵丽英. 哈萨克斯坦石油工业发展历程以及未来政策走向. 西安石油大学学报(社会科学版), 2014, 23(3): 47-55.

[15] 徐士鹏, 吴洲, 来小军, 等. 土库曼斯坦油田资源及发展规划剖析. 新疆石油科技, 2017, (2): 68-71.

[16] 陈博, 马中平, 孟广路, 等. 吉尔吉斯天山晚古生代岩浆活动及相关成矿作用. 地质学报, 2017, 91(04): 913-927.

[17] Zhou K F, Zhang Q, Chen X, et al. Features and trends of the environmental change in the arid areas in Central Asia. 中国科学: 地球科学, 2007, 50(s1): 142-148.

[18] 茹马古罗夫, 宋玉玲, 刘站立. 哈萨克斯坦的石油管道系统. 国际石油经济, 2005, 13(11): 59-61.

[19] 刘晓洁, 刘立涛, 成升魁, 等. 石油资源流动框架构建——以中国为例. Journal of Resources and Ecology (资源与生态学报英文版), 2016, 7(5): 386-396.

[20] 冯连勇, 古列. 哈萨克斯坦石油市场现状及石油出口前景. 国际石油经济, 2000, (2): 32-34.

[21] 侯明扬. 2016年全球油气资源并购市场特点及前景展望. 国际石油经济, 2017, 25(3): 7-14.

[22] 寇忠. 中亚油气资源出口新格局. 国际石油经济, 2010, 18(5): 39-47.

[23] Tiinothy, Klett, Emil, 等. 美国地质调查局储量增长评估新方法——通过对储量增长贡献最大的大型油气聚集个案分析和对剩余油气聚集的储量增长常规统计建模等方法, 进行储量增长评估. 世界石油工业, 2015, (2): 27-30.

[24] 郑俊章, 周海燕, 黄先雄. 哈萨克斯坦地区石油地质基本特征及勘探潜力分析. 中国石油勘探, 2009, 14(2): 80-86.

[25] 杨宇, 刘毅, 金凤君. 能源地缘政治视角下中国与中亚=俄罗斯国际能源合作模式. 地理研究, 2015, 34(2): 213-224.

[26] 毛汉英. 中国与俄罗斯及中亚五国能源合作前景展望. 地理科学进展, 2013, 32(10): 1433-1443.

[27] 郑传贵. 世界石油地缘政治格局新态势与中国石油进口安全. 北京石油管理干部学院学报, 2007, 14(6): 11-17.

[28] 郭丽娜. 地缘经济背景下的中俄石油合作模式研究. 大连: 东北财经大学硕士学位论文, 2014.

[29] 唐彦林, 张明霞. 从中哈石油管道开通看中哈能源合作意义与前景. 东南亚纵横, 2006, (9): 68-73.

[30] 陈福来, 尹志成, 张维孝, 等. 中哈原油管道对我国石油安全的影响分析. 天然气管道技术研讨会论文集. 2015.

[31] 石凯, 黄永章. 浅析中哈原油管道管输费的制定策略. 国际石油经济, 2011, 19(10): 51-54.

[32] 尹志成, 李炜, 黄宏星. 从中哈原油管道看境外能源项目实施策略. 国际经济合作, 2017, (2): 58-62.

[33] 李岩, 王礼茂. 从地缘政治角度看中国石油进口运输安全. 资源科学, 2008, 30(12): 1784-1790.

[34] 石冬明, 张金凤. 中亚石油地缘经济与中国地缘战略. 学术交流, 2004, (12): 64-68.

[35] 沈晓语. 中国与中亚地区石油贸易发展现状与问题研究. 中外企业家, 2012, (17): 45-47.

[36] 徐海燕. 丝绸之路视域下中哈合作的机遇与挑战——以哈萨克斯坦国家战略规划为视角. 学术探索, 2016, (3): 18-25.

[37] 李玉顺, 樊利钧, 郑德鹏. 土库曼斯坦油气投资环境与合作对策研究. 国际石油经济, 2003, 11(8): 39-42.

[38] 王一斌. 乌兹别克斯坦油气领域发展及与中国的合作. 中外企业家, 2017, (2): 23-25.

[39] 徐慧. 中国与吉尔吉斯斯坦的经贸合作. 欧亚经济, 2007, (7): 27-33.

［40］赵青松. 中国与塔吉克斯坦经贸合作的历史、现状及前景. 欧亚经济, 2013, (6)：57-66.

［41］田春荣. 2015 年中国石油进出口状况分析. 国际石油经济, 2016, 24 (3)：44-53.

［42］Khatib H. IEA World Energy Outlook 2010——A comment. Energy Policy, 2011, 39 (5)：2507-2511.

［43］BP 世界能源统计. www. bp. com/statisticalreview. 2012, 2015-3-25.

［44］次亚楠. 中国石油进口安全战略分析. 北京：中共中央党校博士学位论文, 2011, 24-26.

［45］张祺. 中国石油进口依存度问题研究. 武汉：武汉大学博士学位论文, 2013.

［46］杨宇, 刘毅, 金凤君. 基于不同区域尺度的世界炼油能力分布特征与格局演化. 世界地理研究, 2013, (3)：1-9.

［47］杨宇. 全球石油资源开发利用格局演变与中国海外石油合作模式研究. 北京：中国科学院大学博士学位论文, 2013.

［48］孙继芳. 中国的中亚石油战略及政策. 上海：华中师范大学硕士学位论文, 2009.

［49］努尔兰别克·哈巴斯, 孙国辉. 我国石油企业对中亚投资的动因、制约因素与对策建议. 现代管理科学, 2013, (4)：18-20.

［50］白国平. "一带一路" 背景下中亚里海地区油气资源潜力与开发投资方向. 地质论评, 2011, (s1)：37-38.

［51］马庆华. 固体成型燃料的发展趋势及现状. 大科技, 2015, (30)：7-12

［52］杨宇, 刘毅. 世界能源地理研究进展及学科发展展望. 地理科学进展, 2013, 32 (5)：818-830.

［53］杨中强. 中亚石油与中国石油安全. 国际贸易问题, 2001, (10)：36-39.

［54］汪巍. 中国与中亚各国油气合作分析. 国际工程与劳务, 2015, (10)：52-53.

［55］王晓梅. 中亚石油合作与中国能源安全战略. 国际经济合作, 2008, (6)：41-46.

［56］王芳. 中石油智库看世界能源——到 2050 年将会怎么变化. 石油知识, 2017, (6)：4-5.

［57］杨中强. 中亚石油与 21 世纪的中国石油安全. 国际论坛, 2001, (1)：34-39.

［58］蒋焕. 中亚油气合作风险分析及对策. 石油化工技术与经济, 2014, 30 (2)：1-5.

［59］梁迎迎. 中亚地区油气资源投资风险预警体系研究. 北京：中国地质大学 (北京) 硕士学位论文, 2014.

［60］Li H, Dong K, Jiang H, et al. Risk assessment of China's overseas oil refining investment using a fuzzy-grey comprehensive evaluation method. Sustainability, 2017, 9 (5)：696-713.

［61］舒先林. 中国石油企业海外投资风险及其规避. 企业经济, 2005, (6)：103-104.

［62］冯燕玲, 刘峰, 姚万民. 委内瑞拉石油投资风险及中国企业应对策略浅析. 中外能源, 2011, 16 (4)：1-6.

［63］Dan X. Risk and Prevention of Chinese Foreign Direct Investment under Financial Crisis. In：Second Iita International Conference on Geoscience and Remote Sensing, 2010, 480-483.

［64］梁广海. 石油投资风险分析的方法体系. 中国石油大学学报 (社会科学版) 社会科学版, 1987, (2)：6-12.

［65］王林彬. 哈萨克斯坦矿产资源法律初探. 欧亚经济, 2010, (1)：19-25.

［66］戚凯. 中国对伊拉克石油投资的风险分析. 阿拉伯世界研究, 2017, (3)：86-103.

［67］Dittrick P. Risks in foreign investment. Oil & Gas Journal, 2012, 110 (10D)：16.

［68］Bao J, Johansson J, Zhang J. Comprehensive evaluation on employee satisfaction of mine occupational health and safety management system based on improved AHP and 2-tuple linguistic information.

Sustainability，2017，9（1）：133.

[69] 尹秀珍. 中亚曼格什拉克盆地与北乌斯丘尔特盆地重油分布特征. 非常规油气成藏与勘探评价学术讨论会. 2013.

[70] 李良. 石油企业在"一带一路"上如何防控投资风险. 中国能源，2015，（10）：70-72.

[71] 宋勇. 中国石油企业海外投资项目评价体系研究. 哈尔滨理工大学硕士学位论文，2008，45-47.

[72] 宋晓莉，余静，孙海传，等. 模糊综合评价法在风险评估中的应用. 微计算机信息，2006，22（36）：71-73.

[73] 吴磊. 跨国石油投资的风险及其风险管理. 世界经济，1991，（10）：26-30.

[74] 余晓钟. 石油项目投资风险多层因素模糊综合评价. 西南石油大学学报（自然科学版），2002，24（5）：71-73.

[75] 韵学飞. 中国石油企业对外投资的风险分析. 北京：中央民族大学硕士学位论文，2013：12-26.

[76] 赵玉杰，张鑫磊，杨智刚，等. 哈萨克斯坦油气资源及政策剖析. 新疆石油科技，2017，（2）：65-67.

[77] 孙洪罡，王来生. 基于层次分析法的石油开发项目投资风险评估东北石油大学学报，2009，33（5）：107-110.

[78] Li H，Sun R，Lee W J，et al. Assessing risk in Chinese shale gas investments abroad: Modelling and policy recommendations. Sustainability，2016，8（8）：708.

[79] Whelan S F. Defining and measuring investment risk in defined benefit pension funds. Annals of Actuarial Science，2007，2（1）：51-66.

[80] 高建，杨丹，董秀成. 贷款换石油：中外石油合作新模式. 国际经济合作，2009，（10）：19-23.

[81] 王栋. 产量分成合同模式分析. 中小企业管理与科技旬刊，2015，（30）：98.

[82] 张强. 我国石油技术服务企业跨国经营分析. 北京：对外经济贸易大学硕士学位论文，2016，13-28.

[83] 喻志勇，胡国松. 石油企业海外投资并购风险的模糊综合评价. 中外能源，2012，17（5）：12-17.

[84] 叶先灯，郭鹏，栾海亮. 油气上下游一体化合作模式的探索与实践. 国际经济合作，2011，（9）：58-60.

[85] 邓秀杰. 中国与中亚国家油气合作的机遇与挑战研究. 北京：中共中央党校博士学位论文，2015，56-59.

[86] 张辛雨. 中国与中亚能源开发合作研究. 长春：吉林大学博士学位论文，2012，45-54.

[87] 吴绩新. 经济全球化下中亚石油国际合作和中国石油国际合作之比较. 胜利油田党校学报，2006，19（1）：102-105.

[88] 明庭权，韩学峰. 21世纪中国石油安全与中国中亚石油战略. 兰州学刊，2004，（5）：46-48.

第五章 中亚天然气资源配置格局与中国合作开发

中亚地区天然气资源丰富，加之中亚各国大力开发天然气资源，不断提高生产量及出口量，致力实现出口多元化，因而成为世界各大国及各大力量争夺关注的焦点。而中国由于人口众多且消费量巨大，天然气资源相对匮乏，严重依赖进口。目前中亚地区占中国天然气进口市场的份额超过 50%，因此中亚地区在中国天然气保障格局中具有举足轻重的地位。为此，本章重点分析了中亚天然气资源开发利用的空间配置格局，测算了中亚天然气开发对中国天然气供应的保障程度与保障效益，探讨了外部因素对中亚天然气资源合作开发的影响因素及对中国能源安全的保障风险，在此基础上提出了中亚天然气与中国合作开发的模式与路径。

第一节 中亚天然气资源开发利用与配置格局

中亚天然气资源丰富，向周边及能耗大国出口较多，具备成为 21 世纪世界能源基地的潜力，其天然气资源的配置格局对世界各大国的能源安全具有重要影响。中国天然气资源虽较丰富，但由于人口众多且对资源的需求量逐年增大，天然气严重依赖进口。2011 年之后，土库曼斯坦成为中国天然气进口的第一大来源国。未来中国对天然气资源的需求将持续增长，中亚尤其是土库曼斯坦在中国天然气进口市场占有极为重要的地位。中亚天然气资源主要集中在土库曼斯坦、哈萨克斯坦和乌兹别克斯坦三国。因地处内陆，天然气出口采用管道运输方式。由于天然气资源受到各大国的争夺与控制，中亚各国将开发、出口天然气作为国家发展的重要战略，寻求出口多元化。

一、中亚天然气资源分布及开发利用现状

中亚地区蕴藏着十分丰富的天然气资源。据 2017 年《BP 世界能源统计年鉴》统计数据，2016 年年底全球天然气探明储量为 186.6 万亿 m³，其中中亚五国的天然气探明储量达 117558.2 亿 m³，占世界天然气探明储量的 6.3%。在能源危机日益突出的严峻形势下，中亚以其丰富的油气资源被誉为"21 世纪的能源基地"[1, 2]。中亚已经探明和潜在的天然气储量主要分布于土库曼斯坦、哈萨克斯坦和乌兹别克斯坦，塔吉克斯坦和吉尔吉斯斯坦仅有少量储藏（表 5.1）。其中，土库曼斯坦占中亚地区天然气探明储量的 64%，哈萨克斯坦占 20%，乌兹别克斯坦占 16%。

表 5.1 2016 年中亚五国天然气探明主储量统计表

国别	天然气探明储量/亿 m³	天然气探明储量占中亚地区的比例/%
土库曼斯坦	74995	64.0

续表

国别	天然气探明储量/亿 m^3	天然气探明储量占中亚地区的比例/%
哈萨克斯坦	24055	20.0
乌兹别克斯坦	18395	16.0
吉尔吉斯斯坦	56.6	0.08
塔吉克斯坦	56.6	0.00
总计	117558.2	100.00

（一）土库曼斯坦天然气资源分布及开发利用

1. 天然气资源分布

土库曼斯坦的天然气资源主要分布在两个巨型沉积岩盆地。其中阿姆河盆地占全国天然气探明剩余可采储量的88%，南里海盆地占12%[3]。阿姆河盆地向北延伸到乌兹别克斯坦，累计可采储量高达36800亿 m^3；南里海盆地向西穿越里海海底延伸到阿塞拜疆，该盆地位于土库曼斯坦境内的陆上以及浅海区域已进行了大量勘探工作，未勘探区域主要集中在水深100 m以上的海域。主要天然气田中：东南部分布有达夫列塔巴特（探明储量约2万亿 m^3）、沙特列克（探明储量约8100亿 m^3）、阿姆河右岸的萨曼杰列油气田（探明储量超过1000亿 m^3）以及复兴气田（探明储量约4万亿 m^3）等，这些油气田主要向中国和里海出口天然气；西部地区天然气储量大约为1800亿 m^3，主要对伊朗出口；西北部天然气预测储量则多达5.5万亿 m^3，探明可开采天然气储量约为4000亿 m^3，但此前这一地区，包括里海大陆架一直受伴生气影响，天然气产量有限。2008年，土库曼斯坦发现可开采储量约为4万~14万亿 m^3 的南约洛坦-奥斯曼天然气田，从此土库曼斯坦天然气储量位居全球第四，超过沙特阿拉伯、美国、尼日利亚、阿尔及利亚，位列俄罗斯、伊朗和卡塔尔之后。

2. 天然气开发利用

土库曼斯坦开采天然气的3个国有公司为：国家石油公司、国家天然气公司和国家地质勘探公司。其中，国家天然气公司在总产量中所占的份额超过80%[2]。近30年来土库曼斯坦的天然气开采量波动较大，1985~1991年为产量最高的时期（表5.2），其中1989年达到峰值814亿 m^3；1991年受苏联解体的影响，天然气产量剧烈下降，1998年降至谷底水平120亿 m^3，出口量随之降为0，主要是由于与俄罗斯之间的关系没有协调好，而俄罗斯是土库曼斯坦天然气通往国际市场的过境运输国；其后，由于两国矛盾消除，土库曼斯坦天然气产量开始增长，1998~2008年一直处于快速恢复的过程；2008~2009年受全球金融危机的影响，天然气产量出现骤降；2009~2016年又波动上升，但仍未恢复到1989年的历史最高水平。土库曼斯坦的天然气消费量远低于生产量，处于波动缓慢上升状态，仅在1998年生产量最低点时两者持平，2016年消费量为生产量的44.2%（图5.1、表5.3）。因此，土库曼斯坦的天然气大部分用于出口，与哈、乌两国比较，出口量最大（表5.4）。2016年，土库曼斯坦天然气出口量为373亿 m^3，主要流向哈萨克斯坦（12亿 m^3）、伊朗（67亿 m^3）和中国（294亿 m^3）。

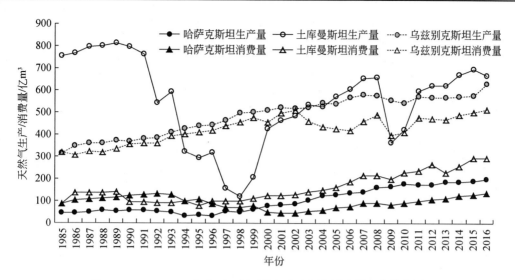

图 5.1　1985～2016 年中亚三国天然气生产量与消费量变化趋势图

表 5.2　1985～2016 年中亚三国天然气生产量　　　　（单位：亿 m³）

年份	1985	1986	1987	1988	1989	1990	1991	1992
哈萨克斯坦	43	46	50	57	53	57	58	54
土库曼斯坦	753	767	797	799	814	795	763	544
乌兹别克斯坦	313	349	360	361	372	369	379	387
中亚地区合计	1109	1162	1207	1217	1239	1221	1200	985
年份	1993	1994	1995	1996	1997	1998	1999	2000
哈萨克斯坦	49	30	38	33	54	47	63	79
土库曼斯坦	591	323	292	319	157	120	206	425
乌兹别克斯坦	408	427	439	443	464	496	503	511
中亚地区合计	1048	780	769	795	675	663	772	1015
年份	2001	2002	2003	2004	2005	2006	2007	2008
哈萨克斯坦	80	86	103	122	128	134	138	161
土库曼斯坦	464	484	535	528	570	604	654	661
乌兹别克斯坦	520	519	520	542	540	566	582	578
中亚地区合计	1064	1089	1158	1192	1238	1304	1374	1400
年份	2009	2010	2011	2012	2013	2014	2015	2016
哈萨克斯坦	165	176	173	172	184	187	190	199
土库曼斯坦	364	424	595	623	623	671	696	668
乌兹别克斯坦	556	544	570	569	569	573	577	628
中亚地区合计	1085	1144	1338	1364	1376	1431	1463	1495

表 5.3　1985～2016 年中亚三国天然气消费量　　（单位：亿 m³）

年份	1985	1986	1987	1988	1989	1990	1991	1992
哈萨克斯坦	84	101	106	110	114	122	128	131
土库曼斯坦	84	136	135	137	141	95	93	91
乌兹别克斯坦	319	308	322	318	336	357	360	362
中亚地区合计	487	545	563	565	591	574	581	584
年份	1993	1994	1995	1996	1997	1998	1999	2000
哈萨克斯坦	126	100	105	88	69	71	77	49
土库曼斯坦	91	99	78	97	98	100	110	122
乌兹别克斯坦	395	401	411	420	441	456	478	457
中亚地区合计	612	600	594	605	608	627	665	628
年份	2001	2002	2003	2004	2005	2006	2007	2008
哈萨克斯坦	43	45	53	58	70	74	90	89
土库曼斯坦	125	129	142	150	161	184	213	214
乌兹别克斯坦	496	509	458	434	427	419	459	487
中亚地区合计	664	683	653	642	658	677	762	790
年份	2009	2010	2011	2012	2013	2014	2015	2016
哈萨克斯坦	83	89	100	108	112	125	129	134
土库曼斯坦	197	226	235	263	229	256	294	295
乌兹别克斯坦	399	408	476	472	468	488	502	514
中亚地区合计	679	723	811	843	809	869	925	943

表 5.4　2010～2016 年中亚三国天然气出口量　　（单位：亿 m³）

年份	2010	2011	2012	2014	2015	2016
哈萨克斯坦	119.5	115	113	114	113	166
土库曼斯坦	197.3	346	411	416	381	373
乌兹别克斯坦	135.6			85	75	114
中亚地区合计	452.4	461	524	615	569	653

注：2013 年资料暂缺。

（二）乌兹别克斯坦天然气资源分布及开发利用

1. 天然气资源分布

乌兹别克斯坦的天然气储量少于哈萨克斯坦和土库曼斯坦，主要分布于乌斯蒂尔特、布哈拉—希瓦、西南吉萨尔、苏尔汗河盆地及费尔干纳。乌兹别克斯坦境内分布或延伸有以下天然气产区：①阿姆河（布哈拉—希瓦）产区。位于土库曼斯坦东北部和乌兹别克斯坦西部（查尔朱市以东），是中亚主要的天然气产区，从地理位置看处于卡拉库姆沙漠范围内。②北高加索—曼格什拉克产区和北乌斯蒂尔特产区。这一地区的天然气资源超过石油资源。③苏尔汉—瓦赫什产区。位于土库曼斯坦和乌兹别克斯坦交界地区，在吉萨尔山支脉的山麓。④费尔干纳产区。位于费尔干纳盆地，为中亚最老的油气开采区之一，大部分在乌兹别克斯坦境内，少部在吉尔吉斯斯坦、塔吉克斯坦境内。乌兹别克斯坦发现了194个石油天然气矿田，其中的147个具有工业天然气聚集。

2. 天然气开发利用

乌兹别克斯坦近30年来天然气产量总体呈波动平稳上升趋势，仅2007～2010年有小幅下降，但产量远大于哈萨克斯坦（图5.1、表5.2）。2002年以前天然气消费量平稳上升，与生产量值接近，2002年消费量占生产量的98%；2002～2011年经历了下降、回升、骤降又回升的过程；2011～2016年期间署于平稳缓慢增长（图5.1、表5.3）。2016年，天然气消费量占生产量的81.8%。乌兹别克斯坦是典型的内陆国家，天然气出口量相对其他两国要少得多（图5.1、表5.4），2016年乌兹别克斯坦天然气出口量为114亿 m^3，主要流向哈萨克斯坦（15亿 m^3）、俄罗斯（56亿 m^3）和中国（43亿 m^3）。

（三）哈萨克斯坦天然气资源分布及开发利用

1. 天然气资源分布

哈萨克斯坦天然气储量也相当可观[4]。主要集中分布在西部地区，主要在田吉兹、卡沙甘、科罗列夫斯科耶（阿特劳州）、卡拉恰甘（西哈州）、让纳若尔、乌里赫套（阿克托别州）等气田，其中卡拉恰甘和田吉兹气田占天然气储量的60%以上。

2. 天然气开发利用

哈萨克斯坦天然气商品率较低，工业自用量占天然气产量的50%以上。主要原因：一是生产自耗量大，包括回注地层保持油田压力、提高石油采收率和用于石油加热及发电等；二是天然气中含硫化氢，脱硫处理费用较高；三是哈萨克斯坦天然气需通过国际管线出口，销售价格低，行业利润低。近30年来哈萨克斯坦天然气生产量基本呈上升趋势（图5.1、表5.2）。1991年受苏联解体影响，该国独立后经济一度出现危机，1996年前天然气产量呈下降趋势，1997年恢复到解体时的水平，之后稳步上升，到2016年生产量达到199亿 m^3。同时，消费量也呈逐年上升趋势（图5.1、表5.3），1999年之前哈萨克斯坦的消费量高于生产量，2000年至今消费量均低于生产量，2016年消费量占当年生产量的67.3%。在土、乌、哈三国中，哈萨克斯坦天然气产量和消费量均处于最低水平，并且哈萨克斯坦的天然气出口空间不大（图5.1、表5.4）。2016年，哈萨克斯坦的出口量为166亿 m^3，主要流向俄罗斯（162亿 m^3）和中国（4亿 m^3）。

二、中亚天然气管道出口格局

中亚力图打造天然气东西南北四向出口格局[5-7]。目前主要向北、向东发展，为俄罗斯和中国提供天然气，西向的欧盟管道和南向的印度管道尚未建成。当前，各大国和各大石油财团都在以各种形式和手段参与中亚天然气资源的勘探、开采和出口。

（一）中亚天然气出口的"四向"格局

1. 北向——通往俄罗斯和经俄罗斯通往欧洲的管道

中亚国家的天然气主要是通过北向管道输往中欧、西欧及东欧市场。欧洲75%的天然气要靠进口，而进口天然气的最大来源地是俄罗斯和中亚。北向主要管道包括布哈拉-乌拉尔管道、中亚-中央管道（central Asia-centre，CAC）1245 线、CAC 3 线、滨里海管道四条。布哈拉-乌拉尔管道始于乌兹别克斯坦的布哈拉，从加兹利气田开始分为 2 条管道并行铺设，每条管道管径为 1066.8 mm，沿咸海西海岸到达南乌斯蒂尔特压缩站，经过哈萨克斯坦西北部，终点为俄罗斯的西北区，全长 2340 km，设计输送能力为 70 亿 m³/a，主要负责将乌兹别克斯坦生产的天然气输往俄罗斯。中亚-中央管道整个系统由 5 条管道组成，其中 1、2、4、5 线都是从阿姆河盆地（卡拉库姆盆地）出发，向西北经土库曼斯坦、乌兹别克斯坦和哈萨克斯坦，进入俄罗斯，在亚历山大堡（圣彼得堡附近）与俄罗斯天然气公司（Gazprom）的天然气管网连接；3 线始于土库曼斯坦西部，沿里海东海岸北上，在哈萨克斯坦 Beineu 附近与中亚-中央其他管道交汇；5 条管道中有 2 条管径为 1219.2 mm，3 条管径为 1422.4 mm，全长 8000 km，设计输送能力为 600 亿 m³/a。规划中的滨里海管道沿里海西岸向北穿过土库曼斯坦和哈萨克斯坦至俄罗斯，走向基本与 CAC 3 线相同，全长 1217 km，设计输送能力为 300 亿~400 亿 m³/a。2016 年中亚天然气合计出口俄罗斯 243 亿 m³，占出口总量的 37%。

2. 西向——通过里海和外高加索输往欧盟国家的管道

该管道走向符合欧洲和美国的战略利益，因为它可绕开俄罗斯并削弱其对中亚和外高加索天然气的控制。对于中亚国家来说，通过该管道可直接向土耳其和欧洲市场供应天然气。正因为这一走向的各路管道涉及复杂的世界大国和区域内主要国家之间的利益博弈，因而迄今仍停留在方案设计阶段。其管道方案大致有三条：一是"里海天然气输送管道"，即从土库曼斯坦的达弗列塔巴德经南高加索的阿塞拜疆和格鲁吉亚到达土耳其的埃尔泽卢姆市，全长 2000 km，预计造价 30 亿美元，年运送能力约 200 亿 m³。二是"巴库-第比利斯-土耳其的埃尔泽卢姆"管道，该管道设计年运输能力为 200 亿 m³，但并未考虑输送中亚的天然气。三是"纳乌赫多诺索尔"管道，按设计方案将修一条管道将哈萨克斯坦、土库曼斯坦、阿塞拜疆、伊朗、伊拉克、叙利亚的天然气经土耳其输送到欧洲。计划初始阶段年输送 140 亿~300 亿 m³，远期将增大输送能力。这一方案的排俄特点十分明显，如果这些国家在欧盟和美国的支持下建成这一管道，必将对俄罗斯控制中亚能源开采和运输形成巨大挑战。

3. 南向——土库曼斯坦通往伊朗的管道

南向管道主要有 2 条，包括多夫列塔巴德-罕格兰管道和科尔佩杰-库伊管道，为传统路径。前者管径为 1016 mm，全长 30.5 km，设计输送能力为 60 亿 m³/a；后者管径为 1016 mm，全长 150 km，设计输送能力为 80 亿 m³/a。从土库曼斯坦经阿富汗、巴基斯坦通往印度的 TAPI 管道是早在 1993 年就开始议论的管道项目，按英国一家能源公司的设计，该管道长 1680 km，投资 33 亿美元，年输送 330 亿 m³ 天然气。2002 年 12 月，土库曼斯坦、阿富汗和巴基斯坦总统签署了框架协议，但由于管线所经地区的政治不稳定和安全形势复杂，该方案在可预见的未来实施难度较大。2016 年中亚天然气出口伊朗 67 亿 m³，占出口总量的 10%。

4. 东向——土库曼斯坦经乌兹别克斯坦、哈萨克斯坦到中国的管道

目前已建成中亚-中国天然气管道 A、B、C 线，D 线正在建设。其中，A、B、C 线天然气管道起自土库曼斯坦与乌兹别克斯坦边境格达伊姆，经乌兹别克斯坦、哈萨克斯坦进

入中国境内的霍尔果斯压气站，沿途经沙依让库杜克、希姆肯特、塔拉兹、阿拉木图等城市。中亚—中国 D 线起自土库曼斯坦的复兴气田，经乌兹别克斯坦、塔吉克斯坦和吉尔吉斯斯坦到达中国新疆的乌恰。2016 年中亚天然气经 A、B、C 三线出口中国合计 341 亿 m³，占中亚天然气出口总量的 52%。

（二）土库曼斯坦天然气的出口格局

土库曼斯坦是中亚地区天然气资源最丰富的国家，它选择"边境卖气"的出口策略，使其天然气多元出口战略规避了自身无法控制的经济、政治和过境风险等因素。土库曼斯坦已投入使用的、在建的、论证中拟建的天然气出口管线共有 12 条，出口方向为：中国、俄罗斯、伊朗、欧洲、南亚（阿富汗、巴基斯坦、印度）等国家，大体有五大出口方向：①南向伊朗方向，土库曼斯坦于 1997 年开始向伊朗出口天然气，土—伊天然气运输管道有 2 条，合计年输气能力超过 200 亿 m³。②北向俄罗斯方向，中亚—中央管道（土库曼斯坦—乌兹别克斯坦—哈萨克斯坦—俄罗斯），总长度近 5000 km，于 1974 年建成，年输气能力约 500 亿 m³。③东向及北东向中国方向，土库曼斯坦经中国—中亚天然气管道（A、B、C、D 四条线路）向中国出口天然气，为最现实、最稳定、最具前景的方向。④东南向南亚方向，土库曼斯坦—阿富汗—巴基斯坦—印度（TAPI）天然气管道：起自土库曼斯坦境内达乌列塔巴德气田，经阿富汗坎大哈进入巴基斯坦木尔坦，最终到达巴印边境的法基尔卡，该项目至今尚未动工修建。⑤西向欧洲方向，为实现向欧洲供气，土库曼斯坦政府于 2010 年 5 月动工修建土库曼斯坦境内"东-西"天然气管道，尚未建成。

除了上述 5 个出口方向外，近年来土库曼斯坦还利用天然气发电，向塔吉克斯坦、阿富汗、伊朗和土耳其出口电力，并有向哈萨克斯坦出口电力的战略计划，实际上这是一种天然气资源变相出口方式。此外，土库曼斯坦还经土库曼巴希港、奥卡雷姆港和阿拉贾 3 个港口，向外出口液化天然气。已建成的"哈萨克斯坦—土库曼斯坦—伊朗"南北国际大铁路，未来可能成为土库曼斯坦向外出口液化天然气的一个重要路径。近年来，土库曼斯坦正在兴建天然气化工厂，利用天然气为原料生产汽油、聚丙烯、聚乙烯等供出口创汇，这也是天然气的一种变相出口方式。

（三）中亚天然气出口国争夺情况

中亚丰富的天然气资源正在成为世界关注和争夺的焦点，周边国家和世界各大国都在以各种形式和手段介入中亚及里海天然气资源的勘探、开采和出口运输项目。

俄罗斯是中亚天然气的最大"需求国"。俄罗斯有世界最丰富的天然气资源，开采和出口能力均居世界首位，它对中亚天然气的"需求"完全是从控制中亚的大战略出发。俄罗斯掌握着中亚能源出口的管道控制权，通过俄罗斯管道出口到欧洲和独联体国家的市场，因此俄罗斯在中亚天然气开发中拥有特殊影响力。不仅如此，近年来俄罗斯出于从政治和经济上控制中亚，以及与美国、欧洲和其他国家开展政治和资源争夺的考虑，进一步加强了对中亚天然气开采权的控制。俄罗斯通过国家天然气公司和卢克石油公司等向中亚各国的天然气区块渗透，以参股、大宗和长期购买天然气产品等方式，力图将中亚天然气生产和出口权牢牢掌握在自己手中。同时，由于俄罗斯与欧洲签订了长期供应天然气的合同，而俄担心其西西伯利亚天然气在未来 5～10 年内开采量将会明显减少，为履行与欧洲所签合同，俄罗斯凭借目前在中亚国家所拥有的独特优势，以低价与哈萨克斯坦、乌兹别克斯坦等签署 25～30 年的天然气收购协议，以保证未来俄罗斯对欧洲的能源供应。

随着中国能源需求增加，目前的能源增长计划与"丝绸之路经济带"倡议吻合。通过打造贯穿丝绸之路整个地区的能源和交通基础设施，打破了中亚地区内、外部相互联系交流的瓶颈。中国筹资 400 亿美元设立的丝路基金，其中一部分也将投入于中亚的基建项目。中亚—中国天然气管道 A 线、B 线、C 线已建成运营，D 线也正在建设之中。2014 年，在阿什哈巴德举行的能源会议上，中国将提高天然气进口需求列入了共建"新丝绸之路经济带"计划，计划采取现金和贷款的模式，从土库曼斯坦进口天然气。2016 年中亚对中国天然气出口占其总出口量的 52%。随着中国天然气需求持续的增长，未来中国与中亚天然气合作开发的潜力巨大。

美国是世界天然气最大的消费国，企图通过加强在中亚的军事力量，推动亚太再平衡战略，进一步巩固其对中亚地区的控制力和在世界范围内的唯一超级大国地位。同时，还通过主导修建 TAPI 天然气管道、支持印度与中国争夺土库曼斯坦天然气资源，推动修建从土库曼斯坦出发贯穿阿富汗、巴基斯坦、印度的天然气管道（TAPI）项目，意在向南亚方向分散土库曼斯坦目前有限的商品气数量，并以此调控中亚地区天然气价格并遏制中国的能源安全保障战略向西延伸。

欧盟多数国家是中亚天然气的间接进口国，它们依赖从俄罗斯管道取得天然气进口，而俄罗斯又用中亚天然气补充对欧洲的出口。欧洲国家从自身能源安全的角度考虑，积极推动新建绕开俄罗斯的天然气管道，以防俄罗斯在关键时刻以关闭能源供应相威胁。同时，欧洲也希望通过修建新管道，与美国一起使中亚国家逐步摆脱俄罗斯的控制。欧盟出资推动的经中亚-里海盆地、伊朗和外高加索，以及土耳其、中东欧国家为过境国的纳布科天然气管道与中亚-中国天然气管线间产生了不可回避的输气量竞争关系。并对中亚-中国天然气合作带来一定的负面影响。

日本和韩国的企业依靠技术优势不断加大与乌兹别克斯坦和土库曼斯坦两国的能源领域合作，意在通过天然气液化技术（GTL）、煤间接液化合成气技术、天然气转汽油（GTG）技术等技术服务和项目融资控制两国天然气加工产业和销售价格，以此提升其在国际能源市场的天然气交易系统中的影响力。

三、中亚天然气资源的未来配置格局

由于土库曼斯坦的天然气生产量、出口量增幅最大，消费量相对较低，未来仍为中亚地区的主要出口国。乌兹别克斯坦的消费量相对较大，出口量也较大。哈萨克斯坦的生产、消费、出口量均处于最低水平，但由于储量排在第二位，具有较大的发展空间。根据三国情况，预测 2020 年、2025 年、2030 年中亚地区天然气生产量分别为 2502 亿 m^3、2674 亿 m^3、3206 亿 m^3，出口量相应地为 1605 亿 m^3、1644 亿 m^3、2050 亿 m^3（表 5.5）。

表 5.5 2020 年、2025 年、2030 年中亚三国天然气生产、消费、出口量预测

年份	生产量/亿 m³				消费量/亿 m³				出口量/亿 m³			
	土库曼斯坦	乌兹别克斯坦	哈萨克斯坦	中亚合计	土库曼斯坦	乌兹别克斯坦	哈萨克斯坦	中亚合计	土库曼斯坦	乌兹别克斯坦	哈萨克斯坦	中亚合计
2020	1650	605	247	2502	300	434	163	897	1350	171	84	1605
2025	1800	643	231	2674	400	453	176	1029	1400	189	55	1644
2030	2300	682	224	3206	500	475	181	1156	1800	207	43	2050

（一）土库曼斯坦天然气未来配置格局

土库曼斯坦由于其天然气的探明储量巨大，占中亚地区的 64%，未来天然气的开采量和出口量均有较大增长。按照伍德麦肯齐能源咨询公司的预测， 2018 年天然气产量将达到 1050 亿 m³。到 2020 年，可望达到 1650 亿 m³，其中传统采区 500 亿 m³，里海陆架区域 250 亿 m³，阿姆河右岸矿区 300 亿 m³，亚什拉尔-南约洛坦矿群 200 亿 m³，其他区域 200 亿 m³；消费量为 300 亿 m³；出口量可达 1350 亿 m³，主要流向俄罗斯及乌克兰（900 亿 m³）、伊朗（150 亿 m³）、中国（300 亿 m³）[8]。到 2025 年，预测土库曼斯坦天然气产量将达到 1800 亿 m³，国内天然气消费量为 400 亿 m³，约有 1400 亿 m³ 的天然气可供出口，内外销的比例为 2：7。外销天然气将主要流向俄罗斯（800 亿 m³）、中国（300 亿 m³）和伊朗（200 亿 m³），另有 100 亿 m³ 的天然气可能出口到欧盟[3]。到 2030 年，预测土库曼斯坦天然气产量将达到 2300 亿 m³，国内天然气需求量为 500 亿 m³，约有 1800 亿 m³ 的天然气出口（图 5.2）。

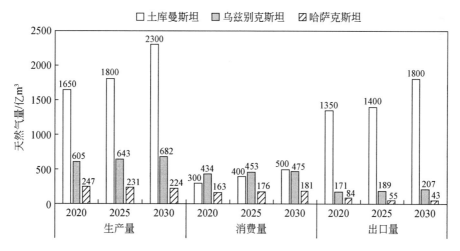

图 5.2 中亚三国天然气生产、消费、出口量预测（2020 年、2025 年、2030 年）

（二）乌兹别克斯坦天然气未来配置格局

随着乌斯蒂尔特地区天然气田的大规模工业开发，乌兹别克斯坦天然气的产量、消费

量及出口量均有所增长，但增幅不大。据预测（图 5.2），到 2020 年天然气产量可能增加到 605 亿 m^3，消费量为 434 亿 m^3，出口量达 171 亿 m^3。2025 年天然气产量增加到 643 亿 m^3，消费量为 453 亿 m^3，出口量达 189 亿 m^3。2030 年天然气产量将达 682 亿 m^3，消费量为 475 亿 m^3，出口量达 207 亿 m^3，其中主要出口给俄罗斯（150 亿 m^3），塔吉克斯坦等中亚邻国（37 亿 m^3），以及亚太地区（20 亿 m^3）[9]。

（三）哈萨克斯坦天然气未来配置格局

据预测，2020 年哈萨克斯坦天然气产量为 247 亿 m^3，消费量为 163 亿 m^3，出口量为 84 亿 m^3；2025 年相应地为 231 亿 m^3、176 亿 m^3、55 亿 m^3。2030 年，哈萨克斯坦国内天然气生产量将达 224 亿 m^3，消费量为 181 亿 m^3，其中工业用气 52 亿 m^3，热能及发电用气 72 亿 m^3，居民用气 51 亿 m^3，汽车运输行业用气 5 亿 m^3，出口量为 50 亿 m^3 [6]。预测到 2050 年，哈萨克斯坦国内天然气生产量为 448 亿 m^3，消费量进一步增加到 300 亿 m^3 左右，出口量也将有所增加，达 150 亿 m^3 左右 [6]（表 5.5、图 5.2）。

第二节　中亚天然气资源开发对中国天然气供应的保障程度

中国天然气资源虽较丰富，但生产量远不能满足需求，因此严重依赖进口。天然气进口来源多元化，包括陆上运输及海上运输，管道天然气及液化天然气（LNG），形成西北、东北、东南、西南等四大进口通道格局。自 2010 年中亚-中国天然气管道建成后，中亚地区已成为中国进口天然气的主要通道，对国家天然气安全保障具有重要作用。

一、中国天然气资源概况

（一）中国天然气储量

根据《BP 世界能源统计年鉴 2017》，2016 年中国天然气储量为 5.4 万亿 m^3。四川、鄂尔多斯、塔里木、松辽、柴达木和准噶尔盆地为陆上六大天然气主探区；南海的莺-琼和东海为近海的两大天然气主探区。上述八大天然气探区格局已基本形成。其中鄂尔多斯、四川和塔里木为三个万亿 m^3 储量规模的大型气区 [10]。

（二）中国天然气生产量

在 1980～2016 年，中国天然气生产量呈持续上升趋势（表 5.6），从 1980 年的 147 亿 m^3 增长到 2016 年的 1384 亿 m^3，增长了 8.4 倍。天然气生产量变化可分为三阶段：第一阶段为 1980～1995 年，缓慢增长，15 年间增长了 38 亿 m^3；第二阶段为 1996～2004 年，较快增长，8 年间增长了 221 亿 m^3；第三阶段为 2005～2016 年，快速增长，11 年间增长了 874 亿 m^3，但 2014 年以来增速呈明显减缓趋势。

表5.6　1980～2016年中国天然气生产量　　　　（单位：亿 m³）

年份	1980	1981	1982	1983	1984	1985	1986	1987	1988	1989
生产量	147	132	123	126	128	134	142	144	147	155
年份	1990	1991	1992	1993	1994	1995	1996	1997	1998	1999
生产量	158	160	163	173	181	185	208	235	241	260
年份	2000	2001	2002	2003	2004	2005	2006	2007	2008	2009
生产量	281	314	338	362	429	510	606	716	831	882
年份	2010	2011	2012	2013	2014	2015	2016			
生产量	991	1090	1118	1222	1316	1361	1384			

（三）中国天然气消费量

1980～2016年，中国天然气消费量也呈持续上升趋势（表5.7）。从1980年的147亿 m³增长到2016年的2103亿 m³，增长了13.3倍。天然气消费量变化与生产量变化相同，也可分为缓慢增长、较快增长和快速增长三阶段。1980～1994年，生产量与消费量基本持平；1994～2006年，生产量大于消费量；2007年以后消费量逐渐超过生产量，差距不断拉大（图5.3）；2016年，中国天然气产销缺口达719亿 m³，已严重依赖天然气进口[9]。

表5.7　1980～2016年中国天然气消费量　　　　（单位：亿 m³）

年份	1980	1981	1982	1983	1984	1985	1986	1987	1988	1989
消费量	147	132	123	126	128	134	142	144	148	155
年份	1990	1991	1992	1993	1994	1995	1996	1997	1998	1999
消费量	158	164	164	173	179	183	191	202	209	222
年份	2000	2001	2002	2003	2004	2005	2006	2007	2008	2009
消费量	253	284	302	351	410	482	593	730	841	926
年份	2010	2011	2012	2013	2014	2015	2016			
消费量	1112	1371	1509	1719	1884	1948	2103			

（四）中国天然气进口量

2016年中国从管道进口天然气380亿 m³（表5.8），主要进口来源国家为土库曼斯坦（294亿 m³）、乌兹别克斯坦（43亿 m³）和缅甸（39亿 m³），对外依存度高达73.3%；液化天然气（LNG）进口量343亿 m³，主要进口来源国家为俄罗斯（157亿 m³）、非洲阿拉伯国家（65亿 m³）、印度尼西亚（37亿 m³）、马来西亚（34亿 m³）、巴布亚新几内亚（29亿 m³）；此外，还有其他十几个国家。一方面表明中国对天然气能源的需求越来越多；另一方面表明近年中国天然气进口与中亚地区合作更多，中亚对中国未来天然气供应保障格局影响深远。天然气平均进口价格从2015年的每吨2587元降至2016年的2016元，天然气对外依存度则从2015年的30.0%上升至2016年的33.4%。从进口量上来看，2010～

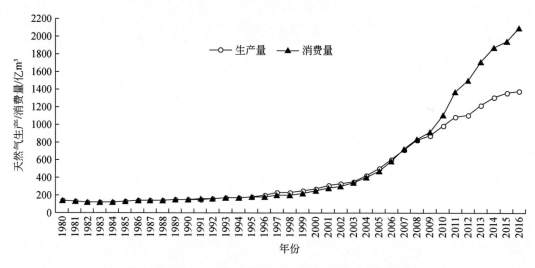

图 5.3　1980～2016 年中国天然气生产消费量变化趋势图

2016 年，管道天然气、液体天然气以及总进口量均逐年升高，2012 年以后，由于中国-中亚管道建成运营，管道天然气进口量逐渐大于液化天然气（表 5.8、图 5.4）。

表 5.8　2010～2016 年中国天然气进口量　　　　　　（单位：亿 m³）

年份	2010	2011	2012	2013	2014	2015	2016
管道天然气	35.5	143	214	273	313	336	380
液体天然气	128	166	200	245	265	262	343
总计进口量	163.5	309	414	518	578	598	723

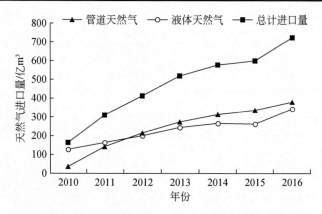

图 5.4　2010～2016 年中国天然气进口量变化趋势图

二、中国天然气进口的世界格局

2007 年中国天然气开始供不应求，2006 年开始从世界进口。最初液体进口量大于管道进口量，随着中国-中亚天然气管道的建成运营，2012 年中国管道进口量超过液体进口量，2016 年管道进口量为 380 亿 m³，液体进口量为 343 亿 m³。

从进口方向来看，中国已经形成了西北、东北、东南、西南四大天然气进口通道格局，既包括陆上及海上运输，也包括管道天然气及 LNG。从陆上管道天然气运输来看，共有 7 条管道。从进口来源国来看，亚太、非洲地区份额不断下降，中亚地区份额不断上升并成为进口主要地区。

（一）天然气进口四大通道

中国天然气进口来源国数量稳步增长，涉及区域不断拓展，多元化战略实施效果初显。进口来源国从 2007 年的 4 个逐年增加到 2014 年的 23 个；进口来源区域从以亚太地区为主，逐步扩展到中亚、中东、非洲、欧洲等地，形成全方位的天然气进口空间格局。中国天然气进口包括陆上运输及海上运输，即管道天然气和液化天然气（LNG）。总体来看，目前中国已经初步建成西北、东北、东南、西南等四大天然气进口通道格局，其中以陆上管道天然气运输为主，共有 7 条（进口能力达 1650 亿 m³/a）。

1. 西北通道：中亚-中国天然气管道 A、B、C、D 四条线

中亚-中国天然气管道 A 线起自土库曼斯坦与乌兹别克斯坦边境的格达伊姆气田，经乌兹别克斯坦、哈萨克斯坦进入中国境内的霍尔果斯压气站，管道长 1830 km，管径为 1066.8 mm，设计输量 150 亿 m³/a。该项目于 2008 年开工建设，2009 年 12 月建成投产。该管道是中国第一条进口天然气管道，采用"分段分国建设和运营"的管理模式。

中亚—中国天然气管道 B 线与 A 线路线相同，管道长 1830 km，管径为 1066.8 mm，设计输量 150 亿 m³/a。同时开工建设，于 2010 年 10 月建成投产。投产后中亚—中国天然气管道 A、B 两线输气能力提升至 300 亿 m³/a，并与中国国内西气东输二线相连接，将进口中亚天然气输送至中国上海、广州、深圳等东南沿海天然气需求量大的发达地区。

中亚—中国天然气管道 C 线与 A 线、B 线起点、终点相同，管道长 1830 km，管径为 1219 mm，设计输气量 250 亿 m³/a，于 2012 年全面启动建设，2014 年 5 月建成投产，投产后中亚—中国天然气管道 A 线、B 线、C 线三线输气能力提升至 550 亿 m³/a。与国内西气东输三线相连形成一个完整的管道系统，线路总长度上万千米，是当今世界上干线最长的天然气管道。

中亚—中国天然气管道 D 线起自土乌边境的土库曼斯坦的复兴气田，经乌兹别克斯坦、塔吉克斯坦、吉尔吉斯斯坦，在中吉边境伊尔克什坦口岸进入中国，止于中国新疆乌恰，并与国内西气东输五线天然气管道相连，全长约 966 km，其中境外段 811 km，管径为 1219 mm，设计输气量 300 亿 m³/a，于 2014 年 9 月开工，计划于 2020 年左右建成投产，投产后中亚—中国天然气管道 A 线、B 线、C 线、D 线四线输气能力将提升至 850 亿 m³/a。但何时全面建成运营主要取决于两个因素：一是国内的天然气消费市场需求量目前需要逐步递增和进一步释放；二是目前复兴气田的气源已经确定，但开采、净化处理等装置还在建设过程中。D 线与 A 线、B 线、C 线三线相比，气源基本相同，但管道走向有较大调整，在线路上首次途经塔吉克斯坦和吉尔吉斯斯坦两国，虽然工程建设难度较大，但境外管道长度缩短约 800 km。

2. 东北通道：中俄天然气管道运输线路

中俄东线天然气管道起自俄罗斯境内科维克金气田和恰杨金气田，经别洛戈尔斯克，终点为符拉迪沃斯托克（海参崴）。2014 年正式签署《中俄东线管道供气购销协议》，该协议期限为 30 年，项目总金额约 4000 亿美元。管道全长约 4000 km，途中在别洛戈尔斯克附近向中国分支，年输气量 380 亿 m³。中俄东线中国境内管道起于黑河入境点，途经黑龙江、吉林、内蒙古、辽宁、河北、天津、山东、江苏、上海 9 个省（市、区）。计划于"十三五"末期建成投产。中俄西线天然气管道气源来自俄罗斯西西伯利亚气田，由新疆阿勒泰喀纳斯山口进入中国，与我国西气东输管道系统相连，输往中国东部地区，供气规模 300 亿 m³/a，合同期限为 30 年，规划 2020 年以后建成投产。

3. 东南通道：海上进口 LNG

2006 年，广东液化天然气项目第一期工程正式投产，当前 LNG 项目主要分布在广东、福建、上海、浙江、海南、江苏、山东、辽宁、天津等地，LNG 进口来源地已扩充至卡塔尔等近 10 个国家，主要来自海湾地区中东国家。

4. 西南通道：中缅管道

从缅甸皎漂市起，经缅甸若开邦、马圭省、曼德勒省和掸邦，从缅中边境地区进入中国的瑞丽，再延伸至昆明。管道全长约 1100 km，初步设计为每年向中国输送 120 亿 m³ 天然气。天然气主要来自缅甸近海油气田。2013 年 7 月 28 日，中缅油气管道正式开始向中国输送天然气。中缅油气管道的建设缓解了中国在进口非洲和中东油气时受马六甲海峡的制约，由中国石油、韩国大宇国际集团、印度石油海外公司、缅甸油气公司、韩国燃气公司及印度燃气公司"四国六方"共同出资建设，并成立东南亚天然气管道有限公司负责缅甸境内段天然气管道建成后的运营管理工作[11]。

（二）天然气进口市场结构

中国的天然气进口贸易中，进口来源的地区和国家结构变动较大。如澳大利亚从 2007～2010 年一直是中国第一大进口来源国，但市场占有率逐年下降幅度明显；马来西亚、印度尼西亚在中国的市场占有率比较接近，近两年基本稳定在 4%～5%；2013 年中缅天然气管道铺设完成后，缅甸再次开始向中国输送天然气，2016 年所占市场份额仅 5.39%（表 5.9）。

中东地区国家在中国的天然气进口市场所占份额变化更为明显。2007～2013 年卡塔尔的市场占有率呈现逐年扩大的趋势，2012～2014 年一度成为中国天然气进口的第二大来源国，但 2016 年退出进口市场；也门所占的市场份额先降后升再降，2016 年退出进口市场；阿曼的市场份额本来就不高且呈现下降趋势。

表 5.9　2007～2016 年中国天然气进口市场结构表　　　　　（单位：%）

地区	进口来源国	2007 年	2008 年	2009 年	2010 年	2011 年	2012 年	2013 年	2014 年	2015 年	2016 年
中亚	土库曼斯坦				21.73	45.92	51.48	46.51	43.74	49.73	40.78
	乌兹别克斯坦						0.36	5.51	4.17	2.69	5.96
	哈萨克斯坦							0.3	0.68	0.72	0.55
中东	卡塔尔			7.24	10.15	10.32	16.35	17.76	11.67		
	也门				4.42	3.59	1.97	2.94	0.72		
	阿曼	2.04		1.19			0.21		0.18	0.14	0.14
亚太	澳大利亚	85.05	81.47	63.31	32.83	16.12	11.69	9.34	12.93	21.78	15.7
	马来西亚		0.26	11.85	9.92	6.96	6.08	6.98	7.9	4.72	4.7

续表

地区	进口来源国	2007 年	2008 年	2009 年	2010 年	2011 年	2012 年	2013 年	2014 年	2015 年	2016 年
亚太	印度尼西亚			9.73	14.25	8.8	7.94	6.39	5.96	7	5.13
	缅甸							0.41		5.41	5.39
	文莱									0.14	0.14
	俄罗斯			3.44	3.19	1.12	1.24		0.36	0.3	0.3
非洲	赤道几内亚		3.51	1.06	0.5	0.53		1.05	1.67	0.36	
	尼日利亚	2.18	5.44	1.12	1.09	3.17	0.99	0.96	0.72	0.55	0.55
	阿尔及利亚	10.73	3.87				0.19	0.15	0.9		
	安哥拉							0.17			
	埃及		5.45		0.49	0.79	0.96	1.12		0.14	0.14
	阿拉伯国家									9.02	8.99
其他	巴布亚新几内亚								0.67	3.77	4.01
	西班牙										
	挪威								0.18	0.28	0.28
	特立尼达和多巴哥			1.06	0.41	1.45	0.54	0.28	0.24	0.18	
	秘鲁									0.42	0.41
	多巴哥									0.28	0.28
	其他国家				1.23	1.23		0.13		0.28	0.28

非洲地区国家在中国天然气贸易的市场份额下降幅度比较大，2008 年达 18.27%，但 2014 年下降至 3.29%。主要原因一方面是由于中东及中亚国家向中国出口天然气挤占了市场份额；另一方面是因为运输距离较远，运输成本高，加之中国 LNG 接收终端港口基础设施也不完善。

作为新兴能源市场，中亚地区在中国天然气进口市场的份额超过 50%。2010 年中亚-中国天然气管道正式投入运行后，土库曼斯坦开始向中国大规模出口天然气，并且从 2011 年开始超过澳大利亚成为中国天然气进口的第一大来源国，2016 年占中国天然气市场份额的 40.80%；乌兹别克斯坦在中国天然气市场份额列第 4 位；但哈萨克斯坦的市场份额不高。

（三）进口市场优劣势比较

中国天然气各进口国都具有一定的优势和劣势。从西北陆上通道进口管道气和从海上通道进口 LNG，是中国大规模引进境外资源的两条主要途径，但引进境外资源的成本都较高。从西北陆上通道引进中亚、俄罗斯等国的管道天然气，与欧洲国家采购同一资源地的天然气，参与欧洲市场的天然气国际贸易。但中国天然气消费市场（主要是在东部沿海和中部地区）比欧洲市场更远离中亚、俄罗斯等气源地，天然气的运输成本较高。从海上通道引进 LNG，与日本、韩国等国采购同一资源地的 LNG，参与亚太市场的天然气国际贸易。从历史上看，与欧洲及北美市场相比，亚太市场的天然气国际贸易价格一直是全球最高的，而且这一市场今后的需求增长仍是全球最快的，因此未来不大可能期待亚太市场的天然气国际贸易价格会低于欧美市场。

在管道天然气进口方面：①中亚国家的治理安全程度偏低，但鉴于其具有区位交通等比较优势及运距较短等优点，应继续作为中国天然气进口的重点来源国，但需要加强防范"三股势力"、行政办事效率低、法治不规范等因素造成的风险；②缅甸至中国的天然气管线已经运营输气，俄罗斯也与中国签署了输气协议，而且在中国未来天然气进口市场中的地位将越来越重要。所以应加强与这两国的能源外交，保障中缅天然气管线的安全运营，促进与俄罗斯已签订协定的顺利实施，形成天然气资源国和中国的天然气供应与需求的利益命运共同体。

在 LNG 进口方面：①挪威、文莱的天然气出口比较优势水平很高，并且其治理安全程度也比较高。随着北极航道的开发及运行，运输距离缩短，中国从挪威大规模进口天然气成为可能，同时还能突破马六甲海峡困局。未来中国应重视并积极培育与挪威、文莱的天然气贸易往来，以充分有效地利用全球天然气资源。②卡塔尔与澳大利亚的天然气比较优势和治理安全程度也较高，未来应巩固与两国的天然气贸易规模。③除卡塔尔以外的其他中东国家及非洲天然气出口国虽然具有一定的比较优势，但其治理安全程度普遍偏低，加之运输距离相对遥远，导致价格成本偏高，在未来天然气进口来源安排及空间格局规划中，不宜作为重点市场，同时要注意及时防范、规避和化解可能出现的风险。④北美地区的加拿大具有天然气出口比较优势，以往其天然气主要出口美国，并不是中国的天然气贸易伙伴。但随着美国页岩气革命引发的能源独立并开始向全球输出天然气，加拿大和美国的天然气出口也需要发展新的贸易伙伴，并且这两国的治理安全程度很高。因此，中国应重视世界天然气贸易流向转变所带来的机遇，将加拿大和美国作为中国天然气进口的潜在贸易伙伴，探索其未来作为中国天然气主要进口来源的可能性[11]。

三、中亚对中国未来天然气供应保障程度分析

随着中国天然气消费量与进口量不断增长，从中亚进口天然气具有一定价格优势，保障进口多元化，利于促进中国节能减排。预测中国天然气对外依存度将从 2016 年的 34.38% 提高到 2020 年的 45.71% 和 2030 年的 54%，天然气保障风险提高。其中中亚供应中国天然气亦将大幅增长，从 2016 年的 342 亿 m³ 增至 2020 年的 850 亿 m³ 和 2030 年的 1100 亿 m³。天然气凭借其与汽柴油、LPG 等的价差优势及环保优势，在中国具有强大潜在消费需求。随着天然气消费量增长，供需缺日益扩大。随着市场的扩张，未来中国的天然气消费可能变得和石油一样，成为依赖国际市场的重要能源。

（一）中国天然气生产、消费、进口量预测

在天然气生产量方面，有关学者预测中国常规天然气的高峰年产量为 2400 亿～2800 亿 m³，产量增长高峰期将持续到 2045 年左右[12-17]。预计 2020 年，常规气产量突破 2000 亿 m³，非常规气达到 200 亿 m³ 以上；2030 年，常规天然气产量达到 2500 亿 m³ 左右，考虑煤层气、页岩气等非常规天然气今后的产量增长潜力，总产量有望超过 3000 亿 m³，之后将进入一个较长时期的稳产阶段。

在天然气消费量方面，从 2010～2016 年，中国天然气消费量逐年递增，从 2010 年的 1112 亿 m³ 增长到 2016 年的 2103 亿 m³，六年间增长了 89.1%。国内外不同机构对未来中国天然气需求进行了预测[12-17]，对中国 2020 年天然气的消费量可分为高中低三种方案（表 5.10）：高方案将达到 4500 亿 m³，中方案为 3400 亿 m³，低方案仅为 2690 亿 m³，本书采取中方案。另外预测，2025 年中国天然气消费量为 4200 亿 m³，2030 年为 5000 亿 m³。

表 5.10　不同机构对中国天然气消费量的预测　　　　　　（单位：亿 m³）

预测机构	中国石油经济技术研究院	中石油规划院	国际能源署（IEA）	HIS	国务院发展研究中心	国土资源部	能源发展战略行动计划	前瞻产业研究院	日媒	国际能源署（IEA）
年份	2020	2020	2020	2020	2020	2020	2020	2020	2030	2040
低方案	2690	3200	3588	3590	4100	4200	3112.8	4200	4500	6050
高方案	3337	3600	—	—	4500	4500	—	—	5000	—

在天然气进口量方面，中国从世界各国进口天然气的数量也在持续增长，从 2010 年的 163.5 亿 m³ 增长到 2016 年的 723 亿 m³，六年间增长了 3.42 倍（表 5.11）。未来中国天然气的进口量也将进一步增长，由于对消费量和生产量预测值不同，进口量预测结果也不尽相同。陈红仙预测对外依存度将从 2015 年的 30.7% 上升到 2020 年的 45.71%[17]。前瞻产业研究院预测，中国天然气净进口量比例到 2020 年将达到 50% 左右。中国石油天然气集团公司则预测到 2030 年中国天然气进口量将跃升至 1900 亿～2700 亿 m³。本书预测，2020 年、2025 年、2030 年中国天然气进口量分别为 1600 亿 m³、2100 亿 m³、2700 亿 m³。根据 2010～2016 年的历史数据及 2020 年、2025 年、2030 年预测，中国天然气的对外依存度呈持续上升趋势（图 5.5）；从 2010 年的 14.70% 上升至 2016 年的 34.38%，2020 年、2025 年、2030 的对外依存度将分别为 45.71%、50%、54%。表明如大幅度提高天然气的消费量，将大量依靠进口天然气，天然气供应保障风险提高。

表 5.11　中国天然气的进口量、消费量及对外依存度预测

年份	天然气的总进口量/亿 m³	天然气消费量/亿 m³	天然气对外依存度/%
2010	163.5	1112	14.70
2011	309	1371	22.54
2012	414	1509	27.44
2013	518	1719	30.13
2014	578	1884	30.68
2015	598	1948	30.70
2016	723	2103	34.38
2020	1600	3500	45.71
2025	2100	4200	50.00
2030	2700	5000	54.00

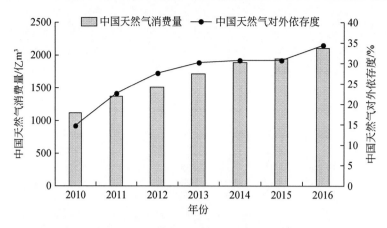

图 5.5 中国天然气的历年消费量及对外依存度变化图

（二）中亚对中国天然气供应保障程度预测

中国在从世界各国进口的天然气中，中亚五国占比从 2010 年中亚—中国天然气管道建成运营前的 36 亿 m^3 增至 2012 年的 215 亿 m^3 和 2016 年的 342 亿 m^3，对中国天然气进口的保障程度亦相应地从 21.73% 提高到 51.84% 和 47.29%，近年大体在 50% 上下波动（表 5.12、图 5.6）。预测到 2020 年，仍保持在一半的比例，其后比例有所下降，2025 年为45.23%，2030 年为 40.74%（表 5.12）。

表 5.12 中国天然气的对外依存度及中亚对中国天然气的保障程度

年份	中亚供给中国天然气的量/亿 m^3	中国从世界进口天然气的量/亿 m^3	中亚对中国天然气进口的保障程度/%
2010	36	163.5	21.73
2011	142	309	45.92
2012	215	414	51.84
2013	271	518	52.32
2014	281	578	48.59
2015	318	598	53.14
2016	342	723	47.29
2020	850	1600	53.12
2025	950	2100	45.23
2030	1100	2700	40.74

从中亚供应中国的天然气中，自 2009 年中亚向中国输送的天然气开始，大部分来自土库曼斯坦，总计达 1000 亿 m^3。

中亚地区对中国天然气的保障程度从 2010 年的 3.20% 增加到 2016 年的 16.26%。到 2020年前，由于中亚—中国天然气管道 A、B、C、D 四线的总运力为：最高可达 850 亿 m^3/a，最低为 800 亿 m^3/a。根据 2020 年、2025 年、2030 年中亚出口量分别为 1605 亿 m^3、1644亿 m^3、2050 亿 m^3，中亚地区供应中国的天然气比例按 2016 年 52% 测算，预测到 2020 年、2025 年、2030 年中亚供应中国的天然气分别为 850 亿 m^3、950 亿 m^3、1100 亿 m^3（图 5.7）。

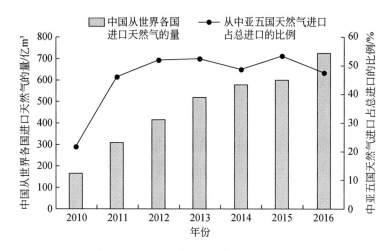

图 5.6 中国历年从世界进口天然气的量及中亚所占比例

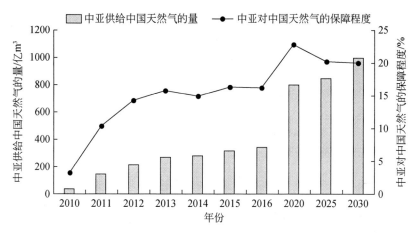

图 5.7 中亚五国对中国天然气的历年供给量及保障程度

此预测方案是比较保守的估计。如中国政府通过加强与中亚五国的合作，完全有可能适当提高中亚地区供给中国天然气的份额，则 2030 年中亚供应中国天然气可达 1300 亿～1500 亿 m³（占中亚天然气出口总量的 63%～73%）。该方案下虽然中亚地区供给其他国家天然气的比例下降，但总量仍有较大的增长。

（三）中亚在中国天然气能源格局中的地位与效益

总体来说，中亚对于中国的天然气能源格局具有举足轻重的地位。

（1）中亚可以弥补中国天然气缺口，优化中国能源结构。在越来越严峻的国际社会为应对全球气候变化提出的温室气体减排压力和贯彻落实大气污染防治法的双重压力面前，中国亟须改变以煤为主的能源消费结构，增加清洁能源天然气在能源消费结构中的比例。2013 年以来，从中亚进口的天然气已超过 1100 亿 m³，通过中亚管道接入西气东输管道，已覆盖中国 25 个省（区、市）和香港特别行政区的用户，造福 5 亿多人。据测算，1100 亿 m³ 天然气相当于替代 1.33 亿 t 煤炭，可减少 CO_2 排放量 1.42 亿 t，减少 SO_2 排放量 220

万 t。中亚天然气管道 D 线工程计划将于 2020 年年底建成运营，届时可满足中国超过 20%的天然气需求量，并将主供华北地区，因此对于改善京津冀地区大气污染意义重大[16]。

（2）实现天然气进口多元化。如前所述，2010 年前中国海外天然气主要来源于中东和非洲等少数国家和地区，进口集中度高，海上天然气运输线路较长，需要经过霍尔木兹海峡和马六甲海峡等战略要地，运输通道安全性低。从分散风险入手，中国发展与中亚地区的天然气合作，可以促进中国能源供应多元化，缓解对中东、非洲等地区的依赖，降低中东局势动荡、海上运输风险对中国能源安全造成的负面影响。

（3）拥有区位交通优势。中亚地处欧亚大陆腹地，是唯一与中国紧邻的海外陆上天然气来源地，运输距离短，不用经过第三国，不受沿岸、沿途国家和地区的影响，资源可获得性和运输安全性更高。而且，与海运相比，管道运输和陆路通道运量大、安全性和稳定性好，可以减轻海上能源进口压力。此外，中亚地区是连接俄罗斯和中东甚至非洲天然气产地的重要枢纽。从长远的角度来看，随着"丝绸之路经济带"基础设施建设的完善，中亚地区可将中国市场与中东乃至非洲的天然气产地联系起来，为未来中国稳定地获得更多天然气供应提供可靠保障。

（4）获得天然气价格优势。作为一个新兴国家，中国在全球能源治理中缺乏足够的话语权，关于价格的谈判和议价能力也比较弱小，快速增长的能源需求导致中国被迫承受不合理的"亚洲溢价"和能源价格的剧烈波动。在这种情况下，广阔的能源市场不仅无法成为提高中国能源地位的王牌，反而成为别国挟持中国的软肋。2014 年，在向中国出口天然气的 21 个国家（LNG 有 17 个，管道有 4 个）中，与中国有长期"照付不议"合同的国家有澳大利亚、印度尼西亚、马来西亚、卡塔尔、土库曼斯坦、哈萨克斯坦、乌兹别克斯坦和缅甸 8 个国家，占中国天然气进口总量的 91.24%，其他均为现货供应。

第三节　外部因素对中亚天然气合作开发的影响分析

中亚地区天然气资源丰富，但自身综合国力不强，天然气合作开发受政治、经济、文化因素的多重影响。政治上受大国的控制与争夺、周边国家动乱事件的波及，以及"三股势力"的影响。经济上受到跨国公司的资金支持及控制，上海合作组织为其提供了合作平台。整体来说，中亚治理安全程度偏低，对中国与中亚天然气合作开发存在一定的风险。

一、政治因素

中亚天然气地缘政治的复杂关系，是在 20 世纪 90 年代初出现中亚天然气投资热潮之后逐步形成的，而且一直处于发展变化中。中亚天然气投资热的兴起起源于苏联的解体，以及里海周边国家如哈萨克斯坦、土库曼斯坦和乌兹别克斯坦等的相继独立和对外开放。政治上受到大国的控制、周边动乱事件，以及国内外"三股势力"的影响。

（一）大国控制争夺

美国是世界第一大天然气消费国，因此它的中亚天然气地缘政治战略一直都具有强烈的控制欲。除积极支持本国公司进入中亚各国投资外，美国还在外交政策中对中亚表现了强烈关注。"9·11"事件以后，美国打着反恐的旗号，加强了在中亚的军事存在。美国不仅向中亚地区提供数十亿美元的人道主义援助和改革起步资金，还插手中亚各国的内部事务，资助并扶植持不同政见的政党，培植亲美势力，策动"颜色革命"，给一些国家的政局造成动荡。在中亚天然气运输管道项目的选址问题上，美国政府的态度更为咄咄逼人。不断向中亚各国和有关石油公司施加影响，要求修建能绕开俄罗斯和伊朗、横穿里海的天然气管道。近年来，美国又大力推动亚太再平衡战略，颁布"新丝绸之路计划"，妄想巩固其世界霸权地位，针对中国实施"一带一路"倡议进行围堵。

俄罗斯是中亚天然气地缘政治较量的重要力量。苏联解体后，俄罗斯国内政治经济局势的持续动荡迫使俄罗斯在20世纪90年代的中亚天然气权益角逐中采取守势。但俄罗斯对中亚地区的两大地缘优势是任何国家都无法企及的。首先它本身就是里海沿岸实力最强的国家，拥有相当完善的天然气运输基础设施。其次中亚各国在苏联时代及此前两个世纪与俄罗斯关系密切，俄罗斯的政治、经济乃至军事影响依然存在。对于能源安全有重要影响的天然气管道项目，俄罗斯一直没有放弃与美国的争夺，尤其在土库曼天然气的输送路线上，更是针锋相对。《2020年前俄罗斯能源战略》坦露俄罗斯希望将独联体、特别是中亚国家的能源资源（尤其是天然气）长期、大规模地吸收到其燃料能源体系中。普京2007年中亚之行与哈萨克斯坦、乌兹别克斯坦、土库曼斯坦签约，要求强化旧的气管线并修建新的里海沿岸管线，并以此几乎"买断"了3国未来出口的天然气。俄罗斯在2011年提出"欧亚经济联盟"计划，希望借此计划来实现中亚一体化的目标。2015年1月1日，欧亚经济联盟正式开始运作，成员主要包含俄罗斯、吉尔吉斯斯坦、亚美尼亚、哈萨克斯坦及白俄罗斯。欧亚联盟的成立导致丝绸之路各个国家之间的经济竞争进一步加剧[17, 18]。

欧盟和其他国家对中亚天然气也十分关注。欧盟与中亚五国分别签署了双边合作协议，协定中有条款规定：如果发生践踏人权事件，此协定将失去效应。欧盟以此对中亚国家施加更多的政治压力。它在中亚地区的能源利益仍然要依赖于多方的合作。日本能源高度依赖进口，为使进口来源多元化，2004年日本启动"中亚+日本"外长会谈机制，以此先促进中亚地区区域合作及民主化进程，然后构建稳定的能源通道获取能源。伊朗、土耳其等伊斯兰国家也都在积极谋求将中亚地区变成其势力范围。伊朗的天然气开采集中于波斯湾，对里海的天然气勘探开发活动长期未予充分重视。随着里海的主权归属由两国分享（伊朗和苏联）变为五国分享，伊朗重新重视里海天然气开发，力争以平均分配方案划分里海主权，在中亚天然气地缘政治较量中，伊朗拥有距离最短的中亚天然气外输路线[17, 18]。

中国秉持亲诚惠容的外交理念和与邻为善、以邻为伴的周边外交方针，加强与中亚国家的政治经济联系，首先于20世纪90年代末解决了与中亚国家历史遗留下来的边界问题。2001年，由中、哈、俄、塔、吉、乌六国发起成立了上海合作组织，并将反恐、共同打击"三股势力"、加强经贸合作与人文交流作为合作重点。其后，中国又与各国建立了全方位的战略合作伙伴关系。特别自2013年习近平主席提出共建"丝绸之路经济带"倡议以来，中国与中亚五国又加强了在政治、经贸、人文、科技、安全及国际事务六大领域合作。能源合作是中国-中亚合作的重要组成部分。中国是中亚邻近的最大油气市场，是中亚油气商品通向亚太地区市场的通道，同时也是中国在大国关系中重要的一极，发挥着重要的作用。中亚产油国加强与中国开展油气合作，不必担心西方式的"民主与人权"诉求，也不用背负"俄罗斯霸权主义"的历史包袱。因此,中国对中亚各国而言是新时期不可多得的战略合作伙伴之一,必将成为中亚多元平衡外交和能源合作战略的重要一极,对中国与中亚能源合作前景值得期待[19]。

(二)内部政治风险

中亚地区受宗教极端势力、民族分裂势力、暴力恐怖势力的危害。"三股势力"源自阿富汗、巴基斯坦北部和中亚一些国家。长期以来,他们以宗教极端面目出现,以"民族独立"(分裂)为目的,进行有组织的恐怖分裂活动,并波及中国的新疆、西藏等边疆省区。近年随着阿富汗局势持续动荡,地区恐怖主义的活动范围也有逐渐扩展趋势。跨国能源管道是恐怖主义分子经常袭击的目标,通过造成人员伤亡和经济损失来实现其政治诉求。恐怖组织对跨国油气管道的破坏可能会引起有关国家间的冲突,严重影响那些以能源出口为主要经济来源的国家稳定。同时地区恐怖主义也可能成为大国政治博弈的工具,如中亚经里海通往欧盟的输油管道规划建设中在走向问题上就遇到了此类问题。恐怖活动袭击原油管道、原油设备会带来环境污染,并有可能引起国家间的政治摩擦。同时恐怖活动也阻碍了能源的过境运输,打击外国投资者的积极性,这对急于得到外国资金和技术的中亚国家来说是个严重的危险,也给中国的跨国油气管道带来安全隐患[20]。由于外国投资者无法预测这种政治风险的破坏力,因此这种不确定性政治风险在中亚国家内部还有不断扩大之势,给外国设施和人员安全都带来了不可预知的风险。

二、经济因素

跨国公司的介入为中亚天然气的开发提供了技术、资金支持,但同时企业对利润的追求在一定程度上也会影响中亚地区的发展。而上海合作组织为中国和中亚能源合作提供了重要的经济保障。

(一)跨国公司介入

经济互补性强是推动地区油气合作的内在动力。中亚国家油气资源丰富而且自身消费有限,具有巨大的出口潜力。但是由于受经济发展水平的制约,中亚国家无力独自开采本国的油气资源,急需外国资本和技术介入帮助其开发。

跨国公司的积极介入是中亚地区的天然气资源能得到大规模开发利用的必要基础。西方跨国公司虽有服从本国政府总体能源政策的一面,但它们在本质上都是追求投资收益最大化的商业企业,最关注的是资源国的天然气潜力、财税政策,以及政治和经济风险。毫无疑问,西方跨国石油公司在20世纪90年代初期普遍看好中亚地区的原因,不外乎良好的天然气资源前景和中亚各国独立后向西方开放的政治姿态。但到1996年前后,由于勘探结果明显低于预期,跨国公司在中亚的投资热情出现首次降温。在天然气外输管道的选址问题上,进入中亚的西方跨国公司面临着政治干预与经济可行性的两难抉择。美国政府排斥俄罗斯和伊朗的中亚天然气管道政策,迫使跨国公司接受横穿里海管道路线,影响了公司修建新管道的积极性。此外,西方公司与中亚资源国的关系也有微妙的变化。

（二）上海合作组织

经济迅速发展的中国对油气的需求量巨大，为中亚国家提供了极具诱惑力的出口市场。中国在中亚国家开采油气、承建管线项目，在满足自身油气需求的同时也极大地带动了中亚国家的经济发展和基础设施建设。

上海合作组织（SCO）成立于 2001 年。该组织在宣言中明确提出"将利用各成员国之间在经济领域互利合作的巨大潜力和广泛机遇，努力促进各成员国之间双边和多边合作的进一步发展以及合作的多元化"。为扩大中国与中亚经贸合作奠定了基础。其后，随着中国与中亚地区的经贸合作关系的不断深入。中国与中亚各国又建立了政府间经贸磋商机制——经贸合作委员会，定期就经济合作的具体问题及时沟通和协调。2017 年，中国与中亚的贸易总额为 360 亿美元，较 2016 年增长 19.8%，其中出口额 214.7 亿美元，进口额 145.3 亿美元。哈萨克斯坦是中国在中亚最大的贸易伙伴，占中国对中亚地区进出口总额的 50%，其次为土库曼斯坦（69.5 亿美元）、吉尔吉斯斯坦（42.3 亿美元）、塔吉克斯坦（13.7 亿美元）。其中，中亚出口中国商品以天然气、铀矿、石油及石油制品、棉花、畜产品为主，中国出口中亚以轻纺产品、机电产品、成套设备、交通运输机械、钢铁等为主。其中，中国与中亚国家的能源合作是经贸合作的重点，最能体现经济互补性。中国已成为中亚国家重要的出口市场[20, 21]。

三、文化因素

中国与中亚五国有着历史悠久的文化渊源，早在两千多年前的西汉时期，中国就通过古丝绸之路与包括中亚在内的沿线各国建立了密切的经济交往与文化交流。中国历史与文化同中亚各国互相认同度较高，并且中国与伊斯兰国家一贯保持着亲密的关系，在中亚各国都具有良好的形象和传统的友谊[22]。

2013 年 9 月，习近平主席首访中亚四国，提出了共同建设"丝绸之路经济带"的合作倡议。并将政策沟通、设施联通、贸易畅通、资金融通、民心相通作为共建的主要内容，其中民心相通是"丝绸之路经济带"建设的社会根基，通过传承和弘扬古丝绸之路的友好合作精神，广泛开展文化交流、学术往来、人才交流合作、媒体合作、青年和妇女交往、志愿者服务等，加强人民的友好往来，增进相互了解，为深化包括能源在内的双边、多边合作奠定坚实的民意基础。在文化交流中，要充分发挥政党、议会交往的桥梁作用，加强与中亚国家立法机构、主要党派和政治组织的友好往来，加强与中亚国家民间组织的交流，重点面向基层群众，广泛开展教育医疗、减贫开发、生态环保等各类公益慈善活动，促进中亚贫困区生产生活条件改善。要加强文化传媒的国际交流合作，积极利用网络平台，运用新媒体工具，塑造和谐友好的文化生态和舆论环境。

第四节　中国与中亚天然气合作开发的模式及路径

中国-中亚天然气资源的合作利于双方共赢，为了达到共同发展的目标，需要不断完善技术合作模式，发展合作路径，双方协商制定政策，企业走出去引进来，引导公众交流，从经济到政治再到文化，建立稳固的友好关系。

一、合作开发模式

根据中国与中亚地区在油气资源方面的合作，借鉴国际上在油气资源领域已有的合作模式[22-24]，可归纳为产量分成模式、联合经营模式和技术服务模式三种模式。在项目管理中，先进的 PPTE 管理模式应用日益广泛。通过以互利双赢为理念、政治互信为基础、政府谈判为主导、国有公司为主体、上游合作为重点、管道项目为纽带，以双边合作为主、双边合作带动多边合作的方式，循序渐进地稳步推进油气合作。

（一）产量分成模式

产量分成合作模式是在资源国政府拥有油气资源所有权和专营权的前提下，外国油气公司承担勘探、开发和生产费用，并就如何进行产量分成与资源国政府（或资源国的国家油气公司）谈判协商一致并签订某一油气区块的勘探开发合同。产量分成模式的条款大多可以通过合作双方的协商达成一致，主要合作条款包括国家参与、签字费和生产定金、矿区使用费、所得税及各种税费等，核心条款为成本回收和产量分成相关的财税费用。该模式在中亚地区油气领域的实际运作中主要通过外国油气公司直接投资，与资源国油气公司联合成立财团，签订产量分成协议，参与一个或多个项目的开发。中国同中亚地区油气资源的合作中，属于此种模式的有中国作为"咸海油气开发财团"成员之一的对乌兹别克斯坦所属咸海水域的油气资源开发。

（二）联合经营模式

联合经营模式又可分为合资经营和联合作业两种模式。合资经营模式是指资源国的国家油气公司与承包商按一定比例出资组建一个新公司。新公司作为独立法人从事油气的勘探、开发、生产、运输和销售等业务，组建双方共同承担经营风险和分担纳税责任，并根据合同规定按照比例分享收益。联合作业模式是指双方根据联合作业协议，不需要再重新组建合资公司，共同出资、共同作业、共同承担风险和分享收益。

联合经营模式在中亚地区的油气资源开发实践中应用较为广泛。其税收机制是通过矿产税制调节实施的。涉及的主要税种包括公司所得税、红利税、增值税、非侨民所得税、矿产资源开发税、原油出口收益税和超额利润税等。该模式在中亚地区主要通过组建合资公司、跨国并购、购买股份和联合作业等方式而实现。中国同中亚地区油气资源的合作中，属于此种模式也最多，主要有中国与哈萨克斯坦合作中的阿克纠宾斯克项目、PK 项目、里海达尔汗区块开发项目和北布扎齐油田项目；中乌合作中中国获得的对乌兹别克斯坦境内的乌斯秋尔特、布哈拉-希瓦和费尔干纳三个盆地为期五年的油气勘探项目。

（三）技术服务模式

技术服务模式属于服务模式中的一种，是指当事人一方以技术知识为载体，为另一方解决特定技术问题而进行的合作，通过投资国在与资源国合作开发的过程中，提供先进的技术支持、带来先进的管理经验、完善资源开发地的基础设施等。该模式在中亚地区主要是通过提供先进的勘探开发技术、修建油气运输管线而实现。中国同中亚地区油气资源的合作中，属于此种模式的有中国—哈萨克斯坦石油管道和中国—土库曼斯坦天然气管道的修建。

中国与中亚地区的主要油气资源国采用的合作模式主要有：产量分成模式、联合经营模式和技术服务模式，以及三种合作模式相互结合的混合模式。中国与哈萨克斯坦、土库曼斯坦、乌兹别克斯坦三国的油气合作模式虽有相似之处，但由于各国国情及油气产业发展状况的不同，又各具特色，因此，开展油气资源合作时应根据各自的国情进行具体选择[24]。

（四）PPTE 项目管理模式

在横跨土库曼斯坦、乌兹别克斯坦、哈萨克斯坦和中国四国的中亚天然气管道工程项目实施中，为应对复杂多变的环境，创新采用了 PMT+PMC+TPI+EPC 的项目管理模式（PPTE）[25, 26]。建立起以业主管理团队 PMT（Project Management Team）为决策主体，PMC（Project Management Contractor）承包商为项目管理主体，TPI（Third Party Inspection）为项目质量监督管理主体，EPC（Engineering Procurement Construction）总承包商为实施主体的项目运作模式，从而为按期、保质地完成工程项目提供了保障。

中亚—中国天然气管道公司分别与哈萨克斯坦和乌兹别克斯坦的公司成立合资公司，作为相应管道工程的业主，负责管道工程的建设和运营。PMT 管理团队由合资公司的专业人员组成，直接对项目实施进行管理。中亚天然气管道公司选择德国 ILF 公司作为 PMC 承包商，协助中哈和中乌的 PMT 准备各类采办合同和招标文件，协助 PMT 进行项目进度和成本控制管理。中亚天然气管道工程通过国际竞标方式，选择英国 Moody 公司作为 TPI，Moody 公司主要负责监控物资的驻厂监造、施工监督。EPC 总承包商来自中、乌、哈三方，承担中亚—中国天然气管道工程的主要建设任务，对项目的顺利完工起着重要的作用。PPTE 管理模式具有提高项目管理水平、节约成本、精简业主机构等优势，但也存在着管理经验亟待提高，队伍素质建设有待完善，员工外语和国际化理念需要加强等问题[25, 26]。

（五）多边合作多边协调模式

重大油气项目是地区油气合作的重要载体，也是打破合作困境的突破口。具有重大意义的油气项目在给项目参与方带来经济利益的同时，还能促使各方协调本国的能源政策，改善市场条件，加强油气基础设施的对接。对于深处中亚腹地、油气出口渠道受制于别国的中亚国家而言，中国除拥有巨大的市场外，地理上的相连也使得中亚国家无须过多担心油气运输问题。油气管线的建设也为中国获取中亚上游油气资源发挥了关键作用。

双边合作是地区油气合作初始阶段的主要方式，双边合作能带动多边合作的发展。中国在中亚地区面对多个油气资源国，多个资源国在供应一个消费国时难免发生竞争。而中亚地区又是俄罗斯的传统势力范围，中国积极推进与中亚国家的合作必然会触及俄罗斯的既得利益。在多边合作难以开展的情况下，中国通过有效的双边合作开启了地区油气合作的大门。而成功的双边合作又对其他资源国起到了示范和促进作用。中哈石油合作的成功有力地推动了中土天然气合作，后者的合作进程又推动了中哈石油合作进程的加速。此外，俄罗斯也有意借道哈萨克斯坦，将西西伯利亚地区的石油通过中哈石油管道输往中国，中亚地区的油气合作正呈现出协调、均衡、稳步的发展态势[27,28]。

多边协调机制是大多数地区油气合作的现实选择。当前世界上主要的油气产区和消费区尚未形成成熟统一的能源市场，因此单纯通过市场手段调节油气供需关系显得有些不切实际。而由政府主导建立的多边协调机制，具有共享能源信息、协调能源政策、引导能源投资、共建能源储备和加快技术合作等现实可操作性[29]。

（六）上下游一体化合作模式

上游合作是地区油气合作初期的主要内容，从上游合作延伸到包括炼化、销售等下游领域在内的上下游一体化合作是地区油气合作的一般模式。在油气资源日益稀缺的情况下，上游的勘探开发是油气合作的热点。但资源国在开放本国上游市场的同时也希望提升自己的炼化能力，增加油气出口产品的附加值，甚至希望进入消费国的销售领域，直接面对终端市场。这也是油气合作深入发展的方向。中国已意识到单纯的油气供求关系或者贸易上的高度互补性，都不足以完全保障中国和中亚油气合作关系的可持续发展[29]。因此中国在参与中亚地区上游勘探开发的同时，还在生产、运输和炼化等各领域与资源国展开全面合作，并以此为契机向中亚国家输送自己的石油技术。以中国石油、中国石化为代表的石油企业已进入这一地区的上游领域；连接这一地区油气产地和中国市场的大型管网设施，如中俄原油管道、中俄东线天然气管道、中亚天然气管道（A、B、C、D 线）已运营投产或正在建设；中国石油企业与中亚地区的油气合作已拓展到了下游领域。这一合作模式一方面改善了全球油气供给和贸易格局，促进了俄罗斯和中亚地区的油气产业和经济的发展；另一方面提高了中国油气进口多元化程度和中国企业的国际化经营能力。

二、合作开发路径

在中亚与中国油气合作开发的路径方面，从政府、企业、民众层面提出了以下六点建议：建立副总理级别协调委员会，成立能源分会并定期会晤，保证政策沟通；强化天然气基础设施建设，修建中土、中乌天然气管线，建设境外油气供应基地，实现互联互通；设立中国中亚自由贸易区，经贸和能源产业互补，新疆石化工企业进行来料加工，保障贸易畅通；发展能源金融和期货市场，建设亚投行、金砖银行投融资服务，推动人民币结算，促进资金融通；成立中亚勘探开采分公司，鼓励民营企业走出去，推行 PPTE 项目管理模式、属地化管理，完善企业连通；促进天然气主题文化交流，加强不同社会群体之间的沟通，从展会演出到科技学术交流，推进民心相通。

（一）建立副总理级别协调委员会，保证政策沟通

中国与哈萨克斯坦、俄罗斯已经建立了总理级定期会晤机制。中哈总理定期会晤于2012年正式启动，每两年举行一次；中国与俄罗斯还建立了副总理级的中俄投资合作委员会、中俄能源合作委员会等[30]。为推动中国、中亚及俄罗斯跨境油气互联互通战略通道建设，中国应与哈萨克斯坦、土库曼斯坦、乌兹别克斯坦、俄罗斯在上述双边高层领导定期会晤机制的基础上，成立副总理级别协调委员会，主席应为三方副总理级别官员，副总理会晤应为每年至少一次，并在中国、俄罗斯、哈萨克斯坦、土库曼斯坦和乌兹别克斯坦

轮流举行。

副总理级别协调委员会具体负责组织沿"欧洲—俄罗斯—中亚—中国西部—东北亚"的铁路、公路、航空、油气管道等重大建设项目的可行性研究，支持各国经济实体大力挖掘过境运输潜力，推动建设国际运输走廊，以保障欧亚地区及中国—中亚境内的货物运输。同时，各方要发展具有竞争力的现代交通通信基础设施，通过加强边防、海关、检验检疫及铁路部门的协作，完善物流服务，优化运输条件，实现货物快速通关，促进欧亚交通运输可持续发展。

除加强与中亚、俄罗斯的合作外，中国还需密切关注国际能源动态，深化与中亚外围国家美国、欧盟、土耳其和日本的合作，避免发生"能源冷战"。此外，中国还可以积极争取韩国和印度的支持，建立"亚洲能源联盟"，使亚洲能源安全逐步摆脱政局动荡的影响。

（二）强化天然气基础设施建设，实现互联互通

强化天然气勘探开发及基础设施建设。争取用20年时间将中亚地区建成临近中国最可靠、最现实的境外主要油气供应基地。近期要促进并完善中国与中亚各国天然气管网建设，特别是中土、中乌天然气管线建设。

能源基础设施投资，是中国倡议共建丝绸之路经济带的重要内容。在与本国政府、东道国政府、地方相关利益方进行充分沟通、协商的基础上，积极研究对象国的政治、经济、社会文化等领域的制度性安排和发展现状，尽可能地规避或降低投资风险[28]。积极利用亚洲基础设施投资银行与丝路基金方面的资金，在尊重相关国家主权和安全的基础上，以加强沿线国家交通、通讯等基础设施的互联互通为目标，加强建设规划与技术标准体系的对接；要抓住各项基础设施的关键通道、关键节点和重点工程，优先打通缺失路段，畅通瓶颈路段，配套完善安全防护设施和交通餐饮设施。2017年，《上合组织成员国政府间国际道路便利化协定》生效，中—吉—乌公路全线贯通，中国-中亚天然气管道及中哈、中俄原油管道建成，中欧班列常态化正常运行，初步形成了涵盖公路、铁路、管道和通信设施网络，提升了基础设施一体化水平。今后应继续以最大限度提高运输效率，降低运营成本。

（三）设立中国中亚自由贸易区，保障贸易畅通

依托新疆独特的地理区位优势和对中亚各国经济社会固有的亲和力鼓励和支持新疆各类企业、资本进入中亚开展广泛经贸活动特别是油气合作项目[21]。新疆的石化工业较发达，拥有独山子-克拉玛依、乌鲁木齐、南疆和吐哈四大石化基地，可采用中亚油气资源"来料加工"的方式实现互利共赢。此外，新疆的管道开发技术比中亚国家先进，可在复杂输送管道建设等领域为中亚国家提供技术服务，还可考虑向中亚国家有偿或无偿转让这些先进生产技术，将加工设备、生产线和配套组建等中国传统优势产能在中亚国家实现本土化生产，从而建立与中亚国家在能源上的紧密纽带关系。

贸易合作是中国与中亚地区油气合作的主要方式，倡议设立中国中亚自由贸易区，加强各方在能源定价、通关和关税、服务贸易等领域的合作，消除投资和贸易壁垒，创造良好的营商环境，提高贸易自由化和便利化水平，这不仅在一定程度上支持了中亚各国的能源产业，而且也有利于建立稳定、安全、经济、多元的中国能源资源供应体系，促进经贸

和能源产业互补 [31, 32]。近期可以中国新疆的霍尔果斯、塔城等口岸城市为据点，今后可扩大到哈、乌、土沿线国家和地区。通过建立自由贸易区，不仅有利于保障贸易畅通，而且可进一步释放合作潜力，做大做好合作"蛋糕"。

（四）发展能源金融和期货市场，促进资金融通

发展能源金融和期货市场，以提高中国在国际能源格局中的影响力。尽管中国能源金融市场起步晚、尚不发达，但中亚地区的能源金融制度也不完善，随着俄罗斯在金融和能源上逐步转向亚洲，中国可考虑在新疆建立配套的人民币结算中心，提高油气贸易本币结算规模。2013 年 9 月，中国第一个跨境人民币自由兑换中心落户新疆伊犁，开启中国金融界历史性一页。下一步，中国应发挥新疆及中亚国家天然气等能源储量大的优势，成立能源期货交易中心，打造西部地区一流的能源期货交易所。这必将有助于提高中国在世界天然气等能源市场的地位，提高中国的话语权和定价权。

在各国法律框架下，为各国银行在对方境内开展各项交通基础设施建设创造平等和便利条件，支持各国银行建立合作伙伴关系并开展代理业务。借助丝路基金、亚洲基础设施投资银行、中国国家开发银行等资金，建立多元化资金投入渠道，保障中哈国际合作示范区跨境互联互通战略通道建设的顺利进行。其中，丝路基金是由中国外汇储备、中国投资有限责任公司、中国进出口银行、国家开发银行共同出资设立的中长期开发投资基金，投资于基础设施、资源开发、产业合作、金融合作等领域，重点在"一带一路"发展进程中寻找投资机会并提供相应的投融资服务；亚洲基础设施投资银行（简称亚投行）是一个政府间性质的亚洲区域多边开发机构，主要包括五大投资方向，即能源、交通、农村发展、城市发展和物流，重点支持基础设施建设，成立宗旨在于促进亚洲区域的建设互联互通化和经济一体化进程，并加强与中国及其他亚洲国家和地区的合作。

（五）成立中亚勘探开采分公司，完善企业连通

引导中资企业走出去，重视民营企业的参与。未来中国应鼓励民营企业参与海外能源开发，推动国有企业和民营企业的合作，建立"走出去"产业联盟。在哈萨克斯坦和吉尔吉斯斯坦，越来越多的中国民营企业，如中信集团、广汇能源、正和股份、中能国际和华荣能源等大力拓展海外油气业务，积极参与中亚油气开发。近年来，中国对外直接投资增长迅速，企业海外并购热潮一浪高过一浪。通过收购或参股，中国石油企业逐渐掌握东道国一些重要油气项目的绝对控股权。矿产和能源资源涉及国家利益和经济安全，东道国政府对此十分敏感，各种审批程序和法律政策的限制也随之增加。因此，中国石油企业进行海外投资不必刻意追求掌握控制权，以股权为基础的控制权其实并不完全可靠，反而会招来不必要的麻烦。

进行属地化管理，强调知识技术的合作。随着中国石油企业的规模化和国际化，加强海外项目属地化管理已迫在眉睫。中国石油企业要加强自我约束，熟悉并遵守当地工会、劳工、税收和环保等方面的法律法规；尽量提高海外项目当地员工的雇用比例，加强对当地雇用员工的培训和管理，促进当地就业，积极参与公益事业；加强与所在国政府、工会组织等有关社会团体及当地民众、媒体的跨文化沟通交流，争取各界对中国石油企业投资经营的理解和支持。积极推行"PPTE"，大型管道项目工期长、参与方众多，因此在项目实施期间应用该

管理模式，要注意处理好各参与方之间的关系。今后，中国石油企业需改变单纯购买油气资产的方式，加强与东道国在知识共享和技术开发方面的密切合作，使之成为惠及双方社会经济发展的重要引擎。

（六）促进天然气主题文化交流，推进民心相通

在上合组织及"丝绸之路经济带"构想下的人文合作应继续秉承"互信、互利、平等、协商、尊重多样文明、谋求共同发展"的"上海精神"，以及"团结互信、平等互利、包容互鉴、合作共赢"的"丝路精神"，这是人文合作的根本指导思想。要让中亚了解中国，中国首先要了解中亚。中亚国家媒体关于中国的报道很少，中国媒体关于中亚国家的报道同样也很少。今后应加强对中亚地区历史沿革、风土人情、宗教信仰以及中亚各国的政治走向、经济发展及外交政策的宣传。

要去官方化，强调不同主体之间的协调配合、统筹规划。要建立相应机制和平台，促进政党、议会、企业、大众媒体、学术机构、部族长老、非政府组织和驻外机构等不同社会群体的沟通，有组织、有分工、有配合地与东道国构建全方位、多领域的立体合作关系，营造相互包容、相互理解的友好氛围。不仅要与政府和社会精英的打交道，还要与广大普通民众交朋友，使官民交流相互配合、相得益彰。要让所有出境的企业和公民都了解并熟悉当地法律和文化，有意识地推广中国文化，改善国家形象，给当地民众留下良好的印象。

强化人文合作的能力建设，建立人文合作的长效机制，逐步将人文合作从展会、演出、文化节庆和运动会等"小文化"层面提升到科技、出版和学术等"大文化"层面。积极开展油气合作相关的学术往来、人才交流，扩大油气技术和商务专业的留学生规模等[33,34]。要大力培育能参与公共外交和民间外交的人才和队伍，推动沿边省区利用区位、民族和宗教优势，发挥重要的纽带作用，鼓励地方民间组织在海外开展活动，同相关国家民间社会建立联系。

主要参考文献

[1] 钱明. 里海石油向我国招手. 中国石化, 2008,（11）：66-67.

[2] 王郦久. 中亚油气资源与开发综述. 国际研究参考, 2006,（10）：1-10.

[3] 徐严波, 李怀印. 土库曼斯坦天然气产销预测及管网规划. 国际石油经济, 2009, 17（12）：50-56.

[4] 谢方克, 殷进垠. 哈萨克斯坦共和国油气地质资源分析. 地质与资源, 2004, 13（1）：59-64.

[5] 杨莉. 中亚国家油气资源开发状况. 欧亚经济, 2006,（9）：14-18.

[6] 黄伟, 杨桂荣, 张品先. 哈萨克斯坦石油天然气工业发展现状及展望. 天然气与石油, 2015, 33（2）：1-8.

[7] 党学博, 李怀印. 中亚天然气管道发展现状与特点分析. 油气储运, 2013, 32（7）：692-697.

[8] В. Эдер, В. И. Янковский, 聂书岭. 土库曼斯坦石油天然气产业发展现状及前景预测. 中亚信息, 2007,（10）：3-11.

[9] А. Г Коржубаев, И. В. Филимонова, 聂书岭. 乌兹别克斯坦石油天然气工业发展现状及前景. 中亚信息, 2007,（9）：3-11.

[10] 唐红君, 吴志均, 陆家亮, 等. 中国天然气资源潜力分析. 国际石油经济, 2011,（6）：45-51.

[11] 中研网. 中国四大天然气进口通道格局已形成. http：//www. chinairn. com/news/20140818/161833667. shtml. 2015-12-11.

[12] 孙聆轩，吴晓明，李建平，等. 中国天然气进口空间格局演进及优化路径. 天然气工业，2016，36（2）：125-130.

[13] 前瞻产业研究院. 2020 年我国天然气消费量将达到 4200 立方米. http：//bg. qianzhan. com/report/detail/459 /150702-b79f7ee3. html. 2016-3-20.

[14] 参考消息网. 中国加速扩大天然气使用量 2030 年将达 6000 亿立方米. http：//www. chinanews. com/cj/2017/05-21 /8229884. shtml. 2016-10-11.

[15] 腾讯财经. 中国增加中亚天然气进口需求. http：//finance. qq. com/a/20141122/014630. htm. 2016-10-17.

[16] 天工. 中国-中亚天然气管道累计输气突破 1000 亿立方米. 天然气工业，2014，（11）：20-20.

[17] 陈红仙. 基于系统动力学的中国天然气需求预测与分析. 北京：中国地质大学（北京）硕士学位论文，2016.

[18] 许勤华. 大国中亚能源博弈的新地缘政治学分析. 亚非纵横，2007，（3）：45-51.

[19] 宋文英. "一带一路"倡仪下我国油气产业面临的挑战及机遇. 当代经济，2016，（22）：20-21.

[20] 肖洋. 中国油气管道在中亚地区面临的风险与应对. 当代世界，2011，（9）：52-54.

[21] 祝辉. 新疆在中国与中亚油气合作中的重要地位. 实事求是，2011，（3）：56-58.

[22] 李蓉. 试析中亚三国社会软环境对外国油气投资的影响. 欧亚经济，2008，（5）：21-25.

[23] 闫鸿毅，李世群，徐行. 中亚三国石油合同模式研究. 俄罗斯中亚东欧市场，2010，（5）：17-24.

[24] 赵亚博，方创琳. 中国与中亚地区油气资源合作开发模式与前景分析. 世界地理研究，2014，23（1）：29-36.

[25] 钱亚林. PPTE 项目管理模式的实践探索——以中亚天然气管道工程为例. 国际经济合作，2013，（1）：72-76.

[26] 孟繁春. 中亚天然气管道项目管理模式创新. 国际经济合作，2012，（8）：51-54.

[27] 刘乾，高楠. 俄罗斯-中亚地区油气政策走向及对华合作前景. 国际石油经济，2016，24（2）：22-28.

[28] 邓秀杰. 中国与中亚国家油气合作的机遇与挑战研究. 中共中央党校，2015.

[29] 李东超. 东北亚油气合作的现实选择：来自中国在中亚的成功经验. 俄罗斯研究，2010，163（3）：80-93.

[30] 鲍超，方创琳.丝绸之路经济带中国-哈萨克斯坦国际合作示范区跨境互联互通战略通道建设重点. 干旱区地理，2016，39（5）：935-943.

[31] 潘继平. 连通西部跨国能源大动脉——对中亚油气战略的思考. 中国石油企业，2006，（1）：56-58.

[32] 寇忠. 中亚油气资源出口新格局. 国际石油经济，2010，18（5）：39-47.

[33] 刘旭. 丝绸之路经济带倡议下的俄罗斯中亚油气投资风险. 国际石油经济，2015，23（8）：24-28.

[34] 杨楠. 中国-中亚油气合作 筑就丝绸之路新干线. 中亚信息，2014，（10）：10-11.

第六章 中亚油气贸易的空间格局
与中国能源贸易合作

世界范围内油气储量的国家分布非常不均衡,储量排名前 20 个国家油气累计储量占世界油气储量的 93.62%,这些国家在地理分布上呈现多极化特征。近年来,中亚-里海地区在世界油气储量中的地位上升明显。中亚地区油气探明储量为 218 亿 t 油当量,占世界的比例为 5.45%。中亚地区油气资源的储产比①除土库曼斯坦(217 年)外,其他国家普遍低于世界平均水平,其中,哈萨克斯坦储产比(49 年)略低于世界平均水平(53 年),乌兹别克斯坦则更低(20 年)。但因里海地区大量的未探明储量,中亚国家的储产比存在低估的可能性较大。世界范围内的油气产量与储量分布格局基本一致。中亚地区油气消费量在世界油气消费中所占的比例远低于油气产量。在不考虑中亚-里海地区的油气增产情况下,未来 20 年内,中亚地区年对外可供给油气大约在 1.2 亿 t;中远期(50 年)来看,随着乌兹别克斯坦和哈萨克斯坦油气资源的枯竭,土库曼斯坦的天然气资源将成为支撑中亚油气供应的支柱。从整个世界油气贸易流来看,中亚国家的贸易量相对较小,对世界油气贸易格局的影响有限。从中亚的油气贸易关系来看,中国是中亚最大的油气出口国,占油气出口总量的 40.9%。目前,中国每年从中亚进口的天然气总量约为 2660 万 t 油当量,约占中国天然气总进口量一半,其中 93.59% 来源于土库曼斯坦。总体而言,中亚国家对中国的油气贸易依赖程度高于中国对中亚的依赖。

20 世纪 90 年代开始,中国油气企业开始进入哈油气勘探开发领域,在油气田开发、管道建设和运营、工程技术服务和下游炼化领域展开务实合作。从 90 年代中后期到 21 世纪初期,中国与中亚国家的能源合作处于起步阶段。由于中亚国家资源禀赋不同、各自发展战略不同,再加上独立后各国在俄美中之间的徘徊选择,中亚国家与中国的能源合作规模较小。21 世纪初期至今,中国与中亚国家的能源合作具备了一定规模和稳定性,尤其是中哈油气管线和中国—中亚天然气管线的建设,增加了中国与中亚国家油气运送通道,降低了国际能源运输的风险与成本。目前,已形成以哈萨克斯坦为重点,合作范围扩及土库曼斯坦、乌兹别克斯坦等周边中亚国家的良好态势。中国从哈萨克斯坦、土库曼斯坦和乌兹别克斯坦三国进口天然气,但石油进口主要来自哈萨克斯坦。中国与中亚国际合作形式从油气贸易扩展到油气资源开采权、修建跨境油气管道、油气资源加工、油气产品销售、并购中亚国家及外资的油气田,以及油气生产技术服务等多个领域。中国与中亚能源合作具有战略互补性,在石油贸易、油气资源勘探开发、油气产品加工技术领域皆具有广阔的战略前景。

---

① 储产比又名储采比,是指某一国家、地区或矿区(矿山)剩余油气资源探明储量除以现有开采规模(产量)而得出的可供开采的年限。

中亚国家独立后，其重要的地理位置和丰富的油气资源使得中亚地区成为世界主要政治力量和国际资本激烈争夺的场所。大国引领的能源多元竞合是塑造中亚地区能源格局的关键力量，中俄美三国在中亚地区开展的能源博弈是中亚地缘能源格局变化的主导力量，决定着中亚地区能源合作格局的未来走向。欧盟、伊朗、土耳其、日本、韩国和印度等国家和地区也以不同渠道和方式插手中亚地区事务，力图影响中亚地区的发展和走势，实现各自的能源战略目标。围绕中亚地区的能源资源开发和油气管道走向，各种政治力量展开了尖锐复杂的较量。据不完全统计，目前已有美国、英国、法国、德国、意大利、土耳其、加拿大、日本、印度、韩国、俄罗斯、中国、阿根廷、匈牙利、阿曼和阿联酋等国家的油气公司云集在中亚进行油气勘探开发和原油炼制、销售等活动。中亚地区国际能源合作制度缺乏整体性与系统性、能源合作受政治体系干预和影响大、国际能源投资法律和政策缺乏可持续性，且中亚国家大多国内有关投资法律层级较低，现今的投资争端解决模式对国际能源投资的保护力度偏低。因此，中国与中亚能源合作须重视法律制度的完善与政策风险防范。

未来，中国参与中亚地区能源合作要立足于打破冲突型碎片化，推动不同能源合作主体的协调与共赢，促成专业性、针对性、利益共生性的多边能源合作机制，加强政府为主导的多边能源协商与对话，组建能源咨询服务和能源信息平台，大力推动能源俱乐部的建设。同时，应推动能源合作主体和能源合作形式的多样化，优化参与中亚地区能源合作的企业结构，创新中亚能源合作的运营模式，组建能源投资的战略联盟进行联合开发，加强能源勘探开发与深加工技术贸易，推动中亚能源的就地转化，探索建立能源产业合作示范区和能源联合储备机制。创新与中亚国家能源合作的金融政策，加快制定能源统一价格机制，推动人民币作为中亚能源贸易的结算货币，建立区域税收协调机制，加强多种形式的金融合作和资本渗透。在上合组织框架下，推动现有能源政策与双边协议的修订完善。

第一节　中亚在世界油气资源贸易中的战略地位

一、中亚油气资源储量

目前有关储量定义及分类的权威机构主要有美国石油工程师协会（SPE）、世界石油大会（WPC）和证券交易委员会（SEC）。三者对油气储量的分类标准与国内有所差异，不同级别的资源反映了工作的程度、认识的程度及地质上的把握性程度。所有储量的评估都有一定的不确定性。探明储量是在油（气）田评价钻探阶段完成或基本完成时所计算的，在现代技术和经济条件下，可供开采并能获得效益的可靠储量。探明储量是油气资源生产与开发的基础量，决定了油气生产国的供给能力。

（一）世界油气探明储量分布特征

从世界油气资源的探明储量来看，世界范围内的油气储量非常不均衡。2015年，伊朗油气探明储量达到517亿t油当量（下同），占世界比例的13.05%，居世界首位。其次为委内瑞拉、沙特阿拉伯、俄罗斯油气探明储量均超过400亿t，分别为462亿t、439亿t和

430 亿 t，占世界比例的 11.66%、11.10% 和 10.86%。加拿大、卡塔尔和伊拉克储量均超过 200 亿 t，占世界的比例均超过 5%。阿联酋、土库曼斯坦、科威特、美国、尼日利亚、利比亚、中国、阿尔及利亚和哈萨克斯坦的探明储量超过 40 亿 t，占世界比例均超过 1%，澳大利亚、印度尼西亚、挪威和巴西的油气资源储量超过 20 亿 t（表 6.1）。以上 20 个国家油气累计储量占世界油气储量的 93.62%，是世界最重要的油气资源国。

表 6.1　世界油气储量排名前 20 的国家（1995 年、2005 年、2015 年）

序号	1995 年			2005 年			2015 年		
	国家	储量/百万 t 油当量	占世界比例/%	国家	储量/百万 t 油当量	占世界比例/%	国家	储量/百万 t 油当量	占世界比例/%
1	俄罗斯联邦	43502	17.01	伊朗	43578.1	13.34	伊朗	51676.9	13.05
2	沙特阿拉伯	40652.3	15.89	俄罗斯联邦	42303.8	12.95	委内瑞拉	46171.7	11.66
3	伊朗	30197.4	11.81	沙特阿拉伯	42178.8	12.92	沙特阿拉伯	43946.4	11.10
4	阿联酋	18654.5	7.29	卡塔尔	26881.7	8.23	俄罗斯联邦	43010.8	10.86
5	伊拉克	16664.3	6.52	加拿大	26027.5	7.97	加拿大	25441.7	6.43
6	科威特	14507.3	5.67	阿联酋	18844	5.77	卡塔尔	25377.5	6.41
7	委内瑞拉	12705.9	4.97	伊拉克	18539.3	5.68	伊拉克	22839.5	5.77
8	墨西哥	8380.4	3.28	科威特	15259.5	4.67	阿联酋	18822.4	4.75
9	加拿大	8333.5	3.26	委内瑞拉	14794.5	4.53	土库曼斯坦	15814.5	3.99
10	美国	8267.1	3.23	尼日利亚	9577.5	2.93	科威特	15450.4	3.90
11	卡塔尔	8155.5	3.19	美国	9290.7	2.84	美国	15340.2	3.87
12	尼日利亚	5967.9	2.33	利比亚	6840.2	2.09	尼日利亚	9812.7	2.48
13	利比亚	5205.6	2.04	阿尔及利亚	5727.8	1.75	利比亚	7951.3	2.01
14	阿尔及利亚	4682.5	1.83	中国	3553.2	1.09	中国	6838.1	1.73
15	中国	3783.6	1.48	挪威	3443.9	1.05	阿尔及利亚	5718.1	1.44
16	马来西亚	2753.4	1.08	马来西亚	2948.6	0.90	哈萨克斯坦	4958.3	1.25
17	挪威	2690.8	1.05	印度尼西亚	2801.9	0.86	澳大利亚	3668.1	0.93
18	印度尼西亚	2434.5	0.95	澳大利亚	2520	0.77	印度尼西亚	2988.9	0.75
19	澳大利亚	1599.1	0.63	哈萨克斯坦	2384.1	0.73	挪威	2763.3	0.70
20	荷兰	1483.7	0.58	墨西哥	2231.8	0.68	巴西	2154.4	0.54

资料来源：作者根据《BP 世界能源统计年鉴 2017》计算。

世界油气储量的地理分布格局相对较为稳定。20 世纪 80 年代以来海湾地区油气探明储量增长有限，随着非 OPEC 国家油气勘探和开发，世界油气资源储量分布呈现多极变化的特征，油气资源储量中心由俄罗斯和中东地区组成的双核，演变为中东地区、俄罗斯、中亚—里海地区、中南美洲、北非和几内亚湾地区等多中心的特征。从 1995~2015 年，中亚—里海地区在世界油气储量中的地位明显升高。

（二）中亚地区油气储量及演变特征

20 世纪 90 年代以来中亚地区油气探明储量表现为明显的阶段性特征，大致分为 4 个阶段（图 6.1）。第一阶段是 1997 年之前，中亚油气探明储量大约 52 亿 t，占世界比例约为 1.89%。第二阶段为 1997~2006 年，1997 年油气探明储量增长至 57 亿 t，增长了约 5 亿 t，此后一直到 2006 年处于相对平稳阶段，占世界比例约为 1.72%。第三阶段为 2007~2016 年，中亚油气处于跳跃式连续增长阶段，首先是 2007 年哈萨克斯坦油气储量增加了 29 亿 t，随之 2008 年开始由于土库曼斯坦油气探明储量大幅度增加，导致中亚整体储量提升了 65 亿 t，2011 年后整体处于相对平稳阶段，占世界的比例为 5.45%。从占世界探明储量的比例来看，2011 年中亚油气探明储量占世界达到 5.57% 的峰值，2011 年之后尽管中亚地区探明储量始终维持在 218 亿 t 的水平，但随着世界其他地区不断发现新油气田与油气储存资源，占世界的比例却有所下降，2016 年中亚地区油气探明储量占世界的比例降为 5.45%。

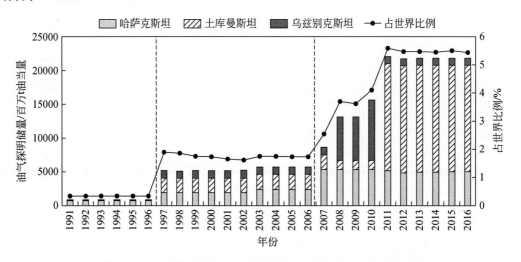

图 6.1　1991~2016 年中亚各国油气探明储量及其占世界的比例

从三个阶段中亚各国的油气储量及其变化来看，2007 年以前中亚油气储量最多的国家是哈萨克斯坦，2008 年以来油气储量最多的国家是土库曼斯坦。1995 年哈萨克斯坦油气资源储量 7.25 亿 t，占中亚油气储量的 86.81%；2005 年哈萨克斯坦油气储量 23.84 亿 t，占中亚油气储量的 41.86%；2015 年哈萨克斯坦油气储量达到 49.58 亿 t，占中亚油气资源储量的 22.71%。1995 年土库曼斯坦油气资源储量 0.74 亿 t，占中亚油气储量的 8.91%；2005 年土库曼斯坦油气储量 21.74 亿 t，占中亚油气储量的 38.17%，2015 年土库曼斯坦油气储量达到 158.15 亿 t，占中亚油气资源储量的 72.44%。乌兹别克斯坦油气储量均相对较小，2015 年油气储量为 10.58 亿 t，占中亚储量不足 5%（表 6.2）。吉尔吉斯斯坦和塔吉克斯坦为贫油气国家。

表 6.2　1995 年、2005 年和 2015 年中亚各国油气探明储量及其占世界的比例

年份	世界百万 t 油当量	中亚百万 t 油当量	中亚占世界比例/%	中亚主要国家（百万 t 当量）		
				哈萨克斯坦	土库曼斯坦	乌兹别克斯坦
1995	255778.2	835.6	0.33	725.4	74.4	35.7
2005	326571.1	5695.7	1.74	2384.1	2174.2	1137.4
2015	395909.1	21831.2	5.51	4958.3	15814.5	1058.4

资料来源：作者根据《BP 世界能源统计年鉴 2017》计算。

需要注意的是，油气储量数据是以各国政府正式公布的数据为基础的，然后由《BP 世界能源统计》《石油天然气杂志》《世界石油》，以及美国能源局能源信息署等权威机构进行加工。油气储量变化主要来源于两个方面：一是新资源的勘探发现；二是勘探技术水平的提高对现有资源开采的技术可行性提升而进行的储量复算。另外，由于各机构的统计口径及统计的细致程度不同，不同机构公布的油气储量数据存在一定偏差。

（三）中亚地区油气储产比

储采比是指年末剩余储量除以当年产量得出剩余储量按当前生产水平尚可开采的年数，是衡量一个国家和地区油气资源持续供给的重要指标。世界油气平均储产比相对来说比较稳定，从 1991～2016 年，储产比一直在 48～57 年波动。2015 年世界油气的平均储产比为 53 年。从世界各国的油气储产比来看，各国储产比差异较大。2015 年储产比最高的国家为委内瑞拉、利比亚和土库曼斯坦，储产比均超过 200 年，分别为 281 年、258 年和210 年；其次为伊朗、也门、叙利亚、伊拉克和卡塔尔，储产比均超过 100 年，分别为 146年、141、119、115 和 106 年。科威特、阿联酋、加拿大、沙特阿拉伯、尼日利亚、哈萨克斯坦和乍得等国均超过 50 年。澳大利亚、越南、俄罗斯、苏丹（Sudan）、阿尔及利亚、厄瓜多尔、秘鲁、阿塞拜疆和乌克兰等国超过 30 年。

中亚国家的储产比，除土库曼斯坦外，其他国家储产比普遍低于世界平均水平。其中，土库曼斯坦的储产比呈现明显上升的趋势（图 6.2），按照 2016 年油气探明储量和油气生产

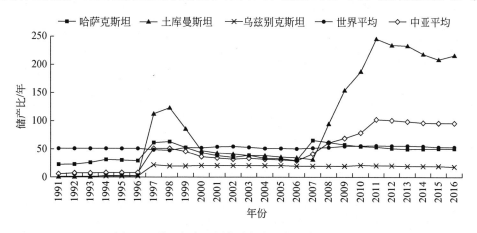

图 6.2　世界与中亚国家油气资源的储产比示意图

水平来看，有 217 年的开采时间，高于世界平均水平（53 年）。哈萨克斯坦的储产比有一定增长，从 1991 年的 22 年增加到 2016 年的 51 年。乌兹别克斯坦储产比上升幅度是中亚油气生产国里最小的，2016 年储产比为 20 年。整体来看，2016 年中亚平均的储产比为 95 年。同时，也应考虑到，中亚国家的储产比，因里海地区大量的未探明储量而存在被低估的可能。

二、中亚地区油气产量与外部供给能力

（一）世界油气生产特征

从世界油气生产来看，世界范围内的油气产量与储量分布格局基本一致。资源储量的分布在一定程度上决定了生产的分布格局。2015 年世界油气产量为 74.19 亿 t，其中美国、俄罗斯和沙特阿拉伯的油气产量均超过 5 亿 t，分别为 12.57 亿 t、10.58 亿 t 和 6.63 亿 t，占世界油气生产总量的 16.94%、14.27% 和 8.93%，是世界前三大油气生产国（表 6.3）。其次为伊朗、加拿大和中国，产量均超过 3 亿 t，分别为 3.53 亿 t、3.50 亿 t 和 3.37 亿 t，分别约占世界油气产量的 5%。卡塔尔和阿联酋产量均超过 2 亿 t，分别为 2.40 亿 t 和 2.30 亿 t，占世界比例约 3%。伊拉克、挪威、墨西哥、委内瑞拉、科威特、尼日利亚和巴西的油气产量均超过 2 亿 t。阿尔及利亚、印度尼西亚、哈萨克斯坦、马来西亚和安哥拉产量均超过 1 亿 t。这 20 个国家的油气产量占世界油气产量比例高达 83.93%，是世界最主要的油气生产国。

表 6.3　世界油气产量排名前 20 的国家（1995 年、2005 年、2015 年）

序号	1995 年			2005 年			2015 年		
	国家	储量/百万 t 油当量	占世界比例/%	国家	储量/百万 t 油当量	占世界比例/%	国家	储量/百万 t 油当量	占世界比例/%
1	美国	857.6	16.84	俄罗斯联邦	996.9	15.72	美国	1256.9	16.94
2	俄罗斯联邦	790.1	15.52	美国	769.0	12.13	俄罗斯联邦	1058.4	14.27
3	沙特阿拉伯	475.9	9.34	沙特阿拉伯	585.4	9.23	沙特阿拉伯	662.5	8.93
4	加拿大	245.3	4.82	伊朗	299.8	4.73	伊朗	353.0	4.76
5	伊朗	215.8	4.24	加拿大	296.0	4.67	加拿大	349.7	4.71
6	联合王国	193.6	3.80	墨西哥	233.6	3.68	中国	337.1	4.54
7	委内瑞拉	180.1	3.54	中国	227.3	3.58	卡塔尔	239.9	3.23
8	墨西哥	177.3	3.48	挪威	216.0	3.41	阿联酋	229.6	3.09
9	中国	165.7	3.25	委内瑞拉	194.4	3.06	伊拉克	197.9	2.67
10	挪威	163.4	3.21	阿联酋	178.7	2.82	挪威	193.5	2.61
11	阿联酋	140.5	2.76	阿尔及利亚	165.8	2.61	墨西哥	176.2	2.38
12	印度尼西亚	131.1	2.57	联合王国	164.1	2.59	委内瑞拉	164.4	2.22
13	科威特	113.2	2.22	尼日利亚	145.8	2.30	科威特	164.3	2.21
14	阿尔及利亚	109.5	2.15	科威特	141.4	2.23	尼日利亚	158.1	2.13
15	尼日利亚	101.8	2.00	印度尼西亚	121.4	1.91	巴西	152.6	2.06

续表

序号	1995 年			2005 年			2015 年		
	国家	储量/百万 t 油当量	占世界比例/%	国家	储量/百万 t 油当量	占世界比例/%	国家	储量/百万 t 油当量	占世界比例/%
16	利比亚	73.6	1.45	巴西	99.0	1.56	阿尔及利亚	144.6	1.95
17	荷兰	60.9	1.20	卡塔尔	93.9	1.48	印度尼西亚	107.5	1.45
18	阿根廷	59.0	1.16	利比亚	92.3	1.46	哈萨克斯坦	96.4	1.30
19	埃及	57.8	1.14	马来西亚	92.1	1.45	马来西亚	96.0	1.29
20	马来西亚	57.5	1.13	伊拉克	91.2	1.44	安哥拉	88.7	1.20

资料来源：作者根据《BP 世界能源统计年鉴 2017》计算。

从生产的地理格局来看，世界油气生产的大致经历了三个阶段。

第一个阶段是第二次世界大战之前的墨西哥湾时代，美国和墨西哥是世界石油生产中心。

第二个阶段是第二次世界大战至 20 世纪 90 年代的海湾时代，中东地区油气产量迅速增加，成为世界油气的最主要供应地，以沙特阿拉伯、科威特、伊朗、伊拉克和委内瑞拉等油气生产国为核心的石油输出国组织（OPEC）在世界油气生产中居于主导地位。

第三个阶段是 20 世纪 90 年代以来的中心与外围对峙时代，非 OPEC 国家在世界油气生产中的份额不断扩大，中亚里海地区、北非马格里布和西非几内亚湾等地区日益成为世界油气资源新的生产基地。从 1995~2015 年世界油气生产的格局演变来看态势，基本形成了较为稳定的多中心能源生产格局，俄罗斯、北美、沙特阿拉伯、中亚-里海地区、中国和中南美洲在世界油气生产中的地位进一步提升。

（二）中亚油气生产特征

中亚国家的油气产量总体上呈现 N 形的增长态势（图 6.3），在 20 世纪 80 年代出现小幅上升之后，从 1990 年 144.14 百万 t 降低到 1998 年的 100.20 百万 t，占世界比例从 2.91%降

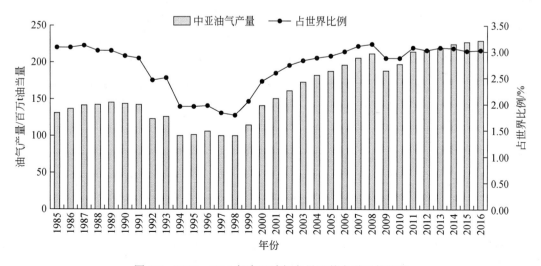

图 6.3　1985~2016 年中亚油气产量及其占世界的比例

低到1.80%。1990年之后，除2009年、2010年受全球金融危机的后效影响，油气产量有所跌落外，其他年份中亚油气产量保持了较为稳定的增长，2016年油气产量229.10百万t，占世界油气产量的3.02%。

从中亚各国来看，中亚油气生产格局呈现出明显的不平衡的状态。哈萨克斯坦、土库曼斯坦是中亚最主要的油气生产国，哈萨克斯坦主导着中亚石油生产的基本格局，土库曼斯坦主导着中亚天然气生产的基本格局（图6.4）。其次为乌兹别克斯坦、吉尔吉斯斯坦和塔吉克斯坦油气产量非常低。具体来看，哈萨克斯坦在1998年之前油气产量低于3000万t，21世纪以来油气产量呈现明显上升趋势，2000年超过4000万t，2002年超过5000万t，2008年之后达到8000万t。1996年之前哈萨克斯坦油气产量占中亚油气产量的比例不足25%，1997～2007年随着油气产量的增加，占中亚比例增长到30%～40%。2008以来占哈萨克斯坦油气产量占中亚的比例稳定在40%以上，2016年哈萨克斯坦的油气产量为9720万t。土库曼斯坦的油气产量总体呈现先降低后逐步增长的态势，1985～1998年产量从7454万t降低到1720万t，降低了5735万t；而后1999～2016年的18年间，产量增加超过5562万t，2016年产量为7282万t，接近于1985年的产量，占中亚比例为31.79%。乌兹别克斯坦油气产量1985～2016年呈现出持续增长的特征，从1985年的3000万t，增长至2016年的5908万t，占中亚油气产量的25.79%。

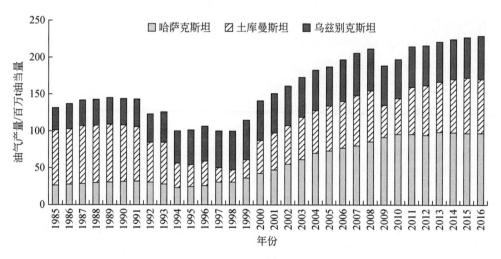

图6.4 1985～2016年中亚各国油气产量及其变化趋势

（三）中亚油气产消差额

中亚地区油气消费量在世界油气消费中所占的比例远低于其产量比例（图6.5）。1985～2016年，中亚地区油气消费总量从8200万t增长至10700万t，32年间消费量增加了约2500万t。油气消费量变动表现为两个阶段，2000年之前总体呈现出波动中下降的特征，而2000年以来，油气消费量在波动中持续增长。相应地，其油气消费占世界比例，在2000年之前呈现不断下降的特征，而2000年之后存在一定的准周期波动现象，目前中亚地区油气消费占世界的1.41%。

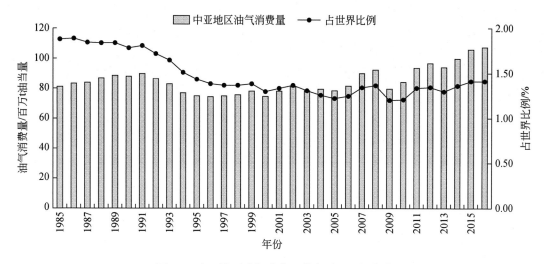

图 6.5　中亚地区油气消费及其占世界比例变化

　　因中亚各国油气下游炼化能力普遍较低，产消差额主要以油气贸易的形式出口。从油气资源的产消差额状态变化来看，1991 年苏联解体之前，中亚地区内部油气生产高于地区自身消费，向外供给能力稳定在 5000 万～6000 万 t。1991 年苏联解体后，中亚地区油气产量和消费量出现双跌，1992 年产消差额迅速跌为 3646 万 t，到 1998 年对外供给能力一度跌至 2460 万 t（图 6.6）。1999 年之后，随着中亚地区政权的相对稳定，并在跨国公司的协助下，其油气开发格局的基本形成，产量开始持续上升，2000 年产消差额为 6653 万 t，2005年产消差额达到 1.09 亿 t。2011 年以来，中亚地区的油气产消差额基本稳定在 1.2 亿 t 上下，2016 年产消差额为 1.22 亿 t（表 6.4）。整体来看，在不考虑中亚-里海地区的油气增产情况下，未来 20 年内，中亚地区年对外可供给油气大约在 1.2 亿 t；中远期的 50 年后，随着乌兹别克斯坦和哈萨克斯坦油气资源的枯竭，土库曼斯坦的天然气资源将成为支撑中亚油气供应的支柱。

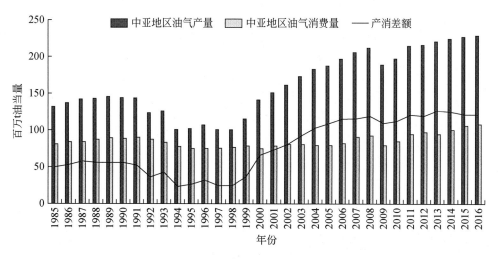

图 6.6　中亚地区油气资源产消差额变化

表 6.4   1993～2016 年中亚地区油气资源产消差额　　　　（单位：百万 t）

年份	产消差额	年份	产消差额
1993	42.88	2005	109.23
1994	23.24	2006	115.47
1995	26.87	2007	115.71
1996	32.22	2008	119.42
1997	24.82	2009	109.45
1998	24.60	2010	112.91
1999	36.69	2011	121.19
2000	66.53	2012	119.95
2001	72.96	2013	126.84
2002	80.71	2014	125.19
2003	92.85	2015	121.49
2004	103.46	2016	121.63

资料来源：作者根据《BP 世界能源统计年鉴 2017》计算。

三、中亚油气贸易格局的基本特征

（一）世界油气贸易格局

总体而言，油气消费国为保证供给安全，不断地推动油气进口来源多元化，而油气生产国为获得稳定的油气财政也不断地推动油气出口多元化，形成了以美国、欧盟、日本和中国等油气消费国和加拿大、沙特阿拉伯、俄罗斯、委内瑞拉、安哥拉、墨西哥、阿联酋、伊拉克、阿曼、卡塔尔、挪威、伊朗和土库曼斯坦等油气生产国为核心的世界油气贸易网络。油气贸易，不仅是经济行为，因油气资源的战略属性，导致了油气贸易与国际政治关系密切，因此不同生产国与消费国之间、消费国与消费国之间、生产国与生产国之间围绕着油气贸易展开了激烈的博弈。从 20 世纪 90 年代以来，世界油气贸易网络不断趋于复杂化，世界油气贸易的多极化特征日趋明显。

从世界油气贸易的主要流向来看，1995 年世界油气贸易的核心进口国是日本、美国、韩国和欧洲（图 6.7、表 6.5）。1995 年超过 1000 万 t 的贸易关系 45 对，其中超过 500 万 t 的贸易关系 80 对，构成了当时世界油气贸易最主要的框架。从双边贸易量来看，排名前 10 的进口国家主要包括日本、美国、韩国、欧洲等油气消费国，出口国包括阿联酋、沙特、委内瑞拉、加拿大、墨西哥、印度尼西亚、尼日利亚和挪威等。其中日本—阿联酋、美国—沙特阿拉伯、美国—委内瑞拉、日本—沙特阿拉伯和美国—加拿大的贸易量超过 5000 万 t。2005 年超过 1000 万 t 贸易关系 69 对，其中超过 500 万 t 的贸易关系 118 对，世界油气贸易的网络复杂程度有所增加，无论是生产国的出口网络还是消费国的进口网络都得到了拓展。以美国、日本和欧洲等发达消费国依然主导着世界最主要的双边油气贸易关系。其中超过 5000 万 t 的贸易对包括美国—加拿大、美国—委内瑞拉、美国—墨西哥、美国—沙特阿拉伯、日本—

沙特阿拉伯、日本—阿联酋、美国—尼日利亚、比利时—荷兰。2015 年世界油气贸易格局发生了明显的变化，超过 1000 万 t 的贸易关系仅为 63 对，超过 500 万 t 的贸易关系为 124 对，与 2005 年的贸易关系相当，但是总油气贸易关系却由 2005 年的 1151 对增加到 2015 年的 1458 对，世界油气贸易呈现出越发显著的分散化和多极化的特征。从贸易格局来看，最显著的变

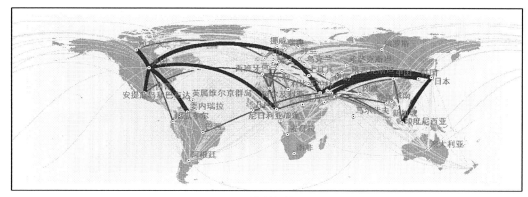

(a) 1995年

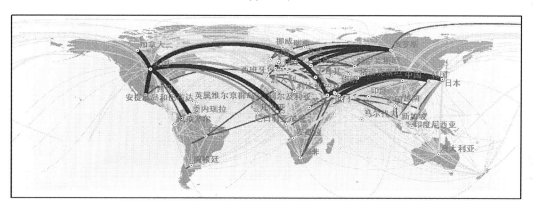

(b) 2005年

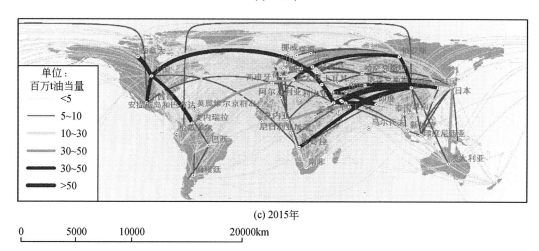

(c) 2015年

图 6.7　世界油气贸易图

化有两个：一是中国和印度在世界油气贸易中的地位显著提升,中国—沙特阿拉伯(5054万t)、中国—俄罗斯(4267万t)、中国—安哥拉(3871万t)、印度—沙特阿拉伯(4333万t)、印度—伊拉克(3235万t)、中国—伊拉克(3211万t)、中国—阿曼(3215万t)在世界油气贸易流中具有举足轻重的作用;二是美国的海外油气进口明显收缩,美国—加拿大(1.68亿t)、美国—沙特阿拉伯(5389万t)、美国—委内瑞拉(3958万t)、美国—墨西哥(3475万t)的双边贸易关系极大地降低了美国对中东的油气依赖。

表6.5 世界油气双边贸易量前20位的国家 （单位：万t油当量）

序号	1995年			2005年			2015年		
	进口国	出口国	贸易量	进口国	出口国	贸易量	进口国	出口国	贸易量
1	日本	阿联酋	6628	美国	加拿大	23369	美国	加拿大	16846
2	美国	沙特阿拉伯	6485	美国	委内瑞拉	7847	美国	沙特阿拉伯	5389
3	美国	委内瑞拉	5808	美国	墨西哥	7602	中国	沙特阿拉伯	5054
4	日本	沙特阿拉伯	5234	美国	沙特阿拉伯	7172	英国	挪威	4923
5	美国	加拿大	5188	日本	沙特阿拉伯	6427	印度	沙特阿拉伯	4333
6	美国	墨西哥	4724	日本	阿联酋	5782	中国	俄罗斯	4267
7	日本	印尼	3852	美国	尼日利亚	5578	韩国	沙特阿拉伯	4172
8	美国	尼日利亚	3610	比利时	荷兰	5563	美国	委内瑞拉	3958
9	韩国	沙特阿拉伯	3077	法国	比利时	3916	白俄罗斯	俄罗斯	3878
10	英国	挪威	2788	英国	挪威	4850	中国	安哥拉	3871
11	比利时-卢森堡	荷兰	2616	法国	比利时	3916	美国	墨西哥	3475
12	意大利	利比亚	2389	德国	俄罗斯	3797	比利时	荷兰	3389
13	新加坡	沙特阿拉伯	2153	白俄罗斯	俄罗斯	3612	印度	伊拉克	3235
14	德国	挪威	2152	韩国	沙特阿拉伯	3538	意大利	俄罗斯	3225
15	德国	俄罗斯	2035	乌克兰	俄罗斯	3368	中国	阿曼	3215
16	日本	伊朗	1995	乌克兰	土库曼斯坦	2898	中国	伊拉克	3211
17	法国	沙特阿拉伯	1978	日本	伊朗	2874	韩国	卡塔尔	3052
18	法国	挪威	1967	日本	卡塔尔	2737	日本	阿联酋	2950
19	美国	英国	1928	美国	伊拉克	2572	德国	俄罗斯	2925
20	美国	安哥拉	1778	意大利	利比亚	2331	英国	挪威	2731

资料来源：作者根据UN Comtrade数据库油气资源贸易数据计算。

（二）中亚油气贸易格局

从整个世界油气贸易流看,中亚国家的贸易量相对较小,对世界油气贸易格局的影响有限。根据世界油气贸易流与贸易关系,通过复杂网络的模块性分析,将世界油气贸易分为不同的贸易集团(trading blocs),贸易集团内部的油气贸易具有较为明显的同质性,而贸易集团之间的贸易行为具有异质性。世界油气贸易呈现小世界(small world)的特征,并且保持长期的稳定性，主要贸易集团包括美国—中南美洲—中东—非洲、俄罗斯—欧盟—中亚里海地区、东亚—东南亚—中东—非洲三大贸易集团。中东和非洲地区从属于不同的贸易集团，究其原因由于历史与殖民关系与北美贸易集团保持长期的油气贸易关系，同时随着亚洲市场的崛起，与亚洲的中国、日本、韩国等油气消费大国也建立了密切的贸易合作。尽管苏联解体之后，中亚进入了权利真空阶段，积极寻求油气贸易的多元化，但从贸易关系来看依然从属于俄罗斯-欧盟贸易集团。而乌兹别克斯坦、土库曼斯坦等国被排在三大贸易集团之外。

从中亚的油气贸易关系来看，2013 年以前，优先保证欧洲国家的油气出口是中亚油气出口的主要方向，而中亚国家中土库曼斯坦的天然气主要输往中国；与欧洲国家相比，中国并不是中亚国家油气出口的主要方向，且双方的贸易关系并不稳定，贸易额变化较大。1995 年中国油气进口总量较小且主要进口源为印度尼西亚、阿曼和也门等国。2005 年以来，中国油气进口源逐渐多样化并相对稳定。从 2005 年和 2015 年的中国与中亚的油气贸易关系（图 6.8）中可以看出，中国的主要进口国为沙特阿拉伯、伊朗、伊拉克、科威特、阿联酋等中东国家，委内瑞拉、巴西等中南美洲国家，安哥拉和苏丹等非洲国家及俄罗斯，土库曼斯坦是中亚国家中中国最主要的油气进口国。从中亚的主要出口国来看，其出口国比较分散，主要集中在欧盟国家。

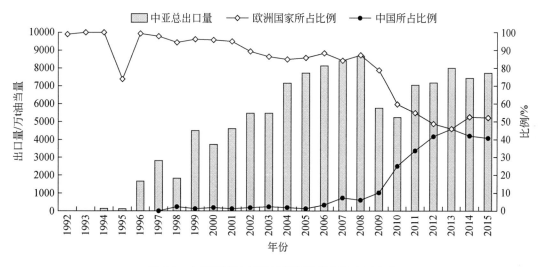

图 6.8　中亚国家油气出口量变动及主要出口方向

从出口量与贸易关系来看，中亚地区自苏联解体以来，一直寻求出口多元化，建立更广泛的贸易关系，出口国从 1995 年的 11 个增加到 2015 年的 31 个。1995 年之前中亚仅有少量油气出口，出口量不足 100 万 t。1996~2015 年油气出口量迅速增加，从 1995 年的 96 万 t，增加到 2015 年的 7722 万 t。从出口的目的地看，2001 年以前中亚向欧洲的出口量占中亚出口量的 90% 以上，2002~2005 年中亚向欧洲的出口量占中亚出口量的 85% 以上，2005 年之后随着向中国出口量的增加，欧洲在中亚出口中的比例一度降到 46.19%（2013 年），随后有所回升，2015 年向欧洲的出口占中亚出口的 52.10%。目前，中国是中亚最重要的油气出口国，占油气出口总量的 40.9%（表 6.6）。

表 6.6 1995 年、2005 年和 2015 年中亚国家的油气贸易

1995 年			2005 年			2015 年		
出口国	出口量/万 t 油当量	比例/%	出口国	出口量/万 t 油当量	比例/%	出口国	出口量/万 t 油当量	比例/%
罗马尼亚	24.4	26.19	乌克兰	3054.0	39.66	中国	3158.6	40.90
哈萨克斯坦	22.6	24.28	德国	697.5	9.06	法国	761.4	9.86
波兰	17.5	18.81	意大利	550.7	7.15	德国	614.1	7.95
芬兰	8.2	8.83	法国	540.7	7.02	意大利	530.7	6.87
意大利	8.0	8.56	哈萨克斯坦	419.6	5.45	希腊	374.4	4.85
希腊	6.3	6.80	阿塞拜疆	372.9	4.84	罗马尼亚	305.8	3.96
匈牙利	2.8	3.00	罗马尼亚	363.1	4.71	俄罗斯联邦	285.4	3.70
捷克	2.5	2.69	波兰	248.5	3.23	哈萨克斯坦	282.1	3.65
斯洛伐克	0.3	0.32	俄罗斯	242.6	3.15	西班牙	280.4	3.63
吉尔吉斯斯坦	0.3	0.32	匈牙利	165.3	2.15	奥地利	219.4	2.84

资料来源：作者根据 UN Comtrade 数据库油气资源贸易数据计算。

从具体的出口国来看，1995 年罗马尼亚、哈萨克斯坦和波兰是中亚国家最主要的油气出口国，向三国出口量分别为 24.4 万 t、22.6 万 t 和 17.5 万 t，占中亚油气出口的 69%。2005年，乌克兰、德国、意大利和法国是中亚国家最主要的油气出口国，出口量均超过 500 万 t，占中亚油气出口总量的 62.88%。2015 年，中国成为中亚油气出口的最主要国家之一，中国、法国、德国和意大利等的出口量均超过 500 万，占中亚油气出口总量的 65.58%，其中中国占中亚油气出口量的 40.9%。由此可见，1995～2015 年中亚国家与中国的油气贸易关系和贸易量变化明显，除德国、法国和意大利之外，中国已成为中亚国家非常稳定的出口国并具有相对稳定的出口贸易量。

第二节 中亚各国油气资源开发与贸易特征

一、哈萨克斯坦油气资源开发与贸易

哈萨克斯坦是中亚地区油气开采量增长潜力最大的地区，根据《BP 世界能源统计年鉴2017》，2015 年油气已探明储量 40.9 亿 t，占世界油气储量的 1.8%，居世界第 12 位。独联体（Commonwealth of Independent States，CIS）第 2 位。哈萨克斯坦是里海沿岸国家之一，如果沿岸五国（俄罗斯、阿塞拜疆、伊朗、土库曼斯坦和哈萨克斯坦）就里海法律地位和海底资源划界达成协议，哈萨克斯坦属里海地区油气探明储量将达 80 亿～100 亿 t，天然气可采储量超过 1 万亿 m^3。

在哈萨克斯坦矿产平衡计算的可开采储量中，油气为 48 亿 t（267 个油田）、1600 亿 m^3游离气体、1400 亿 m^3 溶解气体和 4.41 亿 t 凝析油（62 个气田），其中，绝大多数油气田集中在阿特劳州（72%）和曼吉斯套州（12%），其余的分布在西部、中部、东部和南部五个

州[1]。哈萨克斯坦 90%的油气储量掌握在 12 家最大的矿产资源开发者手中，北里海作业公司（45%）和田吉兹雪佛龙（24%）拥有最多的储量，中小型开采公司仅拥有约 10%[2]。

（一）油气开发历史

1892 年，沙俄对哈萨克斯坦境内的油气资源进行较为系统的勘察。1899 年，在乌拉尔-恩巴地区成功钻探了第一座油田——卡拉古丘油田，哈萨克斯坦的石油工业由此起步。1911 年，哈萨克斯坦相继开发了多索尔油田和马卡特油田。苏联时期，哈萨克斯坦的石油工业属于国有，苏联提供大量资金、技术、设备和人才，促使哈萨克斯坦石油勘探和开发进一步扩大。到苏德战争爆发前，哈萨克境内有 7 处大型油田实现了工业化开采，第二次世界大战前石油年产量达到了 70 万～75 万 t。为保证战时燃料供应，一系列大型油田开始投产。20世纪 60 年代以来，滨里海盆地相继发现了系列油田，尤其是卡拉恰干纳克（Karachaganak）和田吉兹油田（Tengiz）油田的开发推动了哈萨克斯坦石油工业的迅速发展。1991 年苏联解体时，哈萨克斯坦的石油产量为 2660 万 t，天然气产量为 78.9 亿 m³，在苏联 15 个加盟共和国中仅次于俄罗斯联邦。哈萨克斯坦独立后，在跨国石油公司的参与下石油工业逐渐摆脱困境，石油产业成为国民经济的支柱产业。21 世纪以来随着大量新发现油田的开发，石油产量增加迅速，2016 年哈萨克斯坦石油产量为 7900 万 t，占世界总产量的 1.8%，列世界第 15 位。根据哈萨克斯坦政府部门和有关研究机构的预测，2020 年前其石油产量或将增加到 1.3 亿～1.4 亿 t，进入世界前 10 位。

（二）上游油气投资开发

石油是不可再生资源，增加石油储量是产油国最重要的任务。据不完全统计，2010 年以来哈萨克斯坦油气开发的总投资约为 1650 亿美元，其中超过 300 亿美元用于地质勘探。截至 2015 年，哈萨克斯坦共有油气田 267 个，其中 63 个处于勘探阶段，90 个处于开采阶段，114 个勘探与开采同时进行。目前，曼吉斯套油气股份公司和哈萨克斯坦国家油气勘探开发公司签订了备忘录，在曼吉斯套州、西哈萨克斯坦州、阿克托别州、克孜勒奥尔达州、江布尔州等其他州进行大规模地质勘查。奥尔肯·皮特罗乌姆有限责任公司和国家油气公司计划联合在克孜勒奥尔达州边界地区实施勘探方案。同时，哈萨克斯坦启动了在里海欧亚盆地进行区域地质地球物理勘察国际方案。哈萨克斯坦国际油气开发的重大项目主要有 3 个，分别是田吉兹、卡沙甘和卡拉恰干纳克[3]。

（1）田吉兹油田（Tengiz），位于里海东北部，发现于 1979 年，石油储量 30 亿 t，天然气储量 7000 亿 m³。1993 年，美国雪弗龙公司与哈萨克斯坦政府签署建立合资企业的长期协议，成立田吉兹雪弗龙公司（Tengizchevroil，TCO），合作开发田吉兹油田。1994 年，田吉兹油田投产。2013 年，哈政府与田吉兹雪弗龙公司签署合作备忘录，实施油田增产计划，将田吉兹油田产能和开采量从 2600 万 t/a 增加到 3800 万 t/a，美国雪弗龙公司、埃克森-美孚公司分别拥有田吉兹雪弗龙公司 50%和 25%的股份。

（2）卡沙甘油田（Kashagan），位于里海北部，发现于 2000 年，石油储量约 48 亿 t，天然气储量 4900 亿 m³，油气资源储量仅次于沙特阿拉伯加瓦尔（Ghawar）油田。1997 年，哈萨克斯坦政府与意大利阿吉普国际财团（Agip KCO）就卡沙甘油田勘探和开发签订了为期 40 年的产品分成协议（production sharing contract，PSC）。阿吉普国际财团中意大利埃尼公司、英国荷兰壳牌公司、美国埃克森—美孚公司、法国达道尔公司和日本国际石油开发株式会社组成，分别拥有 16.67%、16.67%、16.67%、16.67% 和 8.33% 的股份。然而，恶劣的自然条件、复杂的开采工艺和苛刻的环保要求，导致项目进展缓慢，直到 2013 年，北里海作业公司（North Caspian Operating Company，NCOC）才宣布卡沙甘油田投入开采。

（3）卡拉恰干纳克油气田（Karachaganak），位于西哈萨克斯坦州，发现于 1979 年，已探明的原油储量 12 亿 t，天然气储量 1.35 万亿 m^3。卡拉恰干纳克油田所开采天然气和液态烃分别占哈萨克斯坦全国开采量的 45% 和 16%。1997 年 11 月，卡拉恰干纳克石油财团（Karachaganak Petroleum Operating，KPO）与哈政府签署 40 年期产品分成协议，其中英国石油公司、意大利埃尼公司、美国雪弗龙公司分别拥有 29.25%、29.25%、18% 的股份。

（三）中游油气管道领域建设

哈萨克斯坦所产原油 80% 以上通过管道出口，仅少部分通过油轮从里海阿克套港运往马哈奇卡拉港（俄罗斯）、敖德萨港（乌克兰）、巴库港（阿塞拜疆）和涅卡港（伊朗）等港口，或者用铁路运往中国等周边国家。哈萨克斯坦的主要有四条原油出口管道，总长度为 9128 km，包括里海国际财团管道（CPC）、中哈原油管道（KCP）、阿特劳-萨马拉管道（ASP）和巴库-第比利斯-杰伊汉（BTC）管道。

里海国际财团管道运营长度为 1513 km，从田纳兹油田延伸至俄罗斯的黑海港口新罗西斯克，是哈萨克斯坦和俄罗斯唯一的私营大型石油管道，2016 年输油量 4430 万 t。2017 年将完成 54 亿美元的扩建计划，输油量将扩大到 6500 万 t。中哈油气资源管道长度为 2227 km，从哈萨克斯坦西北部的阿特拉港延伸至新疆的阿拉山口，设计运量为 2000 万 t/a，2015 年中哈油气管道的输量为 1080 万 t。阿特劳-萨马拉管道向北与俄罗斯石油配送系统链接，并通过黑海与国际市场相连接，目前输油量约为 3000 万 t。巴库-第比利斯-杰伊汉管道起点为阿塞拜疆首都巴库，经过格鲁吉亚首都第比利斯，最后到达土耳其位于地中海的杰伊汉港口，设计输送为 5000 万 t/a，2014 年输油量 2850 万 t，其中哈萨克斯坦通过 BTC 原油输入量达 2500 万 t。

（四）下游油气炼化领域开发情况

哈萨克斯坦生产的石油绝大多数以原料形式出口，国内炼油企业的加工能力有限，导致国内成品油市场一直处于供不应求的状态，尤其是高质量的轻质成品油主要依靠进口[4]。截至 2014 年，哈萨克斯坦原油年加工能力为 1726 万 t、减压蒸馏装置 642 万 t、焦化装置 137 万 t、热加工装置 270 万 t、催化裂化装置 200 万 t、催化重整装置 222 万 t、加氢处理装置 943 万 t。为了满足国内成品油品需求，哈萨克斯坦制定了多部纲领性文件、战略发展规划和法律法规，提高下游产业投资在油气战略投资中的地位，并在政府和哈萨克斯坦国家石油天然气公司（Kaz Munay Gas）的主导下实施了一系列具体措施。其中，国内阿特劳炼油厂（年设计加工能力为 500 万 t）、巴甫洛达尔石化厂（年设计加工能力为 750 万 t）、希姆肯特炼油厂（年设计加工能力为 600 万 t）改造为石油炼化领域的重点项目（表 6.7）。2010 年 3 月，哈萨克斯坦政府批准通过《2010～2014 年加速工业创新发展国家纲要》，拟投入约 40 亿美元对三大炼油厂进行大规模的翻新和现代化改造，另外哈萨克斯坦还计划于 2020 年新建第四座大型炼油厂。

表 6.7　2011~2015 年哈萨克斯坦三大炼油厂原油加工量[5]　　（单位：万 t）

炼厂名称	2011 年	2012 年	2013 年	2014 年	2015 年
阿特劳	420	425	490	550	550
希姆肯特	430	430	440	450	600
巴甫洛达尔	460	475	490	510	600
合计	1310	1330	1420	1510	1750

资料来源：邓秀杰. 2015. 中国与中亚国家油气合作的机遇与挑战研究。

（五）哈萨克斯坦石油资源的国际投资

2010 年以来哈萨克斯坦已经引进美国、英国、荷兰、法国、意大利、中国和俄罗斯等 45 个国家参与地质勘探和油气资源开发，哈萨克斯坦石油作业面的投资和石油开采量的 80%受控于十大外国公司和合资公司，主要包括田吉兹雪佛龙公司、曼吉斯套油气公司、北里海作业公司、奥泽恩油气公司、中石油-阿克托别油气公司、卡拉恰干纳克·皮特罗列乌姆作业公司、恩巴油气公司、卡拉张巴斯油气公司、布扎奇作业公司和哈石油·库姆科利·列索尔吉斯股份公司等。在天然气和凝析油开采方面，卡拉恰干纳克·皮特罗列乌姆作业公司（48%的天然气和 98%的凝析油）、田吉兹雪弗龙（38%的天然气）和中石油阿克托别油气公司（10%的天然气）处于领先地位（表 6.8）。

表 6.8　哈萨克斯坦十大油气资源投资和开采公司及其所占比例

油气公司	投资总额比例/%	石油开采比例/%
田吉兹雪佛龙公司	27	44
曼吉斯套油气公司	16	10
北里海作业公司	15	—
奥泽恩油气公司	11	9
中石油-阿克托别油气公司	10	8
卡拉恰干纳克·皮特罗列乌姆作业公司	8	12
恩巴油气公司	5	5
卡拉张巴斯油气公司	3	4
布扎奇作业公司	3	3
哈石油·库姆科利·列索尔吉斯股份公司	2	4

资料来源：Azamat Baimoldin. 2012. 哈萨克斯坦共和国与中华人民共和国的能源合作探析. 华中师范大学。

1997 年中石油签订购买哈萨克斯坦阿克托别项目 60.3%的股权协议成为中国进入中亚油气市场的开端，随后中国油气公司在哈萨克斯坦油气合作领域不断扩展，中石油、中石化、中海油和中信集团是最积极的投资者[6]。目前最主要的投资包括中石油及其子公司持有中石油-阿克托别油气股份公司 94.4%的股权，是哈西北部扎纳若尔和肯基亚克油田的最重要的作业者；中石油还控制着曼吉斯套油气公司的石油销售，曼吉斯套油气公司是哈萨克斯坦最大的油气开采企业之一，其开采量占哈萨克斯坦的 8%，探明储量为 9.69 亿 t，原油年均开采量超过 500 万 t，其股权由中石油和哈萨克斯坦国家油气公司均等掌管。中信集团与哈萨克斯坦家油气勘探开发公司共同管理卡拉赞巴斯油气股份公司的资产，原油年开采量超过 200 万 t，位列哈最大的石油开采企业前十名。阿特劳州主要的油气田勘探公司-萨章库拉克有限责任公司和普利卡斯皮昂·皮特罗列乌姆有限责任公司都隶属于中石化。乌拉尔油气公司在西哈州的费德罗夫斯克从事油气勘探，其中 22.5%的股份属于中石化的子公司。中石油管理着哈三大炼油厂之一的齐姆肯特炼油厂，中石油加油站点规模在哈石油产品销售市场上位居第三位。在石油服务公司中，中哈长城钻井公司也是中亚独树一帜的专业油田技术服务公司（表 6.9）。

表 6.9　2015 年中国企业在哈萨克斯坦油气市场参与情况

主要石油公司	中方占比/%
中石油阿克托别股份公司	94.47
曼吉斯套油气股份公司	50
皮特罗哈萨克斯坦库姆科利列索尔吉斯股份有限公司	67
哈德合资石油有限责任公司	50
图尔加伊皮特罗列乌姆股份公司	50
布扎奇奥别列依亭克有限责任公司	100
库阿特阿姆隆木纳依合资有限责任公司	50
中石油阿依当木纳依股份公司	100
萨张库拉克有限责任公司	100
潜力石油有限责任公司	100
普利卡斯皮昂皮特罗列乌姆有限公司	100
萨吉兹皮特罗列乌姆有限责任公司	100
艾姆巴维德石油有限责任公司	100
阿达伊皮特罗列乌姆有限责任公司	50
哈萨克斯坦国家油气勘探股份公司	11
阿克托别哈油有限责任公司	25
卡拉库杜克石油有限责任公司	100
阿尔曼合资有限责任公司	100
扎木巴伊有限责任公司	25
朗喀斯切尔皮特罗列乌姆股份公司	87
叶米尔石油有限责任公司	100
卡拉赞巴斯油气股份公司	50
乌拉尔油气公司	22.5

资料来源：作者根据网络资料整理。

二、土库曼斯坦油气资源开发与贸易

土库曼斯坦被誉为"中亚的科威特"。根据 BP《世界能源统计年鉴 2017》，2015 年土探明石油储量为 1 亿 t；探明天然气储量 17.5 万亿 m^3，居世界第 3 位、独联体第 2 位，储产比超过 100 年。此外，土属南里海地区还有大片尚未勘探开发的油气田，远景储量天然气储量或达 26 万亿 m^3，石油远景储量 208 亿 t。俄罗斯是土库曼斯坦最主要的国际油气合作伙伴，在土库曼斯坦开展经营活动的俄罗斯独资及土俄合资企业约 180 家。

（一）油气开发历史与现状

1882 年，土库曼盆地首先发现涅比达克油田。20 世纪 30 年代，又相继发现库姆达克、切列肯和科图尔杰佩等油田[7]。1961 年，在阿姆河盆地发现巴伊拉马气田。此后，相继发现阿恰克、纳伊普、萨特雷克和多夫列塔巴德-顿麦兹，以及南约洛坦 101 等多个大型气田。独立之后，土库曼斯坦广泛吸收外资，引进先进技术和设备，油气产量逐年提高。2014 年，土石油产量为 1270 万 t，占世界总产量的 0.3%；天然气产量为 724 亿 m^3，占世界天然气总产量的 2.0%，但与其储量相比，土库曼斯坦天然气产量还有很大的增长空间。根据《2030年前土库曼斯坦油气工业发展纲要》，到 2020 年，土库曼斯坦天然气年产量达到 1750 亿 m^3，到 2030 年将达到 2300 亿 m^3。

（二）上游油气投资领域

土库曼斯坦油气领域的对外开放程度不高，基本由国内石油康采恩、天然气康采恩、地质康采恩、油气贸易公司和油气建设公司五大国家公司掌握油气资源的开发。为开发里海大陆架油气资源，土库曼斯坦开放了里海近海油气的勘探开发，意大利、英国、加拿大、俄罗斯、德国、印度、马来西亚等国获得勘探开发权。土库曼斯坦约 10% 的油气储量由外国公司控制[8]。

（三）中游油气管道领域

在原油出口方面，海运是土库曼斯坦主要运输方式，石油及其制品在土库曼巴希、艾克列姆和阿拉特扎三个里海港口，分西、北和南三个方向，运送到阿塞拜疆（占 60%）、俄罗斯（占 15%）和伊朗（占 25%）[9]。少量石油通过铁路和公路运往俄罗斯、伊朗和阿富汗。土库曼斯坦曾有一条输油管道，即鄂木斯克-巴甫洛达尔-希姆肯特-土库曼纳巴德，但于 1992 年开始停用。土库曼斯坦是中亚最大的天然气生产国和出口国。液化天然气主要通过公路和铁路向伊朗和阿富汗出口或通过海运经里海向欧洲出口。管道天然气主要有三个方向：其一中亚—中央天然气管道（central asia-center pipeline，CACP）向俄罗斯出口，最大输气能力 800 亿 m^3/a；其二中国—中亚天然气管道向中国出口，分为 A、B、C、D 四条线，设计年输气能力 850 亿 m^3；其三是科尔佩杰-库尔特-库伊管道（Korpezhe-Kurt-Kui）和多夫列塔巴德—汉格兰管道（Dauletabad-Khangiran）向伊朗出口，两条管道设计年输气能力约 140 亿 m^3。通向中国和伊朗的管道是土库曼斯坦推行天然气出口多元化战略、摆脱俄罗斯对天然气控制的重要措施。

（四）下游油气炼化领域

土库曼斯坦石油和天然气开采、加工业是国民经济支柱。随着土库曼斯坦的油气产量不断扩大、油气加工产业化水平的提高，相关投资和产品出口规模将大幅增长。土库曼斯坦共有 4 个炼油厂，包括土库曼巴什炼油厂（年加工能力 1200 万 t）、谢津炼油厂（年加工能力 600 万 t）、巴尔坎纳巴特炼油厂（年加工能力 300 万 t）和切列肯炼油厂（年加工能力 250 万 t）。截至 2014 年 1 月，土库曼斯坦原油年加工能力为原油加工 1185 万 t、减压蒸馏装置 486 万 t、焦化装置 157 万 t、催化裂化装置 79 万 t、催化重整装置 226 万 t、加氢处理装置 337 万 t。根据《2020 年以前土库曼政治、经济和文化发展战略》，土库曼斯坦拟对 4 个炼油厂进行现代化改造以提高炼油厂的产品质量和生产能力，并计划 2020 年前在阿哈尔州和马雷州筹建两个新的油气处理厂[10]。土库曼斯坦的天然气质量较高，碳酸气和硫化氢等腐蚀性有害化学物含量很少。独立之前，土库曼斯坦没有专门的天然气加工厂，天然气直接在土库曼巴什石油加工厂和谢津石油加工厂进行加工。独立之后，发展天然气加工业成为该国的首要任务，在天然气田附近就地建造了多个天然气加工厂，生产液化天然气。土库曼斯坦还致力于天然气的深加工和综合提炼，积极开发高附加值产品，抢占获利丰厚的天然气化工产品市场。2014 年 8 月，土库曼斯坦与日本川崎重工业株式会社和土耳其 Ronesans Turkmen 公司联合体共建阿哈尔州天然气液化汽油生产厂，这是世界上第一个大型天然气化工综合体。

三、乌兹别克斯坦油气资源开发与贸易

与哈萨克斯坦和土库曼斯坦相比，乌兹别克斯坦油气资源储量略逊一筹。根据《BP 世界能源统计年鉴 2017》，2015 年，乌兹别克斯坦探明石油储量 1 亿 t，产量 300 万 t，天然气探明储量 1.1 万亿 m³，占世界储量的 0.6%，天然气产量 577 亿 m³，占世界天然气产量的 1.6%。根据乌兹别克斯坦《2020 年石油和天然气地质勘探战略规划》，到 2020 年，乌兹别克斯坦天然气探明储量将增长 1 万亿 m³，原油探明储量将增长 7000 万 t，凝析油探明储量增长 6600 万 t。

（一）油气开发历史

乌兹别克斯坦的费尔干纳盆地是世界上勘探程度最高和开采石油最早的地区之一[11]。1890 年，乌兹别克斯坦在该盆地发现第一个油田——奇米翁油田。1985 年相继发展加兹利和苏坦尔两个特大型油气田，成为该国油气主要供应基地。1953 年，乌兹别克在克孜勒库姆沙漠发现第一个天然气田——塞塔兰捷别气田。1955 年，在布哈拉-希瓦地区又发现了加兹利大型气田，随后扎尔卡克斯、穆巴列克和舒尔坦气田等气田相继发现。独立以来，乌兹别克斯坦石油产业发展较快。1999 年石油产量达到最高峰 812 万 t。但由于开发时间较长、设备老化、技术落后，以及油气勘探和开发投入不足，2000 年以来，石油产量出现下降的趋势，近年来产量仅能维持在 300 万 t 左右的水平。相比之下，天然气产量相对比较稳定，2000 年以来产量一直维持在 500 亿 m³ 以上。

（二）上游油气投资领域

独立初期，乌兹别克斯坦的能源政策不完善、不稳定且执行不力。仅有俄罗斯在乌兹别克斯坦进行油气投资，其中俄罗斯卢克石油公司（Lukoil）与俄罗斯天然气工业股份公司（Gazprom）是乌兹别克斯坦油气领域最大外国投资商。近年来，随着油气投资环境的改善，以及相关优惠措施的出台，美国、日本、瑞士、马来西亚、韩国、中国等国家的企业通过合资联营的方式进入乌兹别克斯坦油气行业。目前，乌兹别克斯坦约 30% 的油气储量由外国公司控制[12]。

（三）中游油气管道领域

2003 年之前，乌兹别克斯坦生产的石油基本自用，少量出口原油和石油产品主要出口周边塔吉克斯坦、吉尔吉斯斯坦和阿富汗等国。由于石油产量不断下降，乌兹别克斯坦开始大量从哈萨克斯坦进口原油，因此修建了从哈萨克斯坦希姆肯特到乌兹别克斯坦的塔什干的石油管道。乌兹别克斯坦天然气产量仅次于土库曼斯坦，拥有较为完备的天然气管线。由于乌兹别克斯坦国内天然气需求快速增长（天然气在能源消费结构中的比例为 83%），加上政府鼓励发展天然气加工项目，乌兹别克斯坦天然气出口的压力骤增，扩建天然气管道成为乌兹别克斯坦油气工业发展的重要组成部分。乌兹别克斯坦天然气出口管道主要有三个方向：向北有中亚-中央天然气管道和布哈拉-乌拉尔管道（Bukhara-Ural）输往俄罗斯；向东有中国-中亚天然气管道输往中国；布哈拉-塔什干-比什凯克-阿拉木图管道（Bukhara-Tashkent-Bishkek-Almaty）和加兹利-希姆肯特管道（Gazli-Chimkent）供应塔吉克斯坦、吉尔吉斯斯坦和哈萨克斯坦[13]。

（四）下游油气炼化领域

乌兹别克斯坦共有 3 座大型炼油厂，分别为费尔干纳炼油厂（年加工能力 550 万 t）、布哈拉炼油厂（年加工能力 250 万 t）和阿尔特阿雷克炼油厂（年加工能力 320 万 t）。由于乌兹别克斯坦石油产量下降，石油产品加工量受到很大影响。截至 2014 年 1 月，乌兹别克斯坦原油年加工能力 1120 万 t、减压蒸馏装置 242 万 t、焦化装置 97 万 t、热加工装置 50 万 t、催化重整装置 101 万 t、加氢处理装置 163.3 万 t。乌兹别克斯坦天然气硫含量较高，共有 3 家大型天然气加工企业，分别是穆巴列克天然气加工厂（年加工能力 300 亿 m^3）、舒尔坦天然气加工厂（年加工能力 200 亿 m^3）和舒尔坦天然气化工综合体（年加工能力 40 亿 m^3）[14]。2008 年 5 月，乌兹别克斯坦国家石油天然气公司（Uzbekneftegaz）和韩国财团组建乌兹别克斯坦-韩国天然气化工合资公司（Uz Kor Gas Chemical），在苏尔吉利气田基础上实施"乌斯蒂尔特"天然气化工综合体项目，年加工天然气 45 亿 m^3，生产聚乙烯和丙烯 50 万 t。2009 年，乌兹别克斯坦国家石油和天然气公司与马来西亚国家石油公司（Petroliam National Berhad，Petronas）和南非萨索尔（Sasol）有限公司建立合资公司，在舒尔坦天然气化工基地建设综合性能源设施。

四、塔吉克斯坦和吉尔吉斯斯坦油气资源开发与贸易

在中亚国家中，塔吉克斯坦和吉尔吉斯斯坦的油气资源最为匮乏，迄今为止尚未发现储量丰富的大型油气田。由于国内油气供需紧张，两国政府不得不花费大量外汇从邻国进口。塔吉克斯坦石油储量为 1.2 亿 t，天然气储量为 8800 亿 m^3，塔吉克斯坦有约 100 多处油气点需要进行勘探和开采。但由于资源埋藏较深，多位于 7000 m 以下，且缺少战略投资商，致使油气资源无法得到有效开发。2015 年，塔吉克斯坦原油和天然气的开采量分别为 2.46 万 t 和 410.1 万 m^3，95% 以上的石油及天然气依赖进口。吉尔吉斯斯坦虽蕴藏一定的油气资源，但开采难度大、资金和技术匮乏、基础设施落后，短期内难以进行大规模勘探开发。

尽管属于油气工业不发达的国家，吉、塔两国都有上百年的油气勘探开发历史。吉、塔两国分别于 1903 年和 1910 年钻出第一口油井。20 世纪 70~80 年代，在中央大量拨款的推动下，两国在费尔干纳盆地不断发现新油气田和新油气矿床。1979 年，塔吉克斯坦油气产量达到高峰，其中原油 52 万 t、天然气 5.2 亿 m^3；1985 年，吉尔吉斯斯坦油气产量达到高峰，其中原油 32 万 t、天然气 3.8 亿 m^3。吉尔吉斯斯坦独立以后，由于油气勘探设备老化，缺乏技术专家，油田钻井开采作业逐年萎缩，产量急剧下滑，2015 年全国石油总产量仅 10 万 t，天然气产量 3160 万 m^3。塔吉克斯坦独立不久即发生内战，整个能源体系遭到破坏，再加上勘探水平和程度低，至今尚未恢复到苏联解体前水平。

吉、塔两国是中亚油气出口管道重要的过境国。2013 年 9 月，习近平主席访问中亚，与吉尔吉斯斯坦和塔吉克斯坦签署了关于中国-中亚天然气管道 D 线建设运营的合作协议。从油气资源下游炼化来看，吉尔吉斯斯坦有 4 座炼油厂，其中，规模较大的吉尔吉斯石化公司（年加工原油能力 50 万 t）和东方炼油厂（年加工原油能力 18 万 t）都是合资企业。塔吉克斯坦成品油加工几乎为空白，全部产品依赖进口。

五、里海地区油气资源开发与贸易

尽管关于里海地区油气资源储量尚无定论，但毫无疑问里海是当今世界油气储量最丰富的地区之一，被称为"第二个波斯湾"。据哈萨克斯坦能源部长在 2015 年 1 月议会下院举行的听证会所言，国际权威专家预测，里海盆地石油储量高达 600 亿 t。美国能源信息署曾预测，里海地区石油探明储量为 23.1 亿~45.7 亿 t，待发现资源量为 319 亿 t，总资源量为 342.2 亿~364.8 亿 t，天然气储量 14 万亿~16 万亿 m^3，超过世界总储量的 4%[15]。在分析中亚油气资源时，里海盆地是一个不能忽略的部分。苏联解体后，里海沿岸国家由原来的苏联和伊朗两国变为俄罗斯、伊朗、哈萨克斯坦、土库曼斯坦和阿塞拜疆五个国家。里海石油和天然气资源分布不平衡，石油主要分布于哈萨克斯坦、俄罗斯和阿塞拜疆三国领海大陆架，天然气主要分布在哈萨克斯坦和土库曼斯坦。目前，里海已经成为哈萨克斯坦和土库曼斯坦未来油气产量增长的主要基地，尤其是哈萨克斯坦，占里海油气总产量一半以上，而土库曼斯坦尚有巨大潜力亟待开发。

（一）里海油气开发历史及其资源地位

里海是世界上最早发现并进行石油开发的地区之一。第二次世界大战以前石油开采主要集中在里海西岸阿塞拜疆的阿普歇伦半岛，且仅限于陆地开采。第二次世界大战后，苏联能源政策向西西伯利亚倾斜，里海的石油产量逐渐减少。苏联解体后，随着海洋石油开采技术的进步，在西方跨国石油公司的参与下，里海再度掀起石油勘探开发的热潮。目前，里海沿岸国家进行的油气勘探开发都是针对沿岸的大陆架，深层水域尚待勘探开发。从资源区位来看，里海油气资源的重要性还在于它位于石油心脏地带的中心，东北接中亚天然气富集区，西南接海湾"世界油库"，向北可以延伸到俄罗斯西伯利亚和远东地区，向南可以扩展到北非马格里布，形成一个巨型油气资源带[16]。从经济地理上看，里海地区北靠俄罗斯市场，东邻中国、日本、韩国等亚太市场，南临南亚次大陆市场，西与欧洲隔黑海相望。无论从油气地区连接位置，还是从油气供需格局来看，里海都位于世界油气战略格局的制高点上。

（二）里海资源开发现状

哈萨克斯坦在里海油气资源开发上尤为积极。1993 年 12 月，哈萨克斯坦"里海大陆架公司"与英国、美国、法国、意大利、荷兰、挪威 6 国跨国石油公司组成国际财团，对哈萨克斯坦属里海水域进行油气勘探。卡沙甘油田和卡拉姆卡斯（Karamkas）油田就是此次勘探的重要成果。2003 年 5 月，哈萨克斯坦政府公布《哈萨克斯坦里海地区开发计划》，计划到 2015 年里海地区石油产量达到 1 亿 t[17]。哈萨克斯坦通过吸引外资对里海 25～29 个海上区块进行石油作业，并对北里海（卡沙甘）、库尔曼加兹、热姆秋什、咸海、图卜卡拉坎、达尔汉、阿巴伊、扎姆贝尔和"H"区块共 9 个区块进行工业开发。目前，俄罗斯、加拿大、印度、日本、韩国、阿曼、中国等国已加入里海油气开发。

土库曼斯坦认为在未来几十海大陆架油气资源的开发与其国家发展密切相关。2000 年，在美国西部物探公司（Western Geco）地震勘探工作基础上，土库曼斯坦将其所属的里海水域划分为 32 个勘探区块，通过国际公开招标方式吸引外国投资者进行风险开发[18]。目前，已有爱尔兰-阿联酋 Dragon 石油公司、马来西亚国家石油公司、丹麦 Maersk 石油公司、德国 Wintershall 石油公司、印度国家油气公司，以及俄罗斯扎利特财团等多家外国公司与土库曼斯坦政府签订了产品分成协议。

然而，里海沿岸五国在里海法律地位上无法达成一致，缺乏有效的法律机制和协商机制，导致沿海国家因争夺里海资源而冲突不断，制约了里海油气资源的开发。土库曼斯坦与阿塞拜疆两国在里海边界上长期存在争议，在塞尔达（阿塞拜疆称"卡巴兹"）油气资源区，1997 年阿塞拜疆与俄罗斯签约开发协议，但因土库曼斯坦投诉而无果。此后，阿塞拜疆阻止了土库曼斯坦与加拿大 Buried Hill 能源公司的合作开发协议。里海的法律地位不明阻碍了海底管线建设。为了实现对欧洲供气，2011 年土库曼斯坦与欧盟、阿塞拜疆积极探讨建设跨里海天然气管道（trans-caspian gas pipeline，TCGP）的问题。但俄罗斯和伊朗以里海法律地位未决和生态环境保护为由表示反对，致使该管道无法落实。为了维护在里海的油气资源利益，沿岸国纷纷加强海军力量的建设。哈萨克斯坦 2007 年成立里海海军组建和发展局, 土库曼斯坦也宣布以里海土库曼巴希港为基地建立海军, 里海地区的能源开发走向了军事化。

第三节　中国与中亚的油气贸易特征

中国与中亚国家的能源合作始于 20 世纪 90 年代, 1997 年中国与哈萨克斯坦签署《关于在石油和天然气领域合作的协议》, 中石油与哈能源资源部签署《关于油田开发和管道建设项目的总协议》, 中国石油企业开始进入哈油气勘探开发领域, 在油气田开发、管道建设和运营、工程技术服务和下游炼化领域展开务实合作 (表 6.10)[19]。从 20 世纪 90 年代中后期到 21 世纪初期, 中国与中亚国家的能源合作处于起步阶段。由于中亚国家资源禀赋不同、各自发展战略不同, 再加上独立后各国在俄美中之间的徘徊选择, 中亚国家与中国的能源合作规模较小[20]。21 世纪初期至今, 中国与中亚国家的能源合作具备了一定规模和稳定性, 尤其是中哈油气管线和中国—中亚天然气管线的建设, 增加了中国与中亚国家油气运送通道, 降低了国际能源运输的风险与成本。目前已形成以哈萨克斯坦为重点, 合作范围扩及土库曼斯坦、乌兹别克斯坦等周边中亚国家的良好态势。合作形式从油气贸易扩展到油气资源开采权、修建跨境油气管道、油气炼制加工、油气产品销售、并购中亚国家及外资的油气田, 以及油气生产技术服务等多个领域。

表 6.10　部分中国—中亚油气资源合作中重点项目一览表

	合作时间	合作国家	合作内容
油气资源贸易与合作开发	1997.06	哈萨克斯坦	中哈签订《阿克托别油气股份公司购股协议》购买阿克托别油气公司 60.3%的股权, 标志中国正式进入中亚油气市场
	1997.08	哈萨克斯坦	中石油中标哈萨克斯坦第二大油田新乌津油田私有化
	2002.05	哈萨克斯坦 土库曼斯坦	2002 年中国先后签署了土库曼斯坦和哈萨克斯坦里海盆地东缘中区块开发协议
	2003.06	哈萨克斯坦	中石油再签阿克托别购股协议, 占阿克托别油田股份达到 85.6%
	2003.10	哈萨克斯坦	中石油购买雪佛龙-德士古北布扎奇股份, 购得北布扎奇油田
	2004.11	哈萨克斯坦	中石油收购肯尼斯油田和贝克塔斯油田 (KAM 项目) 50%的股权
	2004.06	乌兹别克斯坦	中石油与乌兹别克斯坦国家石油天然气公司签署互惠合作协议
	2005.10	哈萨克斯坦	中国石油收购 PK 石油公司
	2005.01	哈萨克斯坦	中石化完成对美国第一国际石油公司的整合, 在其所属的哈萨克斯坦石油勘探区内进行全面勘探作业
	2005.05	乌兹别克斯坦	中乌双方签署了石油勘探和开采领域长期合作的政府正式协议
	2006.07	哈萨克斯坦	中石油与哈萨克斯坦能矿部签署协议将原 PK 石油公司 33%的股份转给哈萨克斯坦国家石油公司
	2006.12	乌兹别克斯坦	中石油获得乌兹别克斯坦《油气勘探作业许可证》, 可在三个盆地 5 个陆上勘探区块开展油气勘探作业
	2006.04	土库曼斯坦	签署了《中华人民共和国政府和土库曼斯坦政府关于实施中土天然气管道项目和土库曼斯坦向中国出售天然气的总协议》

续表

合作时间	合作国家	合作内容
	2009.04	哈萨克斯坦	中哈签署了 100 亿美元的石油贷款协议
	2009.06	土库曼斯坦	中土双方签署了 40 亿美元的贷款协议
	2009.11	哈萨克斯坦	中石油购买曼格什套油气公司 100%的股份
油气资源	2010.06	乌兹别克斯坦	中乌签署《中乌天然气领域扩大合作的谅解备忘录》和《关于天然气购销的框架协议》，向中国供气 100 亿 m^3
贸易与合作开发	2011.02	哈萨克斯坦	中哈签署《关于哈萨克斯坦乌里赫套项目合作的原则协议》，联合勘探开发乌里赫套气田
	2013.09	土库曼斯坦	中石油和土库曼斯坦天然气康采恩签署年增供 250 亿 m^3 天然气购销等协议
	2013.09	土库曼斯坦	中石油承建的土库曼斯坦复兴气田南约洛坦年产能 100 亿 m^3 的建设项目投产
	2013.09	哈萨克斯坦	中哈达成协议，中石油以 50 亿美元收购卡沙甘油田 8.33%的股份
	2003.06	哈萨克斯坦	中哈签署了分阶段建设从哈萨克斯坦阿特劳-中国阿拉山口输油管道的协议，一期 2006 年竣工，二期 2009 年竣工投产
	2004.07	哈萨克斯坦	中哈各自参股 50%成立"中哈管道有限责任公司"（KCP），负责中哈原油管道的项目投资、工程建设、管道运营管理等业务
	2005.12	哈萨克斯坦	中哈原油管道一期工程开始投油，并于 2006 年 5 月全线运营
	2006.04	土库曼斯坦	中土关于输气管道建设的框架协议
	2007.08	土库曼斯坦	中国-中亚天然气管道土库曼斯坦段开工建设
	2007.11	哈萨克斯坦	中石油与哈萨克斯坦签署关于未来管道建设的原则性协议
	2008.06	乌兹别克斯坦	中国-中亚天然气管道乌兹别克斯坦段开工建设
	2008.07	哈萨克斯坦	中国-中亚天然气管道哈萨克斯坦段开工建设
油气管道建设	2009.07	哈萨克斯坦	中哈原油管道二期工程建成，哈萨克斯坦西部到新疆全线贯通
	2009.10	哈萨克斯坦	中哈输气管道协议从别伊涅乌到希姆肯特与中亚-中国输气管道相连输气能力 100 亿 m^3，可拓展至 150 亿 m^3
	2009.12	吐、乌哈	中亚-中国天然气管道输气管道 A 线通气，据协议未来 30 年，每年向中国输送天然气 300 亿 m^3
	2010.10		中亚天然气管道 B 线投产，实现双线通气。气源地为土库曼斯坦
	2011.02	土库曼斯坦	中土双方就土方向中国每年增供 200 亿 m^3 天然气达成共识
	2012.10	土、乌、哈	中国-中亚天然气管道 A/B 线 300 亿 m^3 输气能力建设全部完成
	2012.09	土库曼斯坦	中国-中亚天然气管道 C 线计划开工建设
	2013.09	土库曼斯坦	中国-中亚天然气管道 D 线建设启动，2016 年建成通气

资料来源：杨宇.2013. 全球石油资源开发利用格局演变与中国海外石油合作模式研究. 中国科学院大学，有补充。

一、中国与中亚国家的油气贸易

（一）中国油气进口贸易总体特征

包含中国台湾和香港在内，中国一直以来都是能源不能自给的国家。从中国油气生产与消费量来看，大致可以经历了三个阶段。20 世纪 60 年代和 70 年代初期，中国油气生产与消费量呈缓慢增长趋势，生产量和消费量基本相当。20 世纪 70 年代中后期到 90 年代初期，中国的石油生产量总体缓慢增长，油气缺口基本稳定在 1000 万 t 以内，1983～1987年生产量甚至超过消费量。1993 年中国由石油净出口国变为石油净进口国，此后中国油气的进口量呈现大幅的增长态势。从 1965 年以来中国油气生产的基本走势来看，油气生产量呈现先上升而后稳定的特征，1978 年中国油气生产量超过 1 亿 t，并呈现出缓慢增长的趋势，2003 年产量超 3 亿 t，2011 年油气产量达到 3 亿 t 的水平。从当前中国主要油气田的开采情况和石油勘探开发来看，中国油气资源或将继续维持在不到 4 亿 t 的水平，如无大的油气田发现，未来有可能出现产量下滑的趋势（图 6.9）。

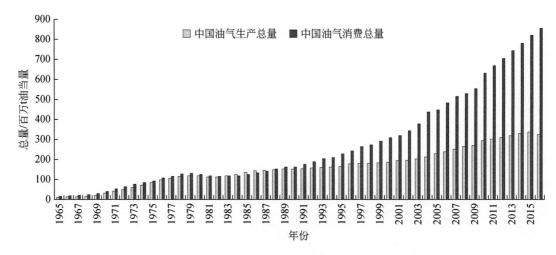

图 6.9 中国 1965 年以来油气生产量与消费量

从油气消费的基本走势来看，20 世纪 80 年代以来，油气消费呈现出指数型增长的态势。1976 年油气消费量超过 1 亿 t，1993 年超过 2 亿 t，2000 年超过 3 亿 t，2004 年超过 4亿 t，2007 年超过 5 亿 t，此后每 2～3 年消费量增长 1 亿 t，2016 年达到 8.54 亿 t 的规模。相比油气生产量而言，随着中国大规模的城镇化与工业化建设，油气消费量仍有增长潜力。尽管近年来中国进行大规模的能源结构调整，积极推广太阳能和核能等的发展，但从目前来看，短期内新能源对油气的替代效应并没有凸显，化石能源消费尚未出现明显降低的趋势。且随着近年来，迫于气候变化与碳减排压力，中国天然气消费比例显著增加，因此中国的油气消费对外依赖度仍将上升，保障中国能源消费将面临巨大的压力。

中国油气生产和消费差额不断增大，导致了油气贸易的不断扩大，使得中国油气对外贸易依存度不断提高（图 6.10）。1999 年中国油气生产与消费的差额突破 1 亿 t，2003 年差额超过 1 亿 t，2004 年之后差额超过 2 亿 t，2010 年突破 3 亿 t，2016 年达到 5.29 亿 t，巨大的油气缺口只能依赖于国际油气进口来弥补。从对外贸依存度来看，自 1965 年以来，对外贸易依存度呈现先下降后显著增长的趋势，1997 年对外贸易依存度超过 30%，2015 年对外贸易依存度超过 60%，远超过国际能源署对其成员国划定的对外贸易依存的警戒线。

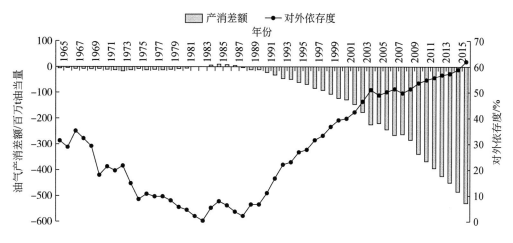

图 6.10　中国油气生产与消费差额及对外依存度变化（1965～2016 年）

（二）中国油气进口的主要国家分布

从中国油气进口格局来看，2000 年以来，中东地区、非洲和东南亚和中亚是中国最主要的油气来源地（图 6.11），2000 年之后中东地区、俄罗斯和非洲成为中国最主要的油气来源地。中东地区最主要的进口国包括沙特阿拉伯、伊朗、伊拉克、阿曼、科威特、阿联酋等，非洲的主要进口国包括安哥拉、苏丹、赤道几内亚等国家。另外，南美洲的委内瑞拉、巴西和哥伦比亚等在中国的进口中所占比例均较大。从 2015 年的中国油气进口贸易量来看，沙特阿拉伯是中国最大的油气进口国，油气进口量超过 5000 万 t，占中国油气进口量的 12.97%，其次为俄罗斯和安哥拉，进口量分别为 4267 万 t 和 3871 万 t，分别占油气进口总量的 10.95% 和 9.93%。伊拉克、阿曼的进口量也均超过 3000 万 t，占中国油气进口比例 8.24% 和 8.25%，伊朗进口量 2662 万 t，占中国油气进口比例的 6.83%，另外土库曼斯坦、委内瑞拉、科威特、巴西、阿联酋、澳大利亚、哥伦比亚和苏丹进口量均超过 2%（表 6.11）。

(a) 1995年

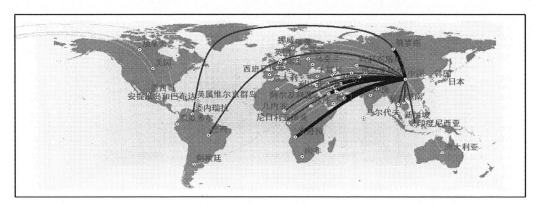

(b) 2005年

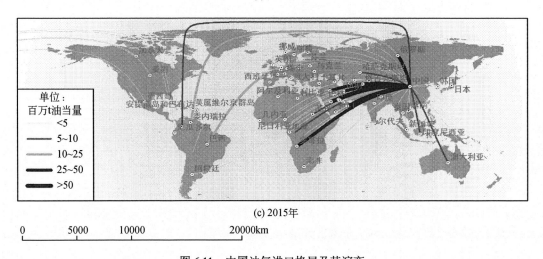

(c) 2015年

图 6.11　中国油气进口格局及其演变

表 6.11　中国油气前十位进口国（1995 年、2005 年、2015 年）

序号	1995 年			2005 年			2015 年		
	进口国/万 t	进口量/万 t	比例/%	进口国/万 t	进口量/万 t	比例/%	进口国/万 t	进口量/万 t	比例/%
1	印度尼西亚	528	30.89	沙特阿拉伯	2218	17.49	沙特阿拉伯	5054	12.97
2	阿曼	365	21.38	安哥拉	1746	13.77	俄罗斯	4267	10.95
3	也门	247	14.47	伊朗	1427	11.25	安哥拉	3871	9.93
4	安哥拉	100	5.84	俄罗斯	1278	10.08	阿曼	3215	8.25
5	伊朗	93	5.45	阿曼	1083	8.54	伊拉克	3211	8.24
6	越南	76	4.45	也门	684	5.39	伊朗	2662	6.83
7	马来西亚	59	3.44	苏丹	662	5.22	土库曼斯坦	2489	6.39
8	尼日利亚	39	2.28	刚果	553	4.36	委内瑞拉	1601	4.11
9	阿联酋	37	2.15	印度尼西亚	409	3.22	科威特	1443	3.70
10	沙特阿拉伯	35	2.03	赤道几内亚	371	2.92	巴西	1392	3.57

资料来源：作者根据 UN Comtrade 数据库油气资源贸易数据计算；表中比例为占中国油气进口总量。

（三）中国与中亚国家油气贸易特征

因能源禀赋差异，中国从中亚各国进口能源的侧重点并不相同。中国从哈萨克斯坦、土库曼斯坦和乌兹别克斯坦三国进口天然气，但石油进口主要来自哈萨克斯坦。自 2010 年始，中国开始从土库曼斯坦进口天然气，2012 年和 2013 年开始分别从乌兹别克斯坦和哈萨克斯坦进口天然气。目前，中国每年从中亚进口的天然气总量约为 2660 万 t 油当量，约占中国天然气总进口量一半，其中 93.59% 来源于土库曼斯坦。土库曼斯坦目前是中国油气进口的第八大国家，天然气最大进口国，中国从土库曼斯坦进口天然气占其天然气进口总量的 33.38%（表 6.12）。

表 6.12　中国从中亚各国天然气进口量及所占比例

年份	土库曼斯坦		乌兹别克斯坦		哈萨克斯坦		中亚总体	
	进口量/万 t	占中亚比例/%	进口量/万 t	占中亚比例/%	进口量/万 t	占中亚比例%	进口量/万 t	占中国总进口比例/%
2010	316.4819	100	—	—	—	—	316.4819	21.73
2011	1264.712	100	—	—	—	—	1264.712	45.92
2012	1914.156	99.30	13.52566	0.70	—	—	1927.682	51.84
2013	2160.592	88.91	255.8756	10.53	13.73649	0.57	2430.204	52.32
2014	2286.7	90.02	218.0532	8.58	35.55114	1.40	2540.304	48.60
2015	2489.163	93.59	138.3625	5.20	32.00308	1.20	2659.528	49.16

资料来源：作者根据 UN Comtrade 数据库油气资源贸易数据计算。

从历年石油进口量来看，中国与中亚地区的石油进口呈现出明显的先升后降的趋势。自 1997～2013 年中国从哈萨克斯坦进口石油以来，一直呈现较为明显的增长趋势（图 6.12），1997 年进口量仅为 4.5 万 t，2002 年超过 100 万 t，2010 年超过 1000 万 t，2013 年达到 1198 万 t 的峰值，占中国全部石油进口量的 4.25%，是中国第八大进口国。但 2014 年、2015 年和 2016 年哈萨克斯坦向中国进口石油呈现断崖式下跌的特征，2014 年仅为 568 万 t，2015 年 499 万 t，2016 年 323 万 t，分别占中国石油进口量的 1.84%，1.49% 和 0.85%。2016 年 9 月，来自中国商务部的网站显示：哈萨克斯坦总统纳扎尔巴耶夫总统表示，哈萨克斯坦能够扩大对中国的石油出口量，卡沙干油田恢复开采将成为扩大对中国石油出口的基础，并通过扩大石油出口将双边贸易规模提升至新的水平[21]。

从贸易依赖度来看，双方在石油贸易中相互依赖程度明显不同，存在相互贸易的不对称性。总体而言，哈萨克斯坦对中国石油出口的依赖程度要高于中国对哈萨克斯坦石油的进口依赖度（图 6.13）。哈萨克斯坦对中国的石油出口依赖度在 2010～2013 年超过 10%，分别达到了 14.42%、15.82%、15.57% 和 15.8%，对中国石油市场具有相对较高的依赖程度，但随着双方的石油贸易量的减少，2016 年对中国市场的依赖程度降到了 5.2%。中国对哈萨克斯坦的石油依赖程度始终低于 5%，其中 2010～2013 年对哈萨克斯坦的石油依赖程度较高，维持在 4% 左右，2016 年降低到 0.85%。相比沙特阿拉伯、伊朗、伊拉克等中东国家、安哥拉等非洲国家和俄罗斯等，哈萨克斯坦石油贸易的稳定对中国国际石油供给的冲击影响相对较弱。

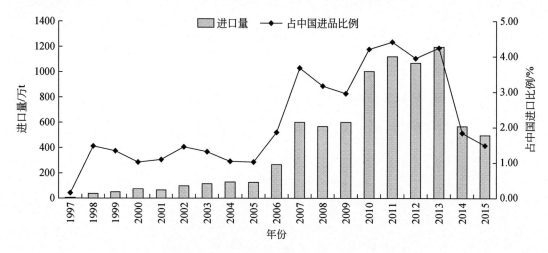

图 6.12　中国从哈萨克斯坦的石油进口量及其占石油进口的比例

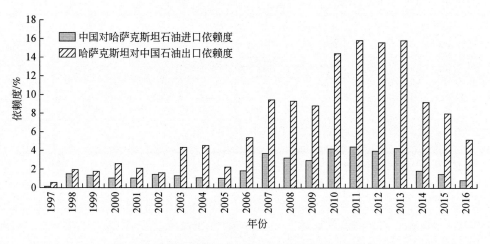

图 6.13　中国与哈萨克斯坦的石油贸易的相互依赖度

二、中国与中亚国家油气管道网络建设

中国与中亚能源合作采取以管道运输为主，公路、铁路运输为辅的供给模式[22]。管道是双方能源贸易最重要的运输载体，其中最重要的管道是中哈原油管道和中国—中亚天然气管道（A、B、C、D）四线管道。

（一）中哈原油管道

中哈原油管道是中国第一条跨国原油管道，西起里海的阿特劳，途经阿克托别，终点为中哈边界的阿拉山口，全长 2798 km。2004 年 5 月，中石油与哈萨克斯坦石油天然气公司签署《关于哈萨克斯坦共和国阿塔苏至中华人民共和国阿拉山口原油管道建设基本原则协议》，中哈原油管道建设正式启动。7 月，中石油下属勘探开发公司（CNODC）和哈萨克石油运输公司（KTO）共同成立中哈管道有限责任公司（KCP），负责中哈原油管道的项目投资、工程建设、管道运营管理等业务。中哈原油管道的建设分为三个阶段，前期工程指阿特劳—肯基亚克输油管道，全长 448 km，年输油能力 600 万 t，于 2003 年正式投入运营。第二期工程阿塔苏-阿拉山口段，全长 962.2 km，年输油能力 2000 万 t，2006 年实现全线通油。2004 年，中哈两国油气公司各自参股 50% 成立"中哈管道有限责任公司"负责管道的建设与运营设。第三期工程指肯基亚克—库姆克尔段，全长 761 km，2009 年建成投产。肯基亚克—库姆克尔管线的建成，实现了原油从哈萨克斯坦西部到中国新疆的全线贯通。在全部运力得到满足的情况下，年输油能力可达 3000 万～4000 万 t。2013 年 4 月，中石油与哈萨克斯坦石油天然气公司签署了《关于中哈原油管道扩建原则协议》，扩大中哈原油管道的管输量[23, 24]。中哈原油管道是哈萨克斯坦唯一一条不经过第三国的原油出口管道和中国首条陆上原油进口管道，在中国与哈萨克斯坦能源发展战略中具有重要的战略意义。

（二）中国—中亚天然气管道

中国—中亚天然气管道是中国规模最大的境外天然气项目，管线建设采取分期敷设的方式，主体管线分为 A 线、B 线、C 线和 D 线四部分；管线全部建成后，中国与中亚五国的天然气管道将全部连通，形成多国一体的跨境天然气管道网[25]。A/B 两线又称中土天然气管道，起点位于土库曼斯坦的阿姆河沿岸气田，途经乌兹别克斯坦和哈萨克斯坦，在新疆霍尔果斯入境并与中国境内的西气东输二线相连，分别于 2009 年 12 月和 2010 年 10 月投入运营，设计年输气能力 300 亿 m^3。C 线与 A/B 线并行敷设，西起土库曼斯坦、乌兹别克斯坦边境的格达依姆，途经乌兹别克斯坦、哈萨克斯坦两国，在新疆霍尔果斯口岸入境，与西气东输三线相连，设计年输气能力为 250 亿 m^3，于 2012 年开始建设并于 2014 年 6 月建成。C 线的气源来自土库曼斯坦、乌兹别克斯坦和哈萨克斯坦三国，年供应量分别为 100 亿 m^3、100 亿 m^3 和 50 亿 m^3。D 线源于土库曼斯坦的复兴气田，途经乌兹别克斯坦、塔吉克斯坦、吉尔吉斯斯坦，在中国境内与西气东输五线相连，年设计输气量为 300 亿 m^3，2013 年 9 月，中国分别与乌兹别克斯坦、吉尔吉斯斯坦、塔吉克斯坦三国签署关于 D 线建设运营的合作协议。D 线于 2014 年 9 月开工，2016 年正式建成通气。

三、中国与中亚各国油气田勘探开发

油气田勘探开发是国际石油合作中最接近产油国核心利益的油气合作形式。油气田的勘探开发合作不仅需要先进的技术和大量的资金，同时也面临着较大的风险。但油气田的勘探开发合作往往能够以产品分成等形式固定收益，同时还可通过股权的形式参与到油气田的决策，是国际油气资源合作最重要的战略性投资领域。

（一）与哈萨克斯坦的油气田勘探开发

哈萨克斯坦是中国石油公司进入时间最早，油气合作开发时间最长，范围最广，获得勘探开发权最多的国家。2005 年 8 月，中石油与哈萨克斯坦油气公司签订《关于中石油参与哈属里海水域达尔汉石油天然气区块开发问题的相互谅解备忘录》，中石油获得勘探和开发哈属里海水域中部油田的机会。2013 年，中国石油在哈萨克斯坦的权益产量占哈萨克斯坦总产量的比重超过 1/3，中国石油参与（即拥有权益）的全部项目合计产量占哈萨克斯坦总产量比重超过 1/2。目前，中国在哈萨克斯坦最主要油气项目包括阿克托别油气项目、北部扎奇油田项目、PK 石油公司项目、KAM 油气项目、曼格什套油气和乌里赫套油气项目。

阿克托别油气项目。1997 年 6 月，中石油击败美国、加拿大和日本等国的石油公司，以 3.2 亿美元购买阿克托别油气股份公司 60.3%的股份，获得资产经营管理权。2003 年，中石油再购 25.12%股份，拥有中油阿克托别股份有限公司 85.42%股份。阿克托别油气项目是中石油在中亚地区获得的第一个油气合作项目。阿克托别油气股份公司为国家股份公司，拥有让纳若尔和肯基亚克两个油田。中石油接管阿克托别油气项目以来，改变了老油田亏损局面，油气产量连年增长，原油年产量 1997 年仅为 263 万 t，到 2014 年已连续 5 年年产油气当量 1000 万 t 以上，累计生产原油 8817 万 t、天然气 534 亿 m³。2010 年，中油阿克托别油气股份公司获得哈总统颁发的"企业年度最佳社会责任总统奖"[26]。中石油在阿克托别油气项目上的突出表现，为扩大在哈萨克斯坦油气合作打下了良好的基础。

北布扎奇油田项目。2003 年 9 月，中石油从沙特阿拉伯尼米尔（Nimir）石油公司和美国雪弗龙-德士古（Texaco）公司收购雪弗龙-德士古北布扎奇有限公司 35%和 65%的股份。中石油和俄罗斯卢克石油公司各持有北布扎奇油田 50%的股份。在中石油接手北布扎奇油田前，尼米尔石油公司和雪弗龙-德士古公司在该油田一直没有重大突破。北布扎奇油田项目标志中石油开始进入哈萨克斯坦风险勘探开发领域。进入北布扎奇项目后，中石油调整采油技术方案，使得原油年产能从 2004 年不足 50 万 t 迅速上升到 2014 年的 200 万 t。

PK 石油公司项目。2005 年 10 月，中石油收购哈萨克斯坦 PK（Petro Kazakhstan）石油公司，是当时中国石油企业最大的海外收购。2006 年 7 月，中石油将 PK 石油公司 33%的股份转给哈萨克斯坦油气公司。目前，中石油拥有 PK 石油公司 67%的股权。收购 PK 之后，中油国际（PK）有限责任公司在油气勘探开发、炼油生产和经营管理等方面进行调整，原油产量连续多年稳产千万吨以上，PK 项目成为哈萨克斯坦第三大外国石油生产商、最大的炼化产品供应商和最大的轻质油生产商之一。2011 年，中油国际（PK）有限责任公司获得哈萨克斯坦"企业社会贡献总统金奖"。

2004 年 11 月，中石油收购 Kuat Amlon Muani（KAM）合资公司 50%股权。目前，中石油在 KAM 项目肯尼斯和贝克塔斯两个油田分别拥有 25%的权益。2005 年 1 月，中石油收购艾旦（Ai-Dan-Munai，ADM）石油股份公司在哈萨克斯坦项目 100%的权益，获得该阿雷斯和布里诺夫两个勘探区块的勘探许可证。到 2014 年年底，ADM 项目已经完成 4 口探井和 4 口评价井的钻探工作，其中 7 口井发现了油层，钻探成功率为 87.5%。2009 年 4 月，中石油与哈萨克斯坦油气公司签署《关于扩大石油天然气领域合作及 50 亿美元融资支持的框架协议》，并与中亚石油公司签署《联合收购曼格什套油气公司的协议》。中石油向哈油气提供 50 亿美元贷款，以"贷款换石油"（loan for oil）的方式联合收购曼吉斯套油气公司（Mangistau Munai Gas，MMG）。曼吉斯套项目接管 5 年来，项目原油产量达到 600 万 t。2014 年与哈东部石油公司进行串换销售，通过中哈原油管道销售 180 万 t 原油到中国，确保中国获得哈萨克斯坦相对稳定的石油供应。2009 年 10 月，中石油与哈油气签署《关于联合开发乌里赫套气田的框架协议》。2011 年 2 月，中石油与哈萨克斯坦油气公司根据《关于哈萨克斯坦乌里赫套项目合作的原则协议》成立合资企业，联合勘探开发乌里赫套气田，为中哈天然气管道二期提供气源保障。此外，中石化国际石油勘探开发公司（SIPC）收购美国第一国际石油公司（First International Oil Company，FIOC），获得该公司五个勘探区块和萨赞库拉克（Sazankurak）油田。

（二）与土库曼斯坦的油气田勘探开发

中国在土库曼斯坦的油气田勘探开发领域的投资仅次于哈萨克斯坦。自 2002 年进入土库曼斯坦的油气田开发以来，已经获得包括古穆达克油田、阿姆河右岸天然气勘探开发项目等多个项目的勘探开发权。2002 年 1 月，中石油与土库曼斯坦石油康采恩签署《古穆达克油田提高采收率技术服务合同》，获得古穆达克油田 100% 的权益 [27]。2006 年 4 月，中土两国签署《关于实施中土天然气管道项目和土库曼斯坦向中国出售天然气的总协议》。2007 年 7 月，中石油与土库曼斯坦油气资源利用署、天然气康采恩签署了土库曼斯坦阿姆河右岸天然气产品分成合同和中土天然气购销协议，并首次把陆上阿姆河右岸天然气区块交给外国公司开采。2008 年，中石油与土天然气康采恩签订了天然气购销协议技术协议，扩大阿姆河天然气勘探开发项目的合作范围。2007 年 8 月，中石油获得别尔德穆哈梅多夫总统颁发的阿姆河右岸勘探开发许可证。阿姆河天然气勘探开发项目是中国规模最大的境外天然气勘探项目，它位于土库曼斯坦阿姆河右岸巴格德雷合同区，分 A、B 两个区块。2011 年，中部勘探获得高产油气流，产能建设进入施工阶段。由于里海法律地位没有解决，土库曼斯坦与伊朗、阿塞拜疆存在复杂的边界争议，而且土库曼斯坦的招标政策倾向西方跨国石油公司，中国目前尚未参与土属里海油气资源勘探开发。

（三）与乌兹别克斯坦的油气田勘探开发

2005 年 9 月，中石油、乌油气、俄罗斯卢克石油公司、马来西亚国家石油公司和韩国国家石油公司（各持 20% 股份）共同组成咸海财团，对咸海进行油气勘探和开发 [28]。2006 年 8 月，咸海财团与乌兹别克斯坦政府签署咸海水域油气勘探开发项目产品分成协议。2006 年 6 月，中石油与乌油气签署油气勘探协议，在乌斯蒂尔特、布哈拉-希瓦和费尔干纳三个盆地的 5 个陆上勘探区块开展油气勘探作业。如有商业发现，双方将建立各占 50% 股份的合资公司，再签订新的合作协议。2009 年 6 月，中石油勘探开发公司与乌兹别克斯坦油气公司签署《关于成立合资公司联合开发卡拉吉达-贡哈纳区块卡拉吉达构造的原则协议》。2013 年 9 月，中石油与乌兹别克斯坦政府签署《关于成立合资公司补充勘探和开发卡拉库里投资区块油气田的原则协议》和《关于乌兹别克斯坦白松和苏尔汉区块油气地质勘探和开发可行性研究谅解备忘录》。中乌双方成立合资公司，共同开发卡拉库里区块的三个气田及潜在的油气田，并启动白松和苏尔汉区块进行油气地质勘探和开发的可行性研究。

（四）与吉尔吉斯斯坦和塔吉克斯坦的油气田勘探开发

1999 年，中国胜利油田下属公司和江汉油田管理局以承包方式为吉石油企业进行老油井修复和资源勘探开发作业 [29]。2002 年 6 月和 8 月，中石化分别获得马利苏-依兹巴斯肯特油田 126 km² 和阿赖盆地 6000 km² 的勘探许可证。近年来，中国民营企业开始进入吉油气领域。2007 年 11 月，中能国际石油集团通过国际招标方式收购该国巴特肯石油天然气股份有限公司 100%股权，获得巴特肯地区卡乌尔-亚尔古坦油田、南里士坦油田、萨雷卡梅什-萨雷托克油气田的开采权。2014 年 8 月，华荣能源（原"熔盛重工"）通过旗下公司以 21.8 亿港元收购新大陆油气（New Continental Oil & Gas Co.Ltd.）全资附属公司吉尔吉斯大陆油气有限公司 60%股权，获得该国费尔干纳盆地 4 个油田，包括"马里苏Ⅳ"、"东伊斯巴克特"、"伊斯巴克特"、"羌格尔塔什"及"奇克尔奇克"等 5 个采油区块。

2012 年 6 月和 2013 年 5 月，中石油与塔能源和工业部先后签署深化油气合作备忘录和框架协议，加强在塔境内油气勘探和开发等领域的合作。2013 年 6 月，中石油、法国道达尔公司（Total）、加拿大克能石油公司与塔能源和工业部签署伯格达（Bokhtar）区块项目油气合作交割协议。中石油和道达尔分别以 3000 万美元购买该项目 33.335%的股份，克能石油公司持有余下 33.33%的股份，成立联合作业公司，由中石油和道达尔主导项目作业，共同开发克能石油公司在阿姆河盆地伯格达区块的油气资源。

四、中国与中亚各国油气贸易的工程技术合作

相比油气田勘探开发合作，油气工程技术服务合作、油气炼化的项目承包合作等形式不涉及中亚各国的核心利益，合作形式和合作内容灵活多样。目前俄罗斯、美国、日本、瑞士、韩国、马来西亚、印度等 10 多个国家的数十个石油公司在中亚各国从事油田技术服务、设备供应、配件生产等经营活动。

哈萨克斯坦是中国石油工程技术服务涉足领域最广的国家。2004 年 8 月，中石油大庆油田下属的工程建设公司首次进入哈萨克斯坦油气市场，先后完成了肯基亚克盐下油田转油站安装工程、让纳若尔第三油气处理厂产品储运区一期安装工程和第三油气处理厂自备电站安装工程、阿克托别希望油田第四油气处理厂安装工程。2008 年，中石油获得中信测井项目、SAGIZ 测井射孔项目，形成了阿克托别、阿克套、阿特劳和克兹拉尔达四个规模市场。2012 年 1 月，承建扎纳诺尔油田天然气处理及综合利用工程第三油气处理厂Ⅱ、Ⅲ期油气处理区工程。2009 年 10 月，中石化炼化工程有限公司与阿特劳炼油厂签署新建芳烃生产装置项目的总承包合同。2010 年 6 月，中信建设联合体签约阿克套塑料厂道路沥青装置项目，是中国和哈萨克斯坦迄今在非资源领域最大的合作项目，也是哈萨克斯坦独立后兴建的第一座现代化石油加工厂。2012 年 1 月，中石化炼化工程有限公司与日本丸红株式会社、哈萨克工程服务公司组成联合体，与阿特劳炼油厂签署承包建设原油深加工工程项目的 EPC 合同。2014 年 2 月，中国石油工程建设公司（CPECC）与哈萨克斯坦 PKOP（Petro Kazakhstan Oil Products Company）公司签署合同，决定在希姆肯特炼油厂建立石脑油异构化装置。作为中亚油气领域的"后来者"，中国石油企业的投资和市场方面的机会较少，不得不投资质量低、风险高的油气项目[30]。

随着中国与土库曼斯坦天然气管道的建设，中国加强了与土库曼斯坦在天然气技术服务领域的合作。2009 年 12 月，根据中石油授权，川庆钻探与土天然气康采恩签署《南约洛坦气田年产 100 亿 m^3 商品气产能建设 EPC（总承包）合同》，在南约洛坦气田钻探和建立年 100 亿 m^3 产能的天然气处理厂。2013 年 9 月，复兴气田第一天然气处理厂竣工投产。2013 年 9 月，习近平主席访问土库曼斯坦，中石油与土天然气康采恩签署《关于土库曼斯坦加尔金内什气田 300 亿 m^3/a 商品气产能建设工程设计、采购、施工（EPC）交钥匙合同》

和《关于土库曼斯坦增供 250 亿 m^3/a 天然气的购销协议》。根据协议，土库曼斯坦每年向中国增供 250 亿 m^3 天然气；中石油承建土加尔金内什气田二期地面工程的钻井、设计、采购、施工（EPC）交钥匙工程，2014 年 5 月，年产 300 亿 m^3 增供气 EPC 总承包项目开工，计划于 2018 年年底建成，该项目是近年全球最大 EPC 总承包项目之一[31]。

中国在乌兹别克斯坦的油气技术服务从出口石油设备零配件，以及提供物探、钻井、测井等发展到提升老油井采收率等油气工程技术领域[22]。2003 年，中石油全资子公司中国石油技术开发公司（CPTDC）向乌兹别克斯坦售出了 10 台先进的钻机设备，并设立了钻机服务中心和备件库。2006 年，中国石油技术开发公司在乌兹别克斯坦的库克东玛拉克油田成功完成 6 口高压盐水层钻井。2003 年和 2008 年，中石化、中石油分别与乌兹别克斯坦油气公司签署合作协议，提升费尔干纳盆地安集延油区老油田和明格布拉克油田等低产油田的采收率。

五、中国与中亚油气全产业链的战略合作前景

（一）能源合作的战略互补性

中国油气资源缺口不断扩大，需要不断寻找新的能源供给渠道；中亚地区是世界上仅次于中东的第二大油气集中区域，尤其是里海地区能源开发的前景广阔[32]。中国能源进口主要依赖海运，石油进口总量的 80%通过马六甲海峡运输，加强与中亚的石油贸易可有效地降低中国对海上运输通道的依赖。中亚地区的油气管道主要依赖于俄罗斯，而俄罗斯收取较高的过境费，为摆脱对俄罗斯的依赖，中亚各国正积极推行能源出口多元化战略。中国作为消费国的能源供应多元化需求与中亚国家作为生产国的出口多元化需求为双方能源合作的构建了互利共赢的战略空间（表 6.13）。2013 年 9 月，习近平主席首次访问土库曼斯坦、哈萨克斯坦、乌兹别克斯坦和吉尔吉斯斯坦四国，与中亚四国签署了一系列经贸合作协议，涉及金额 480 亿美元，成为中国与中亚国家关系发展的新增长点。

表 6.13　中国与中亚双边协议及其能源合作内容

双边协议	能源合作内容
中土关于建立战略伙伴关系的联合宣言	确保中国-土库曼斯坦天然气管道 A、B 线安全稳定运行，在各自责任方位内实施好阿姆河右岸天然气区块开发项目
	完成 C 线建设并做好输气准备，启动 D 线建设，确保 2016 年建成并通气，实现每年 650 亿 m^3 的目标
中哈关于进一步深化全面战略伙伴关系的联合宣言	确保油气田勘探开发生产、油气运输等共同项目长期安全稳定运营，努力做好中哈原油管道扩建及投入运营工作，输油能力达到 2000 万 t/a；
	加快实施中哈天然气管道一期扩建（C 线）和二期（别伊涅乌-博佐伊-希姆肯特）建设，以及阿特劳炼化厂现代化改造项目建设和阿克套沥青厂建设；
	鼓励和支持两国企业在油气田勘探开发、原油加工和扩大对华能源出口等新项目上开展合作
中乌关于进一步发展和深化战略伙伴关系的联合宣言和中乌友好合作条约	继续扩大能源合作；
	努力保障中国-乌兹别克斯坦天然气管道长期安全稳定运营；
	加强石油和天然气联合勘探和开发合作

双边协议	能源合作内容
中塔关于进一步发展和深化战略伙伴关系的联合宣言	加强油气资源勘探、开发及加工、综合利用方面合作，确保双方已商定的能源基础设施项目顺利实施，发展可再生能源领域合作； 全力保障中国-中亚天然气管道 D 线塔吉克斯坦境内段项目顺利施工，在中塔关于天然气管道建设运营的合作协议基础上，磋商建立确保中塔天然气管道长期安全稳定运营的机制； 进一步扩大矿产资源共同勘探开发和加工合作，实现互利共赢

资料来源：中华人民共和国商务部《我国对外签订双边投资协定一览表》。

（二）石油贸易合作的前景

2016 年 7 月中国石油经济技术研究院发布的《2050 年世界与中国能源展望》提出，2030 年中国石油需求将达峰值 6.7 亿 t，随着燃油经济性不断提高、燃料替代和电动汽车的加快普及，2050 年中国石油消费将下降至 5 亿 t。而中国的石油产量到 2030 年将有望达到 2.3 亿 t 的高峰，之后将逐步下降 2050 年的 1.6 亿 t，这意味着 2030 年中国需要进口时候至少 4.4 亿 t，即使在 2050 年也需要进口 3.4 亿 t，石油对外依存度在 2030 年将达到 65.67%，2050 年将达到 68%。而根据 BP 世界能源展望预测，中国未来石油进口将面临着更加严峻的形势，2035 年中国进口依存度将上升到 79%。显然，在相当长的一段时间内，中国依然需要大规模的国际石油供给来满足国内供需缺口。

从全球石油生产来看，2017 年 3 月 IEA 在美国剑桥能源周（CERAWeek）发布报告称，近年来，全球已经很少在陆地上发现有大型的常规油气田，2015 年全球石油勘探新增储量仅 28 亿桶，是 1954 年以来的最低值，这意味着以中东和俄罗斯等传统产油区产量增长将有限，未来主要的石油供给中心将会向中亚-里海区域转移。尽管当前，优先保证欧洲的石油供给依然是中亚石油贸易的主要特征。而欧盟在签署《巴黎气候协定》时承诺，2030 年前减少二氧化碳排放 40%，欧盟总能源使用量将减少 30%。中亚国家的能源多元化出口战略将转向亚太市场，在丝绸之路经济带、上海合作组织框架下，中国将与中亚国家在能源领域进行更广泛的合作，中国将成为中亚未来能源出口的主要市场。

（三）油气资源勘探开发合作前景

哈萨克斯坦大部分油区、土库曼斯坦及乌兹别克斯坦环绕里海的油区属于典型的海相油气成藏区，而哈萨克斯坦的阿克托别油区、南图尔盖油区、塔吉克斯坦和吉尔吉斯斯坦的油气资源则属于陆相油藏区。中国是同时具备海相和陆相先进勘探技术的国家，中石油和中石化两大国家石油公司开采技术达到世界先进水平，与中亚国家的油气勘探合作具有先天优势。中国的油气工业经过 50 年的勘探积累，已经形成一套陆相生油理论和油气勘探开发配套技术，包括岩性地层油气藏勘探技术、油田注水开发及聚合物驱油三次采油技术和中深层稠油开采技术等，在国际上处于绝对领先地位，同时海相油气勘探技术也已经达到国际先进水平[33]。因此，双方开展油气资源开发合作具有良好的互补性与广阔的前景。

中国在专用设备制造业领域具有世界领先的技术水平。2015 年中国共生产石油钻井设备 23.6 万台（套），其中自升式钻井平台产量已经位居世界第一，中国生产的石油钻采设备成本仅为欧美企业成本的一半，形成若干具有国际竞争力的石油钻井设备制造商（表6.14）。2015 年，中国生产炼油化工一体化设备 216.9 万 t，大型炼油装置国产化率已达到90%以上，是国际上少数能自主设计制造 100 万 t 乙烯、100 万 t 芳烃联合生产一体化装置的国家。2015 年年底，中国油气管道总里程累计约为 12 万 km，居世界第三位，建设中亚天然气管道的关键技术设备和所需管道材料基本全部实现国产化[34]。中国与中亚国家在管道材料及关键设备制造、管道架设和维护服务等方面合作前景广阔。

表 6.14　中国石油与世界主要石油公司开采成本

主要石油公司	勘探开发成本/（美元/桶）	操作成本/（美元/桶）
BP	33.57	12.72
壳牌	17.88	15.37
雪弗龙	38.99	16.32
康菲	20.43	11.75
中石油	23.72	14.75
中石化	41.06	19.37

资料来源：公司年报（美国证券交易委员会，https：//www.ses.gov）；上海证券交易所，http：//www.sse.com.cn）。

（四）油气产品加工技术合作前景

相对于油气生产和出口，中亚国家的油气加工企业开工率低、生产工艺落后，导致其产品加工深度不足（表 6.15），以轻质成品油为代表的高端油品严重依赖进口。哈萨克斯坦是中亚国家石油加工能力最强的国家，但是其油气加工领域的生产率仍然大大低于世界主要产油国水平，原油二次炼油深度很低[35]。同时，中亚国家炼油企业的油品质量仅能达到欧 II 标准，产品质量无法达到环保要求，而且中亚国家炼油厂无法炼制高标号的汽油和航空煤油，航空煤油的 40%和高辛烷值汽油的 60%需要进口。

十二五期间，中国炼油能力达到 7 亿 t，其中加工高硫原油的能力达到 1.35 亿 t，仅次于美国，居世界第二位。中国炼油加工业规模大、油质高、炼油加工技术能力国际领先[①]，从原油的二次加工能力来看，2017 年中国油品硫含量从 50μg/g 降至 10μg/g，达到欧 V 的国际先进标准；中国石化炼厂的加氢处理能力超过 50%，达到欧洲和美国炼厂的先进水平。从炼化一体化水平来看，中国已形成 23 套炼化一体化联合装置，其中 14 家企业达到了千万吨级炼油、百万吨级乙烯一体化的国际先进标准。然而，中国炼油能力出现了严重的产能过剩，按照 85%的国际炼厂合理开工率计算，2015 年中国过剩产能近 1 亿 t。石化和大化工行业是一国工业化的重要推动力，也是能源产业链条中的高附加值环节（表 6.16）。2015年中国主要化工产品总产量为 5.50 亿 t，其中基础石油化工产品中的苯产量为 783 万 t，乙烯产量为 2121 万 t，分别位居世界第一位和第二位。纯碱产量、合成树脂、合成纤维、合成橡胶等产量均居世界第一位，生产技术能力也处于国际先进水平[②]。2015 年世界乙烯装置平均开工率为 88.5%，而中国乙烯装置平均开工率为 92%；世界乙烯装置平均规模为 60

---

① 目前衡量一国炼油加工能力的标志主要有两方面：一是原油二次加工能力；二是炼化一体化水平。
② 衡量一国石化行业发展程度的标志包括乙烯装置平均开工率和乙烯联合装置平均规模。

万 t，中国石化的乙烯整体联合装置平均产能为 67 万 t，已经达到国际先进水平。当前中国大化工中的氯碱、化肥、轮胎、合成材料等行业也存在严重产业过剩，国际产能合作需求十分迫切，而中亚国家的石化行业基本处于空白。中国与中亚在进行石化与大化工行业方面也具有广阔的合作前景。

表 6.15　2015 年中亚地区原油加工能力

国家	炼油厂/座	年加工能力/万 t					
		原油加工	减压蒸馏	热加工	催化裂化	催化重整	加氢处理
哈萨克斯坦	3	1700	641	400.8	199.5	221.8	942.8
土库曼斯坦	4	1184.9	485.7	148.6	78.8	225.9	336.6
乌兹别克斯坦	3	1121.4	242.1	141.7		101	163.3
吉尔吉斯斯坦	1	50					

资料来源：2015 年世界主要国家和地区原油加工能力统计，国际石油经济，2016 年，有修订。

表 6.16　2015 年世界石化与大化工行业发展水平[36]

排名	公司	装备数量/座	整体联合装置产能/（万 t/a）	公司权益产能/（万 t/a）
1	埃森克美孚化学公司	21	1511.5	855.1
2	沙特阿拉伯工业公司	15	1489.2	1177.4
3	陶氏化学	21	1304	1052.9
4	中国石化	16	1084	832
5	壳牌	13	935.8	594.7
6	伊朗国家石油公司	8	573.4	573.4
7	雪弗龙化学公司	8	560.7	535.2
8	道达尔	11	559.3	347.2
9	利安德巴塞尔公司	11	555.0	555
10	英力士公司	6	465.6	428.6
	合计	130	9038.5	6951.5

资料来源：2015 年世界乙烯行业发展状况与趋势，国际石油经济，2016 年。

第四节　中亚多元竞合的能源贸易与政治风险

中亚国家独立后，其重要的地理位置和丰富的油气资源使得中亚地区成为世界主要政治力量和国际资本激烈争夺的舞台。大国引领的能源多元竞合是塑造中亚地区能源格局的关键力量，中俄美三国在中亚地区的博弈是中亚地缘能源格局变化的主导力量，决定着中亚地区能源合作格局的未来走向。欧盟、伊朗、土耳其、日本、韩国和印度等国家和地区也以不同渠道和方式插手中亚地区事务，力图影响中亚地区的发展和走势，实现各自的能源战略目标。围绕中亚地区的能源资源开发和油气管道走向，各种政治力量展开了尖锐复杂的较量。据不完全统计，目前已有美国、英国、法国、德国、意大利、土耳其、加拿大、日本、印度、韩国、俄罗斯、中国、阿根廷、匈牙利、阿曼和阿联酋等国家的石油公司云集在中亚进行石油勘探开发和原油炼制、销售等活动。

一、中亚地区能源地缘政治格局的基本态势

中亚能源地缘政治格局中，美国与俄罗斯，俄罗斯和欧盟、中亚五国与俄罗斯、中国与俄罗斯的竞争与合作在中亚能源国际合作的四对基本矛盾，再加上印度、日本等国加的参与，各国在中亚能源利益博弈中的冲突明显（表6.17）。俄罗斯作为中亚地区能源秩序的传统主导国，以其在中亚地区的传统政治影响为基础，以中亚能源经济共同体和一体化进程为着力点，强化其在中亚地区的战略利益，但俄罗斯主导地位在欧美等国强力冲击下不断地被削弱。

冷战结束以来，随着美国的介入和中国的持续崛起，俄罗斯主导下的中亚能源合作秩序已渐渐被弱化。作为中亚能源秩序的挑战国，美国以国家政治经济实力为基础，通过利益交换的方式寻求在中亚地区的同盟，并以能源利益同盟为依托逐步构建了其在中亚能源秩序中的合法性权威，引领中亚地区能源秩序的重构。而中国作为中亚国家的近邻，主要通过经济手段参与中亚地区的务实性能源合作，并形成了以双边合作为基础、多边合作为支撑、能源合作利益共享的能源合作模式。但中国参与中亚地区能源合作的制度化建设程度与俄罗斯和美国相比，还有一定差距，在能源秩序中的地位和作用与中国的国家实力还不相称。作为崛起的发展中大国，中亚地区是中国实施"一带一路"倡议的关键地区，中国在中亚地区的能源布局涉及整个战略能否顺利拓展。

表 6.17　中俄美三国在中亚战略部署比较

区别	中国"一带一路"	俄罗斯"欧亚联盟"	美国"新丝绸之路"计划
走向	东西	弧形带	南北
范围	通过中亚把东亚和欧洲相连，覆盖欧亚大陆	整合前苏联空间，涵盖独联体内的俄罗斯、中亚和东欧等地	通过阿富汗把中亚和南亚相连，涵盖中、南亚
目的	协调东西部经济社会发展、实现命运共同体、互惠共赢	恢复俄罗斯在独联体地区传统支配地位，重振俄罗斯大国和强国地位	保证阿富汗稳定，推动地区国家间合作，主导地区发展进程
实质	包容性全球化，实现地区持久和平与共同繁荣	推进独联体地区一体化进程	建立美国主导的中亚和南亚新秩序
主导权	多元开放、平等参与	俄罗斯	美国
参与者	无排他性	排斥任何大国染指	排斥俄罗斯、伊朗和中国
平台	"一带一路"、上合组织	集体安全条约组织和欧亚经济共同体	纠集日本、欧美和印度等盟友参与
内容	政策沟通、道路联通、贸易畅通、货币流通、民心相通	建立统一经济空间，实行统一货币，建立共同能源市场，实现商品、资本和劳动力的自由流动	建设贯穿阿富汗的交通、通信和能源管线，以及消除跨境贸易障碍
方式	灵活务实、各国国家之前的全方位合作	建立紧密型经济区域一体化组织	打破现有的区域制度安排
现状	已经达成若干愿景，实施了一系列重大项目，还需要进一步细化	2015年1月1日正式启动	长期愿景，已经提出30～40个与此计划相关的项目

资料来源：邓秀杰. 2015. "丝绸之路经济带"建设与中国-中亚能源合作. 克拉玛依学刊（06）。

在制度主导权的争夺方面，国际金融危机以来，俄美纷纷调整或出台相应战略，竞逐中亚地区秩序的新制高点[37]。2011 年 7 月，美国国务卿希拉里提出"新丝绸之路"计划，以阿富汗为核心，打造一条贯通中亚到南亚的国家经济与交通网络，并在第 66 届联合国大会上，进一步阐述该计划。2011 年 10 月，普京发表《欧亚大陆新一体化计划——未来诞生于今日》，首次提出"欧亚联盟"战略。2014 年 5 月俄罗斯、白俄罗斯和哈萨克斯坦三国总统签署《欧亚经济联盟条约》。2015 年 1 月，欧亚经济联盟（Eurasian Economic Union）正式启动。2015 年 3 月经中国国务院授权，由中国国家发展和改革委、外交部、商务部于联合发布了《推动共建丝绸之路经济带和 21 世纪海上丝绸之路的愿景与行动》，相比美国和俄罗斯的战略部署，"一带一路"在中亚地区具有较为明显的优势。

二、俄罗斯在中亚地区的能源合作与贸易格局

对俄罗斯来说，中亚地区是具有特殊战略意义的"柔软的下腹部"，因此极力排除任何外来的政治、经济力量。中亚地区的油气资源不仅是俄罗斯影响中亚国家的重要政治和经济杠杆，也是维护俄罗斯在国际能源市场战略地位的重要保障。哈萨克斯坦主要的石油和天然气出口均要过境俄罗斯。俄与土库曼斯坦签有为期 25 年期的天然气供应协议，与吉尔吉斯斯坦和塔吉克斯坦签署了 25 年的能源合作协议，控制了吉、塔两国能源从生产到销售的全部环节[38]。

（一）俄罗斯在中亚地区的整体能源部署

在战略布局层面，俄罗斯积极主导中亚地区经济一体化进程，为能源合作搭建制度性平台。俄罗斯主导的欧亚经济联盟于 2015 年正式成立，在欧亚经济共同体框架下，筹建了由各成员国能源部门组成的能源政策委员会，用于评估和协调成员国的能源政策，并颁布了《欧亚经济共同体成员国能源合作纲要》和《2003～2005 年成员国为建立共同能源市场的共同行动计划》等纲领性文件，加强中亚能源合作的区域性协调。俄罗斯还与中亚国家开展了广泛的双边能源合作，与土库曼斯坦、塔吉克斯坦和吉尔吉斯斯坦签署了天然气战略合作协议，联合勘探开发油气资源、促进双边天然气贸易、改善油气运输管道等基础设施、推进油气资源勘探开发技术的联合研发等。俄罗斯通过对油气资源和运输管道进行"双控制"，掌握了中亚国家的油气资源与外运方向。

在务实合作层面，俄罗斯与中亚地区国家开展的能源合作历史之久、程度之深、规模之大是其他大国无法相比的。俄罗斯借助大型能源企业的力量全方位主导中亚地区能源合作进程，渗透到能源产业链的方方面面。例如，在上游勘探开发领域，俄罗斯石油公司与哈萨克斯坦国家油气公司签署了长达 55 年的开发库尔曼加济油田的合同；在下游油气资源精炼领域，俄罗斯卢克石油公司同乌兹别克斯坦国家油气公司合资在乌境内建设天然气化工厂；在中游管道建设领域，俄罗斯天然气工业股份公司与乌兹别克斯坦国家油气公司合作改造"中亚-中央"和"布哈拉-乌拉尔"两条天然气管道；在下游的油气资源分销领域，2012 年俄罗斯天然气工业股份公司在吉尔吉斯斯坦的子公司获得了从俄罗斯进口原油与成品油的垄断性经营权，控制了吉尔吉斯斯坦 85%的石油销售；在油气勘探开发的服务贸易领域，俄罗斯积极参与中亚地区国家的油气管道等能源基础设施建设的设计与施工，长期

为相关国家提供相应的技术辅导、人员培训等服务。

（二）俄罗斯与中亚五国的能源合作状况

哈萨克斯坦是俄罗斯投资最大、项目最多的中亚国家。俄罗斯卢克石油公司和俄罗斯天然气工业股份公司是哈萨克斯坦油气领域最活跃的外国公司。卢克石油公司参与了库尔曼加兹油田、北库姆科尔油田、图卜卡拉干油田、北布扎奇油田和卡拉库杜克油田等十多个大型油田的勘探和开发，在田吉兹、卡拉恰干纳克油田中分别占有 5%和 15%的股份。为扩大经过俄罗斯出口油气能力，2001 年年底里海国际财团管道建成投产。2002 年，俄罗斯与哈萨克斯坦哈签署协议，各出资 50%扩建阿特劳-萨马拉管道，并于 2016 年将输油量由 1500 万 t 提升至 2500 万 t。此外，俄罗斯与哈萨克斯坦联合建立奥伦堡天然气加工厂，抢占下游市场。

俄罗斯在乌兹别克斯坦的投资仅次于哈萨克斯坦，并控制了乌兹别克斯坦油气市场的主导权。俄罗斯卢克石油公司和俄罗斯天然气工业股份公司也是乌兹别克斯坦油气领域最大的外国投资商。2002 年 12 月，俄罗斯和乌兹别克斯坦签署天然气战略合作协定，参与乌斯蒂尔特地区六个天然气田的开发，并签署 2003～2012 年天然气购买协议，2005 年之后乌兹别克斯坦向俄罗斯供应天然气从 50 亿 m^3/a 增加到 100 亿 m^3/a。2003 年 4 月，俄罗斯天然气工业股份公司与乌兹别克斯坦油气公司签署共同开发乌斯蒂尔特油气区沙赫帕赫塔气田的产品分成协议，双方各拥有所产天然气的 50%。2004 年 6 月，俄罗斯卢克石油公司与乌油气签署布哈拉州坎德姆-哈乌扎克-沙德-昆格勒特（Candym-Hauzak-Shady-Kungrad）油气区 35 年的长期产品分成协议。2005 年 9 月，俄罗斯卢克石油公司还与乌兹别克斯坦、马来西亚、韩国和中国的油气公司组建跨国财团，按产品分成方式对乌属咸海油气区进行勘探和开发。

俄罗斯与土库曼斯坦的合作主要体现对天然气出口的垄断。2003 年 4 月，双方签署天然气合作协议，从 2003～2028 年土库曼斯坦向俄罗斯出口天然气，出口量从 2004 年的 500 亿 m^3 增加到 2007 年以后的 700 亿～800 亿 m^3/a。但俄罗斯低价收购高价出售的方式引起土库曼斯坦的不满。为摆脱俄罗斯的天然气控制，土库曼斯坦与中国修建了中国-中亚天然气管道，一定程度上打破了俄罗斯的天然气垄断局面。2007 年 5 月，俄罗斯与哈萨克斯坦、土库曼斯坦和乌兹别克斯坦三国达成协议，对中亚-中央天然气管道进行更新改造，并沿此线路铺设新的沿里海天然气管道（caspian coastal pipeline，又称 Prekaspiysky pipeline），从而最大限度地提高中亚天然气过境俄罗斯的输送能力。金融危机后，欧洲天然气市场需求下降，2010 年 10 月，俄罗斯和土库曼斯坦两国宣布冻结沿里海天然气管道。

俄罗斯对吉尔吉斯斯坦和塔吉克斯坦的油气合作，主要是占领两国成品油市场、控制天然气管道和设施，巩固其在中亚地区的势力范围。2013 年 11 月，吉尔吉斯斯坦议会批准将国家天然气公司以 1 美元价格卖给俄罗斯天然气工业股份公司，以换取有保障的燃料供应。

作为里海沿岸国，俄罗斯积极解决里海法律权属问题，支持俄罗斯石油企业广泛参与里海沿岸的油气开发，竭力维护俄罗斯作为里海能源运输主导性过境国的地位，并反对非里海沿岸国染指里海油气开发。围绕里海的法律权属问题，俄罗斯与其他沿岸国自 1992 年启动谈判进程。2002年、2007年、2010年和2013年，分别在阿什哈巴德、德黑兰、巴库和阿斯特拉罕举行了四次里海沿岸国家首脑会议。2002年5月，俄罗斯和哈萨克斯坦签署了划分里海油气资源的双边划界协议，解决了里海赫瓦雷、中央区块和库尔曼加兹三块油田的归属和开发问题。2002年5月，卢克海外石油公司、俄罗斯国家石油公司（Rosneft）和伊德拉公司（Itara）共同组建了扎利特财团（Zhalite Consortium，三者分别持有26%、37%、37%的股份），对土库曼斯坦所里海大陆架第27~30号油气田进行勘探开发。2003年5月，俄罗斯、哈萨克斯坦和阿塞拜疆三国签署有关里海海底相邻地段划界的三方协议——俄罗斯19%，哈萨克斯坦29%，阿塞拜疆21%。2009年4月，俄罗斯伊德拉公司又获得第21号区块的勘探和开发权。在无法阻止非里海国家参与油气勘探开发和管道建设的情况下，俄罗斯力保在国际油气公司的投资中占据一定股份。例如，俄罗斯持有里海国际财团管道31%的股份并于2011年投资54亿美元启动里海管道扩容项目，该管道的输油量从3000万t分阶段提升至6700万t。尽管经过多年的谈判和协商，各方尚未就里海的法律地位完全达成一致，但在2013年第四次里海沿岸国家首脑会议上，五国元首签署的政治声明中规定了有关里海国家在海域活动的关键原则。

（三）俄罗斯对中国参与中亚油气开发的态度

俄罗斯是中亚能源出口管道的主要控制者，而中国是中亚能源出口多元化的开辟者，中俄双方在中亚地区能源问题上必然存在矛盾。加之对中国的发展和崛起心存顾虑，俄罗斯对中国在中亚国家开展油气合作项目异常敏感。在哈萨克斯坦和土库曼斯坦分别与中国签署修建油气管道的协议后，俄罗斯又分别与哈、乌、土签署了改建和新建油气管道项目的协议，力图扩大中亚-中央油气管道的运力，并提出以"欧洲价格"购买土库曼斯坦和乌兹别克斯坦的天然气，抢占和围堵中国的天然气来源。此外，俄罗斯还暗中鼓励印度进入中亚能源市场，以平衡中国在中亚地区的影响。对上合组织内的能源合作，俄罗斯态度并不积极。为了抵制美国在中亚地区的不断推进，2006年6月普京曾提出在上合组织框架内建立"能源俱乐部"的建议。但是，俄罗斯更倚重欧亚经济共同体（Eurasian Economic Community，EAEC）推进独联体地区经济一体化进程，不希望上合组织分散和削弱俄罗斯与中亚国家在欧亚经济共同体内的能源合作进程，致使上合组织至今尚未建立起一个为成员国所广泛接受的多边能源合作框架和机制。

三、美国在中亚地区的能源合作与贸易格局

中亚地区攸关美国的核心利益，美国视中亚里海地区为其21世纪的能源基地。美国在中亚地区的地缘能源战略主要有两个方面的目标：一是处于能源利益方面的考虑，将中亚纳入美国国际油气供应体系以实现能源来源的多样化，保证美国长久的国际能源安全；二是出于能源地缘政治的考虑，通过对中亚里海区域的介入，逐步在亚欧大陆开展地缘战略布局，控制中东和中亚里海，抢占能源地缘战略支点，在世界能源地缘政治格局中确立主导地位。

（一）美国在中亚地区的整体能源部署

在战略布局方面，美国在中亚地区的能源战略部署经历了由短期计划向长远战略、由

局部国家向周边区域延伸、由纯粹能源经济利益向地缘战略考虑的转变过程。为确保美国能自由进入中亚里海能源市场，美国制定了"利益均沾"的能源战略。美国前副国务卿塔尔博特曾指出，19世纪的英俄中亚角逐在很大程度上是一场零和竞争，而现在所需要的是使有责任心的参加者都受益。"9·11"事件后，美国把能源地缘战略的重心转移到海湾地区和包括里海地区在内的亚欧大陆中南部地区，通过反对恐怖主义和阿富汗战争等手段，控制中东、挺进里海、驻军中亚，进而削弱欧佩克（OPEC）等国际石油组织的作用，操纵国际市场油价，对能源地缘政治产生重大影响。2006年，小布什政府推出了旨在扩大中亚地区能源系统开放性的"大中亚计划"，2011年奥巴马政府出台新丝绸之路战略，以增强美国对中亚能源对外运输的控制权，降低俄罗斯对中亚能源管道的传统控制，尽量减少伊朗及中国对中亚地区能源运输的影响。

在能源务实合作方面，美国致力于搭建能源合作平台，通过外交和经济手段鼓励美国石油企业参与中亚地区的能源项目。1994年克林顿政府宣布促进中亚投资和贸易计划。为了抢占中亚里海石油，美国跨国石油公司在政府支持下积极插手中亚地区的石油开发，1997年后，美国与哈萨克斯坦签署了价值260亿美元的石油开采合同，2001年埃克森美孚、雪铁龙-德士古等石油公司在中亚-里海地区能源生产设施方面投资高达300亿美元。此后美国的跨国能源公司纷纷获得了中亚里海能源的大量股份。在油气管道建设方面，埃克森美孚、雪铁龙-德士古、康菲等美国能源巨头在中亚油气管道建设方面具有重要的影响力。以巴库—第比利斯—杰伊汉输油管道为例，优尼科等三家石油公司持有该管道13.76%的股份，控股份额仅次于英国石油公司（30%）和阿塞拜疆国家石油公司（25%），列第三位。2011年以来，美国政府又在新丝绸之路战略框架下提出了40项具体的基础设施建设项目，加强对中亚地区的能源控制。

（二）美国与中亚五国的能源合作概况

美国的油气投资项目主要集中在哈萨克斯坦。1993年4月，雪弗龙公司与哈萨克斯坦油气公司签署有限期至2033年的产品分成合同，并成立哈萨克斯坦最大的油气生产公司——田吉兹-雪弗龙公司，雪弗龙公司、埃克森美孚公司分别拥有50%和25%的股份，拉开了美国参与中亚地区能源勘探开发的序幕。1997年10月，阿吉普国际财团与哈萨克斯坦政府签署为期40年的产品分成协议，美国埃克森-美孚公司和康菲公司分别拥有卡沙甘油田16.67%和8.33%的股份。11月，卡拉恰干纳克石油财团与哈萨克斯坦签署有限期至2037年的产品分成合同，美国雪弗龙公司获得卡拉恰干纳克油田18%的股份。在里海国际财团管道项目中，雪弗龙公司拥有15%的股份。

美国政府鼓励石油企业介入土库曼斯坦的油气勘探开发。1993年，美国与土库曼斯坦签订《双边贸易协定》，为石油公司进入土库曼斯坦能源领域奠定法律基础。但是，由于土库曼斯坦一直反对西方公司参与油气开发，直到2010年，美国雪佛龙公司、康菲石油公司及TX石油公司才获得土属里海附近第9和20两个油气田区块的开发竞标权。美国还推动修建土库曼斯坦—阿富汗—巴基斯坦—印度天然气管道（TAPI），阿富汗战争爆发后，该管道建设项目被冻结。在奥巴马政府"新丝绸之路"项目中，又将TAPI管道列为主要项目，2011年11月、2012年5月和2013年7月，土库曼斯坦分别与巴基斯坦、印度和阿富汗签署天然气供销协议，2014 年 4 月，土库曼斯坦总统表示，TAPI 管道将于 2015 年开始建设，2018 年投运。

在里海地区，1994 年 9 月，美欧 11 家跨国石油公司与阿塞拜疆签署了"世纪合同"，美国开始对里海油气资源进行对规模开发。为打破俄罗斯在里海地区油气运输上的垄断，解决里海油气外运问题，1999 年 11 月，克林顿推动阿塞拜疆、格鲁吉亚和土耳其三国签署了修建巴库-第比利斯-杰伊汉输油管道（BTC）协议，并与哈萨克斯坦签署支持 BTC 管道的《伊斯坦布尔宣言》。2002 年 9 月，BTC 管道动工。2004 年 10 月，与 BTC 管道并行的巴库-第比利斯-埃尔祖鲁姆天然气管道（BTE）开工。然而，由于俄罗斯和伊朗以里海法律地位未决和生态环境保护为由的强烈反对，BTE 的建设困难重重。

（三）美国对中国参与中亚油气开发的态度

美国凭借跨国石油公司的资金和技术优势，在里海油气开发项目中排挤中国石油企业。随着在页岩开采技术上的革命性突破，美国对海外能源的依存度不断减低，在中亚的能源战略中针对中国的意味和色彩越来越浓。在油气管道方向上，新丝绸之路计划中的 TAPI 管道有"一石多鸟"之效，集中体现了与中国抢夺天然气气源、拉拢印度牵制中国崛起的战略意图。同时，美国还倚重第三方力量，推动欧盟、土耳其、日本和印度也参与中亚和里海地区的能源合作，互相配合，阻碍中国参与中亚油气开发。

四、其他国家在中亚的能源合作及对中国的影响

除了俄罗斯和美国两大政治力量之外，伊朗、土耳其、欧盟、日本、韩国和印度等外部势力也基于地缘和资源双重战略考虑，积极参与中亚地区能源开发。对于中亚国家来说，这些地区大国都是次要行为体，是制衡美、俄、中的一个平衡力量。

（一）欧盟的中亚能源合作

长期以来欧盟的能源进口主要依赖俄罗斯，尤其是匈牙利和斯洛伐克等中东欧国家几乎全部从俄罗斯进口。受欧俄关系走向的牵制，欧盟通过实施"塔西斯计划"（technical assistance in CIS，TACIS）和签署"伙伴与合作关系协定"（partnership and cooperation agreement，PCA），在中亚地区追求能源、安全与价值观取向之间的平衡。几乎欧盟成员国所有大型跨国石油公司都已渗透到中亚地区，并对部分油气资源形成有效控制，如英国石油公司（BP）、荷兰皇家壳牌（SHELL）、意大利埃尼公司（ENI）和法国道达尔公司等。2006 年俄罗斯和乌克兰爆发天然气风波，欧盟为了摆脱对俄罗斯天然气的依赖，全面提升中亚地区在欧盟能源政策中的地位，提出欧洲-高加索-亚洲交通走廊计划（TPACECA）、欧洲国际石油和天然气运输计划（INOGATE）和"巴库倡议"（Baku initiative）等一系列文件。2007 年 6 月，在德国的推动下，欧盟制定了首份中亚战略文件——《欧盟与中亚：新伙伴关系战略》。新文件不再将民主、人权与发展援助、能源政策直接挂钩，首次明确了中亚地区在保障欧盟能源安全和实现能源供应多元化中的重要作用，这标志着欧盟与中亚国家能源关系的一次突破。在美国的支持下，欧盟在里海西岸阿塞拜疆取得一系列突破，BTC 管道和 BTE 管道已向欧洲供应油气；跨安纳托利亚天然气管道（Trans-Anatolia pipeline，TANAP）于 2014 年 9 月正式启动建设，而跨亚德里亚海天然气管道（Trans-Adriatic pipeline，TAP）于 2015 年开工。但是欧盟与中亚地区的能源合作因受俄罗斯牵制而屡遭挫折，自 2002 年就已启动的纳布科天然气管道（Nabucco gas pipeline，简称"NGP 管道"）于 2013 年 6 月宣告失败；跨里海天然气管道也日益渺茫，能源供应安全问题仍是欧盟挥不去的阴影。

从欧盟对中国参与中亚油气合作的态度来看，中国和欧盟在国际能源格局和全球能源市场中都具有举足轻重的地位。欧盟是仅次于美国的第二大能源消费市场，能源消费占世界总消费量的 14%～15%。作为能源消费国，中国与欧盟在能源运输管道、能源安全视角和对外能源战略等方面存在直接的竞争与矛盾，并因西方秉承的"零和博弈"思维而被放大。欧盟将中国与中亚能源合作政治化，宣传"中国能源威胁论"，抨击中国"新重商主义"，还将中亚各国的、任人唯亲、腐败归罪于中国。欧盟甚至担心中国成为中亚地区的"新霸主"，从过度依赖俄罗斯转向过度依赖中国，进而损害欧盟对中亚能源的控制力。

（二）日本的中亚能源合作

日本是资源极其匮乏的国家。为了缓解对中东能源的依赖，建交之初日本三菱公司和国际石油开发株式会社（INPEX）曾对中亚地区的能源勘探、开采和运输进行考察和论证，并积极寻找在中亚各国进行投资的机会。但由于地理上远离中亚、历史和人文联系微弱，日本在中亚的油气合作成果有限。但日本不愿中国在中亚地区能源权益扩大，故积极参与中亚地区的油气开发和深加工。20 世纪 90 年代中期以后，为建立"亚太新秩序"，日本加大了对中亚的重视程度。1997 年 7 月，日本首相桥本龙太郎倡议"开展欧亚大陆外交"，提出以增进政治互信和加强能源合作为主要内容的丝绸之路外交新战略。通过大幅增加官方发展援助（official development assistance，ODA），日本在乌兹别克斯坦实施了布哈拉炼油厂、舒尔坦天然气化工综合体建设项目，并对费尔干纳炼油厂进行现代化改造，大大提高了乌兹别克斯坦油气加工能力。同时，日本采取与西方跨国石油公司合作开发的方式，参与中亚国家公开招标的油气田开发项目和管道修建项目。目前，日本拥有 BTC 管道 5.9% 的股份，其中伊藤忠石油勘探公司（Itochu）拥有 3.4%，日本国际石油开发株式会社（Inpex）拥有 2.5%；在里海南部三个油田产品分成协议中拥有 13.93% 的股份，其中伊藤忠石油勘探公司拥有 10%，日本国际石油开发株式会社拥有 3.93%；日本国际石油开发株式会社作为阿吉普国际财团的股东之一，拥有哈萨克斯坦卡沙甘油田 8.33% 的权益。2013 年 9 月，土库曼斯坦总统访问日本，两国签署一揽子油气开发合作协议。

从日本对中国参与中亚油气合作的态度来看，日本在中亚地区与中国有强烈的竞争动机。第二次世界大战曾受日本侵略的亚洲国家，尤其是中韩始终对日本保持警惕，日本与中亚地区的跨境能源合作在东北亚难以开展。为寻求突破，日本积极帮助中亚国家建设从阿富汗到印度洋的"南方线路"，以绕开中国和东北亚的远距离跨境运输。2004 年 8 月，日本外相川口顺子访问哈、乌、吉、塔中亚四国，启动"日本+中亚"对话机制，以此牵制上合组织，平衡中国和俄罗斯在中亚地区的影响力。2006 年 6 月，第二次"日本+中亚"外长会议制订了能源合作行动计划，投资修建连接塔吉克斯坦和阿富汗的公路和油气管道，将中亚的油气通过印度洋的海上通道输往日本。日本一直顾虑上合组织在欧亚腹地发展成一个由中、俄主导的排他性地区集团，因此日本参与中亚能源竞争不仅为了获取能源本身，同时通过影响价格波动及管线建设等增加中国从中亚能源进口的成本。

（三）韩国的中亚能源合作

韩国能源储量少且开发难度较大，高度依赖外部能源供给。自卢武铉政府开始，韩国通过首脑外交积极开展与中亚国家的能源合作。哈萨克斯坦是韩国中亚能源外交的重点。2004 年 9 月，卢武铉访问哈萨克斯坦，签署《共同开发石油协定》，联合开发里海沿岸和田吉兹油田，这标志韩国在中亚能源领域迈出了重要的一步。李明博政府把哈萨克斯坦、乌兹别克斯坦和土库曼斯坦作为战略性合作对象国。2009 年 5 月，李明博访问乌兹别克斯坦和哈萨克斯坦，双方签署一系列加强能源领域合作的协议。加强与中亚国家的油气合作也是朴槿惠"欧亚计划"的重要内容。2014 年 6 月，朴槿惠对乌兹别克斯坦、哈萨克斯坦和土库曼斯坦进行国事访问，与乌兹别克斯坦和土库曼斯坦签署系列合作协议，包括参与乌兹别克斯坦坎德姆天然气田的开发与天然气处理厂建设；与土库曼斯坦天然气康采恩签署总价值 40 亿美元的天然气处理厂建设合同。与李明博政府仅限于单纯的资源开发不同，朴槿惠政府更关注就地加工转化，与中亚国家"共享"资源带来的收益。

从韩国对中国参与中亚油气合作的态度来看，韩国在中亚地区的影响力比较有限，但通过在能源领域的多样化投资，韩国迅速崛起为中亚地区重要的经济参与者。与日本不同的是，韩国参与中亚地区油气开发强调区域合作，并不排斥任何一方。针对中、日、韩三国在能源领域的同构竞争问题和"亚洲溢价"问题，韩国主张建立东北亚能源对话机制，倡导一体化的东北亚能源市场，实现多边框架下的能源合作。此外，韩国对修建从中亚过境中国跨越黄海的海底油气管道具有浓厚兴趣。

（四）印度的中亚能源合作

历史上，南亚与中亚之间有着悠久的历史、文化、宗教联系，苏联解体后独立的中亚国家继承了苏联与印度的友好关系。为了获得稳定而便宜的油气资源，印度十分重视与中亚地区的能源外交。然而，由于双方地理上不接壤，存在交通和过境运输等问题，加之中亚地区复杂的地缘政治斗争，印度在中亚地区的油气合作比较依赖俄美大国的支持。20 世纪 90 年代末以来，为了减少对中东能源的依赖，印度将中亚地区视为维护国家能源安全的首选地区。由于印巴关系紧张，印度无法通过巴基斯坦获得中亚地区的油气供应。为建立与中亚的直接陆路交通，2000 年 9 月，在圣彼得堡举行的第二次国际欧亚运输会议上，印度、俄罗斯和伊朗三国达成框架协议，通过轮船、铁路和公路等方式，修建从印度西海岸孟买出发经伊朗在阿拉伯海的阿巴斯港和查赫巴尔港连接中亚及欧洲地区的货运大通道，运输走廊全长 5000 多千米，成为打开进入中亚石油市场的通道。然而，由于政治和资金问题，各方没有就实际运作问题达成共识。2012 年 1 月，包括中亚五国在内的 16 个国家在新德里举行研讨会，重新启动该项目。在美国的推动下，2008 年 4 月，印度正式加入 TAPI 管道项目。2010 年 12 月，土库曼斯坦、阿富汗、巴基斯坦和印度四国在伊斯兰堡签署关于修建 TAPI 管道的框架协议，标志着印度和中亚地区的能源合作进入实质性阶段。对于印度来说，TAPI 管道不仅有助于填补其国内巨大的能源供应缺口，而且还可借机挤入中亚能源棋局。然而，TAPI 管道最大的问题仍是安全保障问题，该管道有 735 km 在阿富汗境内。随着 2016 年美国和北约从阿富汗彻底撤军，TAPI 管道项目面临诸多不可预测的风险。

从印度对中国参与中亚油气开发的态度来看，作为新兴经济体国家，印度在中亚地区与中国有着类似的能源利益和战略诉求。因此，两国在中亚能源市场存在同构竞争问题。这种竞争往往导致油气区块或企业并购的竞标价格被人为抬高，增加油气生产成本，损害双方的国家利益。例如，2005 年中石油收购哈萨克斯坦 PK 公司，因印度石油公司搅局而多支付 10 亿美元。同样，2013 年 9 月，中石油击败印度石油天然气公司维德什（Videsh）子公司，获得哈萨克斯坦卡沙甘油田 8.33% 的股份，也付出了巨大的经济代价。随着两国的战略能源需求不断攀升，中亚能源争夺将日趋激烈化。

（五）伊朗的中亚能源合作

历史上中亚地区是波斯帝国的属地，与伊朗在民族、宗教、文化等方面有着割不断的历史联系。苏联解体后，伊朗推行务实多边外交，通过各种多边机制，伊朗积极开展与哈萨克斯坦和土库曼斯坦的油气合作，影响中亚里海地区油气出口格局，以提升伊朗在中亚能源事务中的话语权。在中亚地区能源输出路线中，通过伊朗由波斯湾运往世界各地的"南线方案"是最为经济、便捷的油气管道线路，对中亚国家有极大的吸引力。1997 年 12 月和 2010 年 1 月，科尔佩杰—库尔特—库伊管道和多夫列塔巴德—汉格兰管道相继开通，土库曼斯坦每年向伊朗出口 200 亿 m³ 天然气。这两条油气管道虽未解决土库曼斯坦的出口瓶颈，但满足了土库曼斯坦能源出口多元化的战略需要。伊朗也借此深化了与土库曼斯坦的油气合作关系。伊朗与哈萨克斯坦、土库曼斯坦和俄罗斯达成"串油"方案——将哈、土和俄三国原油经里海通过油轮运到涅卡港（Neka），再通过涅卡-德黑兰的输油管道转运至德黑兰炼油厂进行加工，伊朗在波斯湾以等量原油抵换，供哈、土和俄出口。尽管受运力所限，"串油"方案交换数量不大，但为伊朗在里海石油出口方向上开辟了一条新通道。此外，伊朗还积极与哈萨克斯坦和土库曼斯坦推动修建土库曼斯坦—伊朗—土耳其—欧洲天然气管道和哈萨克斯坦—土库曼斯坦—伊朗输油管道，但因为美国的强烈反对均无法实现。

从伊朗对中国参与中亚油气开发的态度来看，伊朗拥有丰富的油气资源，参与中亚地区的能源合作不以获取油气资源为目的，与中国在中亚地区没有根本利害冲突。由于受到美国的封锁和遏制，伊朗在中亚地区乃至全球能源格局的地位受到制约，因此伊朗更愿意与中国建立良好的能源合作关系，对冲美国的遏制。

（六）土耳其中亚能源合作

土耳其曾统治过中亚地区，与中亚国家在语言、种族和文化等方面有密切联系。苏联解体后，土耳其利用中亚国家"去俄罗斯化"的有利时机，积极开展与中亚国家的全方位合作关系，力图在中亚地区发挥地区大国的作用。在能源领域，土耳其不仅要获得中亚的油气资源，还要建设成连接欧亚的能源输送枢纽。土耳其是一个能源匮乏的国家。1992 年7 月，土耳其与哈萨克斯坦签署了油气勘探开发的合作备忘录。1994 年 6 月，与哈萨克斯坦签署总价值达 490 亿美元的石油合作协议，在未来 36 年中将获得哈萨克斯坦 21.6 亿桶石油和 2089 亿 m³ 天然气。在西方国家支持下，土耳其借助紧邻欧盟能源消费市场和中东、中亚能源生产基地的优势，积极推行"东西能源走廊"战略。出于遏制和孤立伊朗的考虑，美欧在中亚地区新的运输管道大多经过土耳其，如已运营的 BTC、BTE 管道，在建的跨安纳托利亚天然气管道、跨亚得里亚海天然气管道，以及流产的纳布科天然气管道等。乌克兰危机后，俄罗斯放弃南溪（South Stream）天然气管道转向土耳其。然而，跨里海天然气管道受到俄罗斯、伊朗的阻拦，经过伊朗的土库曼斯坦—伊朗—土耳其—欧洲天然气管道遭到美国反对，中亚国家的油气资源至今仍无法经过土耳其运抵欧洲。为强化能源枢纽的地位，2014 年 11 月，土耳其总统埃尔多安访问土库曼斯坦，双方就跨里海天然气管道达成框架协议。2015 年 3 月，土库曼斯坦总统别尔德穆哈梅多夫对土耳其进行国事访问，并签署多项协议，将土库曼斯坦天然气入欧的计划推上了新台阶。

从土耳其对中国参与中亚油气合作的态度来看，土耳其不希望中国成为中亚的能源主导力量，在多个领域同中国展开竞争。尤其是在 BTC 和 BTE 管道完工之后，土耳其极力推动里海东岸的哈萨克斯坦和土库曼斯坦通过 BTC 和 BTE 管道向欧洲供应油气，未来中土在中亚油气供应方向上可能产生较大冲突。

五、中亚地区能源合作制度与国际贸易的政策风险

（一）能源国际合作制度缺乏整体性与系统性

中亚地区存在多层级、多领域的能源合作制度，制度的复杂性和碎片化明显。制度复杂性是指由于"制度密度"增加而导致制度之间彼此联系、彼此促进或者彼此冲突的现象，如果一个地区制度复杂且缺乏事实或法律上的权威方，则会由于制度竞争引发地区秩序混乱。目前中亚的国际能源合作的制度包括：①国际组织协调下的能源合作制度，如上海合作组织框架下的能源合作、亚洲开发银行主导的"中亚区域经济合作"框架下的能源合作等；②地区外大国主导的双边能源合作制度，如中国"一带一路"倡议下的能源合作、美国"新丝绸之路"战略下的能源合作、俄罗斯《2035 能源战略》下的能源合作等；③中亚国家之间能源合作的制度，如欧亚经济共同体内的多边能源合作和跨里海油气合作等。在中亚地区众多的能源合作制度中，并没有获得各方广泛支持的主导性的能源合作制度，为中亚地区未来能源合作前景带来许多不确定性。

制度碎片化主要是指某一特定国际问题领域由于权力多元化和制度分散化等原因，为特定问题的解决带来困难与挑战的现象。在中亚地区能源合作议题上，由于中亚五国之间，及其与中国、美国和俄罗斯三个主导性大国，以及欧盟、日本、韩国、印度、伊朗、土耳其等其他国家达成能源合作协议而形成不同的能源合作区块，不同能源合作区块之间相互竞争，具有一定的排他性。同时，以国际石油公司为主要行为体进行的能源合作区块存在多个国家的合作与博弈，这在一定程度上令中亚国家在能源合作中的立场和身份出现分裂，缺乏整体性和系统性。

（二）中亚能源合作受政治体系干预和影响大

独立之初，中亚各国开始由计划经济体制向市场经济体制、由公有制向私有制转型，但市场化实现程度有所不同。吉尔吉斯斯坦与俄罗斯相仿，采用激进的改革模式；哈萨克

斯坦和塔吉克斯坦选择渐进式改革，保留大量的计划经济色彩；而土库曼斯坦和乌兹别克斯坦只进行"有限改革"。基于对油气工业的高度依赖，中亚国家实行了高度垄断的油气资源开发政策，再加上中亚特殊的"总统集权制"的政治体制，中亚国家的对外能源政策更多的是基于政治考虑而非纯粹的商业行为，导致中亚各国能源合作受政治体制影响严重。

中亚国家普遍存在庞大的油气资源腐败网络。国际能源合作一方面要与油气主管部门建立密切联系，同时还必须处理好与哈萨克斯坦油气公司的关系，并借其理顺与政府相关部门的关系，方能顺利获得和实施油气合作项目[39]（表 6.18）。2014 年 1 月，美国传统基金会（Heritage Foundation）和《华尔街日报》发布的经济自由度指数（index of economic freedom，IEF）报告显示，在 178 个国家和地区中，哈萨克斯坦（第 69 位）属于经济比较自由国家；而乌兹别克斯坦（第 163 位）和土库曼斯坦（第 171 位）属于经济"受压制"国家。2014 年 12 月，透明国际（transparency international）公布的《2014 年清廉指数》报告显示，在 174 个国家和地区中，哈萨克斯坦（第 126 位）在中亚国家中排名最高，乌兹别克斯坦（第 166 名）和土库曼斯坦（第 169 名）排名垫底。国际油气合作往往涉及的金额数量大、时间序列长，这种政治生态增大了国际油气投资项目的风险。

表 6.18　中亚国家油气管理机构和国家石油公司

国家	事项	主体	特点
哈萨克斯坦	管理部门	石油天然气部	经过多次变更充实后形成
	石油公司	哈萨克斯坦国家石油天然气股份有限公司	先分后合
乌兹别克斯坦	管理部门	国家地质和矿产资源委员会	主要工作依靠四个国家地质公司完成
	石油公司	乌兹别克油气总公司	逐步形成内部专业化运作的格局
土库曼斯坦	管理部门	油气工业和矿产资源部	总统直接负责制定油气资产政策及油气部门的管理
	石油公司	土库曼天然气康采恩、土库曼石油康采恩、土库曼油气贸易公司、土库曼地质康采恩和土库曼油气建设公司	直接隶属于总统和内阁，以业务和过程分工为依据的五大公司分立协助

资料来源：李华姣，安海忠，丁颖辉. 2013. 中亚主要油气资源国政治体制及油气管理机构比较分析. 资源与产业，(06)。

（三）国际能源投资法律和政策缺乏可持续性

中亚各国普遍存在资金不足、技术缺乏的问题，提供优惠合作条件和合作模式吸引外资成为发展能源经济的重要途径。哈萨克斯坦最早确立资源立国战略。20 世纪 90 年代，世界油气价格低迷，哈萨克斯坦与外国投资者签署产品分成合同，对原油及石油加工品出口免征关税，甚至低价转让油气田勘探开发权。这些鼓励和优惠政策使得哈萨克斯坦成为中亚地区吸引外资最多的国家。中亚各国还制定和颁布了一系列油气行业法律法规，刺激油气行业的发展。哈萨克斯坦先后制定了《石油法》、《投资法》、《地下资源与地下资源利用法》和《矿产资源法》，土库曼斯坦和乌兹别克斯坦也分别制定了《土库曼斯坦外国投资法》和《乌兹别克斯坦共和国外国投资法》等法律，初步建立起一整套国际能源投资的法律体系。

但 21 世纪以来，受世界范围内能源生产国有化的影响，中亚各国开始频繁修改和补充油气行业法律法规，加强对油气行业的控制与监管，以往温和宽松的外资投资环境和财税政策被强制性的政策所取代。以哈萨克斯坦为例，2009年哈萨克斯坦出台新的税收政策，连续三年对石油、天然气的开采税征收办法做出大的调整，取消矿区使用费，征收矿产资源开采税和油气出口收益税，并改变超额利润税计税方法等。2010年哈萨克斯坦政府恢复征收原油及其产品的出口关税，税率为20美元/t，2011年提高到40美元/t，2013年4月提高到60美元/t，2014年3月又增至80美元/t，2015年3月降低至60美元/t，并对出口原油进行定价。哈萨克斯坦2004年、2005年、2007年和2010年对《地下资源与地下资源利用法》进行了多次修订，不断扩大对本国资源的控制力。新修订的油气法规突出了"最大限度保护本国利益"的原则，明确规定国家拥有优先收购权；增加"哈萨克斯坦含量"的相关规定；政府有权废除地下资源利用领域的相关合同；引入"集权"的概念，加大对外国公司并购哈境内资源类资产的限制力度；保障哈油气在招标区块中所占股份；取消"产品分成协议"、特许经营合同等合作方式；增加环保要求等。同时，哈萨克斯坦还加强了对以前所签油气合同的监管力度。因资源使用者未履行合同中的财务义务及违规作业等，2010年和2011年，石油天然气部先后解除了36个资源使用合同，并对未按照合同条款完成"哈萨克斯坦含量"的企业征收高额罚款。政府干预、法律变更、政策收紧等因素成为中亚五国国际能源投资的重要政策风险。

（四）中国与中亚能源合作的法律制度与风险

中国在中亚能源投资的法律制度主要包括两类：一类是国际条约和区域性协定，如1985年《多边投资担保机构条约》(《汉城公约》)、1966年《解决国家与他国国民间投资争端公约》(《华盛顿公约》)，分别涉及国际投资风险的担保及国际投资争端的解决。此外，除土库曼斯坦外，中国和其他中亚四国均为上海合作组织的成员国，《上海合作组织成员国多边经贸合作纲要》作为官方文件包含了多项能源合作方面的内容，构成了中亚能源投资的重要法律基础。第二类是双边投资条约（BITs），这是中国与中亚国家能源合作与能源投资最重要的法律依据。1992年中国分别与乌兹别克斯坦、吉尔吉斯斯坦、哈萨克斯坦和土库曼斯坦四国签订了BIT，1993年与塔吉克斯坦签订BIT，2011年中乌两国重新签订了BIT。每一部BIT中均包括投资及投资者的定义、待遇问题、国有化措施及损害补偿、资产转移，以及争端解决五大方面。尽管中国与中亚的BIT实践中，逐渐呈现出更清晰的征收界定、争端解决方式等具体化趋势，但仍然面临着一系列的风险。

1. 主要国际条约

虽然缺乏统一的国际性能源合作机制和能源条约，但目前中国与中亚地区都加入的国际条约依然对能源合作具有指导性作用，最主要的三类多边国际条约，包括《能源宪章条约》、《华盛顿公约》和上合组织框架下的多边条约。

世界能源宪章组织是目前世界上涉及成员国最多的政府间能源合作组织。《能源宪章条约》在投资保护、能源贸易和运输保护、能源争端解决等方面具有广泛的法律约束力。中亚地区除土库曼斯坦外，均为《能源宪章条约》的签署国，中国于2015年签订了新的《能源宪章条约》。《能源宪章条约》中有两部分制度对中国与中亚地区的能源合作影响较大：一是关于争端解决机制的规定；二是过境运输条例及后续的《能源宪章过境议定书》。中国与中亚的能源合作重点关注管道等运输基础设施的建设，能源宪章确立的过境自由、非歧视和不妨碍三大原则，以及专门的能源过境争端的解决将成为中国与中亚关于能源过境合作的重要法律依据。

《华盛顿公约》建立了国际投资争端解决中心机制（ICSID），在解决政府与外国私人投资者之间的争端方面具有重要地位，其裁决具有终局性，不存在上诉机制，争端解决更为迅速，执行机制也比较完善。中国与中亚各国都属于 ICSID 缔约国，适用于《华盛顿公约》和 ICSID 相关法律制度。在实践中，ICSID 仲裁是众多争议双方首选的解决方式。ICSID 在以往能源争端案件中的判决虽不属于国际条约和习惯，也无判例体制一说，但实践中对于同类争端的解决或相同问题的法律解释具有参考和指导意义。

能源合作是上合组织框架内重要的合作领域之一。上合组织在积极寻求开展能源多边合作的过程所形成了系列多边条约，如《上海合作组织成员国长期睦邻友好合作条约》和《上海合作组织成员国政府间国际道路运输便利化协定》等。除此之外，《上海合作组织至2020 年多边经贸合作纲要》和 2004 年通过的《纲要措施实施计划》也致力于寻求能源多边合作。目前，上合组织内的能源多边合作机制并未建立，相关国际条约渊源较少，大多是原则性或框架性规定。

2. 双边投资条约

从中国与中亚现有的双边投资条约来看，中亚五国基于本国经济相对处于弱势、受外国投资影响大的立场，其基本的投资准入规则等相对保守。早期签订的 BIT 关于投资准入规则注重对外资的监控，大多规定投资准入须符合"东道国法律"，这实则是在准入阶段保留东道国的自由裁量权，反映了中国与中亚国家早期的 BIT 注重防御性的特点，根据东道国国内法律规定外国投资者享有的待遇可能低于本国公民。中国与中亚五国签订的 BIT 时间较早，大多已超过 20 年，涉及的内容简单，对投资准入范围、投资者的权利限制要求、透明度条款、准入例外等内容几乎都未做出明确规定。在准入前待遇方面，中乌 2011 年 BIT 明确规定了最惠国待遇条款，根据最惠国待遇的"自动传导效应"，投资者在投资准入阶段可享受最惠国待遇，而其他四国的投资保护协定对准入前待遇一般只规定了公平待遇这一绝对标准，如中哈 BIT 规定"缔约一方应在其领土内保障缔约另一方投资者的投资和与该投资有关的活动受到公平的待遇和保护。"准入阶段的国民待遇方面，目前中国与中亚国家签订的 BIT 尚未得到体现。

能源投资的征收风险是中国在中亚进行能源投资时可能遇到的争议焦点，这也是双方未来进行投资条约谈判中的重要议题。国际能源投资涉及金额巨大并且利润高，很容易招致中亚国家的国有化及间接征收。中亚国家法律政策变动频繁，并通过大量的总统令等政策文件的颁布代替已有立法，随意削弱法律的效力，增加了能源资产被东道国征收的风险。中国与中亚五国签订的投资协定中的相关法律规制不足，主要表现在以下三个方面。一是补偿问题是征收及类似征收措施后最重要的问题。中国与中亚五国签订的 BIT 中均对补偿标准做出了相关规定，但补偿标准有待提高。传统意义上的征收补偿标准采用适当补偿原则，中外 BIT 关于征收补偿标准在表征上与适当补偿原则相差不大，如中哈 BIT 规定补偿符合"非歧视性"原则，但后又规定采用"实际价值"进行计算，这样的计算方式实质上改变了适当补偿原则的内涵。二是征收概念与判断标准不明晰。中国与中亚大多国家签订的双边协定中均没有对间接征收做出规定，只停留在直接征收或国有化等层面。目前国际能源投资中，直接征收或国有化已经鲜少存在，间接征收成为东道国进行征收的新形式。三是中国与中亚国家 BIT 均有关于投资争端解决的规定。在无法通过协商、谈判途径解决的情况下，一般采用的案设立临时仲裁庭的模式。目前的争端解决规则并不能公正解决投资争端，如不能排除争端双方任命的仲裁员为本国公民的可能性。中亚国家大多国内有关投资法律层级较低，现今的投资争端解决模式对国际能源投资的保护力度是远远不够的。

第五节　中国与中亚能源合作贸易的政策及保障

中国参与中亚地区能源合作要立足于打破冲突型碎片化，推动不同能源合作主体的协调与共赢，促成专业性、针对性、利益共生性的多边能源合作机制，加强政府为主导的多边能源会话，组建能源咨询服务和能源信息平台，极力推动上合组织框架下的能源俱乐部的建设。同时，应推动能源合作主体和能源合作形式的多样化，优化参与中亚地区能源合作的企业结构，创新中亚能源合作的运营模式，组建能源投资的战略联盟进行联合开发，加强能源勘探开发与深加工技术贸易，推动中亚能源的就地转化，探索建立能源产业合作示范区和能源联合储备机制。创新与中亚国家能源合作的金融政策，加快制定能源统一价格机制，推动人民币作为中亚能源贸易的结算货币，建立区域税收协调机制，加强多种形式的金融合作和资本渗透。在上合组织框架下，推动现有能源政策与双边协议的修订完善。

一、积极构建中国与中亚的多边能源合作机制

（一）推动建立务实高效的多边能源合作机制

国际经验表明，构建务实高效的区域多边能源合作机制能够有效维护地区能源安全，并使参与国集体收益。石油输出国组织（OPEC）和国际能源署（IEA）是目前影响最大的多边能源合作组织。石油输出国组织（OPEC）成立于 1960 年，现有 14 个成员国，是世界最重要的石油生产国联合组织，包括沙特阿拉伯、伊拉克、伊朗、科威特、阿拉伯联合酋长国、卡塔尔、利比亚、几内亚、尼日利亚、阿尔及利亚、安哥拉、厄瓜多尔、委内瑞拉、加蓬等，其宗旨是"协调和统一各成员国的石油政策，并确定以最适宜的手段来维护各自和共同的利益"。OPEC 通过对国际油气市场的形势和市场走向进行判断，商定原油产量和价格，磋商调整石油贸易政策，采取共同行动反对西方国家对产油国的剥削和掠夺，保证成员国在任何情况下都能获得稳定的石油收入。国际能源署（IEA）是 1974 年经济合作与发展组织在其框架下设立的石油消费国政府间的经济联合组织，目前共有 29 个成员国，其中 16 个签署国和 13 个加入国。IEA 的宗旨是协调成员国的能源政策，发展石油供应方面的自给能力，共同采取节约石油需求的措施，加强长期合作以减少对石油进口的依赖，提供石油市场情报，拟订石油消费计划，石油发生短缺时按计划分享石油等。同时，IEA 通过要求成员国原油储备最低为 90 天，并建立了共同采取有效措施以满足紧急情况下的石油供应的计划，在能源应急机制建立方面发挥了突出作用。中国与中亚地区目前已有上海合作组织、欧亚经济联盟、中亚区域经济合作机制（CAREC）、联合国经社理事会"中亚

经济专门计划"、联合国开发计划署"丝绸之路区域合作项目"、美国新丝绸之路计划、中国"一带一路"倡议、中国新疆"亚欧博览会"以及亚洲基础设施投资银行（AIIB）等不同层级和不同领域的区域合作机制。其中上合组织、CAREC 机制在推动中国与中亚能源经济合作中起重要的作用。但需要注意的是，建立能源合作机制的政治利益与经济利益的让渡问题比较敏感，中亚相关国际能源合作的框架和协议多为原则性的，尚缺乏实质的能源合作框架。未来应在"一带一路"全球化倡议的基本框架下，加强上合组织能源合作协商，形成具有实际意义和约束力的多边能源合作机制。

（二）加强以政府为主导的多边能源会话机制

能源问题不仅是经济问题，同时也涉及政治、外交、安全等多个领域，需要政府发挥主导作用，应积极推动各国政府依托多边会话平台定期对能源领域的重要问题进行讨论，包括协调各国的能源政策、统一能源贸易规则和定价机制等。对中亚而言，中国应充分利用上海合作组织和"一带一路"的多边平台，积极利用上合组织银联体、丝路基金和亚洲基础设施投资银行等对能源合作的支持政策，开展多边能源合作项目，促进各国能源合作的深化。在推动与中亚地区能源合作的过程中，充分考虑俄罗斯、美国等大国在中亚地区的能源利益和经济渗透力，制定涉及能源出口国、能源过境国和能源进口国的多边政策，形成维护共同利益的多边框架协议。考虑到目前中国的能源现状、双边合作的困难及中亚地区复杂的能源地缘政治等因素，应从战略视角加强多边能源对话的能力，协调中哈、中土、中乌、中吉、中塔等能源合作的机构，设立专门针对中亚地区的多边能源对话机制，参与多边能源会话机制的各国应分享各国的能源信息，加深彼此之间的政治信任，以保证达成的多边能源合作的实用性和稳定性。

（三）组建能源咨询服务机构和能源信息平台

由于能源合作信息的不对称，中国与中亚国家的能源合作项目受中亚各国，以及主要能源参与国的政策影响明显，同时各国政策处于不断地变化之中，准确把握和预判各国能源政策导向存在很大困难。建立专业的能源咨询服务机构和广泛参与的能源信息平台是当前中亚能源合作亟须解决的问题。应着手建立由各国能源技术、能源战略、能源经济、法律、企业管理、信息等领域专家组成的半独立能源咨询机构，强调非政府工作人员在能源决策服务中的专业性和独立性。在此基础上建立广泛而具有针对性的能源合作信息平台及时实现信息共享，消除信息不对称，节约交易成本，提高能源合作的效率，降低能源合作风险。可考虑将能源咨询服务机构和能源信息平台置于"一带一路"和上合组织的框架之下，及时更新各国能源生产、消费的数据，提高能源交易的透明度，定期发布中国和中亚五国能源产业相关信息，包括资源储量、开采情况、能源工业和能源市场情况、能源产业未来规划以及中国企业与中亚合作的项目、投资、技术等信息；并对全球能源市场状况、世界主要国家在中亚能源投资情况等进行定期跟踪、分析，对各国涉及能源法律法规的变动进行研究，发布行业和地区能源发展报告，以最大限度地规避国际能源投资风险。

（四）极力推动上合组织框架下能源俱乐部建设

上海合作组织成立之初宗旨是维护边界安全、打击恐怖主义和应对非传统安全，但合作范围逐渐向能源、经济甚至金融领域扩展，已成为集安全、贸易和能源合作为一体的综合性区域组织。上合组织是相对完整的能源供需区域，加强多边能源合作，追求能源集体安全符合成员国的利益诉求。从能源互补性来看，上合组织成员国既有能源生产国俄罗斯、哈萨克斯坦和乌兹别克斯坦，又有能源消费国中国、塔吉克斯坦和吉尔吉斯斯坦。从地理区位和地缘政治来看，中亚能源西向和南向的出口都存在着军事动荡的隐患和较大的不确定性，通过加强东向与中国的能源合作，可以实现能源生产国与消费国的直接对接，并借助中国进一步开辟亚太的能源市场。

为建立上合组织能源领域协调机制，2006 年 6 月，普京总统在上合组织峰会上提议建立就成员国能源合作进行对话的常设机构"能源俱乐部"，协调成员国的能源开采和运输方案，获得大部分成员国支持。2006 年 9 月，围绕普京的建议上合组织政府首脑（总理）理事会第五次会议发表《联合公报》，决定由俄罗斯牵头成立能源工作组，研究建立能源俱乐部问题。2007 年 6 月，在莫斯科召开的上合组织能源部长会议上，一致同意建立上合组织能源俱乐部，并将其前景定位为"形成地区统一能源空间"（unified energy space）。2011 年 9 月，中国、俄罗斯、吉尔吉斯斯坦、塔吉克斯坦四国能源部长在西安会晤，就能源合作等达成了共识，共同发起《西安倡议》，加快启动上合组织能源俱乐部的组建工作。2013 年比什凯克上合组织成员国会议中，习近平主席进一步提出"成立能源俱乐部，建立稳定供求关系，确保能源安全"的主张，得到与会各国的支持。

但是，目前在上合组织框架下建立能源俱乐部面临着一系列困难，建设多边能源合作机制尚不成熟。一方面成员国因发展水平、文化传统和资源禀赋不同，对能源合作的立场和主张差异很大，中亚能源优先保障俄罗斯和欧洲油气市场的历史依赖与现实路径，导致能源俱乐部建立所涉及能源输出国的政治利益与经济利益让渡问题非常敏感；另一方面，俄罗斯作为能源俱乐部最早的倡议者，且俄罗斯作为全球能源输出第二大国，毋庸置疑地要成为上合能源俱乐部的重要力量。尽管俄罗斯有意愿并可接纳中国在中亚的战略利益，但是俄罗斯在多边能源合作中一贯坚持和追求掌握主动权。不愿意接受其他国家或组织主导的强烈主张，会使中国参与构建上合能源俱乐部的不确定性增大。

二、推动能源合作主体与能源合作模式多元化

（一）优化参与中亚能源合作的主体结构

当前中国主要以国有能源企业作为主体参与中亚地区的能源合作。国有企业虽然资金雄厚、技术成熟且抵抗风险能力强，但单一的参与主体带来了一系列问题。能源作为一种战略资源，国有企业的海外经济活动通常会被贴上国家行为的标签，会引起中亚国家政府与民众的担忧，甚至引发资源民族主义带来的资产征收风险。同时，国有企业决策过程较长、合作方式单一、灵活性不足的缺点会在海外能源合作竞争中削弱中国能源企业的竞争力[40]。在维护国家能源安全方面，除了国有企业之外，民营企业也是一支不可忽视的重要

力量。在哈萨克斯坦和吉尔吉斯斯坦，越来越多的中国民营企业积极拓展海外油气业务，如中信集团、广汇能源、正和股份、中能国际和华荣能源等。未来在巩固已有的国有企业搭建的能源合作平台的基础上，应积极鼓励中小能源企业参与中亚地区能源合作，推动国有企业和民营企业的合作，建立"走出去"产业联盟[41]，对于东道国当地政府和民众建立长期稳定、相互信赖的经济伙伴关系，降低合作的政治色彩，防范资源民族主义风险。

（二）组建能源联合投资开发的战略联盟

中国在中亚油气资源开发中，必须充分重视国际石油公司竞争的外在风险和资源民族主义的内部风险。一方面中国油气公司面临着来自西方发达国际石油公司如美国阿吉普、埃克森美孚、康菲、英国天然气、英荷壳牌、意大利埃尼、法国道达尔、俄罗斯卢克公司等西方发达国际石油公司的竞争，这些石油公司具有雄厚的资金和实力，并且占据了先入为主的优势；另一方面，中亚地区一直面临着新旧国际热点争端和严峻的安全形势，包括冲突、战争、分裂、政局动荡、政权更迭等各种社会政治经济风险都可能给中国与中亚能源合作带来负面冲击。在此背景下，与中亚国家政府和国家石油公司组建战略联盟，采用参股方式分享能源资产，寻求一种温和的接近石油开采勘探权利中心的合作模式，是降低资源民族主义风险，规避资源民族主义对外国资产的抵制，提高对抗西方国际石油巨头的综合竞争力的有效途径。同时，与中亚国家石油公司组建战略联盟，能在一定程度上避免对所在国的能源数量、质量、分布、开发利用现状，以及潜力等缺乏认识，对当地的法律、政策、人文、经济、监管体制等缺乏了解而导致的各种自然、人文风险[42]。

（三）加强能源勘探开发与深加工技术贸易

对中亚国家来说，能源勘探开发的项目总体来说比较敏感。中亚国家能源勘探开发技术水平相对较低，中国可以发挥能源勘探技术优势，在能源勘探与开发的项目工程咨询、能源开采的"交钥匙工程"等方面广泛开展技术贸易合作，从根本上推进中亚国家能源工业的现代化，推动矿山机械设备等中国优势制造业在中亚实现本土化转化，嵌入其能源勘探开发的核心领域。同时，中亚国家能源生产加工技术水平不高，成品油市场主要依赖进口，对能源深加工技术的国际合作项目积极性较高，如2011年哈萨克斯坦石油与天然气部部长门巴耶夫在"全球风险对哈经济影响"专题圆桌会议上表示，为降低对俄罗斯燃料的依赖、满足哈萨克斯坦国内燃料市场的旺盛需求，哈萨克斯坦和中国双方非常有可能开展石油来料加工业务，由哈萨克斯坦向中国新疆独山子炼油厂每年供应100万～150万t石油，加工成高辛烷值汽油后再输送回哈萨克斯坦。2014年哈萨克斯坦就来料加工事宜与中国进行谈判，以确保其国内市场对高标号汽油的需求并拥有最有利的定价自由。在技术援助服务方面，中、哈两国已于2011年签署了《关于中华人民共和国政府向哈萨克斯坦共和国政府提供无偿技术援助的协定》。同样，中国也应该在合适的时机与能源资源丰富但勘探与开发技术水平相对较弱的土库曼斯坦、乌兹别克斯坦在油气资源方面签订类似技术援助计划或技术贸易服务合同，这将有助于加强与中亚国家能源全产业链的合作。

（四）创新与中亚能源合作项目的运营模式

尽管中国与中亚的能源合作已经从买油买气发展到多元投资模式，但整体项目运行方式仍然以传统的合作模式为主。在未来的合作中应该充分借鉴国际先进合作模式，深化与政府和中亚国家各种运营主体的合作平台，如可采用 BOT（建设－经营－转让）、PPP（政府和社会资本合作）等模式。利用中国政策性银行的产业投资基金进行"工程承包+融资+运营"等合作方式，加强对能源富集区块资源的勘探开发合作，将合作链条向能源产业下游延伸，并强化在能源技术服务领域，以及能源装备制造领域的合作。同时，中亚国家对能源开采专业技术人员的需求迫切，据中国驻中亚国家大使馆经济商务参赞处资料显示，中亚国家目前较缺乏与能源有关的专业技术人员主要包括机械师、工程师、电工、安装工、钳工、检修工等，这为向中亚国家以能源劳务输出和能源技术管理提供了契机。除此之外，中国还可与中亚国家在能源物流、能源贸易服务、能源金融服务等生产性服务业领域广泛开展合作项目，在此基础之上，探索为中亚国家的能源产业提供一揽子专业能源技术与管理服务，强化双方的战略性合作。

（五）强化"经贸-油气"一体化合作模式

单纯的能源合作对于大国争相博弈的中亚油气市场来讲，无疑具有较高的脆弱性和敏感性。现阶段中国与中亚国家之间的贸易结构主要是以制成品换资源品，这种贸易结构不但不利于长期的战略合作，甚至容易加大合作双方之间利益冲突的可能性。油气资源的地缘属性，决定单纯的油气资源供给与需求之间的买卖关系和双方在国际贸易需求上的互补性，不足以抵抗地缘政治风险。中亚国家多数实施"资源立国"战略，经济结构单一，产业布局不平衡，制造业发展缓慢，尤其是轻工业基础非常薄弱，轻工产品多数依赖进口。资源开发、化工、建筑、冶金、航天、机械、家电等产业发展均比较落后，中亚各国都致力于建立和完善自身的工业体系，迫切需要国际资本对其工业产业及基础设施建设进行扶持。例如，哈萨克斯坦总统就曾正式要求中国向能源和原材料以外的工业部分投资。中国与中亚国家可在彼此需求上形成资源优势互补，未来进一步加强双方之间的经济往来，扩大国际投资范围，深化经贸合作的广度和深度，形成"经贸-油气"一体化的合作模式，通过推进次区域经济合作将中国与中亚各国油气资源的合作推向更稳定的发展方向。

2017 年在北京召开的"一带一路"国际合作高峰论坛后，中国与塔吉克斯坦签署经贸合作协议，与乌兹别克斯坦政府签署国际运输及战略对接协定，中国铁路总公司与哈萨克斯坦签署了深化中欧班列的合作协议，中国进出口银行与哈萨克斯坦国家公路公司签署公路项目贷款协议、与乌兹别克斯坦签署煤矿改造项目贷款协议，中国国家发展和改革委员会与吉尔吉斯斯坦经济部签署关于共同推动产能与投资合作重点项目的谅解备忘录，中国国家质量监督检验检疫总局与哈萨克斯坦、吉尔吉斯斯坦和乌兹别克斯坦相关部门签署检验检疫合作协议，中哈签署支持中国电信企业参与"数字哈萨克斯坦2020"规划合作框架协议。中国工商银行与乌兹别克斯坦等国家主要银行共同发起"一带一路"银行合作行动计划，建立"一带一路"银行常态化合作交流机制。中国教育部与哈萨克斯坦等国教育部门签署教育领域合作文件。一系列取得的成果证明，保持国家之间深入的经贸合作关系，双方的油气资源合作才能从贸易领域逐渐向油气资源勘探、开发生产等核心领域发展，才能将中国和中亚各国油气资源的合作维持在较高水平，以确保能源供应的稳定性与持续性。

三、加快能源就地转化与建立联合储备机制

（一）突出属地性质，加快能源的就地转化

属地化管理已成为跨国公司海外企业发展的必然趋势。随着中国油气公司的规模化和国际化，加强海外项目属地化管理迫在眉睫。《推动共建丝绸之路经济带和 21 世纪海上丝绸之路的愿景与行动》指出，要"推进能源资源就地就近加工转化合作，形成能源资源合作上下游一体化产业链"。从中亚国家的长远发展看，为增强其经济实力，中国与中亚国家的能源合作应从初期的单纯购买油气资源和资产的方式向资源就地加工转化合作方面转变，为此要加强油气合作中的"技术含量"，如进行知识共享、人才培训与技术合作方面的密切合作，构建日益完善的油气产业链，不断提升其油气产业的综合实力与竞争力。

（二）探索共建能源产业合作示范区

充分利用中国长期积累的各类工业园区发展经验，将其复制推广到中亚能源合作领域。在对中亚国家进行完整投资环境评价的基础上，选择政治环境稳定、法律环境较为公正透明、基础设施相对完整的区域，建设能源工业园区、能源技术合作园区等各类能源产业合作示范区，共同参与常规能源、非常规能源和新能源技术的共同研发与创新，推动上下游企业联合研发、生产和制造，实现示范区内能源生产和技术"溢出效应"，提升我国与中亚能源合作的影响力，形成中国与中亚国家能源合作的"飞地"[43]。在此基础上，积累跨国能源合作经验，依托西安-兰州-乌鲁木齐-克拉玛依的能源基地，在新疆与中亚国家毗邻城市，建设能源贸易合作示范区，简化通关程序，加快能源贸易自由化进程。

（三）建立跨区域能源联合储备机制

传统的能源储备仅限于石油实物储备，随着各项能源技术的进步，油田储备、天然气储备等均可纳入能源储备体系。从长远来看，逐步建立联合能源储备机制将是中国与中亚国家加强能源合作，构建多边能源合作模式的重要内容。构建跨国能源储备机制有利于稳定参与国长期的能源供给，减少由于地缘政治冲突而带来的风险，有利于供给国规避能源价格波动风险，确保长期的石油和天然气收益。在能源过剩导致能源价格急剧下跌时，中国可与中亚各国协商以合理的价格购买油气资源进行本地化储备。在油气供应短缺时，中亚国家给予中国在同等条件下优先供给的政策。跨区域能源联合储备，并不局限于双边合作，中国可在中亚地区与哈萨克斯坦、土库曼斯坦和乌兹别克斯坦实行联合能源储备，必要时可同时协调三国的跨国储备，以最大程度保证中亚各国的能源收益和中国能源稳定供给。

四、创新与中亚国家能源合作的金融政策

（一）加快与中亚国家协商能源统一价格机制

目前中国与中亚国家的能源合作项目通常采用先确定能源供应量，然后通过后续谈判确定能源价格。各国能源合作项目中的价格确定没有统一的机制，能源价格中包含了较多的政治因素并波动频繁。从理论上讲，能源定价应综合考虑开采成本、能源质量、运输距离、合作稳定性等因素。从长远的战略合作来看，中国与中亚国家的能源合作应根据现有的技术水平、开采深度和难度等将开采成本划分为若干个层次，确定不同层次能源的价格范围，并根据能源质量形成产地基准价。再综合考虑运输距离、能源合作的稳定性、不同国家管道维护的难度和成本等方面的差别，商定最终的能源贸易价格。从当前世界石油市场来看，中亚能源基本处于卖方市场，如何协调各国商定能源价格，不仅涉及能源关系的稳定性，也是保证国家能源利益，防止亚洲溢价发生的重要措施。

（二）推动人民币作为中亚能源贸易结算货币

国际能源贸易中最基本的标价货币是美元，各国相互之间的贸易与投资需转化为美元进行。采用人民币作为中国与中亚国家能源合作的结算货币，既有利于规避汇率风险，也能够提高双方能源合作的便利性。加强政府间交流，增强政治互信，是推动人民币作为中亚地区能源贸易结算货币的关键。中国应积极与中亚国家签订以人民币进行能源贸易结算的合作协议，共同制定中国-中亚金融货币合作的长期战略。未来可考虑将中亚国家纳入人民币国际化试点地区，通过货币互换的形式，将人民币固定为能源贸易和能源投资的结算货币。国家应支持商业银行通过境外分支机构或与他国金融机构以签订合作协议、核发许可证、发行债券等方式参与中亚国家人民币结算业务，支持中国能源企业为能源建设项目发行人民币计价债券，逐步取消在中亚国家发行人民币债券的地域限制。

（三）建立中国与中亚国家区域税收协调机制

国际能源合作涉及的投资规模和利税规模较大，税收政策的差异对跨国能源合作有重要影响。建立区域税收协调机制是解决国家间税收政策差异的有效举措。欧盟是区域能源税收协调机制建设的先行者，2002 年已统一实施能源税。2005 年，中国与东盟正式启动能源降税计划，为中国积极参与区域税收协调机制的实质进展。中国与中亚的能源税收协调机制可借鉴中国与东盟的税收协调机制，先通过降低能源进出口关税的方式提高各国参与能源贸易的积极性，然后再逐步推动在资源税领域的协调。在与中亚国家的能源贸易和能源合作上，通过与中亚国家形成双边或多边关税减免协议的方式，大幅度降低中国与中亚国家能源产品进出口成本，缩小与国际税收惯例的差异。在此基础上循序渐进推进与中亚地区的再生能源合作和能源投资等方面的税收协调机制，对在跨国能源合作的重点基础设施项目，通过税收返还、财政补贴等方式，降低能源合作成本，增加双方企业合作积极性。

（四）加强中亚能源金融合作

金融与资本渗透能极大促进中国与中亚之间建立长效的利益共享机制，维护长期战略合作关系。实行宽松且长期稳定的金融政策是中国和中亚能源合作从贸易模式到合同模式，从动态联盟到供应链联盟的客观要求。目前，国家开发银行、中国进出口银行是参与中亚地区能源合作的主要金融机构，主要采取"贷款换资源"的方式锁定风险。未来应积极转变中国进出口银行和国家开发银行的角色，加强与中亚各国金融机构的合作，在增强能源企业融资能力的同时，防范跨国投资风险，带动与中亚国家的能源产业合作。鼓励中国工商银行、中国建设银行、中国银行、招商银行等国内大型商业银行，将海外金融服务的重点聚焦到"一带一路"区域，提升对中国大型能源企业海外能源合作项目的授信额度，通过银团贷款等方式支持中国企业在中亚国家的能源合作项目。鼓励丝路基金设立中亚能源基础设施投资的专项基金，将投资重点集中在中亚优质能源资产的投资领域。同时，可鼓励有条件的大型企业集团通过吸收国际资本和国内民营资本为中国与中亚国家的能源合作提供融资支持。

五、推动能源政策与协议的修订和完善

（一）加快现有双边投资协定（BIT）的修订

BIT 是中国保护在中亚能源投资的重要法律渊源，也是 ISCID 在审查争端时的重要法律依据。目前中国与中亚国家的 BITs 大多签订于 20 世纪 90 年代，只有中国与乌兹别克斯坦之间的 BIT 于 2010 年重新签订。21 世纪世界资本流动与能源投资环境都发生了深刻的变化，20 世纪末期签订的 BIT 无法为中国投资者提供充足、全面的保护。当前中国推行的"一带一路"倡议受到中亚各国的广泛支持，为中国与中亚各国 BITs 的重新修订提供了契机。中国与哈萨克斯坦、土库曼斯坦等国的 BIT 可参考中乌 2010 年 BIT 相关条款，加快协商与中亚 BITs 主要条款的修改。其中，中亚地区能源投资国有化措施风险较高，也是中亚能源投资最重要的争端。在 BITs 修订中要注意明确规定征收与国有化的补偿标准，明晰间接征收及其他国有化措施的认定问题。同时要构建逻辑化、全面化的投资争端解决方式。重点考虑关于争端解决的步骤、国内救济与国际救济的关系、仲裁适用规则范围，以及争端解决是否要排除最惠国待遇的适用范围等问题。中乌 2010 年 BIT 规定投资者与缔约一方的投资争议在不能通过协商解决的情况下投资者可以将诉求提交给 ICSID 仲裁解决，同时，除塔吉克斯坦之外，其他中亚国家也均为《华盛顿公约》的成员，故可考虑在修订 BITs 明确引入国际投资争端解决中心机制，提高仲裁的透明度和公信力。

（二）在上合框架下修订能源投资准入问题

国际投资的准入问题多在 WTO 的一揽子协议中通过清单罗列的方式规定，而目前中亚国家吉尔吉斯斯坦（1998 年）、塔吉克斯坦（2013 年）和哈萨克斯坦（2015 年）是 WTO 成员国，土库曼斯坦和乌兹别克斯坦不受 WTO 的规制。参考世界各国投资保护协定的缔约实践，在 BIT 中规定投资准入范围的意义不大，准入范围多在多边协议中加以规定。上

合组织作为中国与中亚国家最重要的区域性组织,随着"一带一路"倡议在中亚地区影响力不断加深,可参考中国与东盟签订的《全面经济合作框架协议》,在上合组织框架下通过多边谈判,约定能源投资的准入范围[44]。例外条款或负面清单是一国涉及国家安全重要领域的投资范围排除规定,中国与中亚国家的 BITs 中虽然没有将能源行业列入例外规定中,但中亚各国政策的不稳定,难以保证中亚国家不会通过总统法令等的形式将能源行业纳入例外规定中。为此需要在多边投资条约中明确投资准入的例外条款,通过多边协定尽可能保证中国投资者在中亚进行能源投资时有更明确的政策预期和更安全的政策保障。

(三)建立海外能源投资保险制度

多边投资担保机构(MIGA)在国际投资中通过承保货币征兑险、征收及类似措施、违约险、战争与内乱险,以及其他非商业风险,鼓励资本向发展中国家流动,降低投资风险。能源行业投资属于资本密集型投资,牵扯的投资规模巨大,商业保险尤为重要。中国尚未建立完整的海外投资保险制度,也没有专门的海外投资保险机构,也未出台一部专门的海外投资保险立法,MIGA 是中国当前在中亚国家进行国际能源领域的重要的保障措施。针对未来与中亚国家进行长期能源合作,中国有必要借鉴世界主要国家的制度和经验,建立完整的能源海外投资保险制度,培育专业的国际能源投资保险机构,以确保海外资产的安全性。

主要参考文献

[1] 中华人民共和国商务部驻哈萨克斯坦使馆经商参处. 哈萨克斯坦能源综述:储备、开采和投资. http://www. mofcom. gov. cn/article/i/dxfw/ae/201511/20151101191242. shtml. 2018-2-26.

[2] Baimoldin A. 哈萨克斯坦共和国与中华人民共和国的能源合作探析. 武汉:华中师范大学硕士学位论文,2012,12-26.

[3] 中国驻哈萨克经商参处. 2013 年哈萨克斯坦大型油田石油增产现状. 国际石油网. http://m. in-en. com/25-0-2091530-1. html. 2018-2-26.

[4] 赵景忠. 哈萨克斯坦三大炼油厂现代化改造研究分析. 国际工程与劳务,2014,(5):29-32.

[5] 邓秀杰. 中国与中亚国家油气合作的机遇与挑战研究. 北京:中共中央党校博士学位论文,2015,23-26.

[6] 李秀波. 中美俄构筑大国关系"新三角". 党政论坛,2013,11-16.

[7] 闫鸿毅,李世群. 浅析土库曼斯坦天然气出口格局及其影响. 俄罗斯中亚东欧市场,2012,(8):29-34.

[8] 刘兵. 地缘政治视角下的中缅能源合作. 济南:山东大学硕士学位论文,2012:19-26.

[9] 敏玉. 土库曼斯坦的油气工业. 国土资源情报,2008,(1):48-50.

[10] 凤凰网财经. 土库曼石油与天然气. http://finance. ifeng. com/roll/20091216/1589437. shtml. 2009. 2018-2-25.

[11] 谈谈,李丽娟. "白金之国"——乌兹别克斯坦——"一带一路"上的产油国之三. 石油知识,2017,(3):3-5.

[12] 薄启亮. 中国中亚大战略和石油企业的作为. 石油观察,2013,14-15.

[13] 党学博,李怀印. 中亚天然气管道发展现状与特点分析. 油气储运,2013,32(7):692-697.

[14] 叶小伟. 乌兹别克斯坦可再生能源利用现状及前景. 俄罗斯中亚东欧市场,2012,(12):30-33.

［15］中国日报. 哈能源部长说里海盆地石油储量达 600 亿吨. http://www.chinadaily.com.cn/hqgj/jryw/ 2015-06-02/content_13781825. html. 2018-2-26.

［16］李世群, 闫鸿毅. 中亚能源政策探析. 现代商贸工业, 2011, 23（4）: 120-121.

［17］中华人民共和国商务部. 哈萨克斯坦的里海地区石油开发计划. http://www.mofcom.gov.cn/aarticle/ i/jyjl/m/200402/20040200179170. html. 2018-2-26.

［18］高世宪, 梁琦, 郭敏晓, 等. 丝绸之路经济带能源合作现状及潜力分析. 中国能源, 2014, 36（4）: 4-7.

［19］杨宇. 全球石油资源开发利用格局演变与中国海外石油合作模式研究. 北京: 中国科学院大学博士 学位论文, 2013, 35-39.

［20］彭雯隽. 中国与中亚的能源合作. 广州: 暨南大学博士学位论文. 2009, 36-39.

［21］中华人民共和国商务部. 哈萨克斯坦能够扩大对中国石油出口量. http://www. mofcom. gov. cn/article/ i/jyjl/e/201609/20160901387315. shtml. 2018-2-26.

［22］徐海燕. 中国与中亚的能源 "双轨" 合作. 国际问题研究, 2013,（6）: 90-99.

［23］毛汉英. 中国与俄罗斯及中亚五国能源合作前景展望. 地理科学进展, 2013, 32（10）: 1433-1443.

［24］秦鹏. 中国与哈萨克斯坦石油合作法律机制研究. 经济问题, 2014,（6）: 011.

［25］李中海. "丝绸之路经济带" 建设中的中亚因素. 世界知识, 2015,（12）: 42-43.

［26］惠宁, 冯爱民, 虎新文. 中石油油气合作开发及发展趋势综述. 西部大开发: 中旬刊, 2012,（6）: 22-22.

［27］中国石油. 中国石油在土库曼斯坦. http://www. cnpc. com. cn/cnpc/Turkmenistan/country_index. shtml. 2018-2-26.

［28］闫鸿毅, 李世群, 徐行. 中亚三国石油合同模式研究. 俄罗斯中亚东欧市场, 2010,（5）: 17-24.

［29］秦鹏. 中国与中亚国家石油合作的历史与现状. 新疆大学学报: 哲学·人文社会科学版, 2013,（4）: 87-95.

［30］张新华. 中国与中亚国家及俄罗斯能源合作探析——以丝绸之路经济带建设为视角. 新疆社科论坛, 2013,（6）: 21-28.

［31］中金在线. 中石油复兴气田 300 亿方增供气项目奠基. http://news. cnfol. com/chanyejingji/20140509/ 17815752. shtml. 2018-2-26.

［32］谢文心. 从贸易互补性看中俄能源合作发展. 经济问题, 2012,（1）: 43-45..

［33］邵宇. 中亚战略和新丝绸之路经济带. 中亚信息, 2013, 12-13.

［34］胡建. 中国与中亚国家能源合作的现状与未来. 中国信息报. 2017-12-16.

［35］石卫, 萧芦. 2015 年世界主要国家和地区原油加工能力统计. 国际石油经济, 2016, 24（5）: 102-104.

［36］徐海丰. 2015 年世界乙烯行业发展状况与趋势. 国际石油经济, 2016,（5）: 60-65.

［37］邓秀杰. "丝绸之路经济带" 建设与中国-中亚能源合作. 克拉玛依学刊, 2015,（6）: 3-10.

［38］德全英, 江淑娟. 美国大中亚安全战略规划评析. 俄罗斯东欧中亚研究, 2013, 1: 76-83.

［39］李华姣, 安海忠, 丁颖辉. 中亚主要油气资源国政治体制及油气管理机构比较分析. 资源与产业, 2013, 15（06）: 55-62.

［40］徐洪峰, 李扬. "丝绸之路经济带" 能源合作的大国因素分析. 国际论坛, 2016, 18（6）: 30-36.

［41］邓秀杰. "丝绸之路经济带" 建设与中国-中亚能源合作. 克拉玛依学刊, 2015, 5（6）: 3-10.

［42］赵亚博，方创琳. 中国与中亚地区油气资源合作开发模式与前景分析. 世界地理研究，2017，23（1）：29-36.

［43］胡健，焦兵，刘倩倩. "丝绸之路经济带"战略下的中国与中亚国家能源合作现状与发展前景. 人文杂志，2017，（1）：29-36.

［44］黄梦，肖湘. 中国对中亚能源投资的法律问题及对策. 长沙理工大学学报（社会科学版），2016，31（2）：160-166.

第七章　中亚铀矿资源配置格局与中国合作开发

　　中亚地区的哈萨克斯坦及乌兹别克斯坦铀矿资源储量大、品位高、开采条件好。据 2015 年 1 月统计,中亚地区回收成本<130 美元/kg 铀资源确定储量为 87.54 万 t,占全球的 15.1%,其中哈萨克斯坦又占中亚地区的 85.1%[1]。铀矿资源集中分布于哈萨克斯坦南部的楚河—萨雷苏河、锡尔河下游及北哈萨克斯坦三大矿区,其次是乌兹别克斯坦中北部的克孜勒沙漠南缘。铀矿资源储量的 70%为较易开采的砂岩型铀矿。中亚地区铀矿开采规模大,自 2009 年以来铀矿开采量长期稳居世界首位。2016 年铀矿开采量为 26979t 铀,占全球总产量的 43.5%。其中哈萨克斯坦又占中亚地区铀矿产量的 91.1%。铀矿开采与资源分布大体相一致,以生产成本较低的地浸法开采为主。2015 年,外资约占中亚地区铀矿开采的 40%。根据铀资源的储采比及现有生产能力预测,2020 年中亚地区铀矿产量为 2.8 万 t 铀,2030 年为 2.2 万~2.4 万 t 铀。

　　中国回收成本<130 美元/kg 铀的铀矿资源的确定储量仅占全球的 4.8%,且品位低、开采条件较差,远不能满足核电快速发展对铀资源的需求,铀资源的对外依存度从 2005 年的 37.9%升至 2014 年的 76.2%和 2016 年的 79.8%;预测 2020 年为 75%、2030 年为 80%;绝对缺口量分别为 1.1 万~1.2 万 t 和 1.8 万~1.9 万 t。根据中国与中亚地区铀矿资源合作开发的前景分析,预测 2020 年中亚地区可提供中国天然铀进口量的 75%,2030 年为 60%。中亚地区将成为中国最重要的天然铀供应基地。中国与中亚地区铀矿资源合作重点为推进全产业链的合作模式,即从铀矿资源的合作勘探、开发、加工、核燃料组件生产、核电站建设到研发、贸易一条龙。合作开发的路径包括资金合作、技术合作、基础设施建设合作与人才培训合作。中国与中亚地区铀矿合作开发存在一定的政治风险、经济风险与生态环境风险。为促进合作开发持续健康发展,提出以下建议:创新合作理念,尽快编制合作开发规划,不断提高中资企业在合作中的地位,积极建立铀储备体系,进一步完善铀矿资源开发的海外政策,做好铀矿资源开发的风险防控。

第一节　中亚铀矿资源空间分布格局与开发利用现状

一、中亚铀矿资源分布状况及在世界的战略地位

　　铀在地壳中的平均含量仅为百万分之二,其分布极不平衡。根据国际原子能机构(IAEA)2016 年发布的铀资源红皮书《2016 铀:资源、产量与需求》公布的数字[1],截至 2015 年 1 月,全球铀矿资源的确定储量(探明储量+推断储量)中,回收成本<40 美元/kg 铀为 64.69 万 t,回收成本<80 美元/kg 铀为 212.47 万 t,回收成本<130 美元/kg 铀为 571.84 万 t,回收成本<260 美元/千克铀为 764.16 万吨[1](表 7.1~表 7.3)。按国家地区划分,澳大利亚占世界

铀矿回收成本<130 美元/kg 铀确定储量的 29.1%，哈萨克斯坦占 13.0%，加拿大占 8.9%，俄罗斯占 8.9%，南非占 5.6%，尼日尔占 5.1%，以上六国合计占 70.6%[1]。

表 7.1　世界主要铀矿资源确定储量（截至 2015 年 1 月）　　　（单位：t 铀）

回收成本	<40 美元/kg 铀	<80 美元/kg 铀	<130 美元/kg 铀	<260 美元/kg 铀
澳大利亚	N/A	N/A	1664100	1780800
哈萨克斯坦	97500	667200	745300	941600
加拿大	951200	321800	509000	703600
俄罗斯	0	47700	507800	695200
纳米比亚	0	0	267000	463000
南非	0	229500	322400	449300
尼日尔	0	17700	291500	411300
巴西	138100	229400	276800	276800
中国	98900	206300	272500	272500
格陵兰岛（丹）	0	0	0	228000
乌克兰	0	59000	115800	220700
蒙古	0	141500	141500	141500
印度	N/A	N/A	N/A	138700
美国	0	17400	62900	138200
乌兹别克斯坦	58200	58200	130100	130100
捷克	0	0	1300	119300
博茨瓦纳	0	0	73500	73500
坦桑尼亚	0	46800	58100	58100
其他国家	3000	82200	278800	304900
世界合计	646900	2124700	5718400	7641600

注：①确定储量=探明储量+推断储量；②N/A：缺资料。

资料来源：参考文献 [1, 2]。

表 7.2　世界主要铀矿资源探明储量（截至 2015 年 1 月）　　　（单位：t 铀）

回收成本	<40 美元/kg 铀	<80 美元/kg 铀	<130 美元/kg 铀	<260 美元/kg 铀
澳大利亚	N/A	N/A	1135200	1150000
哈萨克斯坦	38500	229300	275800	363200
加拿大	226100	240100	374200	486400
俄罗斯	0	27300	228400	273800
纳米比亚	0	0	189600	298400
南非	0	167900	237600	259600
尼日尔	0	17700	235300	316000

续表

回收成本	<40 美元/kg 铀	<80 美元/kg 铀	<130 美元/kg 铀	<260 美元/kg 铀
巴西	138100	155900	155900	155900
中国	38900	95000	128300	128300
格陵兰岛（丹）	0	0	0	102800
乌克兰	0	42000	82900	139400
蒙古	0	108100	108100	108100
印度	N/A	N/A	N/A	121000
美国	0	17400	62900	138200
乌兹别克斯坦	36900	36900	54600	54600
捷克	0	0	1200	51000
博茨瓦纳	0	0	13700	13700
坦桑尼亚	0	38300	40400	40400
世界合计	478500	1223600	3458400	4386400

注：N/A：缺资料。资料来源：参考文献 [1，2]。

　　中亚地区在苏联时期有 4 个加盟共和国开采铀矿资源，即哈萨克斯坦、乌兹别克斯坦、吉尔吉斯斯坦和塔吉克斯坦。其中，吉尔吉斯斯坦在 20 世纪 60～70 年代铀矿地质储量超过 5 万 t 铀，开采矿点超过 10 处，主要分布于费尔干纳盆地周边及天山北坡支脉阿拉套山；塔吉克斯坦西北部的苦盏一带也曾在 1945～1995 年开采铀矿。其后由于资源枯竭，吉、塔两国铀矿均已先后废弃。2000 年以来，在国际原子能机构发布的世界铀矿资源红皮书所列的 51 个铀资源确定储量的国家和地区中，中亚地区仅有哈萨克斯坦和乌兹别克斯坦两国。

表 7.3　世界主要铀矿资源推断储量（截至 2015 年 1 月）　　（单位：t 铀）

回收成本	<40 美元/kg 铀	<80 美元/kg 铀	<130 美元/kg 铀	<260 美元/kg 铀
澳大利亚	N/A	N/A	528900	630800
哈萨克斯坦	59000	437900	469500	578400
加拿大	25100	81800	134800	217200
俄罗斯	0	20400	279400	421400
纳米比亚	0	0	77500	164600
南非	0	61700	84800	189700
尼日尔	0	0	56200	95300
巴西	0	73500	120900	120900
中国	60000	111200	144200	144200
格陵兰岛（丹）	0	0	0	125100
乌克兰	0	16900	32900	81300
蒙古	0	33400	33400	33400

回收成本	<40 美元/kg 铀	<80 美元/kg 铀	<130 美元/kg 铀	<260 美元/kg 铀
印度	N/A	N/A	N/A	17700
美国	N/A	N/A	N/A	N/A
乌兹别克斯坦	21300	21300	75500	75500
捷克	0	0	100	68300
博茨瓦纳	0	0	59800	59800
坦桑尼亚	0	8500	17700	17700
世界合计	168400	901100	2260100	3255100

注: N/A: 缺资料。资料来源: 参考文献 [1, 2]。

（一）铀矿资源储量大、品位较高，在全球占有重要地位

中亚的哈萨克斯坦和乌兹别克斯坦两国分别于 1944 年和 1945 年开始进行铀矿地质勘探，初期主要集中于乌兹别克斯坦东部的费尔干纳盆地，多为中小型矿脉。自 20 世纪 70 年代起，在哈萨克斯坦南部的莫因库姆沙漠和乌兹别克斯坦中部的克孜勒库姆沙漠相继发现了一批大型及超大型砂岩和砂页岩型铀矿后，这一地区迅速成为世界铀矿资源富集区之一。据国际原子能机构公布的世界各国铀矿资源数据，截至 2015 年 1 月，中亚地区回收成本<130 美元/kg 铀的铀资源确定储量为 87.54 万 t 铀[①]，占世界总储量的 15.3%（表 7.4）[1]。

表 7.4　中亚地区铀矿资源储量表（截至 2015 年 1 月）

回收成本	确定储量		其中:			
			探明储量		推断储量	
	t 铀	占世界/%	t 铀	占世界/%	t 铀	占世界/%
<40 美元/kg 铀	155700	24.1	75400	15.8	80300	47.7
<80 美元/kg 铀	725400	34.1	266200	21.8	459200	50.9
<130 美元/kg 铀	875400	15.3	330400	9.6	545000	24.1
<260 美元/kg 铀	1071700	14.0	417800	9.5	653900	20.0

资料来源: 参考文献 [1~3]。

中亚地区铀矿资源中，以砂页岩型铀矿为主。据国际原子能机构 2016 年铀资源红皮书公布的数据，在哈萨克斯坦回收成本<130 美元/kg 铀的确定储量（合计为 74.53 万 t 铀）中，砂页岩型铀矿占比为 93.3%，其余为磷酸盐型矿（占 3.5%）和交代岩型矿（占 2.4%）[1]。乌兹别克斯坦回收成本<130 美元/kg 铀的确定储量（合计为 13.01 万 t 铀）中，砂页岩型铀矿占 74.7%，黑色页岩型铀矿占 25.3%[1]。

中亚地区铀矿品位相对较高。以哈萨克斯坦为例，现已开采的 18 个铀矿中，一般品位为 0.05%～0.3%，其中位于锡尔河矿区的北哈拉桑 1 号矿（可采储量为 3.1 万 t 铀）平均品

---

① 国际上将回收成本<130 美元/kg 铀作为铀矿开采商业价值的主要指标，高于该回收成本的铀矿开采难度大，商业价值小。

位达 0.204%[4]。

（二）铀矿资源集中分布于哈萨克斯坦，其次为乌兹别克斯坦

1. 哈萨克斯坦铀矿主要分布于五大矿区

据哈萨克斯坦地矿部门统计，其铀矿资源总储量（包括确定储量与预测储量）为 150 万 t，已探明铀矿储量占世界总量的 19%[5]。其中各类回收成本的铀矿资源确定储量分别为：<40 美元/kg 铀 9.75 万 t 铀，<80 美元/kg 铀 66.72 万 t 铀，<130 美元/kg 铀 74.53 万 t 铀，<260 美元/kg 铀 94.16 万 t 铀①，分别占全世界相应回收成本铀矿确定储量的 15.1%、31.4%、13.0%和 12.3%[1,5]（表 7.5）；上述各类级别储量在中亚地区占比分别为 62.6%、92%、85.1%和 87.9%[1-7]。

表 7.5　哈萨克斯坦铀矿资源储量表（截至 2015 年 1 月）

回收成本	确定储量		其中：			
			探明储量		推断储量	
	吨铀	占世界比例/%	吨铀	占世界比例/%	吨铀	占世界比例/%
<40 美元/kg 铀	97500	15.1	38500	8.0	59000	35.5
<80 美元/kg 铀	667200	31.4	229300	18.7	437900	48.6
<130 美元/kg 铀	745300	13.0	275800	8.0	469500	20.8
<260 美元/kg 铀	941600	12.3	363200	8.3	578400	17.8

资料来源：参考文献 [1, 2]。

哈萨克斯坦现已探明的铀矿有 50 多个，按其分布特点可分为 5 个矿区（表 7.6），其中，资源分布最集中的为哈萨克斯坦南部的楚河-萨雷苏河及锡尔河铀矿区。

（1）楚河-萨雷苏河铀矿区。位于哈萨克斯坦南部的两条内陆河流——楚河上游与萨雷苏河下游地区，位于莫因库姆沙漠（前译"穆云库姆沙漠"）的西部。铀矿床主要为卷头状砂岩型铀矿，资源总储量为 89 万 t 铀，约占全国总储量的 58.5%。该矿区可分为两部分：北矿区包括东、中、西莫库杜克矿（Eastern, Central, Westen Mynkuduk）、因凯矿（Inkai）、及布德诺夫斯科耶（Budenovskoe）矿等，铀矿资源储量 75 万 t 铀，约占全国总储量的一半；东矿区包括托尔特库杜克（Tortkuduk）、莫因库姆（Moinkum）及坎楚干矿（Kanzhugan）等，铀矿资源储量 14 万 t，为目前该国铀矿的主要开采区[8]。

表 7.6　哈萨克斯坦铀矿资源分布状况

铀矿区名称	铀资源储量		备注
	吨铀	占比/%	
楚河-萨雷苏河矿区	890000	58.5	北矿区 75 万 t，东矿区 14 万 t
锡尔河矿区	250000	16.4	西矿区 18 万 t，南矿区 7 万 t

---

① 另据国际原子能机构 2016 年公布的数字，截至 2015 年 1 月，哈萨克斯坦回收成本<260 美元/kg 铀的铀矿资源确定储量为 107.99 万 t 铀。

铀矿区名称	铀资源储量		备注
	吨铀	占比/%	
北哈萨克斯坦矿区	256000	16.8	
伊犁河矿区	96000	6.3	
里海沿岸矿区	24000	1.6	
巴尔喀什湖矿区	6000	0.4	

资料来源：参考文献 [9～11]。

（2）锡尔河铀矿区。位于中亚地区第一大河锡尔河下游沿岸地区，铀矿资源储量 25 万 t 铀，占全国的 16.4%。该矿区可分为两部分：西矿区包括哈拉桑一矿与二矿（Kharasan 1，2），南、北卡拉木隆矿（Karamurun）及伊尔科尔矿（Irkel），铀矿资源储量 18 万 t 铀；南矿区主要有扎列奇诺耶矿（Zarechnoye）及南扎列奇诺耶矿（Souhern Zarechnoye），铀矿资源储量 7 万 t 铀[8]。

（3）北哈萨克斯坦铀矿区。位于哈萨克斯坦首都阿斯塔纳东北 150 km 处，主要为古河道砂岩型铀矿，现已探明有舍米兹拜矿（Semizbai）及"东部之星"矿（Vostok Zvezdnoye），资源储量 25.6 万 t 铀，占全国铀矿资源总储量的 16.8%[8]。

（4）其他铀矿区。主要有：哈萨克斯坦东南部的伊犁河铀矿区及巴尔喀什铀矿区，铀矿资源储量分别为 9.6 万 t 铀和 0.6 万 t 铀；在哈萨克斯坦西部里海沿岸曼吉斯套州铀矿区，铀资源储量为 2.4 万 t 铀。

2. 乌兹别克斯坦铀矿集中分布于克孜勒沙漠地区

乌兹别克斯坦铀矿藏也较丰富，是中亚第二铀矿资源大国，苏联解体前一直是苏联铀供应的重要来源之一，目前是世界排名第七的铀供应国。据 2014 年 2 月乌兹别克斯坦国家地质和矿产资源委员会数据显示，乌境内共有 27 个铀矿产地，均分布在克孜勒库姆沙漠地区，已探明和评估的铀储量为 18.58 万 t 铀，其中 13.88 万 t 铀为砂页岩铀矿，4.7 万 t 铀为黑色页岩铀矿；此外，还有预测远景储量为 24.27 万 t 铀。在已探明和评估的铀储量中，回收成本<130 美元/kg 铀的确定储量为 13.01 万 t 铀（内探明储量 5.46 万 t 铀），铀矿资源主要分布于中北部纳沃伊州的克孜勒库姆沙漠的南缘，包括从西北部的乌奇库杜克（Uchkuduk）到东南部的努拉巴德（Nurabad）长约 400 km、宽约 125 km 的区域，矿区集中于以下四个地区：从布坎套（Bukantausky）到乌奇库杜克，从奥明扎—别尔套（Auminza-Beltausky）到扎拉夫尚（Zarafshan），从西努拉汀（West-Nuratinsky）到扎法拉巴德（Zafarabad），以及从齐拉布拉克—齐阿特廷（Zirabulak-Ziaetdinsky）到努拉巴德地区[10,11]。

3. 中亚其他国家铀矿分布较为分散

吉尔吉斯斯坦是中亚地区最早开采铀矿的国家，主要铀矿区有三：一是位于东北部伊塞克湖州天山北坡支脉阿拉套山东麓的科克-莫伊诺克矿区，铀矿理论储量 5 万 t 铀，地质储量 2 万 t 铀，品位为 0.01%～0.18%；二是伊塞克湖州昆格山西坡的卡普奇加伊矿区，矿石平均品位 0.054%；三是位于西南部巴特肯州的巴特肯矿区，地处费尔干纳盆地南缘，矿石平均品位为 0.25%。塔吉克斯坦铀矿主要分布于西北部的塔博沙尔、奇卡洛夫斯克等地，采用露天开采的矿石运至苦盏（原名"列宁纳巴德"）矿石化学联合企业进行加工。上述矿区由于资源枯竭等原因，已相继废弃 [12, 13]。

二、中亚铀矿资源开采现状特点

（一）铀矿开采规模大，产量居世界首位

世界铀矿开采同其资源分布大体一致，亦呈高度集中态势。2016 年全球铀开采量为 62027t 铀（折合 U_3O_8 73148t），其中，哈萨克斯坦占 39.6%，加拿大占 22.6%，澳大利亚占 10.2%。上述三国合计占 72.4% [12]（表 7.7）。

中亚地区第一座铀矿山建于 1951 年，苏联时期在此建立了铀矿开采与初加工企业。当时，有 2 家联合体从事铀矿资源勘探，11 家企业从事铀矿开采。1953 年，巴尔喀什湖南岸的库尔达尔（Kurder）年开采 3000t 铀。1957 年相继在哈萨克斯坦科克舍套地区开采格拉切夫矿（Grachevskoye）、塔斯特科尔矿（Tastykolskoye）和马努拜矿（Manubaiskoye）矿。此外，在 20 世纪 40 年代起，还在吉尔吉斯斯坦北部的伊塞克湖州、吉尔吉斯斯坦与塔吉克斯坦的费尔干纳盆地周边地区开采铀矿。

中亚地区铀矿资源大规模开采始于 20 世纪 70 年代，先后在哈萨克斯坦南部的楚河—萨雷苏河地区投产了东莫库杜克矿、乌瓦内斯矿、坎楚干矿等，在锡尔河矿区建成了南、北卡拉穆隆矿；在乌兹别克斯坦建成了乌奇库杜克矿、肯杰克尤布及纳沃伊矿冶联合企业，最高年份开采铀矿达 3800t 铀。苏联解体后，中亚地区铀矿生产大幅下滑，2000 年铀矿开采量不到 3000t 铀，2005 年增至 6837t 铀，占世界铀矿产量的 16.6%。2006～2007 年，随着国际铀市场价格快速上涨，铀矿作为哈萨克斯坦资源开发的重点，通过与外国公司合作，相继建成投产了一批大型铀矿山（如哈萨克斯坦的因凯矿、莫因库姆矿、中莫库杜克矿、西莫库杜克矿、布德诺夫斯科耶矿、哈拉桑矿、伊尔科尔矿、扎列奇诺耶矿和舍米兹拜矿等），铀矿开采量急增至 2009 年的 16449t 铀，占世界天然铀产量的 32.4%，2010 年更突破 2 万 t 大关。2011～2016 年，铀矿开采量稳定在 2.2 万～2.7 万 t 铀，在全球天然铀开采量中占比为 41%～43.5%（表 7.8、表 7.9）。

表 7.7 2005～2016 年世界各国铀矿产量　　　　　　　　　（单位：t 铀）

年份	2005	2006	2007	2008	2009	2010	2011	2012	2013	2014	2015	2016
哈萨克斯坦	4357	5279	6637	8521	14020	17803	19451	21317	22451	23127	23800	24575
加拿大	11628	9862	9476	9000	10173	9783	9145	8999	9331	9134	13325	14039
澳大利亚	9516	7543	8611	8430	7982	5900	5983	6991	6350	5001	5654	6315
尼日尔	3093	3434	3153	3032	3243	4198	4351	4667	4518	4057	4116	3477
俄罗斯	3431	3400	3413	3521	3564	3562	2993	2872	3135	2990	3055	3004
纳米比亚	3147	3077	2879	4366	4626	4496	3258	4495	4323	3255	2993	3315
乌兹别克斯坦	2300	2270	2320	2338	2429	2400	2500	2400	2400	2400	2385	2404
中国	750	750	712	769	750	827	885	1500	1500	1500	1616	1616

续表

年份	2005	2006	2007	2008	2009	2010	2011	2012	2013	2014	2015	2016
美国	1019	1692	1654	1430	1453	1660	1537	1596	1792	1919	1256	1125
乌克兰	800	800	846	800	840	850	890	960	922	926	1200	1005
南非	674	534	539	655	563	583	582	465	531	573	393	490
印度	230	230	270	271	290	400	400	385	385	385	385	385
捷克	408	359	306	263	258	254	229	228	215	193	155	138
罗马尼亚	90	90	77	77	75	77	77	90	77	77	77	50
巴基斯坦	45	45	45	45	45	45	45	45	45	45	45	45
巴西	110	190	299	330	345	148	265	326	192	55	40	44
法国	7	7	4	5	8	7	6	3	5	3	2	0
德国	—	—	41	0	0	8	51	50	27	33	0	0
马拉维	0	0	—	—	104	670	846	1101	1132	369	0	0
世界合计	41179	39670	41282	43764	50772	53671	53493	58489	59331	56041	60496	62027
世界合计（U₃O₈）	—	—	48683	51611	59875	63295	63084	68976	69969	66089	71343	73148
占全球需求量的%	—	—	64	68	78	78	85	86	92	85	90	98

资料来源：参考文献 [14，15]。

表 7.8 2005～2016 年中亚地区铀矿开采量

项目	2005 年	2009 年	2010 年	2013 年	2015 年	2016 年
哈萨克斯坦/t 铀	4357	14020	17803	22451	23800	24575
乌兹别克斯坦/t 铀	2300	2429	2400	2400	2385	2404
中亚地区合计/t 铀	6837	16449	20203	24851	26185	26979
中亚地区占全球/%	16.6	32.4	37.6	41.9	43.3	43.5

资料来源：参考文献 [1～3]。

表 7.9 哈萨克斯坦已投产的铀矿开采量 （单位：t 铀）

矿区	矿名	2010 年	2012 年	2013 年	2014 年	2015 年
楚河-萨雷苏河（东部）矿区	托尔特库杜克（坎特科公司）	2439.3	2661	3558	4322	4109
	莫因库姆（北坎特科公司）	889.1	1000			
	南莫因库姆（塔什干/GRK）	442.5	500	1129	1174	1192
	坎楚干（塔什干/GRK）	561.9	575			
楚河-萨雷苏河（北部）矿区	乌瓦内斯（Stepnoye-RU/GRK）	300.3	215	1192	1154	1154
	东莫库杜克（Stepnoye-RU/GRK）	1029.2	1019			
	中莫库杜克（Ken Dala.kz）	1242.4	1622	1800	1790	1847
楚河-萨雷苏河（北部）矿区	西莫库杜克（阿帕克公司）	442.2	1003	998	870	1000
	因凯 1.2.3 矿（因凯）	1636.7	1701	2047	1922	2234

续表

矿区	矿名	2010 年	2012 年	2013 年	2014 年	2015 年
楚河-萨雷苏河（北部）矿区	因凯 4 矿（南因凯）	1701.4	1870	2030	2002	2055
	阿克达拉（Betpak Dala）	1027.1	1095	1020	1007	1019
	布德诺夫斯科耶 1.3 矿（阿克巴斯套）	739.6	1203	1499	1594	1642
	布德诺夫斯科耶 2 矿（卡拉套）	1708.4	2135	2115	2084	2061
锡尔河（西部）矿区	南、北卡拉穆隆（GRK）	1016.7	1000	1000	941	948
	伊尔科尔（舍米兹拜伊铀业公司）	750	750	750	700	750
	哈拉桑 1 矿（克孜勒库姆）	260.1	583	752	858	1110
	哈拉桑 2 矿（拜肯铀业公司）	262.2	603	888	1135	1400
锡尔河（南部）矿区	扎列奇诺耶（扎列奇诺耶公司）	778.2	942	931	876	826
阿克莫拉矿区（北部）	舍米兹拜（舍米兹拜铀业公司）	224	470	411	400	453
	"东部之星" 1 矿（Vostok, Zvezdnoye）	352.1	370	331	298	0
合计		17803.4	21317	22451	23127	23800

资料来源：参考文献 [2, 9]。

　　在中亚铀矿开采方面，哈萨克斯坦和乌兹别克斯坦两国铀矿资源均由国有企业掌控。哈萨克斯坦国家原子能工业公司于 1997 年成立，由政府 100%控股，负责所有铀勘探、开采以及其他与核相关的活动，包括核材料的进出口。2011 年该公司天然铀产量为 8884t 铀，占全国产量的 64%、全球天然铀总产量的 17%。其后通过兼并重组，2015 年天然铀产量达 12861t 铀，占全球天然铀总产量的 21%，位居全球十大铀业集团（其总产量占全球的 89%）之首。乌兹别克斯坦铀矿勘探开发由国家地质和矿产资源委员会控制，其中纳沃依矿冶联合企业承担国内所有铀矿开采，此外还开采金矿并进行冶炼。2015 年，天然铀产量 2385t 铀，在全球天然铀总产量的 4%，居全球十大铀业公司中的第九位。此外，吉尔吉斯斯坦的铀矿开采较为分散，铀矿开采加工主要集中于楚河州的卡拉巴尔塔铀矿公司，该公司建于 1953 年，为中亚地区最大的铀浓缩企业之一，在苏联时期不仅加工吉尔吉斯斯坦所开采的铀矿，还加工来自哈萨克斯坦和乌兹别克斯坦的铀矿。1991 年吉尔吉斯斯坦独立后，由于铀矿开采处于停顿状态，因此卡拉巴尔塔公司加工的天然铀矿主要来自哈萨克斯坦。2007 年，俄罗斯列诺瓦公司通过其下属的乌拉尔铂业公司收购了卡拉巴尔塔公司的 77%股份，并转而加工俄罗斯提供的天然铀矿，其产量因此也有所提高 [12, 13]。

（二）铀矿山分布较集中，采矿规模效益显著

　　哈萨克斯坦现开采的铀矿山有 18 个，其中年开采量大于 500t 铀的矿山有 13 个，年开采量大于 1000t 的大型铀矿山有 9 个，大部分矿山于 2006～2009 年投产，采用酸法地浸采铀工艺。主要分布于哈萨克斯坦南部的楚河—萨雷苏河地区，分东矿区与北矿区，共有 11 座大型矿山，2015 年铀矿开采量为 18313t 铀，占哈萨克斯坦铀矿总产量的 76.9%。其次为哈萨克斯坦南部的锡尔河矿区，亦分西矿区与南矿区，共有 5 座大型铀矿山，2015 年铀矿开采量 5034t 铀，占全国产量的 21.2%。此外，哈萨克斯坦北部的阿克莫拉铀矿区因开发较

晚（2007 年以后开发），目前仅有与中国广东核电集团合资的舍米兹拜铀矿已投产（表 7.10）。在 2016 年世界十五大铀矿山中，哈萨克斯坦有 7 个铀矿名列其中，即托尔特库杜克及莫因库姆矿（年产天然铀 4002t 铀）、因凯矿（年产 2291t 铀）、布德诺夫斯科耶 2 号矿（年产 2081t 铀）、南因凯矿（年产 2056t 铀）、中莫库杜克矿（年产 2010t 铀）、哈拉桑 2 矿（年产 1838t 铀）、布德诺夫斯科耶 1，3，4 号矿（年产 1743t 铀），分别列世界铀矿山第 3 位、5 位、7 位、8 位、9 位、12 位、14 位[1, 5, 8, 16]。

乌兹别克斯坦现有铀矿山 13 座，集中分布于克孜勒库姆沙漠南缘，分北部、中部及南部三个矿区，合计年产能 3700t 铀。其中，北矿区乌奇库杜克铀矿于 1964 年投产，年产能 800t 铀，南矿区的努拉巴德铀矿于 1966 年投产，年产能 800t 铀；中部矿区 5 号矿的扎法拉巴德铀矿于 1968 年投产，年产能 2100t 铀。乌兹别克斯坦铀矿开采、加工及出口实行国家垄断，所开采的全部铀矿均由铁路运至纳沃伊矿冶炼联合公司作进一步处理，该企业包括 3 个铀矿山及一个铀加工企业，设计能力为年产 3000t 铀（U_3O_8），2015 年实际产量为 2385t 铀。2015 年，乌兹别克斯坦在克孜勒库姆沙漠中部建设阿连德（Alendy）、奥尔比克（Aulbek）、北卡尼梅赫（North Kanimekh）三个矿山总投资 7500 万美元，可将地下浸出法采铀能力提高 40%[4, 10, 11]。

表 7.10　哈萨克斯坦主要铀矿山及产量

矿区	矿山名称	开采年份	铀矿类型	可采储量/万 t 铀	品位/%	年生产能力/（t 铀/a）	2015 年产量/t 铀
楚河-萨雷苏河东矿区	莫因库姆矿（1、2 矿）及托尔特库杜克矿	2004	砂岩型	35944	0.071	4000	4109
	坎楚干矿（含南莫因库姆 1、3 矿）	1982	砂岩型	32654	0.052	1000	1192
楚河-萨雷苏河北矿区	东莫库杜克矿（含乌瓦纳斯矿）	1978	砂岩型	12725	0.031	1300	1154
	中莫库杜克矿	2007	砂岩型	35916	0.047	2000	1847
	西莫库杜克矿	2008	砂岩型	22779	0.027	1000	1000
	因凯 1、2、3 矿	2004	砂岩型	267537	0.056	2000	2234
	因凯 4 矿（含阿克达拉矿）	2001	砂岩型	51709	0.052	3000	3074[①]
	布德诺夫斯科耶 1、3、4 矿	2009	砂岩型	50442	0.089	500	1642
	布德诺夫斯科耶 2 矿	2007	砂岩型	53232	0.096	3000	2061
锡尔河西矿区	南、北卡拉穆隆矿	1985	砂岩型	21948	0.08	1000	948
	伊尔科尔矿	2007	砂岩型	39339[②]	0.05	1200[③]	750
	哈拉桑 1 矿（含克孜勒库姆矿）	2008	砂岩型	31041	0.204	1000	1110
	哈拉桑 2 矿（含拜肯矿）	2009	砂岩型	26330	0.117	2000	1400
锡尔河南矿区	扎列奇诺耶矿（含南扎列奇诺耶矿）	2007	砂岩型	13400	0.05	1000	826
北阿克莫拉矿区	舍米兹拜矿	2007	砂岩型		0.05	700	453
	扎尔帕克矿	2016	砂岩型	14525	0.033		0

注：①因凯 4 号（南因凯矿）2015 年产量 2055t 铀，阿克达拉矿 2015 年产量 1019t 铀。②③含舍米兹拜矿。

资料来源：参考文献 [1, 14]。

（三）铀矿以地浸法开采为主，生产成本较低

中亚地区铀矿资源储量中，砂岩型铀矿占比超过 70%。例如，2013 年哈萨克斯坦砂岩型铀矿占回收成本<260 美元/kg 铀推定储量的 70.8%，现已开采的 18 个铀矿均属砂岩型铀矿；乌兹别克斯坦砂岩型铀矿占其资源总储量的 75%。由于砂岩型铀矿采用开采成本较低的原地浸出法工艺开采，即通过钻孔工程，借助于化学试剂（通常为硫酸），将天然埋藏条件下矿石中的铀溶解出来，井场的浸出周期为 3~5 年，最终有的浸出率可达 85%~90%。因此，浸出法工艺与通常采用的井下开采或露天开采法相比，具有生产成本低、建设周期短、环境友好（不会破坏地表覆被和土层结构）等特点。哈萨克斯坦可地浸法开采的铀资源储量占世界同类资源总储量的 89%。2014 年，哈萨克斯坦所开采的铀矿中，约有 50%成本低于 78 美元/kg 铀，28%成本为 78~104 美元/kg 铀，只有 22%高于 104 美元/kg 铀，而同期国际市场铀的现货平均价格为 94 美元/kg 铀，因而其产品在国际市场上具有较强的竞争力[6, 8, 16]。

（四）开采的铀矿全部出口，中俄两国合占出口量的 70%以上

由于中亚为无核区，两大产铀国哈萨克斯坦和乌兹别克斯坦迄今都没有核电站，因而所开采的铀全部用于出口。在 2010 年以前，天然铀出口国家相对分散，主要包括俄罗斯、欧盟（主要为法国）、美国、中国、日本及韩国等。自 2010 年以来，随着中国与哈、乌两国铀矿合作开发步伐的加快，中国成为哈、乌两国天然铀的最大进口国。据联合国商品贸易数据库（UN Comtrade）数据显示，2015 年哈萨克斯坦出口的 2.87 万 t 天然铀中，中国占 49.5%，俄罗斯占 21.8%，法国占 11.3%，加拿大占 8.2%，美国占 4.8%，吉尔吉斯斯坦占 3%[17]，中、俄两国合占 71.3%；乌兹别克斯坦所开采的天然铀主要出口中国、法国、美国及俄罗斯，其中中国占比接近 60%[18]。

（五）铀矿资源开采国有企业与外国公司大体为"六四开"

在苏联时期，中亚各国铀矿开采均由苏联军工部门掌控。1991 年，中亚各国独立后，除俄罗斯企业仍继续控制部分铀矿山和合作项目外，相继从加拿大、法国、日本、韩国引进铀矿公司和国际资本进行合资与合作开发。中国于 2007 年才进入中亚铀矿开发领域，现总体规模尚不大。目前，在哈萨克斯坦铀矿资源开采领域，以国有哈萨克斯坦原子能工业公司（简称"哈原工"）为主体，主要外国公司有：加拿大一号铀业公司、加拿大卡梅科铀业公司、法国阿海珐公司、俄罗斯国家铀矿控股公司、日本亚洲能源集团、日本住友集团和关西电力集团、中国核工业集团（简称"中核"集团）和中国广东和工业集团（简称"中广核"集团）。2014 年，哈萨克斯坦国有企业占其铀矿开采量的 60%（13601t 铀），外国企业占 40%（9180t 铀）。在国有企业占比中，38.3%为哈原子能公司所有，61.7%为哈萨克斯坦其他合资企业所占股份；在外国企业占比中，70%为政府控股企业，30%为私营企业。乌兹别克斯坦长期由国有公司垄断铀矿的勘探、开发与出口，中、日、韩等国企业仅获得部分黑色页岩型铀矿的合作勘探权，今后进一步深化合作开发潜力较大[9, 16]。

第二节　中亚铀矿资源开发中的国际合作

一、中亚铀矿资源开发的对外合作现状

中亚地区铀矿资源在已有合作开发的基础上，2009 年，哈萨克斯坦总统纳扎尔巴耶夫进一步提出，在哈萨克斯坦建立世界"国际核燃料库"，并将积极发展铀矿资源开发国际合作作为哈萨克斯坦外交战略的重要组成部分。在此背景下，铀矿资源开发合作的领域不断拓展，不仅包括资源勘探、开采、贸易，还包括合作建设核燃料组件厂、铀浓缩加工，甚至计划建立核电机组等，参与合作的外国公司包括国际上一些著名的铀业公司和核电企业。以哈萨克斯坦为例，全国先后建立了 11 家合资企业，参与的外国公司达 10 多家，并不断通过并购、股权转让进行资产重组（表 7.11）。

表 7.11　哈萨克斯坦铀矿合资公司及外资股份

合资公司名称	外方股东及股份
因凯公司	加拿大矿业能源公司 60%
别特帕克达拉公司	加拿大一号铀业公司 70%
阿拉克公司	日本住友公司 25%，日本关西电力 10%
卡拉套公司	加拿大一号铀业公司 50%
阿克巴斯套公司	加拿大一号铀业公司 50%
扎尔帕克公司	中核集团 49%
卡特科公司	阿海珐集团 51%
克孜勒库姆公司	加拿大一号铀业公司 30%，6 家日本公司 40%
拜肯铀业公司	6 家日本公司 40%
舍米兹拜铀业公司	中广核集团 49%
扎列奇诺耶公司	一号铀业公司 49.67%

注：6 家本公司，即丸红商事、东京电力公司、东芝公司、中部电力公司、东北电力公司和九州电力公司。

资料来源：参考文献［9，11，16］。

（一）铀矿开发的合作国家

1. 与韩国的合作

目前，韩国所需的电力约 40% 由 20 座核电反应堆供应，其中所需的铀约 25% 来自哈萨克斯坦。因此，哈萨克斯坦是韩国重要的天然铀资源供应地。2004 年，哈韩两国签订协议，每年由哈萨克斯坦向韩国供应 1000t 铀，此后两国建立了较为成熟的铀燃料贸易合作关系。2009 年 9 月 1 日，在阿斯塔纳举行的哈韩能源和矿产资源合作委员会第三次会议上，哈萨克斯坦国家原子能工业公司与韩国电力技术公司（KOPEC）及韩国水电与核电有限公司（KHNP）签订了向韩国供应铀精矿的原则协议。同时，KHNP 公司还与哈萨克斯坦国家原子能工业公司签订了合作开发哈萨克斯坦南部一座铀矿的原则协议。

2009 年 5 月 10～14 日，时任韩国总统李明博访问哈萨克斯坦，两国签订了关于深化哈韩合作的行动计划。2010 年，纳扎尔巴耶夫访问韩国前夕，哈萨克斯坦国家原子能工业公司与韩国电子公司（KEPCO）和韩国资源公司（KORES）签署了一份谅解备忘录。这份备忘录"奠定了双方在原子能和平利用和进一步发展两国核电工业方面互利合作的基础"。此外，哈萨克斯坦国家原子能工业公司还与韩国资源公司签署了一份单独的谅解备忘录，将在哈萨克斯坦开展联合研究、铀矿勘探与开采等领域的合作。根据韩国总统办公室的声明，哈萨克斯坦总统纳扎尔巴耶夫与李明博同意"积极寻找合作开展铀矿勘探与一体化模块式先进反应堆（SMART）研发的方式"。SMART 是韩国开发的一种中小型核反应堆，也是哈萨克斯坦核电发展所需要的技术。这表明，哈萨克斯坦与全球第六大核燃料消费国韩国的核能合作已上升到一个新的发展阶段，即从简单的铀矿开采、加工提升到核能技术的合作交流高度。

2. 与日本的合作

日本是贫铀国家，国内天然铀探明储量仅有 6600 t 铀，日本国内没有开采铀矿，2012 年天然铀需求量 4636t 铀（福岛核泄漏事件后，2015 年减为 680t 铀）。日本所需的天然铀全部依赖国外进口，中亚是其仅次于加拿大和澳大利亚的天然铀进口来源。2006 年，日本经济产业省资源能源厅第 14 次"原子力部务会"上明确提出中亚铀矿资源对日本的战略意义：首先，哈萨克斯坦的铀埋藏量居世界第二位，约占世界总量的 1/5。但是 2006 年之前，日本从哈萨克斯坦的进口量还不到进口总量的 1%；乌兹别克斯坦的铀埋藏量居世界第十位，日本的进口比例也仅占 1%。其次，日本的铀来源国中，澳大利亚与加拿大约占 60%，从供给来源多元化角度来说，开拓中亚的稳定供给通道极有必要。再次，日本与哈萨克斯坦两国在核不扩散、核物质防护及计量管理体制的整备、铀矿山开发权益的确保、燃料加工、铀制品输入、轻水堆导入支援等核能领域中还有广阔的互惠合作空间。因此，以哈萨克斯坦为主的中亚国家早已成为日本分散天然铀进口来源、摆脱对加拿大与澳大利亚进口的过分依赖，维护核燃料稳定供应的主要突破口。

2008 年 6 月中旬，纳扎尔巴耶夫总统在时隔九年再次访问日本，其重要目的就是利用"核外交"为抓手推动与日本的核能部门合作。因为"日本的核能发电站建设水平世界一流，而哈萨克斯坦则是铀资源大国，两国的国家利益既有一致的部分，又可互相弥补"。2014 年 3 月，纳扎尔巴耶夫与安倍晋三在荷兰会面时再次表示："当前，两国合作的基本点在于能源领域合作，尤其是原子能领域。哈作为世界上产铀最大的国家之一，可以成为日本核电站重要供货方"。

2010 年 3 月 2 日，日、哈两国在东京签署了一份旨在和平利用核能的合作协议，而这份协议正是根据 2008 年纳扎尔巴耶夫访日期间达成的一系列协议签署的。哈萨克斯坦外交部表示："这份协议是两国在核能领域开展合作的基础文件，这份协议的实施将进一步加强哈萨克斯坦与日本的战略伙伴关系"。而日外务省则直接表明："该协议的签署将使日本有可能从哈萨克斯坦获得稳定的铀供应，确保日本可以合法地向哈方转让核能和平利用的相关材料和技术，有望加强两国在核能和平利用领域的合作"。

早在 2006 年 8 月，日本首相访问哈萨克斯坦期间，两国就签署了一份核能合作谅解备忘录。2007 年 4 月，两国又签署了一系列高规格能源合作协议，其中包括哈向日供铀的相关协议，以及日向哈提供核燃料循环开发和核反应堆建设技术援助的相关协议。哈萨克斯坦国家原子能公司（KAZATOMPROM）准备从单纯的天然铀供应商转型为成品核燃料组件供应商。哈有意自 2010 年起以每年约 4000t 铀的速度向日本提供天然铀和成品核燃料，约占日本 40%的市场份额。

除以上协议外，日哈两国相关机构和企业还就人员培训、核反应堆技术、核电站建设等问题签署了大批双边协议，其中包括《哈日关于在哈萨克斯坦建造轻水反应堆核电站的合作协议》《哈日关于共同研发核能技术的合作备忘录》《哈日关于在制造核燃料领域互相谅解与合作的备忘录》《哈日关于在开采哈拉桑 1 号和哈拉桑 2 号铀矿领域建立战略伙伴关系的协议书》等。

除了与哈萨克斯坦合作外，日本还积极开展同乌兹别克斯坦在核能领域的合作。

2006 年 4 月 28 日，时任日本经产大臣的甘利明与乌兹别克斯坦地质矿物资源国家委员会签署协议，将对乌境内的铀矿与稀土等资源进行共同勘探会开发。

2006 年后，日本公司与乌兹别克斯坦签署了一系列合作勘探和开采铀矿的意向书，但最后大多未能付诸实施。主要是因为日本商界对乌兹别克斯坦的投资环境不满。此外，乌方向日方开放的铀矿属于黑色页岩铀矿，开采技术要求高，且需要的投资大。在国际市场铀价不高的情况下，对这类铀矿进行开采是无利可图的。未来，考虑到铀价的上涨预期，可以断言日本对乌兹别克斯坦铀矿的兴趣不会消失。

2011 年 2 月，卡里莫夫总统的日本之行可以看成是日本拟与乌兹别克斯坦积极合作的信号。在访问前夕，双方签署了扩大贸易与投资合作备忘录、铀业领域合作协议和铀采购协议（10 年内每年采购 500~1000t 铀）。未来几年内，日本将促使国内大公司的技术和资金用于在乌兹别克斯坦开采铀矿，以换取铀的稳定供应。

此外，乌兹别克斯坦本身没有铀再加工能力，所以乌方对与日本开展合作充满了期待。日乌双方业已达成的协议反映了日本想要保证自己在乌兹别克斯坦开采业占据战略地位的意图。2009 年，双方签署的《放宽投资限制，促进和保护投资双边协议》生效，标志日本这一地位的确立。但日本的真正动机是确保自己在与亚洲邻国的竞争中立于不败之地。

3. 与俄罗斯的合作

尽管俄罗斯开采的天然铀能自给自足，但其仍利用其地缘优势，通过其国有控股和跨国铀业公司——ARMZ 积极参与中亚铀合作开发，并建立了一些合资公司，拥有众多铀矿山股份，包括哈萨克斯坦年产 2000t 铀的南因凯矿、年产 1000t 铀的扎列奇诺耶铀矿、年产 1000 吨铀南扎列奇诺耶铀矿、年产 3000t 铀的阿克巴斯套铀矿，以及乌兹别克斯坦年产 500t 铀的阿克套铀矿等。目前，俄罗斯依然是哈萨克斯坦核能合作开发最重要的伙伴。哈萨克斯坦与俄罗斯有着紧密的政治、经济联系。哈萨克斯坦希望与俄罗斯保持密切的核能合作关系，但又不希望对其过度依赖。发展本国的核产业和核技术一直是哈萨克斯坦核能发展的根本目的。在苏联时代，哈萨克斯坦虽开始了铀矿资源开采和选矿，但初级产品还需要转运到俄罗斯进行铀的浓缩，再把浓缩后的铀运回哈萨克斯坦加工成可作为核能燃料的核燃料元件，然后再转运回俄罗斯核电站用于核能发电。哈萨克斯坦独立后，其核工业依然需要依赖俄罗斯的技术与加工。目前，哈萨克斯坦与俄罗斯的核能合作项目众多，但哈萨克斯坦尤其希望引进俄罗斯的核电站技术。

尽管哈萨克斯坦仍然面临着过于依赖俄罗斯的核技术，缺乏高端的核能产品等问题，但其作为世界头号核燃料出口国已经获得了巨额的经济利润，并与加拿大、法国、日本、中国等签署多项合同包括技术转让协议。可以预测，未来，哈萨克斯坦在铀矿开采和核燃料元件生产技术，以及在核反应堆、核电站等技术产业方面将取得较大提升。

4. 与法国的合作

法国作为欧盟的核电大国，掌握成熟的核电技术，在国际核电市场有较强的竞争力。法国阿海珐集团（Areva）持有哈萨克斯坦卡特科公司（Katco）51%的股份。2008年6月，哈原工与阿海法签订合作协议，计划将合资公司的产能从1500tU/a提高到4000tU/a。2010年两家公司又签订协议，联合组建一家核燃料企业，拟采用阿海珐技术建设一条燃料组件生产线。哈原工和阿海珐分别持有该企业51%和49%的股份。新生产线于2012年开始建设，2014年投产，额定产能为400t/a，产品将由两家公司于2009年成立的IFASTAR公司负责销售。

5. 与加拿大的合作

加拿大有完善的铀工业，2009年以前长期是世界最大的铀生产国。早在20世纪90年代就进军哈萨克核能市场，1996年加拿大矿业能源公司（卡梅克公司）与哈萨克斯坦原子能工业公司成立合资公司，合作开发位于哈国中南部的因凯铀矿，加方持股60%，设计年产能为2000t铀，2015年实际产量为2234t铀。2016年5月，卡梅科公司和哈原工又统一重组因凯合资企业，计划至2045年，但加方持股降至40%。另一个合作项目是位于哈国南部的锡尔河矿区的哈拉桑矿，由家南大一号铀业公司与哈原工和日本亚洲能源联盟盒子成立的克孜勒库姆公司经营，加方持股30%。此外，2008年6月，加拿大矿业能源公司与哈原工签署协议，拟成立合资公司，采用加拿大卡梅科高哦纳斯技术在哈国乌尔巴（Ulba）矿业冶炼厂建设一座能力为1.2万t/a的UF_6转化厂，加方持股49%，但该项目最终被无限期搁置。2013年11月，加拿大又与哈萨克斯坦签署了核燃料组件合作协议，现正在实施中。

（二）合作开发的矿山

中亚地区与加拿大、法国、日本、中国、韩国等国合作开发的铀矿超过20所，其中有16所位于哈萨克斯坦，约占中亚地区天然铀产能的85%，主要合作开发的矿山名称及外资持股比例见表7.12[1]。

表7.12　哈萨克斯坦外资合作矿山、外资持股比例及探明情况

合作开发矿山名称	外资公司/持股比例	探明价值
因凯矿（因凯合资公司）	加拿大矿业能源公司（卡梅科公司）/60%	
南因凯矿及阿克达拉矿（别克帕克达拉合资公司）	加拿大一号铀业公司/70%	3.5亿美元（2005）
莫库杜克矿（阿拉克合资公司）	日本住友集团/25%日本关西集团/10%	1亿美元（2006）
布德诺夫斯科耶二矿（卡拉套合资公司）	加拿大一号铀业公司/50%①	1.17亿美元
阿克巴斯套合资控股公司（布德诺夫斯科耶1、3、4矿）	加拿大一号铀业公司/50%②	
扎尔帕克矿（扎尔帕克合资公司）	中国核工业集团/49%	

续表

合作开发矿山名称	外资公司/持股比例	探明价值
莫因库姆矿、托尔特库克矿（卡特科合资公司⑧）	法国阿海珐集团/51%	1.1亿美元（2004）
哈拉桑1矿（克孜勒库姆合资公司）	加拿大一号铀业公司/30%	0.75亿美元（2005）
	日本亚洲能源集团/40%	4.3亿美元（2007）
哈拉桑2矿（拜肯铀合资公司）	日本亚洲能源集团/95%	4.3亿美元（2007）
舍米兹拜矿	中广核集团/49%	
扎列奇诺耶及南扎列奇诺耶矿（扎列奇诺耶合资控股公司）	加拿大一号铀业公司/49.7%④	0.6亿美元

注：①2009年从俄罗斯国家铀矿控股公司收购。②2010年从俄罗斯国家铀矿控股公司收购。③卡特科（Kacto）公司为法国阿海珐集团与哈萨克斯坦原子能公司于1999年成立的合资公司，阿海珐集团持股51%，哈原工持股49%。④2010年从俄罗斯国家铀矿控股公司收购。

资料来源：参考文献［8，9，16］。

二、中亚各国铀矿资源合作开发的政策

（一）中亚铀矿合作开发的国别政策

1.哈萨克斯坦铀矿开发政策

哈萨克斯坦铀矿的开采归属矿业统一管理，哈萨克斯坦矿产资源管理权主要在中央政府。中央政府代表国家享有自然资源的所有权，并依法制定地下资源利用的法律规则；确定矿产资源利用应征收的各种税款和费用；负责地下资源利用合同的审批和发放，对地下资源利用合同履行条件的遵守情况进行监督。哈萨克斯坦中央政府的矿产资源（油气除外）主管机构为哈萨克斯坦工业与新技术部，其下属的地质和矿产资源利用委员会负责全国矿业权的管理，包括批准矿床的勘查和开发计划、同地下资源利用者协商签订地下资源利用合同。该委员会的具体职责为：对自然资源的开发、利用进行研究，收集信息和绘制地图；对地下资源的利用情况进行监督等保障国家政策职能。哈萨克斯坦环保部门依法有权对地下埋藏的有害物、放射性废料及倾倒污水等进行管理，对利用地下资源的环境保护进行国家监督。地方政府也享有地下资源的部分管理权力。各州政府可根据土地法，按地下资源利用合同规定的面积和土地利用权向地下资源利用者提供土地地段；在法规赋予的权限范围内，对矿业用地和相关水体范围的保护进行监督，对地下资源利用者的生态安全规则的遵守情况，以及对于考古文物和历史文化遗址的保护进行监督；参加同地下资源利用者的谈判，以便在签订合同时解决有关维护当地居民的社会经济和生态利益等问题。

（1）设置矿业权与相关规定。《哈萨克斯坦地下资源及其利用法》中规定了5种矿业权，包括5种地下资源利用合同。①勘探合同，地下资源勘探合同有效期为6年。在合同正常履行的情况下，允许承包人两次对合同执行提出延期。每次延期不得超过两年。②开采合同，地下资源开采合同有效期为25年。如果开采对象为储量巨大、蕴藏量丰富的矿藏，可签订有效期为45年的合同；如果是合同展期申请，则不能迟于合同有效期结束前20个月提出申请。③勘探和开发统一合同，只有具有战略意义或复杂地质条件的矿藏，在经哈萨

克斯坦政府特批的情况下，可签署"勘探和开发统一合同"。如果签订地下资源勘探和开采合同，合同有效期为勘探合同和开采合同有效期之和。合同延期申请可参考勘探和开采合同的有关规定；如果发现新矿产资源，承包人有权将合同有效期延长；主管部门对合同展期申请的审理时间自收到申请之日起不超过 3 个月。根据勘探合同，发现并评估矿藏的企业可无须竞标并通过直接谈判获得签署开采合同的特权，但需在勘探合同执行期内或者在探勘合同结束之日起 3 个月内向主管机关提请举行有关签署开采合同的直接谈判。主管机关和企业在提交申请之日起两个月内通过直接谈判共同确定下列开采合同条款：一是采购商品、劳务、服务和确定企业管理人员过程中的"哈萨克斯坦含量"比例；二是发展地区社会经济和地区基础设施的投入额。④不用于勘探开采的地下设施的建设和（或）使用合同。⑤地下资源国家地质研究合同，所有勘探与开采方案都由附属于地质与地下资源利用委员会的矿产勘探与加工中心委员会确定。

（2）确立国家优先权制度。指国家在购买矿产利用权和与矿产利用权相关的对象时享有优先权利。哈萨克斯坦政府于 2004 年对《地下资源及其利用法》进行修改时首次明确了国家拥有优先购买权，在新签订或者已签订的合同中，国家相对于合同的其他方或者其他购买者，在不低于其提出的购买条件的情况下拥有优先购买权。国家有权优先购买法人所转让的矿产利用权和股权。哈萨克斯坦 2010 年新颁布的《地下资源及其利用法》从三个方面完善了国家优先权制度：①扩大权利对象，该法将国家享有优先权的对象规定为矿产利用权（部分）和与矿产利用权相关的对象，这一规定将所有与矿产利用相关的权益涵盖其中，最大限度地保护哈萨克斯坦政府所享有的优先购买权；②限定优先购买价格的上限，哈萨克斯坦 2010 年前的《地下资源及其利用法》规定哈萨克斯坦政府应以不低于其他购买方提出的价格行使优先购买权，为避免卖方与其他买方串通提高购买价格，2010 年《地下资源及其利用法》规定哈萨克斯坦政府行使优先购买权的价格不超出矿产开发单位进行矿产交易之日的价格，如无此价格时，则不应超过国家购买矿物之日世界市场的价格；③规定国家优先权的实现程序，该法规定卖方转让矿产利用权和与矿产利用权相关对象前，必须向相关部门提交申请，只有经过审查做出不予实施国家购买的决定时，卖方才有权将相关权益转让给其他购买者，该法同时对申请材料、审查期限、购买程序及期限做出明确规定。由此，形成了一套较完备的国家优先权制度。

（3）完善社会安全与环境保护制度。这一制度要求在矿产开发利用作业中，采取必要的措施预防或者消除意外事故、保护采矿工作人员及矿区周围居民的健康和安全，并在综合及合理开发矿产资源的基础上保护生态环境不受破坏。随着哈萨克斯坦社会经济的发展，该制度也不断完善。社会及生态环境保护制度在哈萨克斯坦《环境保护法》中已有翔实的规定，但为突出矿产资源领域的特殊性，1996 年颁布的《地下资源及其利用法》规定，除首先遵守《环境保护法》以外，还应当遵循合理的地下资源保护规则，预防勘探、挖掘装备及材料的使用对矿区的地质、水文等生态环境造成影响，在开采过程中发现具有特殊生态价值、科学文化价值和其他价值的矿段时，应及时划分自然保护区加以保护。同时，该法规定了矿产资源统一的安全开采规则，应及时检测并发现危害职工及矿区居民人身安全的隐患，并规定了事故发生的补救措施。2010 年颁布的《地下资源及其利用法》规定：矿产利用作业终止及按计划开采完矿物储备量时，对矿产利用对象进行清除和密封；在海上、内水、紧急生态区和重点自然保护区进行石油作业的决定权归哈萨克斯坦总统，并严格按照哈萨克斯坦政府确定的程序执行；矿产利用作业对职工及矿区居民安全产生威胁时，应当立即中止矿产利用作业，只有将其转至安全地点或威胁因素消除后才可恢复开采。

（4）实行战略区划制度。指对哈萨克斯坦稳定发展具有社会经济意义的矿产区和矿区，哈萨克斯坦政府在清单中加以确认并划分该区域进行特别保护。2007 年修改的《地下资源及其利用法》首次规定具有战略意义的矿区块清单，并规定在此类矿区进行矿产利用作业的活动导致哈萨克斯坦经济利益发生重大变化、威胁民族安全时，哈萨克斯坦有权提出对矿产利用合同条款进行变更或者补充。2010 年颁布的《地下资源及其利用法》增加规定，具有战略意义的矿产区和矿区的名单由哈萨克斯坦政府确认，而其他国家机关无此项权力，在此类地区签订矿产利用合同除遵守法律规定外必须首先按哈萨克斯坦政府的决定签订。

2. 乌兹别克斯坦铀矿开采政策

与哈萨克斯坦相似，乌兹别克斯坦铀矿开采也置于矿业政策的统一管理下。依据《乌兹别克斯坦共和国地下资源法》，乌政府的矿业主管部门为国家地质和矿产资源委员会，该机构的主要任务和职能：开展地下资源的地质研究，以加强和扩大矿山开采业与加工工业的原料基地；保障乌兹别克斯坦境内与地质研究有关工作的行业间协同；对不同所有制企业及机关开展的地质研究进行国家监督；建立国家矿产资源与地质构造数据库并保障该数据库的正常运行；制定地质研究、地下资源利用与保护领域内的国家政策，实施矿山关系领域内的国家管理；分析乌兹别克斯坦共和国境内的地质研究程度；与相关部委、国家地方权力机构、其他单位一起，制定关于矿产–原料基地合理开发利用和进一步扩大与改善的战略建议，以及基于上述目的所必需的国家投资与其他投资的规模；在权限范围内编制及核准地质研究工作规划与开发的标准及规范；按照乌兹别克斯坦内阁核定程序对提供利用的地下资源块段数量进行国家核算，对地下资源块段的使用权进行国家登记，对地质研究方面的工作进行国家统计。地方管理机构负责地下资源利用和保护的管理与监督，土地分配的审批；参与原料基地开发、地下资源保护、自然资源合理利用计划的制订和实施工作，并在实施中进行管理；如果矿产资源开发活动对人类的生命和健康构成威胁或对环境造成危害，地方政府有权中止地下资源的使用。

乌兹别克斯坦的矿业权包括矿产资源地质研究许可证和开采许可证。地质研究许可证持有者有权对规定区内的矿产资源开展普查、评价、勘探工作，地质研究许可证的有效期为 5 年。开采许可证持有者有权对规定区内的矿产资源进行开采、加工。开采许可证的期限由矿产资源开采的可行性研究报告确定。资源使用者在完成许可证上规定条件的情况下，可在许可证到期前的 6 个月内向乌兹别克斯坦地矿委提出延长许可期限的申请，地矿委在其提交申请后的 30 天内根据情况决定是否延期。获得地质研究许可证后并投入勘探工作的自然人和法人，有获得此地块开采许可证的特权。许可证授予方式：乌兹别克斯坦《地下资源法》与《关于地下资源区块使用权授予程序与条件的条例》规定，矿业权是在公开招标或者直接谈判的基础上授予。通过直接谈判的方式发放许可证是由乌兹别克斯坦地矿委根据自然人和法人的申请办理。对于贵金属、稀有金属及指定类型的矿产资源的许可证，由地矿委提交议案至乌兹别克斯坦内阁；而对于油气资源许可证，需由地矿委与乌兹别克斯坦国家石油天然气股份公司共同提交议案至内阁，在内阁同意的情况下，通过公开招标的方式发放许可证。

（二）中亚铀矿合作开发的外资进入政策

1. 哈萨克斯坦

哈萨克斯坦在铀矿开发对外合作方面的政策具有两面性。一方面，认识到外资的重要性，积极吸引外资赴哈开发铀矿。哈萨克斯坦为此成立了专门的投资服务机构。无论是中央还是各州都成立了专门的投资服务中心，为招商引资工作服务。此外，还成立和充分利用已有的政府间经济商务委员会和投资理事会开展引资工作，吸引投资者向政府间委员会制定的优先领域投资。另一方面，对外资又有诸多方面的限制，主要包括以下两个方面。

（1）制定了严格的外籍员工准入制度。每年根据全国总劳动力数量限定发放许可的配额。外国劳动力在哈萨克斯坦国内从事劳务活动的占比为国内有劳动能力人口数量的不足1%。哈萨克斯坦的劳务许可分为公司领导、中高级技术专家、熟练技术工、季节性农业劳动者4类。其中，前两类人员的劳务许可较容易获批，而后两类的劳务许可申请被拒的可能性较大。

（2）建立了哈萨克斯坦"含量"规则。指在哈注册的各类公司在经营活动中，凡涉及哈萨克斯坦商品、工程和服务采购事宜，都必须依法在矿产资源投资开采合同中明确规定采购比例，还包括外方和哈方被雇佣人员的比例。该规则作为发展本国经济的重要措施，其相关法律规定日益严格。在该规则下，哈萨克斯坦"含量"义务体现在合同谈判，商品、工程和服务的采购，以及引进外国劳动力的过程中，并规定矿产开发利用者负有加大哈萨克斯坦员工培训力度的义务。上述当地"含量"的比例及培训费用均按照相关法律规定的下限在矿产开采合同中明确，并在后期的执行过程中由哈萨克斯坦政府监督实施。对违反哈萨克斯坦含量义务的行为，法律规定了严格的罚金甚至终止矿产开发利用合同等处罚措施。

2. 乌兹别克斯坦

为了扩大对外联系，发展对外经济活动，鼓励出口、吸引外资，乌兹别克斯坦自独立以来颁布了一系列法律法规和优惠政策，其中最主要的是《外国投资法》和《外商活动保障法》。这两部法律对外商的主要规定和优惠有：外国投资者可以在乌兹别克斯坦境内建立外资企业，可享受其法律规定的一切权利和优惠；外国投资者可掌握、使用和分配自己的投资和投资活动中所取得的利润。根据投资者的决定，具有掌握、使用和分配投资及其利润的权利；国家保障并保护在乌兹别克斯坦境内从事经营活动的外国投资者的权益，对外国投资不实行国有化，不征用外国投资；国家有关管理机关及国家政权机关无权干涉依法经营的外国投资者的经营活动；外资企业有权自由出口自身产品并进口生产所需产品，无须申领许可证。但外商在乌兹别克斯坦投资也存在一些不利因素，主要包括以下四方面。

（1）法律政策的不稳定。法律和政策的稳定及持久性是矿业投资者非常看重投资要素之一。但乌兹别克斯坦在此方面存在严重不足。以资源使用税为例，过去乌兹别克斯坦的资源使用税在世界上属于较高的国家之一，后为改善矿业投资环境，将资源税税率普遍降低。但随着2005年以来，国际矿产品价格大幅度提高，矿山企业成为主要受益者，乌政府为从中得到更多利益，又大幅提高资源使用税税率，使得一些外资企业不堪重负，生产积极性降低，于是乌兹别克斯坦政府又于2007年对资源使用税进行调整。由于采矿业是一个投资周期长的高风险行业，投资者最希望的是有一个长期稳定的政策环境，政策不稳定自然加大了矿业投资的风险。

（2）法律法规执行力度不够。乌兹别克斯坦的法律法规在实际操作上，常以总统、内阁规定等文件来调节外商和外贸在该国的活动，使得法规得不到很好的执行。另外，该国在执法中随意性很大，对外商投资影响很大。

（3）由于政府机构办事效率低下等原因，导致企业经营成本加大。

（4）运输不便。乌兹别克斯坦是内陆国，设备和产品进出受制于第三国，要交纳过境费，增加了运输成本。

三、中亚地区铀矿合作开发的主要方式

综合国际上铀矿资源合作开发的成功经验，特别是近 10 多年来外国公司参与中亚和非洲等发展中国家铀矿合作开发的实践，铀矿资源合作开发的路径与方式主要有以下五种[19, 20]。

1. 资金合作

资金合作包括直接购买，即以资金购买（或买断）铀矿资源国的勘探开发权；以信贷、融资等直接投资方式，通过建立外商独资企业和合资企业，进行铀矿资源的合作勘探与开发，最终实现以资金换资源。其中，前一种方式较少，后一种方式则是当今最主要和通行的合作方式。

2. 贸易合作

外国企业通过与哈萨克斯坦国家原子能工业公司和乌兹别克斯坦国家地质和矿产资源委员会签订长期供货合同，以实现在较长一段时期内获得天然铀资源的稳定供应，如 2007 年中广核集团与乌兹别克斯坦国家工业和矿业安全委员会签订了《中国广东核电铀业发展有限公司与乌兹别克斯坦共和国国家地质和矿产资源委员会开展铀矿合作商务合作合同》，根据该合同，中国在已签订的天然铀长期采购基础协议的基础上，2019~2028 年可从乌兹别克斯坦再采购 8000t 天然铀。2008 年，韩国电力公司与乌兹别克斯坦签署协议，在 2015 年前 6 年内可购买 2600t 铀，价值约 4 亿美元。2008 年中广核集团与哈萨克斯坦国家原子能工业公司签署了 2011~2020 年向中国供应 3 万 t 天然铀的长期供货合同。2011 年 2 月，日本伊藤忠商社与乌兹别克斯坦矿山冶金联合体签订了长达 10 年的天然铀采购合同，未来十年伊藤忠商社将从乌兹别克斯坦购买 500~1000t 的天然铀。2014 年 5 月，中广核同意在 2021 年前向乌兹别克斯坦购买价值 8 亿美元的天然铀。

3. 技术合作

通过与经济技术实力较强的国际铀业公司（如加拿大的卡梅科及一号铀业公司、法国的阿海珐集团、澳大利亚的必和必拓集团、俄罗斯国家铀矿控股公司、中国的中核与中广核集团等）合作，发挥其技术与装备优势，不断提高铀矿资源勘探开发与加工的技术水平，以此实现以技术换资源。

4. 基础设施建设合作

中亚铀矿区大多位于沙漠地带或山区，交通、电力、供水、通信等基础设施极为缺乏，通过对大型铀矿区基础设施建设的合作，以此换取所需资源。

5. 人才培训合作

哈、乌两国不仅在铀矿资源勘探、开发、加工方面的工程专业技术与管理人员严重短缺，而且为铀矿资源开发服务的辅助部门（如交通、电力、通信、环保）所需的技术人员也不足，因此，人才培训是确保两国铀矿业可持续发展的重要条件。通过人才培训合作也是换取所需资源的途径之一。

四、中亚铀矿合作开发的前景预测

（一）中亚铀矿合作开发前景的预测依据

中亚地区在未来一定时期内，铀矿合作开发的规模主要取决于以下三个方面因素。

（1）铀矿资源剩余可采储量的储采比。储采比又称回采率或回采比，是指年末回收成本<130 美元/kg 铀的剩余可采储量除以当年开采量得出的比值，表明按当年开采规模尚可开采的年限。储采比是一个动态概念，随着地质勘探和开采技术的进步而有所提高。由于铀矿的勘探和建设周期较长、投资较大，因而储采比通常按 30 设计，亦即是按设计能力矿山可持续开采 30 年。

（2）铀矿合作开发的投资规模。由于中亚的哈萨克斯坦和乌兹别克斯坦等主要产铀国，铀矿开采受资金、技术条件的制约，均采用同外国铀业公司合作方式，资金、技术依赖国外有实力的公司提供。特别是近年来中亚产铀大国哈萨克斯坦处于资源型经济转型的关键时期，亟须通过参股、股权并购和收购等多种合作形式，更多地吸引外国资本进入铀矿合作开发与核燃料组件等加工领域。因此，未来铀矿开采规模在很大程度上受制于外商投资规模。

（3）国际市场天然铀价格的变化。这对铀矿资源出口大国哈萨克斯坦的影响尤为明显。2009 年以来，受美国次贷危机引发的世界金融危机，以及 2011 年日本福岛核泄漏事件的双重叠加影响，国际市场铀价从 2007 年 6 月的 136 美元/磅高价位一路跌至 2014 年 5 月 73 美元/磅，2015 年至今（2017 年年底）铀价则长期处于 20～40 美元/磅的低价位，2016 年 11 月甚至创下了 18.25 美元/磅的最低价。业内专家认为，2009 年以来哈萨克斯坦天然铀开采量的快速增长导致天然铀过剩是国际市场铀价低迷的重要原因之一。为此，国际原子能机构从 2016 年起纷纷调低了世界主要铀生产国的未来产能预期。同时，哈萨克斯坦国家原子能工业公司公开表态，该国 2017 年的天然铀的开采量将削减 8%（2000t 铀）。

此外，中亚铀矿主要生产国哈萨克斯坦和乌兹别克斯坦的政治经济的稳定性，也是影响未来铀矿合作开发规模的重要因素之一。但由于其具有不确定和不可控性，难以作为定量参数进行测算。

（二）中亚铀矿合作开发规模预测方案

1. 基于铀矿资源储采比的预测结果

根据国际原子能机构 2016 年发布的铀资源红皮书公布的数据，截至 2015 年 1 月，哈萨克斯坦和乌兹别克斯坦两国回收成本<130 美元/kg 铀的确定储量为 87.54 万 t（其中探明储量 33.04 万 t 铀，推断储量 54.5 万 t 铀）按储采比 30 年测算，考虑到铀资源开采中的折损率按 20%计算，年开采能力为 2.42 万 t，亦即是按此规模可供开采至 2045 年；如按储采

比 35 测算,则年开采能力为 2.08 万 t,亦即是按此规模可供开采至 2050 年。

2. 国际原子能机构的预测结果

国际原子能机构基于哈萨克斯坦和乌兹别克斯坦已探明的回收成本<130 美元/kg 铀的探明储量(合计为 33.04 万 t),并考虑到国际市场天然铀价格变化及产能过剩等因素,对哈、乌两国至 2035 年的铀矿开发规模进行了预测,其结论为:2016~2020 年中亚铀矿产量仍将保持缓慢增长态势,从 2015 年的 2.62 万 t 铀增至 2020 年的 2.77 万 t 铀,2020 年以后产量开始持续下降,2025 年为 2.2 万~2.3 万 t 铀,2030 年为 1.7 万~1.8 万 t 铀,2035 年更降至 1.1 万~1.2 万 t 铀(表 7.13)。

表 7.13　国际原子能机构对中亚地区至 2035 年的铀矿开采量预测　　　　(单位:t 铀)

国家	2015 年(实际)	2020 年	2025 年	2030 年	2035 年
哈萨克斯坦	23800	25000	19000~20000	14000~15000	8000~9000
乌兹别克斯坦	2385	2700	3000	3000	3000
合计	26185	27700	22000~23000	17000~18000	11000~12000

资料来源:参考文献 [1]。

上述两个预测方案中,第一方案可作为较乐观情景下的高方案;而国际原子能机构基于铀矿探明储量和国际铀价持续低迷而做出的预测则是偏于保守的低方案。国内外总多专家认为,国际原子能机构调减包括哈萨克斯坦在内的世界主要产铀国产能的做法,仅仅是短期内有助于提振全球铀市场的策略。从长远发展看,由于铀的稀缺性,随着全球核电的持续发展,据国际原子能机构预测,2013~2040 年全球核电发电量将增长约 86%,加之中亚、非洲铀矿主要开采国未来政治经济上的不稳定因素,因此,未来天然铀价格将呈波动式上涨态势,2025 年以后由于国际市场铀供需关系变化,有可能达到 100 美元/磅甚至更高价位[21]。

基于上述分析,我们以中亚铀矿资源储采比为基础,适当参考国际市场铀价变动和国际合作开发项目等因素,预测 2020 年中亚铀矿产量为 2.8 万 t 铀,2025 年为 2.5 万 t,2030 年为 2.2 万~2.4 万 t 铀。

第三节　中国与中亚铀矿合作开发及对中国核电
发展的资源保障程度

一、合作的背景分析

(一)中国铀矿资源远不能满足本国需要

中国是铀矿资源不甚丰富的国家,尽管"十二五"以来,中国在铀矿资源勘探方面投入了大量的资金、技术,也相继在新疆伊犁及吐哈盆地、内蒙古东胜及二连盆地、东北的松辽盆地相继发现了一批新铀矿,但迄今铀矿资源储量及在世界占比仍较小。根据国际原子能机构 2016 年发布的红皮书显示，截至 2014 年 1 月，中国铀矿资源储量中，回收成本<130 美元/kg 铀的确定储量为 27.25 万 t，占世界总储量的 4.8%，位居世界第 9 位；其中探明储量 12.83 万 t，推断储量 14.42 万 t，分别占世界的 3.7%和 6.4%（表 7.14）[22]。

表 7.14　中国铀资源储量表（截至 2015 年 1 月）

回收成本	确定储量		其中:			
			探明储量		推断储量	
	t 铀	占世界/%	t 铀	占世界/%	t 铀	占世界/%
<40 美元/kg 铀	98900	15.3	38900	8.1	60000	35.6
<80 美元/kg 铀	206300	9.7	95000	7.8	111200	12.3
<130 美元/kg 铀	272500	4.8	128300	3.7	144200	6.4
<260 美元/kg 铀	272500	3.6	128300	2.9	144200	4.4

资料来源：参考文献 [1]。

中国铀矿资源除储量不甚丰富外，铀矿资源开采还存在以下一些不利条件[22-24]。

（1）铀矿资源种类多、成矿条件及类型复杂。中国铀矿按矿床类型可分为花岗岩型、火山岩型、砂岩型及碳硅泥岩型四种，其储量分别占全国储量的 38%、22%、19.5%和 16%。含煤地层的铀矿床、碱性岩的铀矿床在探明储量中所占比例很小。大部分矿床中的铀与其他元素伴生，并且与矿物共生的围岩性质多变，甚至在同一矿体中也存在不同岩性的矿石。

（2）铀矿资源总体品位偏低。中国铀矿资源中，以中低品位为主，品位为 0.05～0.3%的铀矿占总资源的绝大部分，其中含铀品位小于 0.1%的铀矿占资源总量的 50%以上，并与硫、磷及有色和稀有金属共生和伴生。这些低品位铀矿床在一些主要产铀国被列为不考虑开采的边界品位或次经济储量。

（3）矿产规模普遍较小。在中国目前已探明提交的 300 多个铀矿床中，中小型矿占总储量的 60%以上。其中，花岗岩型铀矿床平均规模不到 500t 铀，70%以上花岗岩铀矿床的铀储量小于 1000t 铀。由于资源分散，矿床规模较小，致使铀矿开发建设的投资普遍较高，而单一矿床又难以形成较大的生产能力。

（4）矿床埋藏较深，矿床岩性多变，建矿条件较差。在 2015 年 1 月我国已探明的铀矿资源中，可采用地浸技术经济开采的砂岩型铀矿占比不到 24%（而 2014 年地浸开发技术在世界占比为 46%），大部分须进行地下开采，这也是造成中国铀矿点多面广、劳动生产率低、成本压力大的主要原因。

根据国际原子能机构发布的数据，2000 年以前，中国铀矿年均产量为 500t 铀（1998～2000 年平均数），2001～2009 年处于停滞状态，年产量大体为 750t 铀。2010 年以来随着国家将核电作为新能源发展的重点，以及铀矿资源勘探取得重大进展，铀矿开采量从 2007 年的 712t 铀、2010 年的 827t 铀增至 2012 年的 1500t 铀，2016 年达 1616t 铀。与此同时，随着新核电机组的大量投产，对铀的需求量亦呈持续快速增长态势，从 2001 年的 1054t 铀增至 2005 年的 3332t 铀、2014 年的 6296t 铀和 2016 年的 8160 t 铀，铀矿资源的对外依存度也相应地从 2005 年的 37.9%提升至 2014 年的 76.2%和 2016 年的 80.2%[1]，产需缺口越来越大。

（二）中国未来核电发展对铀资源的需求将快速增长

核能作为清洁能源，对减少温室气体（CO_2）排放、改善环境状况，以及应对全球气候变化具有十分重要的作用。国际权威气候专家指出，提高核能份额对实现温室气体减排目标至关重要。所以尽管 2011 年出现了日本福岛核电站核泄漏事件的不利影响，但发展核电仍作为许多国家的优先目标。据美国能源署（EIA）2012 年预测，世界核能的年均增长速度将达 2.4%，2030 年和 2035 年世界核能需求量分别达 45460 亿 kW·h 和 49160 亿 kW·h。其中，中国核能年均增速将达 10.3%，2030 年和 2035 年核能需求量分别达 7490 亿 kW·h 和 9160 亿 kW·h[7]。

中国作为一个负责任的大国，与国际社会一起，为控制全球范围的温室气体排放，积极参与了自 20 世纪 90 年代初开始的《联合国气候变化框架公约》《京都议定书》《哥本哈根议定书》到 2015 年的《巴黎协定》缔约谈判。2009 年 12 月，中国政府在哥本哈根召开的《联合国气候变化框架公约》第 15 次缔约方会暨《京都议定书》第 5 次缔约方会议上作出庄严承诺：要在 1990~2005 年单位国内生产总值 CO_2 排放强度下降 46% 的基础上，到 2020 年单位国内生产总值 CO_2 排放量比 2005 年再下降 40%~45%。并由此开启了核能的快速发展。在 2011 年开始的"十二五"规划中，明确提出"在确保安全的基础上高效发展核电"，要求"加快沿海省份的核电发展，稳步推进中部省份核电建设，开工建设核电 4000万 kW"。在 2016 年 3 月 16 日全国人大十二届四次会议通过的"十三五"经济和社会发展规划中又提出，"以沿海核电带为重点，安全建设自主核电示范工程和项目"，要求 2020 年"核电运行装机容量达到 5800 万 kW，在建达到 3000 万 kW 以上"，并强调"加强核燃料保障体系建设"。据国际原子能机构发布的数字，2015 年年底中国核电站运行的核反应堆 35 座，总装机容量 3161.7 万 kW，核能发电量 1612 亿 kW·h，占全国发电量的 3.01%；另有在建核反应堆 20 座，总装机容量 2259.6 万 kW；计划建设的核反应堆 41 座，总装机容量 4685 万kW；分别占同期世界在建和计划建设的核反应堆总数的 34.5% 和 24.6%、装机容量的 36.2%和 26.8%[25, 26]（表 7.15）。未来 25 年，中国核电仍将保持较快的增速。规划建设的核反应堆40 座，总装机容量 4660 万 kW，分别占同期世界在建和计划建设的核反应堆装机容量的 36.2%和 26.8%。根据中国《核电"十三五"发展规划》对核电发展中长期展望，预计到 2030 年中国核电装机规模将达 1.2 亿~1.5 亿 kW，核电发电量占比提升至 8%~10%（中国经济导报，2016-07-22）。据国际能源署发布的《世界能源展望，2015》预测，2030 年和 2040 年中国核电发电量将分别达 9460 亿 kW·h 和 12890 亿 kW·h。与此同时，中国对天然铀的需求量也将从 2016 年的 8160t 铀增至 2020 年的 11000~12000t 铀、2030 年的 24000~25000t 铀。

表 7.15　世界主要国家核反应堆建设现状及发展规划

国家和地区	2015 年现状					2015 年在建		中期建设		远期建设	
	核能发电量（10 亿 kW·h）	占国家发电量/%	核反应堆数/座	装机容量/万 kW	对铀的年需求量/t	在建核反应堆	装机容量/万 kW	计划修建反应堆数/座	装机容量/万 kW	拟修建核反应堆/座	装机容量/万 kW
美国	789	19.5	99	9953.5	181621	4	500	18	831.2	24	2600

续表

国家和地区	2015 年现状					2015 年在建		中期建设		远期建设	
	核能发电量（10 亿 kW·h）	占国家发电量/%	核反应堆数/座	装机容量/万 kW	对铀的年需求量/t	在建核反应堆	装机容量/万 kW	计划修建反应堆数/座	装机容量/万 kW	拟修建核反应堆/座	装机容量/万 kW
法国	419	76.3	58	6313	9211	1	175	0	0	1	175
俄罗斯	182.8	18.6	36	2716.7	6264	7	590.4	25	2775.5	23	2280
中国	161.2	3	35	3161.7	5338	20	2259.6	41	4685	136	15600
韩国	157.2	31.7	25	2301.7	5013	3	420	8	1160	0	0
加拿大	95.6	16.6	19	1355.3	1630	0	0	2	150	3	380
德国	86.8	14.1	8	1072.8	1689	0	0	0	0	0	0
乌克兰	82.4	56.5	15	1310.7	2251	0	0	2	190	11	1200
英国	63.9	18.9	15	888.3	1734	0	0	4	610	9	1180
西班牙	54.8	20.3	7	712.1	1271	0	0	0	0	0	0
保加利亚	14.7	31.3	2	192.6	327	0	0	1	95	0	0
瑞典	54.5	34.3	9	884.5	1471	0	0	0	0	0	0
印度	34.6	3.5	22	621.9	997	5	330	20	1860	44	5100
捷克	25.3	32.5	6	390.4	565	0	0	2	240	1	120
比利时	24.8	37.5	7	594.3	1015	0	0	0	0	0	0
芬兰	22.3	33.7	4	274.1	1126	1	170	1	120	1	150
瑞士	22.2	33.5	5	333.3	521	0	0	0	0	3	400
匈牙利	15	52.7	4	188.9	356	0	0	2	240	0	0
保加利亚	14.7	31.3	2	192.6	327	0	0	1	95	0	0
斯洛伐克	14.1	55.9	4	181.6	917	2	94.2	0	0	1	120
巴西	13.9	2.8	2	190.1	329	1	140.5	0	0	4	400
墨西哥	11.2	6.8	2	160	282	0	0	0	0	2	200
南非	11	4.7	2	183	304	0	0	0	0	8	960
罗马尼亚	10.7	17.3	2	131	179	0	0	2	144	1	65.5
阿根廷	6.5	4.8	3	162.7	215	1	27	2	195	2	130
斯洛文尼亚	5.4	38	1	69.6	137	0	0	0	0	1	100
日本	4.3	0.5	43	4048	680	3	303.6	9	1294.7	3	414.5
巴基斯坦	4.3	4.4	4	104	270	2	150.1	1	116.1	0	0
荷兰	3.9	3.7	1	48.5	102	0	0	0	0	1	100
伊朗	3.2	1.3	1	91.5	178	0	0	2	200	7	630
亚美尼亚	2.6	34.5	1	37.6	88	0	0	1	106	0	0
沙特阿拉伯	0	0	0	0	0	0	0	0	0	16	1700
世界总数	2441	11.5	448	39167	63404	58	6204.9	167	17451	345	38860

资料来源：参考文献 [15]。

二、合作开发的有利条件与风险

（一）有利条件

中国与中亚地区铀矿合作开发的可行性除上述铀资源禀赋基础外，还包括以下三个方面。

1. 良好的地缘政治与区位交通优势

中亚五国是中国的近邻，与中国有 3360 多千米的边界线，长期保持着良好的地缘政治与亲缘关系（中国新疆境内分布有哈萨克族、吉尔吉斯族、塔吉克族等）。中亚五国自 1991 年相继脱离苏联独立后，在 20 世纪 90 年代后期先后与中国签订了边界协定。2001 年，中、俄、哈、吉、塔、乌六国宣布成立上海合作组织，建立了睦邻友好的政治关系，2011 年又上升为全面战略合作伙伴关系。中国与中亚五国以能源合作为先导，在经贸、交通基础设施、农业、科技、教育等方面开展了全方位的合作。2013 年 9 月，中国国家主席习近平在访问中亚哈萨克斯坦和乌兹别克斯坦期间，提出了共建"丝绸之路经济带"的倡议，得到了包括中亚五国在内的沿线 40 多个国家的广泛响应，不仅推动与重构国际政治、经济、安全新格局，而且也为中国与哈萨克斯坦和乌兹别克斯坦开展包括铀矿在内的产能合作奠定了坚实的基础。

中亚地区主要铀矿富集区位于"丝绸之路经济带"的中通道（新亚欧大陆桥）及中通道南支（正在建设中的中国喀什—吉尔吉斯斯坦—费尔干纳盆地—塔什干—里海沿岸铁路）沿线，与中国直线距离不到 1000 km，并通过上述两条通道可与中国主要城市开通直达班列，这是世界其他铀矿资源富集国家和地区所难以比拟的突出优势。

2. 推进丝绸之路经济带产能合作的需要

在推进丝绸之路经济带共建过程中，产能合作是其重要组成部分，它既是关键合作项目落地的重要抓手，也是将中国同沿线相关国家紧密结合，实行优势互补的需要；不仅为促进沿线国家经济社会发展、增加就业岗位、改善民生带来了实实在在的好处，同时也可推动中国的钢铁、装备制造、有色冶金、建材、化工、轻纺等优势产业走出去，形成国际产能合作与国内产业转移升级的良性互动。通过开展国际产能合作，中国向丝绸之路经济带沿线国家输出优势产能、先进产能、绿色产能，这既符合世界经济发展的规律和趋势，也有利于相关国家分享中国发展带来的新契机。

中国在铀资源勘探开发、核燃料组件加工生产，以及核电站建设等方面均拥有成熟的先进技术与产能。例如，中国自主研发的核电技术华龙三号已于 2016 年落地英国。通过与中亚主要产铀国的产能合作，不仅有利于这些国家提高铀矿勘探开发技术、延伸铀矿产业链、提高铀矿开发的综合经济效益，提升产品在国际市场的竞争力，同时也可满足中国对天然铀的需求，实现互利双赢。

3. 具有良好的合作开发与投资环境

良好稳定的政治与投资环境是开展铀矿合作开发的前提条件。

（1）建立了中亚无核化地区。在苏联时期，哈萨克斯坦不仅是核武器试验基地，而且还储存大规模核武器。在苏联解体时，该国拥有 104 枚 SS-18 洲际弹道导弹、1040 个核弹头，塞米巴拉金斯克核试验场曾进行过 459 次核试验。哈萨克斯坦独立后，1992 年 5 月纳扎尔巴耶夫总统公开声明，哈萨克斯坦不做核国家，并将核武器交俄罗斯处理。1993 年 12 月正式签署《核不扩散条约》，1995 年 5 月宣布该国最后一个核试验点被拆除。2002 年 9 月，中亚五国就建立"中亚无核区"达成一致看法。2006 年 9 月，哈、吉、乌、塔、土五国在哈萨克斯坦的塞米巴拉金斯克共同签署《中亚无核区条约》，但条约并不禁止和平利用核能，为哈、乌两国铀矿资源丰富国家开发与和平利用核能奠定了法律基础。

（2）政治环境较稳定。中亚地区铀矿主产国哈萨克斯坦和乌兹别克斯坦自 1991 年独立后，政局一直比较稳定。纳扎尔巴耶夫总统连续执掌哈萨克斯坦已长达 27 年；乌兹别克斯坦前总统卡里莫夫也连续执政 26 年，2016 年去世后与现总统米尔济约耶夫实行了顺利交接。两国均奉行独立自主、与中亚邻国及中国睦邻友好、抵制西方势力渗透的外交政策。良好的政治环境，促进了经济社会的持续较快发展。自 2006～2015 年，哈萨克斯坦国内生产总值年均增速为 5.6%，2015 年人均 GDP10508 美元（最高的 2013 年为 14310 美元）；乌兹别克斯坦 2014～2016 年经济增速达 7.8%，2016 年人均 GDP2111 美元；分别较独立前的 1990 年增长了 2 倍和 2.8 倍。良好稳定的政治环境为吸引外商投资和开展铀矿合作开发提供了可能。

（3）投资软环境较为良好。哈、乌两国独立后，实行对外开放政策，将吸引国外资金、技术和人才作为发展本国经济的长期任务和优先目标，并为此制定了一系列政策法规。例如，哈萨克斯坦于 1994 年 12 月出台了《外国投资法》，1997 年 2 月又通过了《国家支持直接投资法》，2003 年 1 月又在上述两法的基础上，颁布了《哈萨克斯坦共和国投资法》（即"新投资法"）；乌兹别克斯坦也相继推出《外国投资法》、《外国投资及保障外国投资法》，以及 2012 年颁布的《关于促进外国直接投资补充措施》等；规定了对外商提供土地使用权和减免税收等优惠政策，为加快铀矿资源的合作开发提供了政策保障。

（4）投资硬环境明显改善。2010 年以来，哈、乌两国在包括交通、通信、能源、供水等基础设施在内的投资硬环境也得到了较大改善。例如，哈萨克斯坦分别修建了由塔拉兹通往楚河-萨雷苏铀矿区和由突厥斯坦通往锡尔河铀矿区的铁路、电力、通信及输水管；乌兹别克斯坦也建成了由纳沃伊通往克孜勒库姆铀矿区乌奇库杜克矿的铁路、电力、通信与输水管等，具备了进行大规模合作开发的基础条件。

（二）合作开发的风险

中国与中亚地区铀矿合作开发具有资源基础、地缘政治、区位交通、投资环境等独特优势，在推进共建"丝绸之路经济带"产能合作的背景下，完全具备开展全方位合作的可行性，但同时也存在政治、市场、技术三大类 17 种风险（表 7.16）。其中对中国合作方而言，影响最直接的有政治风险、经济风险、投资政策风险和生态环境风险。

表 7.16　中亚铀矿资源合作开发需要重点关注的风险

风险类别	风险内容
政治风险	国内政局、政策风向、行政效率、国际政治、社会文化、地区安全、对华关系
市场风险	经济政策、经济形势、法律体系、人力资源、市场监管、市场规模、供应链
技术风险	环境保护、地质信息、技术突破

1. 政治风险

哈萨克斯坦和乌兹别克斯坦两国自独立以来，政局比较稳定。但由于中亚地区不仅是穆斯林聚居区，而且也是多种文化的交汇碰撞区域，民族和宗教问题错综复杂。中亚五国独立后，宗教极端势力抬头并与国际恐怖势力相勾结，对中国及俄罗斯等周边国家安全构成威胁。此外，西方大国控制的一些国际非政府组织还力图利用民族和宗教矛盾挑起冲突，发动"颜色革命"。此外，中亚地区由于地处干旱半干旱区，各国围绕水资源的开发利用纷争不断。特别是，地处锡尔河、阿姆河下游的乌兹别克斯坦、土库曼斯坦与其上游的吉尔吉斯斯坦和塔吉克斯坦之间在水资源的分配与开发利用矛盾尖锐对立，极易引起局部冲突。

2. 经济风险

中亚五国独立后，各国均将开发优势资源作为经济发展战略。如作为中亚地区经济大国及铀矿合作开发主要对象的哈萨克斯坦（2017 年 GDP 占中亚五国的 55.8%），就是典型的资源出口导向型经济，由于经济结构较单一，主要依靠出口能矿资源，受近年国际石油、有色及黑色金属等矿产品价格大幅下降的影响，GDP 年均增速从 2005 年的 9.7%下降至 2010 年的 7.3%、2015 年的 1.2%，2016 年为-27.5%，2017 年又回升至 1.0%；相应地人均 GDP 也从最高年份 2013 年的 14310 美元降至 2015 年的 10508 美元和 2016 年的 7510 美元。2017 年铀缓慢上升为 8775 美元。伴随国内经济面临塌方式的下滑，势必影响金融、外经贸等领域。在此背景下，大规模投资铀矿资源合作开发虽然可取得更多的资源和税收等优惠，但又面临外汇及国际金融管制等诸多经济风险。

由于铀矿资源合作开发具有建设周期长、投资规模大、资金回收时间长等特点。一般情况下，铀矿地质勘探从普查到详查再到正式提交储量，需 10 年左右时间，而此后的矿山建设还需要 4 年左右时间。同时，一些资源探明程度高、开采条件好、经济效益较高的矿区和矿山已被加拿大卡梅科公司、一号铀业公司、法国阿海珐集团、日本亚洲能源等公司所占有，新铀矿的勘查和开发难度增加，经济风险也较大。

3. 投资政策风险

铀矿合作开发的投资及优惠政策多变，也是制约中亚铀矿合作开发进程与规模的重要因素之一。例如，哈萨克斯坦于 2003 年颁布《新投资法》，对外国投资取消特殊优惠，实行国民待遇。同时，国家加大对石油、天然气、铀矿等战略资源的控制。通过政府支持、企业收购方式实现国有控股，并通过对国有资产的支配和管理，促进国家经济发展和经济利益最大化。自 2010 年以来，哈、乌两国对外国公司投资铀矿开发实行征收高额的资源税（10%）等，导致投资的风险加大。

4. 生态环境风险

中亚地区是全球气候变化响应最敏感的地区之一。自 20 世纪 50 年代以来，由于过度绿洲化，对地表水资源长期超量开发利用，导致生态环境极度脆弱。昔日世界第四大内陆湖泊咸海（流域面积 123 万 km^2，20 世纪 60 年代初湖面积 6.45 万 km^2）的干涸就是该地区生态恶化的缩影。由于哈萨克斯坦及乌兹别克斯坦铀矿资源集中分布区域位于克孜勒库姆沙漠和莫因库姆沙漠，属强烈的大陆性气候，夏季炎热，全年气候干旱，年降水量 100～200 mm，而年蒸发量却高达 2000 mm 以上。在极为干旱与风沙条件下如采用传统的露天或井下方式大规模开采，极易导致半固定或固定沙丘退化为流动沙漠；如采取地浸法开采，则有可能污染地表及地下水，并波及周边城乡居民点。因此，在铀矿资源合作开发中，应特别重视对水土资源及矿区生态环境的保护。

三、合作开发的现状与重点

（一）中国与中亚地区铀矿资源合作开发进程

中国与中亚地区的铀矿合作始于 2006 年，比西方国家整整晚了 10 年。虽起步较晚，但合作的步伐和进程较快。近 10 年来，中国广东核工业集团（以下简称"中广核"）和中国核工业集团（以下简称"中核"）先后同哈萨克斯坦国家原子能工业公司（以下简称"哈原工"）签署了一系列合作协议，内容涉及天然铀长期供应、铀矿资源开发、核燃料芯块加工及核电站建设等多个领域。

（1）2006 年 12 月，中广核与哈原工签署了战略合作协议。2007 年 5 月和 9 月，双方就天然铀供应、成立合资开发的舍米兹拜铀业公司及核燃料加工等达成协议。2009 年，中广核持股 49%的舍米兹拜铀业公司所属的伊尔科尔铀矿（产能 750t 铀/a）和舍米兹拜铀矿（产能 700t 铀/a）相继投产。

（2）2008 年 10 月，中核集团与哈原工签署合作开发协议，并就成立合资的扎尔帕克铀业公司达成共识，中核集团持股 49%。该项目铀矿可采储量 1.45 亿 t，产能为 1000t/a，原计划于 2012 年投产。此外，中核集团还与哈原工签署了 2011～2020 年向中国供应天然铀的长期合同，合同期间天然铀供应总量为 3 万 t。

（3）2014 年 12 月，中广核与哈原工签署了《关于扩大和深化核能领域互利合作协议》，双方将在铀资源开发、核燃料芯块加工、产品认证，以及通过中国和哈萨克斯坦领土过境运输铀产品方面开展战略合作。

（4）2015 年 12 月 14 日，在中国国务院总理李克强、哈萨克斯坦总理马西莫夫的共同见证下，中广核与哈原工签署了《关于在哈萨克斯坦设计和建设核燃料组件制造厂和在哈萨克斯坦共同开发铀矿的商业协议》，计划在哈萨克斯坦建立合资企业，生产核燃料组件，为中广核核电站反应堆提供燃料。

中资公司参与乌兹别克斯坦铀矿合作勘探开发始于 2009 年，中广核集团与乌兹别克斯坦地矿委员会合作成立各占股权 50%的合资公司，共同勘探开发该国波兹套矿区的黑页岩型铀矿，计划于 2014 年投产。2015 年，中国从乌兹别克斯坦进口的天然铀占总进口量的 12%（约为 650t）。根据中广核与乌地矿委签订的天然铀商务合同，中国在 2019～2028 年可从乌兹别克斯坦再采购 8000t 天然铀[10]。

（二）推进全产业链的合作开发模式

自 2009 年起，哈萨克斯坦一直是全球最大的铀原料生产国，随着其资源开采规模的不断扩大，为更好地服务于本国经济和社会发展，提高铀资源开发的综合经济效益，原有的以单纯提供铀原料供应为目标的单一合作模式已越来越不能适应发展需要，为此提出了延伸铀产业链，发展集铀矿资源开发、核燃料加工生产到核电站建设的产业链合作模式。并计划利用国外引进技术，在东哈萨克斯坦的乌斯季卡缅诺戈尔斯克市附近的舒利宾建设生产核燃料工厂，与俄罗斯合作建设生产浓缩铀中心，并计划在 2021 年前后建成该国第一座核电站。

在 2017 年 6 月哈萨克斯坦举办世博会期间，中国中核集团和中广核集团与哈萨克斯坦国家原子能公司签署了全产业链的合作协议，并按照"三步走"战略，从天然铀贸易起步，到合作开发铀矿资源，再扩展到核燃料组件加工和开发新铀矿项目（第一财经日报，2017-6-12）。

中广核与哈原工合作的第一步是天然铀贸易。中广核作为中国最大核电运营商，截至 2015 年 10 月，其在运营的核电机组 14 台，装机容量 1492 万 kW；同时，中广核还是全球最大的核电建造商，在建核电机组 12 台，装机容量 1445 万 kW，长期以来保持着对核燃料组件供应的专营。早在 2008 年 11 月，经国务院批准，中广核取得了对铀业核燃料进出口专营资质。中广核通过包销合同、现货合同和中长期合同等形式，累计与哈萨克斯坦签署天然铀供货合同 4 万 t 铀。截至 2017 年 5 月 31 日，哈原工已向中广核交付天然铀约 1.6 万 t 铀。

第二步是铀矿资源合作开发。中核集团和中广核与哈萨克斯坦国家原子能公司在 2008 年 12 月成立了合资企业，中方占股份 49%，合作开发哈萨克斯坦南部锡尔河西矿区的伊尔科尔铀矿和北哈萨克斯坦的舍米兹拜铀矿，两矿合计天然铀可开采储量超过 3 万 t 铀。

第三步是建设核燃料组件和开发新铀矿项目。2015 年 12 月，中广核与哈原工成立核燃料组件合资公司，中广核持股 49%，哈原工持股 51%。年设计能力为 200t 铀，产品全部供应中广核。2016 年 12 月，组件厂项目开工建设，目前设备采购和生产准备等各项工作进展顺利。中广核董事长贺禹评价："该项目作为中哈在清洁能源领域的标志性项目，推动了哈萨克斯坦核燃料产业向上游的升级，也为中国带来了至少 2 万 t 金属铀的资源储备。"哈萨克斯坦媒体评论："该项目是'哈原工'与'中广核'实现核燃料组件生产能力的战略性突破，堪称中国'一带一路'与哈萨克斯坦'光明之路'的标志性项目。"在合作建设组件厂的同时，哈原工将还向中广核提供一个在开发的储量不少于 4 万 t 铀的新矿项目的合作开发，并计划于 2019 年前签署股权转让合同。

在核燃料组件合作的基础上，规划合作建设核反应堆，将中国自主研制的三代核电技术华龙一号用于哈萨克斯坦计划新建的第一座核电站，并通过对核电站的运营加强合作，真正实现全产业链的合作新模式。

（三）未来合作开发的重点

按照上述全产业链的合作开发模式，中国与哈、乌两国未来铀矿合作开发的领域与重点区域如下。

在铀矿资源勘探方面，首先应将重点放在哈萨克斯坦南部楚河-萨雷苏河铀矿区的北矿区，目前该矿区资源总储量 75 万 t 铀，未来应加强地质勘探，提高资源的探明程度，特别是回收成本<130 美元/kg 铀的可采资源储量。其次，对目前与中国合作开发的北哈萨克斯坦阿克莫拉铀矿区，主要通过向周边地区拓展，增加可采资源储量。再次，对乌兹别克斯坦的克孜勒库姆沙漠铀矿区，重点勘探开采成本较低的砂岩型铀矿。此外，对苏联时期曾开发的一些老铀矿区，如费尔干纳盆地周边地区（包括乌、吉、塔三国交界处）、吉尔吉斯斯坦东北部昆格山脉的一些老铀矿区，可适当扩大周边地区勘探范围，寻找新的铀矿资源。

在铀矿开发方面，重点瞄准那些铀矿储量与开发潜力大的矿区和矿山。例如，位于南哈萨克斯坦楚河-萨雷苏河北矿区的因凯铀矿区（包括现已开发的因凯1、2、3矿及南因凯矿），现已探明的铀资源的可采储量达31.93万t铀，属砂岩型铀矿，平均品位0.052%～0.056%，2015年实际生产能力为4280t铀，如考虑到预测资源储量，按储采比，未来年生产能力有望达到1.2万t，因此，可作为今后中广核与中核集团同哈原工合作开发的重点区域。乌兹别克斯坦今后铀矿开发将转向占其资源探明储量3/4的砂岩型铀矿，因此，中广核应在现有合作的基础上，未来应将重点放在砂岩型铀矿的合作开发。

在铀矿资源加工方面，应将合作建设核燃料组件企业置于优先地位，以实现哈萨克斯坦一直以来谋求的从核资源大国向附加值更高的核燃料供应商跃升目标，同时通过深化合作也可为提高中国核原料保障程度带来实实在在的好处。

四、合作开发对中国核电发展的资源保障程度分析

（一）中国未来核电发展对天然铀的需求及自给率预测

近年来，国内外众多学者和机构围绕中国未来核电发展对天然铀的需求量及国内资源自给率问题，进行了大量分析、研判和预测，其中具有代表性的预测方案有以下三种。

1. 基于核电站正常运行对天然铀的需求预测

唐文忠、戴军及姜巍等根据中国核电中长期发展规划，2020年新投产和在运行的核电站总装机规模，按照每座100万kW级压水堆核电反应堆，首装炉料需装入U_{235}丰度为3%～5%的核燃料铀75t，折合天然铀约400t，以及在运行的核反应堆每年需换料约175吨计算，2020年全国规划将有5800万kW机组运行，其中当年投产600万kW，则2020年对天然铀的需求量为：初装料2400t，年换料9100t，相当于铀资源（U_3O_8）消耗量1.64万t。根据核工业铀矿部门规划，2020年国内天然铀年产量为3870t，天然铀自给率（即国内产需比）为33.65%[25, 27, 28]。

2. 基于天然铀来源"三个一"战略的需求预测

为确保核燃料的稳定供应，中国于"十三五"期间制定了核原料来源"三个一"战略，即国内生产、海外合作开发和国际贸易各占1/3。据此，中广核铀业发展有限公司的中国工程院院士潘自强分两步对2030年中国核电发展所需的天然铀资源进行分析。

第一步是对2030年中国核电发展规模按三种方案进行预测（表7.17）。其中低方案在2020年建成装机容量5800万kW基础上，2021年以后以年均建成投产核电机组600万kW的速度，到2030年将建成11800万kW；中方案为2021年以后年均投产核电机组1000万kW，到2030年将建成15800万kW；高方案为2021年以后年均投产核电机组1500万kW，到2030年将建成20800万kW[29]。

表7.17　2030年中国核电发展规模预测

发展方案	年份	建成装机容量/万kW
低方案	2020	5800
	2030	11800

续表

发展方案	年份	建成装机容量/万 kW
中方案	2020	5800
	2030	15800
高方案	2020	5800
	2030	20800

资料来源：参考文献 [29]。

第二步是对 2030 年核电发展的天然铀需求量进行预测。基于上述核电发展的高中低方案和核燃料来源"三个一"的战略目标，2021～2030 年，按低方案目标的累计天然铀需求量为 33.47 万 t 铀，中方案目标为 40.26 万 t 铀，高方案目标为 48.74 万 t 铀[29]。以上三种方案天然铀自给率均按 33.3%设定。按国家发展要求，上述三种方案作为理想方案，但实际上按中国已探明的铀矿储量及核电快速发展对天然铀的需求量分析，该方案是难以实现的。

3. 基于天然铀供需平衡的核燃料自给率预测

中核集团地矿事业部根据中国政府提出的核电中长期发展目标，综合考虑国内铀矿探明储量和相应开采规模，以及中核集团及中广核集团在海外合作开发的天然铀项目的产能等因素，于 2015 年 4 月 17 日在《中国核工业报》公开撰文《2015 年全球核电发展及天然铀市场需求》提出，2020 年中国核电对天然铀需求量为 11000t，其中国内铀矿山产能为 4000t 铀，中核及中广核集团海外开发合计 8400t，缺口为 2600t；2030 年天然铀需求量将达 24000t，其中国内铀矿企业产能为 5500t 铀，海外合作开发为 13100t 铀，缺口将增至 10900t 铀（表7.18），缺口部分需通过国际贸易弥补。

表 7.18　中国天然铀的供需与缺口预测表　　　　　　　　（单位：t 铀）

项目	2020 年	2025 年	2030 年
国内铀矿产能预测	4000	5000	5500
中核海外开发（纳米比亚、蒙古、尼日尔等）	900	1100	1100
中广核海外开发（纳米比亚、哈萨克斯坦等）	3500	5500	6500
国内外开发合计产量	8400	11600	13100
天然铀需求量	11000	18500	24000
缺口	-2600	-6900	-10900

资料来源：中国核工业报 2015-04-17。

另据 2015 年国际原子能机构第 25 版铀资源《红皮书》预测，受中国国内铀资源探明储量（回收成本<130 美元/kg 铀的探明储量 12.83 万 t，仅占世界有探明储量的 3.7%）及开采条件与产能所限，2020 年预测中国天然铀产量为 3870t 铀，2030 年为 5000～6000t 铀，届时中国铀矿的自给率分别为 25%和 23%[2]。

（二）中亚铀矿对中国核电发展的资源保障程度分析

1. 建立中亚核原料基地是确保中国核电发展的战略决策

确保核原料的长期稳定供应是中国核电发展和核安全的重中之重。为此，中国制定了核原料来源"三个一"战略，即一部分国内开发、一部分境外找矿、一部分进口贸易，通过实施境外合作勘探找矿、参与国外铀矿资产并购和股权并购转让并举战略，争取在铀长期供应合同和境外铀矿股份额方面取得较大突破。

2007 年以前，中国所需核原料铀矿进口来源较分散，既有来自加拿大、澳大利亚等发达国家，也有来自哈萨克斯坦、纳米比亚、尼日尔、乌兹别克斯坦等发展中国家，受上述国家政治体制、地缘政治、贸易政策、资源环境等多种因素的制约，铀矿供应难以得到长期稳定可靠的保障。特别是由于核电机组运行的连续不间断性，必须有 5~8 年的铀储备作保证。因此，将中亚地区作为中国在海外最主要的核原料来源地是确保中国核安全的重大战略决策。根据以上对中亚地区铀矿的资源、开采现状与未来开发前景分析，在现有良好合作的基础上，只要未来合作开发的政策导向对头、模式与路径选择得当、措施有力，通过多种形式的合作与长期供铀合同，完全可为中国核电发展对所需天然铀提供可靠的保障[30-32]。

2. 中亚铀矿对中国核电发展的资源保障程度预测

2010 年以来，随着中国与哈萨克斯坦和乌兹别克斯坦铀矿合作开发快速推进，中国已成为中亚地区天然铀出口的主要对象国。2010~2015 年，中亚地区对中国的天然铀出口量合计为 92476t 铀，占中亚地区天然铀总出口量的 51.3%（其中哈萨克斯坦占比为 50.4%、乌兹别克斯坦占比为 58%）；在同期中亚出口中国的天然铀中，哈萨克斯坦占 85.6%、乌兹别克斯坦占 14.4%（表 7.19）。2010 年以来，中亚地区在中国天然铀供应中的地位不断提升。据联合国商品贸易数据库（UN Comtrade）数据显示，2010~2016 年，在中国进口的 14 万 t 天然铀中，约 67%来自哈萨克斯坦，约 10%来自乌兹别克斯坦，合计占比达 77%。

表 7.19　2010~2015 年中亚产铀国对中国天然铀出口量　　　　（单位：t 铀）

项目	2010 年	2011 年	2012 年	2013 年	2014 年	2015 年
哈萨克斯坦	8950.4	10868.9	13655.7	16101	15384.1	14217
乌兹别克斯坦	3334.8	1515	1046.6	1926	2495.7	2980.7
中亚地区合计	12285.2	12383.9	14702.3	18027	17879.8	17197.7

资料来源：参考文献 [17，18]。

未来，依托中国与哈萨克斯坦、乌兹别克斯坦良好的地缘政治与地缘经济关系，通过推进"一带一路"国际产能合作，特别是抓紧当前国际铀价长期低迷、哈萨克斯坦亟须扩大引进外资推动经济转型的机遇，中资企业通过参股、股权并购与收购，以及签订长期供货合同等方式，进一步深化铀矿合作开发，确保中亚地区在 2030 年以前每年为中国提供1.6 万~2.0 万 t 天然铀（2010~2015 年中国年均从中亚地区进口天然铀 15413t 铀），届时中亚铀矿对中国核电发展的资源保障程度将达到 60%~70%。2030 年以后，由于哈萨克斯坦 70%的现有铀矿探明储量被开采，因此，天然铀产量会呈明显下降趋势，加之中国核电发展保持较快发展规模，其保障程度会降至 40%（图 7.1）。为此，必须及早寻找新的铀矿资源替代国家[32]。

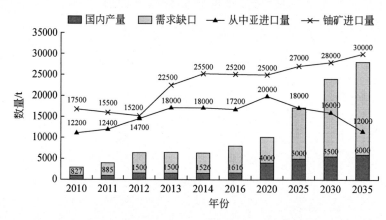

图7.1 2010～2035年中国铀矿产量、需求量和进口量

注：需求缺口=总需求量-国内产量。

资料来源：参考文献[1,2]；《中国核工业报》，2015-04-17；中国铀资源安全，https://www.sohu.com/a/148586680_799830 2017-06-13

五、加强与深化合作开发的对策建议

（一）以"五通"新理念统领中国与中亚地区铀矿资源合作开发

2017年5月14日，习近平主席在"一带一路"国际合作高峰论坛的主旨演讲中指出，推进"一带一路"国际合作，必须秉持共商、共建、共享合作理念，加强政策沟通、设施联通、贸易相通、资金融通、民心相通，将"一带一路"建成和平之路、繁荣之路、开放之路、创新之路、文明之路。中国与中亚地区铀矿资源合作开发作为共建"一带一路"的重大合作项目，必须以"五通"新理念统领合作开发。其中，政策沟通是合作开发成败的关键，应重点建立与哈、乌两国政府间（含政府控制的国有企业）合作政策沟通交流机制，促进政治互信，深化利益融合，共同推动制定合作政策、规划和措施，协商解决合作中的问题，通过务实合作为项目的分阶段实施提供政策支持。设施联通的重点是加强交通、能源、通信、供水、环保基础设施的联通与升级改造，特别是哈、乌两国绝大部分基础设施落后，应结合共建"一带一路"有重点地进行改造升级。贸易畅通重点是推动铀矿开发全产业链合作，特别是加强铀矿资源加工、研发与贸易领域的全方位合作。资金融通针对铀矿勘探周期长、投资大、投资回报慢的特点，通过亚投行、丝路基金，以及中哈、中乌金融机构开发多边合作，多渠道筹集资金。民心相通是以往中资企业与发展中国家合作中的短板。习近平主席在主旨演讲中特别强调要将改善民生福祉作为增进民心相通的抓手，加强教育、文化、科技、卫生、救灾援助和减贫等方面的投入，增加就业岗位，改善人居环境，提高教育、医疗卫生、文化方面的保障水平，真正造福当地，让每个普通人都得到实惠，必将有力地推动项目的实施以及合作不断向纵深发展。

（二）尽快编制《中国与中亚地区铀矿合作开发规划纲要》

在"一带一路"国际合作中，加强与沿线国家发展战略对接是落实开放合作、互利共赢、合作共享等共建原则的重要环节。2016 年 8 月 17 日，习近平主席在推进"一带一路"建设工作座谈会发表的重要讲话强调，"要切实推进规划落实，周密组织，精准发力"，"重点支持基础设施互联互通、能源资源开发利用、经贸合作区建设、产业核心技术研发支撑等战略性优先项目。"为此，要加强中国"十三五"核工业与核电发展规划同哈萨克斯坦和乌兹别克斯坦铀矿开发中长期规划的衔接，并尽快编制《中国与中亚地区铀矿合作开发规划纲要》，内容包括：合作的指导思想与原则，合作目标（近、中、长期目标），合作的重点（合作的领域与重点地区、重点项目），合作的方式与机制，合作的路线图，近中期重点合作项目的规划论证，合作的保障措施等。规划纲要作为共建"一带一路"的重要成果，可深化未来中国与中亚铀矿资源合作开发提供遵循与科学依据。

（三）不断提升中资企业在中亚铀矿合作开发中的地位与作用

中资企业（中核与中广核集团）作为中国参与中亚铀矿合作开发的主体，但目前无论是按合资规模、矿山资源储量及产能均与加拿大、法国及俄罗斯（铀矿加工环节）有较大差距。如 2015 年在哈萨克斯坦 18 家铀矿和 11 家合资企业中，中资企业虽各占 2 家，但其控制的铀矿资源可采储量仅 5.39 万 t 铀，产能合计约 2200t 铀/年，仅占哈萨克斯坦铀矿可采储量的 7.6%、铀矿总产能的不到 10%[1, 9, 16]。未来应通过推进"一带一路"国际产能合作的有利机遇，发挥中资企业在资金、技术和管理等方面的优势，加大资金、技术投入力度，不断拓宽合作领域，加深合作层次，特别是核原料的加工环节。为此，一是抓紧当前国际市场铀价低迷，铀矿企业生产不景气的机遇，通过合资、参股、收购等方式，从西方铀业公司和哈萨克斯坦国家原子能工业公司收购其股份。例如，2009～2010 年，加拿大一号铀业公司先后从俄罗斯国家铀矿控股公司收购哈萨克斯坦 3 家合资公司 50%股权。又如，2018 年 5 月，哈政府计划在年内出让哈原工 25%的股份。中资企业应抓紧当前有利机遇不断扩大其影响力。二是与哈萨克斯坦国家原子能工业公司合资开发哈南部楚河-萨雷苏和北矿区及北哈萨克斯坦的阿克莫拉的新矿区。三是继续与哈乌两国签署铀长期供货合同。力争到 2030 年，中资企业在哈萨克斯坦的铀矿产能占全国的 20%～25%、全部外资企业的 40%～50%。

（四）大力充实天然铀及产品储备

由于核电站安全运行需要有一定的铀储备作为保障，国际上一般认为需 5 年的铀资源（U_3O_8 及浓缩铀等）做储备。建立并保持一定数量的铀储备，一方面可提高中国核电应对天然铀供应中断、价格大幅度变动或突发情况的能力，保证核燃料安全稳定供应；另一方面可增强国际市场购买铀产品的弹性，提高获得良好价格的谈判地位，规避可能的汇率风险等。这对天然铀对外依存度较高的中国更具有现实意义。加之，由于铀的能量密度大，所需储备空间小，因此进行铀储备远比利用国外其他常规化石能源安全可靠的多。美、俄、日、欧盟等国早就建立了铀储备体系，为稳定、平衡本国供应发挥了重要作用。例如，在冷战时期及冷战后，俄、美两国均拥有大量的铀库存。据国际原子能机构披露，俄罗斯在苏联时期，从东欧、中亚和西伯利亚开采了大量铀矿，其铀储量相当于上述地区 50 年的产量，库存总量达 61.5 万 t 铀。2013 年以来，俄罗斯每年向国际铀市场抛售 3000 万～4000 万磅 U_3O_8。此外，2015 年前俄罗斯核武器转化的高浓度铀的年市场供应量达 2400 万磅 U_3O_8。2013 年美国储备的铀浓缩物、天然 UF_6 和浓缩 UF_6 为主的铀产品库存达 4.6 万～5.6 万 t 铀当量；另外，核电企业还有大量的商业库存，同时还拥有 11.4 万 t 品位为 0.34% 的贫铀尾料。欧盟及日本核电企业的铀库存量也分别达 5.3 万 t 和 4.5 万 t 铀当量。

中国从 2010 年开始从国外大量进口天然铀。2010～2016 年，天然铀总进口量达 14 万 t，加上 2010 年以前的存量，2016 年年底中国天然铀的实际库存量已超过 10 万 t 铀。今后，一方面要确保并适度增加从哈萨克斯坦和乌兹别克斯坦进口天然铀及铀产品 UF_6 的规模；另一方面不断拓展核原料来源，积极参与纳米比亚和尼日尔等非洲产铀国的合作开发（如中广核集团 2012 年收购的纳米比亚湖山矿达产后年产 U_3O_8 6500t）。力争到 2020 年年初步建成由国家战略储备和核电企业商业库存（储备）相结合的铀资源战略储备体系，产品包括天然铀、浓缩铀、铀钚混合氧化物燃料（MOX）、低浓度铀和乏燃料铀等，各类铀资源及产品的储存量达 15～18 万 t 铀当量，可满足中国核电企业 2020 年以后对天然铀及铀产品 8～10 年的需求，必将大大提高中国核原料持续稳定供应的保障程度。

（五）进一步完善铀资源开发的海外政策

目前全球铀市场仍没有其他商品市场透明，铀市场深受地缘政治影响，因此，加强国家层面的支持力度非常重要。

一是形成更加统一、集中的铀资源海外开发政策。21 世纪以来，中国已经针对资源、能源行业制订了大量规划，要形成系统的铀资源国际战略布局，还需把相应规划统合起来，形成专门针对铀资源的整体战略规划，重点阐明对周边富铀地区的投资政策。以便更加充分地利用国际市场和国际资源，积极开展海外铀资源勘查，落实海外铀资源基地，切实强化铀资源保障体系。应进一步完善中长期规划，明确海外铀资源合作开发利用的总体开发思路。中国已制定了《核电发展中长期规划（2005～2020 年）》、《"十三五"核工业发展规划》及《中国天然铀资源发展规划纲要》，但国际国内形势变化很快，未来还需要根据形势及时修正规划。通过形成一批海外铀资源基地，构筑起国内生产、境外勘查开发和国际贸易三个渠道的天然铀供应保障体系，以确保我国铀资源的稳定、长期和安全供应。同时，还要加紧形成包括铀资源在内的中国海外利益的保障体系建设，将之作为政策规划的重要内容予以优先推进[30, 31]。

二是综合运用各种对外手段进行支持。应充分利用政治、外交、经济、金融等方面的国家影响力，发挥专业领域优势、地理区位优势、运输通道优势和产业互补优势，全面参与海外铀矿资源领域的全球治理体系，搭建双边或多边合作稳定平台，规划组织实施海外铀资源国家开发战略，尽快与相关国家建立政府间长期合作开发机制，签订双边核安全保障与和平利用原子能协议，抓住铀价下跌和金融危机提供的低成本介入良机，在企业稳步实施"走出去"兼并收购战略的同时，尽量简化审批手续，同时通过风险勘查基金、优惠贷款、外汇、税收等政策手段鼓励支持企业海外投资，为企业实施"走出去"战略提供优质服务。

三是整合各方面资源，加大国内政策支持力度。调整完善针对能源、资源行业的规划，特别是在资金和政策等方面加大支持力度。海外铀开发在建项目、勘探项目、参股项目的资金，一般来源于企业自有资金支持、国家财政资金支持和银行贷款。从近几年项目开发情况看，一些企业自有资金有限，国家财政资金额度逐年降低，银行贷款保证条件要求越来越高，需在政策层面有所倾斜；海外铀资源开发工程艰巨复杂，海外经营难度大、投资金额大、回报周期长，对此要将海外铀勘探开发进行战略性投入和支持。

四是引导优化企业经营管理。参与获取海外铀资源的国内机构主要有核能企业、矿业企业、电力集团和专业投资基金四类。在获取铀资源实际操作过程中，应遵循淡化国家色彩、淡化控制目的、淡化短期收益、突出属地性质、突出迂回方式、突出联合方式的原则。获取海外铀资源应该通过投资与合作相结合的复合方式，在具体运作过程中，通过生产与贸易模式、财务模式、产融结合模式、全产业价值链模式四种具体模式达到获取海外铀资源的目的。

（六）做好中亚铀资源合作开发的风险防控

一般而言，风险包括企业自身经营风险和外部政治、安全风险两个方面，两者相互交叉，需要相关部门在详尽掌握情况的基础上，针对中亚铀资源合作的特点，从政策制定和执行、企业引导和政府管控多方面进行把握。

1. 积极防范非经营性风险，引导企业防范宏观市场风险

（1）文件固化。通过签订中哈、中乌双边合作文件，将双边关系变动的影响最小化，如中哈已签署开发铀矿的商业协议，未来还可再签约束力更强的互惠条约，收紧法律约束。

（2）善用架构。通过加强在上合组织等机制框架下的地区反恐合作，将安全风险的影响降到最低。

（3）有所针对。可加大对相关矿区的安全风险调研，提出有针对性的安全防范措施。总体来看，哈萨克斯坦安全情况较好，乌兹别克斯坦安全环境相对差一些，应特别予以重视；要及时关注两国政治局势变动，防止两国政局动荡给我方相关投资带来重大冲击。

（4）盯紧域外。关注日、欧等国在中亚铀矿开采，美国与中亚国家的铀资源贸易，防范这些国家在背后进行破坏；密切关注包括铀矿在内的国际能源市场动向，关注全球核能的发展动向，为企业长期投资做好信息储备，将能源市场、能源技术、能源金融、能源贸易等方面的信息及时通报相关企业。

2. 重点防范企业经营和技术风险，兼顾社会、文化、安全等风险

（1）完善理念。加快形成新的风险观念，将风险的可控程度作为投资重要参考标准，风险防范措施和防控预案都应致力于将风险尽可能地掌握在可控制的范围之内。

（2）完善机制。在开发投资中设立风险勘探专项资金，在开发项目组成中专设风险勘探人员，包括前期调研、日常安保、应急处置、关系联络等方面，专款专用、专人负责；在项目选择和审查上更加严格，坚持市场规律，兼顾政治影响，确保风险最小化，对于风险集中度明显偏高的项目要特别关注；重视海外投资保险，最大限度地保全企业的海外资产安全。

（3）重视软环境。高度重视舆论风险，中国企业在国外投资铀矿需要成功地把握公众

对的认识和看法,特别是中亚国家对我整体友好,但部分民众对我国心态敏感,极易受舆论煽动,因此要以本地化作为实现国际化的途径,增加对当地员工培训投资、技能提升,为项目可持续发展创造必要条件。

主要参考文献

[1] IAEA. A Joint Report by the Nuclear Energy Agency and the International Atomic Energy Agency; Uranium Resources, Production and Demand. 2016: 18-20.

[2] 国土资源部信息中心. 世界矿产资源年评(2016). 北京:地质出版社,2016:43-49.

[3] 国土资源部信息中心. 世界矿产资源年评(2015). 北京:地质出版社,2015:23-59.

[4] 陈正,蒋峥. 中亚五国优势矿产资源分布及开发现状. 中国国土资源经济,2012,(5):34-39.

[5] 刘增浩. 哈萨克斯坦铀资源、生产及供需形势. 矿产与矿业,2012,(4):24-26.

[6] 陈民玺,陈超. 哈萨克斯坦共和国矿业投资分析. 地质与勘探,2013,49(4):791-796.

[7] 李强,王建平,徐千琰. 世界铀矿资源概况及供需形势展望. 中国矿业,2013,22(11):13-18.

[8] 原渊,李建东,等. 哈萨克斯坦地浸采铀生产现状与进展. 中国矿业,2014,23(11):149-151.

[9] 国际原子能机构. http://world-nuclear. org/information-library/country-profiles/countries- g-n/kazakhstan. aspx. 2017-06-30.

[10] 厉芳. 乌兹别克斯坦的核能及多元国际合作. 黑龙江省对外经贸,2011,(3):38-40.

[11] 徐晓彤,龙涛,吴珊,等. 乌兹别克斯坦矿业投资前景分析. 中国矿业,2017,26(3):77-80.

[12] В Киргизии пересчитали мечети. http://islam-today. ru/novosti/2017/05/17/v-kirgizii- perescitali-meceti/. 2017-6-30.

[13] Киргизия становится зоной действий "Исламского государства". http://www. ng. ru/ cis/2015-12-02/ 7_kirgizia. html. 2017-6-30

[14] World Nuclear Association. World Uranium Mining Production(Updated June2017). 2017.

[15] 刘廷,刘巧峰. 全球铀矿资源现状及核能发展趋势. 现代矿业,2017,(4):98-103.

[16] 郭志锋. 哈萨克斯坦铀资源开发近况,国外核新闻,2012,(8):19-21.

[17] UN Comtrade. extract data. https://comtrade. un. org/data. 2016-12-25.

[18] gli(Global legal insights). Energy 2017,5th Edition-Uzbekistan. https://www. globallegalinsights. com/ practice-areas/energy/global-legal-insights-energy-5th-ed. /uzbekistan#chaptercontent1. 2016-10-12.

[19] 陈关聚. 中国与中亚国家资源合作模式研究. 技术经济与管理研究,2015,(6):80-84.

[20] 余文林,葛文胜,等. 全球铀资源勘查开发现状及对我国"走出去"战略的建议. 资源与产业,2015,17(3):45-50.

[21] 黄文斌. 世界核电形势及铀矿资源. 中国矿业报,2017-06-19.

[22] 王世虎,欧阳平. 全球铀矿业动态及中国应对策略. 中国国土经济,2016,(5):26-30.

[23] 闫强,王建安,王高尚. 中国铀矿资源概况与2030年需求预测. 中国矿业,2011,20(2):1-5.

[24] 曾毅君. 创新铀矿冶炼技术支撑大基地建设. 中国核工业,2015,(11):25-27.

[25] 戴军,涂海丽. 我国铀矿业可持续发展存在的问题及对策. 科技广场,2016,(8):138-141.

[26] 刘廷,刘巧峰. 全球铀矿资源现状及核能发展趋势. 现代矿业,2017,(4):98-103

[27] 唐文忠. 我国核电发展的和资源保障. http://www.wanfangdata.com.cn/details/detail.do?_type=conference

&id=8419697.2017.12.03.

[28] 姜巍，高卫东. 低碳压力下中国核电发展及铀资源保障. 长江流域资源与环境，2011，20（8）：938-943.

[29] 张新伟，吴巧生，等. 中国铀资源供给安全及影响因素分析. 中国国土经济，2017，（10）：18-22.

[30] 郑文元，张庆春. 我国核电产业发展的铀资源保障. 中国核电，2010，3（2）：174-179.

[31] 崔娜. 铀对外依存与铀供应保障的关系研究. 资源科学，2014，36（9）：1907-1914.

[32] 唐超，邵龙义，陈万里. 中国铀矿资源安全分析. 中国矿业，2017，26（5）：1-6.